PARIS BOÊMIA

OS AVENTUREIROS DA ARTE MODERNA
(1900-1930)

Livros do autor publicados pela **L&PM** EDITORES:

Paris boêmia: os aventureiros da arte moderna (1900-1930)
Paris libertária: os aventureiros da arte moderna (1931-1939)
Paris ocupada: os aventureiros da arte moderna (1940-1944)

DAN FRANCK

PARIS BOÊMIA

OS AVENTUREIROS DA ARTE MODERNA (1900-1930)

Tradução de Hortencia Santos Lencastre

www.lpm.com.br

L&PM POCKET

Coleção **L&PM** POCKET, vol. 1250

Texto de acordo com a nova ortografia
Título original: *Bohèmes*

Este livro foi publicado pela L&PM Editores em formato 14x21cm, em 2015
Primeira edição na Coleção **L&PM** POCKET: julho de 2017

Tradução: Hortencia Santos Lencastre
Capa: Ivan Pinheiro Machado. *Ilustração*: iStock
Preparação: Patrícia Yurgel
Revisão: Lia Cremonese

CIP-Brasil. Catalogação na publicação
Sindicato Nacional dos Editores de Livros, RJ

F893p
Franck, Dan, 1952-
Paris boêmia: os aventureiros da arte moderna (1900-1930) / Dan Franck; tradução Hortencia Santos Lencastre. – Porto Alegre, RS: L&PM, 2017.
560 p. ; 18 cm. (Coleção L&PM POCKET, v. 1250)
Tradução de: *Bohèmes*
ISBN 978-85-254-3625-2
1. Boemia - França - Paris - História - Séc. XX. 2. Paris (França) - Vida intelectual - Séc. XX. I. Título.

14-09958 CDD: 944.360814
CDU: 94(443.6)

Rua Comendador Coruja, 326 – Floresta – 90220-180
Porto Alegre – RS – Brasil / Fone: 51.3225.5777 – Fax: 51.3221.5380

Pedidos & Depto. comercial: vendas@lpm.com.br
Fale conosco: info@lpm.com.br
www.lpm.com.br

Impresso no Brasil
Inverno de 2017

Sumário

Para Simon Michaël Ouazana

Um mundo sem arte não poderia enxergar a si próprio. Ficaria encerrado dentro dos limites de regras simplistas. É por essa razão que os regimes totalitários, uma vez instalados, censuram, proíbem e queimam. É assim que eles perfuram o olhar do pensamento, do sonho, da memória e da expressão das diferenças. A terra de onde nascem os artistas.

Esse termo, que serve mais para qualificá-las do que para defini-las, suscita desdém e comentários. Se por um lado a Arte é nobre, maiúscula, simples e bela, por outro, o artista é minúsculo, objeto de desprezo e, frequentemente, de rejeição. É que o fundo foi muitas vezes apagado em benefício da forma. Desde os macacões de Picasso, as gravatas de madeira de Vlaminck, os chapéus de Braque, as arruaças surrealistas, alguns ingênuos e muitos maledicentes tomam a parte pelo todo, a fantasia pela obra de arte, e esquecem (ou ignoram) que a indumentária não conta, a não ser por aquilo que é: uma aparência.

Tanto os pintores do Lapin Agile quanto os poetas do La Closerie des Lilas usavam, às vezes, roupas extravagantes, organizavam festas inusitadas, puxavam o revólver e provocavam o burguês de mil maneiras, por um motivo essencial: na época, o burguês não gostava deles. Estava rigidamente assentado numa ordem antiga, enquanto penas e pincéis aproximavam-se do anarquismo, assim como o farão mais tarde com o comunismo e o trotskismo. Eram mundos inconciliáveis.

Mas a obra está além dos problemas da ordem e dos costumes. Antes de qualquer outra coisa, o artista produz obras de arte. Picasso pode se vestir como quiser, Alfred Jarry pode puxar a arma tantas vezes quanto desejar (e ele o fez), Breton e Aragon podem ameaçar aqueles que desprezam, todas essas bravatas pouco significam se comparadas aos caminhos que eles traçaram. A arte moderna nasceu das mãos desses sublimes provocadores. De 1900 a 1930, eles não se contentaram apenas em levar essa vida de artistas que os tornou detestáveis para alguns e que muitos outros invejaram: acima de tudo, eles inventaram a linguagem do século.

Foram igualmente odiados por isso. Os escândalos do Ubu roi, *do* Sacre du printemps, *da "jaula das feras", dos "cubistores" ou do* Bonheur de vivre, *exposto por Matisse no Salão dos Independentes, em 1906, dão a medida da violência suscitada pelas vanguardas. Stravinski, mil vezes ultrajado, admitia entretanto esses rompantes; ele achava que o público não tinha que se mostrar indulgente em relação aos artistas, mas cabia a esses últimos compreender a perseguição da qual são, algumas vezes, objeto: ele mesmo teria dado de ombros se tivesse ouvido suas próprias obras um ano antes da sua criação.*

As vanguardas sempre incomodam. Mas a sociedade acaba por assimilá-las. As tendências mais modernas fazem esquecer as audácias das gerações precedentes. No seu tempo, o impressionismo havia provocado o furor do público e da crítica. O neoimpressionismo deixou-o bastante apagado, antes de aparecer ele próprio com cores mais desmaiadas diante dos horrores fauves *que foram, por sua vez, varridos pelas monstruosidades cubistas. Na poesia, os românticos foram destronados pelos parnasianos, que foram substituídos pelos simbolistas, que Blaise Cendrars via como "poetas já ultrapassados". Na música, Bach encerra a tradição barroca, Haydn, Mozart e Beethoven abrem a orquestra para as máquinas sinfônicas de Berlioz, que se tornaram harmoniosas em face do dodecafonismo. Quanto a Erik Satie, a crítica da época já achava o bastante que ele tivesse o direito de ser chamado de músico...*

No limiar do século XIX, a França era a capital das vanguardas. Mas não era só isso. Duas escolas coabitavam em Montmartre. Uma delas se inscrevia sem rupturas na tradição de Toulouse-Lautrec: Poulbot, Utrillo, Valadon, Utter e outros nunca provocaram os raios que caíram sobre a cabeça dos inquilinos do Bateau-Lavoir. Lá, pintava-se formalmente. Aqui, as formas eram quebradas em busca da nova arte. Misturando línguas e culturas, cavando num terreno de incrível diversidade, os espanhóis Gris e Picasso, o holandês Van Dongen, o ítalo-polonês Apollinaire, o suíço Cendrars e também os franceses Braque, Vlaminck, Derain e Max Jacob escapavam das regras para liberar a pintura e a poesia de pesadas limitações.

Do outro lado do Sena, em Montparnasse, Modigliani, o italiano; Diego Rivera, o mexicano; Krogh, o escandinavo; os russos Soutine, Chagall, Zadkine, Diaghilev; os franceses Léger, Matisse, Delaunay – entre muitos outros – também enriqueciam o patrimônio artístico. Nos anos 1920, chegarão os escritores americanos; Tzara, o romeno; os suecos, outros russos, novas nações... Paris se tornará a capital do mundo. Pelas calçadas, eles não serão mais cinco, dez ou quinze, como em Montmartre. Mas sim centenas, milhares. Um burburinho de riqueza nunca mais igualada, nem mesmo mais tarde em Saint-Germain-des-Prés. Pintores, poetas, escultores e músicos, todos misturados. De todos os países, de todas as culturas. Clássicos e modernos. Ricos mecenas e marchands ocasionais. As modelos e seus pintores. Escritores e editores. Pobres e milionários.

Antes da Primeira Guerra Mundial, Picasso já enriquecera, mas a maioria de seus companheiros vivia numa incrível pobreza. Depois de 1918, eles compravam carros Bugatti e residências de luxo. O tempo dos brilhantes aprendizes estava terminando. Guillaume Apollinaire, que morreu dois dias antes do armistício, leva com ele a época dos pioneiros. Modigliani, falecido em 1920, encerra o ciclo das vidas errantes que Villon e Murger conheceram. O búlgaro Jules Pascin fecha para sempre a porta dos trinta primeiros anos do século XX: o tempo dos boêmios.

Eles tinham escolhido viver em Paris, cidade fraterna, generosa, que soube oferecer a liberdade a esse povo vindo de outros lugares. Hoje, Picasso, Apollinaire, Modigliani, Cendrars e Soutine não viveriam mais lá. Teriam sido repelidos para longe do Sena. O espanhol por uso de drogas, o ítalo-polonês por receptação, o italiano por escândalo na via pública, o suíço por furto, o russo por miséria crônica e mendicância mal disfarçada.

Poderíamos citar tantas outras razões. Todas demonstrariam que os artistas, hoje como ontem, andam quase sempre pelas beiras e não pelo centro dos caminhos. Permanecem aquilo que nunca deixaram de ser e que os torna tão peculiares. São pessoas deslocadas.

Falar daqueles de ontem é também amar os de hoje. A memória é reflexo, a sombra é uma projeção. Através das décadas, os artistas continuam irmãos dos seus antecessores.

A exigência é sua primeira companhia. Modigliani, Soutine e Picasso, que sempre se dedicaram apenas à sua arte, criticavam Van Dongen e alguns outros que queriam agradar à alta sociedade. Para eles, esses companheiros de época se renegaram, quase se comprometeram. Tornaram-se uma espécie de técnicos, de artesãos da pintura. Ora, os artesãos não seriam artistas. Pierre Soulages, um dia, me deu a chave da diferença: "O artista procura. Ele ignora o caminho que vai tomar para alcançar seu objetivo. O artesão, por sua vez, segue por caminhos que ele conhece para ir ao encontro de um objeto que ele também conhece".

Brilhante.

O artista trabalha sozinho, não emprega ninguém e não tem profissão. Pintar ou escrever não é uma questão de profissão; trata-se de uma respiração. Até a ferramenta é incerta. Se a ideia morre, ou a imaginação, se a cabeça entra em pane, nada nem ninguém poderá salvar o homem asfixiado pelo nada. E ninguém poderá substituí-lo: a obra de arte é única, assim como aquele que a produz. As cariátides de Modigliani não são comparáveis a nenhuma outra.

Se aconteceu que Robert Desnos comprou um desenho a carvão de Picasso, vendido como se fosse uma composição de Braque, foi porque, durante o grande período do cubismo sintético, os dois artistas trabalhavam juntos.

Tanto um como outro procuravam. A dúvida constitui a eterna linguagem do artista diante de si mesmo. A nova obra nunca é adquirida. Ela não repousa sobre coisa alguma, nem mesmo sobre a obra que a precede. O sucesso e a curiosidade são efêmeros. É preciso sempre recomeçar do zero. O zero é um abismo. O artista vive apenas do seu fôlego. Se este lhe falta, tudo desmorona. É assim que funciona o homem em relação à obra nascente.

Bohèmes [Boêmios] *nasce nos ateliês do Bateau--Lavoir e cresce sobre as calçadas da Ruche e de Montparnasse. Ele cruza um romance,* Nu couché [Nu deitado]. *Preenche seus espaços, suas reentrâncias e seus mistérios não revelados.*

Escrevi os dois livros ao mesmo tempo, durante vários anos, descansando de um no outro, incapaz de dividi-los, de separá-los. São dois irmãos siameses da mesma aventura literária: um é romance, o outro é crônica. Não teria podido escrever Nu couché *sem escrever* Boêmios, e Boêmios *não existiria sem* Nu couché. *A história desses homens que fizeram brotar a arte moderna na terra das suas diferenças é tão rica que apenas um livro não me pareceu suficiente para esgotar as peças do caleidoscópio que espio há tantos anos. São companheiros extraordinários, mas persistentes. Frequentando-os, esqueci o motivo que havia me conduzido até eles.*

Comecei escrevendo Nu couché. *Na sua primeira versão, o livro me fugia. Escorregava sob seu próprio peso. O real afogava a ficção. Os personagens nascidos do meu imaginário depunham suas armas diante dos heróis do Bateau-Lavoir e do cruzamento Vavin. Aqueles valiam talvez um romance, mas estes também o mereciam.*

Recomecei. Retirei de Nu couché *as escadas que permitiram tomar de assalto minha fortaleza. Coloquei-as em outro lugar. E escrevi os dois livros paralelamente.*

Nu couché *visita os ateliês, os cafés e os bordéis da época através de invenções que não pertencem apenas às testemunhas do momento. Ele é como uma criação fixada numa moldura.*

Boêmios *explora o quadro nas suas luzes e riquezas. Ele conta os artistas de Montmartre e de Montparnasse pela voz do contador.*

Não sou historiador da arte. O escritor tem sua própria linguagem. A minha é esta. Uma maneira de escrever um outro romance: o das pessoas, dos lugares, das obras que o século, virando a página, levaria para uma ilha deserta se quisesse ter o prazer de encontrar a si mesmo, à sombra da sua memória.

...Dar um jeito, pelo menos durante algum tempo, de melhorar a aparência: roupa limpa, sapatos engraxados, cabelos penteados, cara mais simpática...

Verlaine para Rimbaud

Dois homens estão subindo a rua Didot, em Paris, no XVI arrondissement. Eles têm apenas vinte anos. São colegas de turma. Não trocam nenhuma palavra. Andam rapidamente pela calçada.

À esquerda, erguem-se os altos muros do hospital Broussais. Eles passam pela entrada, seguem pelas aleias que os conduzem a um prédio, depois a outro, até uma grande sala onde alguém lhes pede que esperem. O homem que eles procuram, um antigo preso reincidente, não está ali.

Eles pedem informações. Esperam outra vez. Finalmente, uma enfermeira os conduz até uma sala não muito ampla onde se amontoam seis camas de ferro dispostas de um lado e do outro de uma janela que se abre para o jardim.

Aquele que eles vão visitar ocupa o leito do meio, à direita da janela. Sua identidade está escrita numa tabuleta, acima do travesseiro. Tem cabelos grisalhos, olhos de fauno, testa protuberante, barba malfeita. Usa um gorro e um avental grosseiro em que está escrito o nome do hospital.

Os dois visitantes se apresentam. O homem deitado ergue-se um pouco, sacode os jornais e os livros espalhados pela cama. Em seguida, levanta-se. Enfia umas calças surradas, um colete cheio de manchas antigas e, finalmente, um roupão do hospital que amarra na cintura.

Percorre o corredor seguido pelos visitantes.

Andam rapidamente até o pátio. Ali, conversam durante mais de uma hora, enquanto passam por velhos doentes que olham com desconfiança para aquele estranho trio composto por dois estudantes bem arrumados e um interno com jeito de mendigo.

Eles se separam.

Um ano mais tarde, o homem deixa o hospital Broussais. Anda com dificuldade, apoiado numa bengala. Numa rua de Montmartre, passa por um dos seus jovens visitantes e não o reconhece. Este para e se apresenta. Trocam algumas palavras.

"Me pague um trago", pede o antigo preso.

Abre a carteira puída e diz que aquele é todo o dinheiro que tem. Algumas moedas... Diz também que um garçom acaba de pô-lo para fora de um bar, onde se sentara, por achá-lo malvestido.

Entram num café e pedem alguma coisa.

"Onde você está morando?", pergunta o estudante.

O outro ergue tristemente os ombros.

"Eu não moro. A noite me hospeda."[1]

Assim falava o poeta. Não no final deste século, mas no do anterior.* O sem-teto é Paul Verlaine. Aqueles que o escutam são Pierre Louÿs e André Gide. Hoje, Verlaine dormiria no metrô.

A miséria não poupa ninguém.

---

* Séculos XIX e XX. (N.T.)

I

Os Anartistas da Butte Montmartre

O *MAQUIS** DE MONTMARTRE

> Bem no topo da Butte** de Montmartre ergue-se a basílica de Notre-Dame de la Galette. Essa enorme construção, uma das vergonhas da nossa época, domina Paris e caçoa dela – prova material de que os padrecos são sempre os todo-poderosos.
>
> LE PÈRE PEINARD***, 1897

Quando o século começa, Montmartre e Montparnasse se olham: duas colinas de onde irão nascer as belezas do mundo de ontem e também de hoje. Duas margens do Rio Haussmann****, que construiu prédios e avenidas para o bem-estar dos burgueses, empurrando as mazelas populares para a periferia de Paris. Velho método para valorizar o centro.

À direita, o Bateau-Lavoir.***** À esquerda, a fumaça do La Closerie des Lilas.****** Entre os dois, corre o Sena. E toda a história da arte moderna.

Montmartre ergue seu Sacré-Coeur. Bizâncio sobre o Sena. Uma massa branca que sobe, sobe, sobe, ultrapassando os moinhos de vento, os vinhedos e os pomares.

---

* Vegetação espessa característica de certas regiões mediterrâneas. O termo foi usado para Montmartre porque, na época, um imenso matagal com construções desordenadas cobria grande parte do bairro. (N.T.)

** Butte Montmartre: a colina de Montmartre. (N.T.)

*** Semanário anarquista (1884-1902). (N.T.)

**** O barão de Haussmann foi prefeito de Paris de 1853 a 1870 e empreendeu grandes obras que transformaram a cidade. (N.T.)

***** Antiga fábrica de pianos desativada – em Montmartre – que serviu de moradia para artistas da época. (N.T.)

****** Café localizado em Montparnasse. (N.T.)

O senhor Thiers* fez soar as três pancadas. Ao provocar Montmartre, desencadeou a Comuna. Os parisienses tinham conservado os canhões da cidade que estavam lá.** E certamente não foi por acaso que o Sacré-Coeur foi construído exatamente no lugar onde a Comuna começou: a água benta expiará o pecado revolucionário.

A basílica coroa hotéis obscuros, cabarés cheios de risos, frágeis casebres de madeira ou massa de papelão e piche que sobem tomando a colina, entrelaçados a lilases e pilriteiros. No centro desse *maquis* escuso, Isadora Duncan e seus jovens alunos dançam como gregos, de túnica e pés descalços, saltitantes. Montmartre é um vilarejo. Nele se canta e se dança, come-se e dorme-se, sem gastar muito dinheiro. As mansões da avenida Junot ainda não começaram a aparecer. As casas de prostituição funcionam abertamente na rua Amboise. Todos ainda sonham com as anáguas da Goulue, os quadris de Raio Dourado, os passos de Valentin, o Desossado, ajudante de tabelião durante o dia, dançarino à noite, único homem do Quadrille Réaliste, cujos volteios inflamavam as multidões do eixo Elysée-Montmartre, e que mais tarde se tornaria vítima das asas do Moulin-Rouge.

Bruant insulta os burgueses. Satie toca suas *Gymnopédies* no Chat Noir, bulevar Rochechouart, onde Alphonse Allais faz suas primeiras aparições. Regência: Rodolphe Salis. Quando, quinze anos antes da virada do século, a casa cede sua vez ao Mirliton, o jornal *Le Chat Noir* continua a atacar em todas as direções. Allais chega a molhar a pena no tinteiro de alguém mais famoso: assina seus artigos sob o pseudônimo de Francisque Sarcey, que não é outro senão um crítico teatral em carne e osso, e muito atuante no jornal *Le Temps*. Só mais uma brincadeira entre tantas... Quanto a Jane Avril, amante do poeta, posa para Toulouse-Lautrec. Este pinta, mas não é o primeiro. Fantasmas famosos visitam o bairro: Géricault,

* Thiers foi presidente da França em 1871. Descontentes com suas ações, alguns socialistas e operários organizaram uma insurreição: a Comuna. (N.T.)

** Em 1870, Paris havia sido sitiada pelo exército prussiano. (N.T.)

Cézanne, Manet, Van Gogh, Moreau, Renoir, Degas... As sombras que começam a se distinguir ainda não têm nome. São apenas silhuetas. Elas prendem a respiração, aprendem nos museus, instalam-se onde há lugar e esperam pela sua hora. Primeiro Montmartre. Depois Montparnasse. Em seguida, se as musas inspirarem, o mundo todo...

Seria para se proteger, para cultivar suas diferenças, que Montmartre se declarou Comuna livre? Pode-se ver nisso uma brincadeira, e não deixa de ser. Mas não apenas. Há também esse desejo de singularidade, de liberdade, que, no limiar do século, levou alguns ingênuos do lugar a decidirem que a praça do Tertre seria a capital de um território autônomo.

Houve votação. A proposta foi aceita por maioria absoluta. Depois, elegeu-se um prefeito. Jules Depaquit, que se dizia desenhista, foi então escolhido como primeiro administrador da Comuna livre de Montmartre. Ele tinha se tornado uma personalidade, alguns anos antes, quando passou pelas celas da chefatura de polícia: dizia-se que tinha sido ele o autor do atentado contra o restaurante Véry, no bulevar Magenta.

Livre dessa acusação (os responsáveis eram, na verdade, anarquistas que queriam vingar Ravachol, detido à mesa de uma cervejaria), ganhou uma notoriedade que cresceu com a eleição, a ponto de se tornar figura essencial da sua nova pátria: cantado por Francis Carco, elogiado por Roland Dorgèles, admirado por Nino Frank e por Tristan Tzara, que verá nele um dos precursores do movimento dadá. Iria também seduzir Picasso, que virá com frequência ouvi-lo declamar poemas no Lapin Agile.

Jules Depaquit deixou uma obra que Satie musicou para a Comédie Parisienne, transcrita por Darius Milhaud e interpretada pelos Balés Russos, num cenário de André Derain, em 1926: *Jack in the box*. Essa pantomima mostrava um homem com um enorme relógio, que atravessava e tornava a atravessar o palco, em toda a sua extensão, sem que ninguém soubesse qual era o seu papel. Isso era somente revelado no final do último ato: o homem era um relojoeiro.

Depaquit ganhava a vida vendendo desenhos humorísticos aos jornais especializados. E a perdia nos bares, onde entrava ereto e de onde saía curvado.

Ele organizava escrupulosamente sua agenda: uma semana de abstinência, três semanas de excessos. Não se sabe ao certo em que momento do mês lhe veio a ideia da palavra de ordem altamente política, que iria mobilizar todas as suas energias oficiais: obter a independência de seu povo e a separação de Montmartre do Estado francês.

Os méritos desse novo estatuto foram louvados por ele em mil Comunas fora de Paris, a maior parte delas situadas no Seine-et-Oise, onde era convidado como o embaixador todo-poderoso de uma nação em marcha. No programa: vinhos e fanfarras.

No interior de suas próprias fronteiras, Jules Depaquit havia desenvolvido um método infalível para beber de graça. Quando não tinha mais nenhum tostão, entrava num café, triste e abatido, casacão nos ombros, mala na mão. Alguém lhe perguntava:

"Onde vai, senhor Depaquit?"

E ele respondia, uma lágrima entre os cílios:

"Volto para minha terra."

"Onde fica sua terra?"

"Sedan."

"Sedan, mas tão longe?"

"Tão longe. Dá para compreender minha tristeza..."

O desespero tomava conta de todos. Abriam uma garrafa para se consolar, esvaziavam-na para se sentirem melhor. Quando já haviam esquecido, Jules Depaquit subia nas mesas e gritava:

"A Prússia entrou em Sedan, mas Montmartre resistirá!"

Os copos eram erguidos, num brinde à valentia das tropas do Tertre.

Geralmente, se rendiam ao amanhecer, depois de bravamente encharcar seus rastros.* Depaquit, porém, aclamado pelos seus, não podia capitular. Ele não era Napoleão III.

* Alusão à letra da *Marseillaise*. (N.T.)

Exceto, talvez, no dia em que Montmartre pegou as armas e vestiu o uniforme dos soldados de 1870 para defender Francisque Poulbot, o pintor dos moleques da Butte.

Poulbot adorava festas e desfiles. Todos os anos, para consolar a companheira, com quem ainda não assinara os papéis*, ele organizava um falso casamento, comemorado com a vizinhança. Para essa ocasião, todos se fantasiavam. Depois, durante toda a noite, dançavam, bebiam, aplaudiam a noiva...

Francisque Poulbot tinha uma pendenga com o proprietário, que queria expulsá-lo. O pintor chamou os amigos para ajudá-lo a resolver a questão. Sugeriu que vestissem o uniforme das tropas que defenderam Paris sitiada, antes da Revolta da Comuna, que fizessem barricadas na sua casa, prontos a dar a vida para se defenderem do ataque do proprietário.

Este cedeu antes da batalha final. Mas Poulbot manteve a convocação fraterna. No dia marcado, as ruelas de Montmartre ficaram apinhadas de cavaleiros, zuavos, lanceiros, artilheiros e federados, todos munidos de fuzis e vestidos garbosamente. Segundo Roland Dorgèles, tarde da noite, às tropas de Montmartre vieram se juntar soldados da guarda nacional, vindos diretamente de Montparnasse, vestidos da mesma forma e carregando baionetas afiadas, que confundiram os verdadeiros policiais que estavam no verdadeiro caminho dessa falsa tropa, que se deslocava a passo ligeiro.

As patrulhas se espalharam pelos bulevares, apontando as armas para os passantes que saíam dos cinemas. Brincaram de guerra até o amanhecer. O armistício foi assinado depois que as tropas do general Poulbot, de sabre em punho e corneta na boca, atacaram o Moulin de la Galette.

As festas e as provocações dessa turma animada atraíam curiosos e turistas, um mundo de gente vinda dos grandes bulevares, de *redingote* e cartolas de seda. Por sorte, as diligências não subiam a colina: paravam na praça Blanche, e a

* Na França, os casamentos são realizados na prefeitura ou nas subprefeituras, pelo próprio prefeito ou por seus auxiliares. (N.T.)

partir daí era preciso ir subindo a pé pelas ruelas estreitas, até atingir o centro dos prazeres. Montmartre permanecia à parte, protegendo suas diferenças. Tinha seus próprios inquilinos, que eram como membros de uma mesma família. Esta não havia ainda revelado sua ala mais jovem, mais atenta ao cruzamento das artes, da qual os primeiros irão se chamar Pablo Picasso, André Salmon, Max Jacob e Guillaume Apollinaire.

Por enquanto, Depaquit e os seus comandam a festa. Empoleirado nas mesas dos cafés, Carco canta *La Marseillaise*, e Mac Orlan acorda os amigos tocando clarineta embaixo das suas janelas. Todos são anarquistas de coração. Comem, mas comem mal, bebem além da conta, dormem aqui e ali, onde acham e quando podem, mas não ainda no metrô, que já possui uma linha norte-sul unindo Montmartre a Montparnasse. Seus documentos nem sempre estão em ordem, o domicílio é mais ou menos fixo, às vezes têm que mendigar. Alguns rabiscam umas telas que mal conseguem vender, outros tocam música, muitos se tornaram peritos em afanar algo no prato do vizinho. Mas o vizinho é generoso: vende fiado e fecha os olhos. Sobre o fogão dos restaurantes, há sempre uma panela da qual os proprietários tiram umas colheradas para os clientes que estão na pior. É a sopa popular. Os pintores e os poetas brindam junto aos libertários que, no início do século XX, formigam em Montmartre.

O acaso não basta, evidentemente, para explicar que todos eles estivessem ali, ao mesmo tempo, num bairro nos limites da cidade, às margens dos grandes bulevares. As ladeiras sinuosas, onde outrora brigava-se corpo a corpo, abrigam os homens, os jornais e a memória. Libertad* continua dando suas palestras populares na rua Muller. O jornal *L'Anarchie*, que não tem nem diretor nem redator chefe, e cujo código moral e tipográfico proíbe as letras maiúsculas, está acampado na rua do Chevalier-de-la-Barre. *Le Libertaire* fica na rua Orcel. Os redatores, seus amigos e leitores se encontram na sala dos fundos do Zut, um café da rua Norvins

* Anarquista da época. (N.T.)

que logo será fechado pela polícia para proteger os ouvidos do Estado das palavras subversivas trocadas no balcão. Aliás, Steinlein, pintor suíço (autor dos cartazes do *Chat Noir*), pregará a revolução futura. E o senhor Dufy será fichado pela polícia por ter dado asilo a um confrade, cuja paleta estava toda manchada do vermelho e negro incendiários.

Nos anos que precedem a Primeira Guerra, Juan Gris será perseguido e depois provisoriamente preso por ter sido confundido com Garnier, tão bem situado na turma de Bonnot, quanto na mira da polícia. Pierre Mac Orlan, frequentador e cronista da Butte, atribui a um eletricista de seu *Quai des Brumes* uma tarefa da qual se encarregavam muitas vezes os libertários do lugar: a confecção de documentos falsos. Ele presta seus serviços ao desertor da Colônia Penal que busca uma nova identidade. O pedido é sempre acompanhado por uma frase clássica da época e do lugar: "Os tiras estão atrás de mim por causa de uma história de jornal anarquista".[1]

Obras de Signac, Vallotton e Bonnard são sorteadas em benefício do *Révolté*, jornal libertário fundado por Élisée Reclus e Jean Grave. Van Dongen, amigo do escritor anarquista Félix Fénélon, também participa. Em 1897, ele ilustra a tradução holandesa de uma obra de Kropotkine, *L'Anarchie, sa philosophie, son idéal*. Vlaminck proclama suas convicções demolidoras em alto e duvidoso tom (com variantes, infelizmente, durante a Ocupação)...

Os anarquistas e os artistas não lutam juntos, embora partilhem os mesmos ideais. Pintores e poetas não brincam com os infernais artefatos que os outros detonam. Mas quase sempre os apoiam. E são eles que partem na linha de frente quando se trata de gozações, farsas, armadilhas, provocações e todos os tipos de tumulto. Eles também viram as costas ao conforto doce, macio e bordado dos lençóis burgueses. Em Montmartre, como também mais tarde em Montparnasse, os artistas permanecem rigorosamente opostos à geometria perfeita das figuras dispostas ordenadamente. São rebeldes.

Litrillo

Beber muito: aquecer, biritar, trocar as pernas, sair sem pagar.

Aristide Bruant

A dezesseis mil léguas de Paris, em plena prosa transiberiana, Cendrars se desesperava: "Me diz, Blaise, estamos mesmo longe de Montmartre?".

Quem mais contribuiu para o esplendor da Butte e também, infelizmente, para a sua decadência foi Utrillo. Ele não queria isso, da mesma maneira que não queria pintar. Aconteceu. Quando as suas *Places du Tertre* e seus *Moulin de la Galette* foram parar nas galerias da rua Drouot, todas as aves de rapina da Butte e de Navarre rabiscavam cópias e agiam à moda de. No início era preciso comer. Ao final, Montmartre é que foi devorada...

Utrillo era um homenzinho curioso.

Nasceu no bairro, em 1883, na rua Poteau, de uma união livre, ou pelo menos liberada, mais próxima das exortações do *Père Peinard* do que do modelo conjugal cantado em versos por Géraldy.

Sua mãe era Suzanne Valadon. Baixinha, ela tinha o rosto redondo, um olhar azul extraordinariamente luminoso que incendiava outros olhares. Uma das raras mulheres que não era dançarina, e que ficou na memória de Montmartre. Tinha certa independência de modos e de espírito que destoava do comportamento da época.

Vinha do interior. Era filha de uma empregada doméstica e de um pai que fugira assim que ela nasceu. Foi muito cedo para Paris, com a mentira na ponta da língua: dizia ter menos idade, pertencer a uma família rica e enganava sobre seu nome: Suzanne lhe foi dado mais tarde; fora registrada Marie-Clémentine, e para os artistas que a empregavam como modelo ela era Maria.

Fez mil coisas antes de se tornar acrobata do circo Fernando. Depois de uma queda teve de mudar de atividade. Tornou-se modelo. Posou, livremente, e nas horas de sua escolha, para Puvis de Chavannes, Toulouse-Lautrec e dois notórios opositores de Dreyfus*, signatários em outubro de 1898 do manifesto de Barrès pela Liga da Pátria Francesa: Renoir e Degas. Este último encorajou-a a pintar.

Ela foi amante de quase todos os seus mentores. E também de Erik Satie. O músico lhe enviou trezentas cartas em seis meses. Ele a chamava de "*mon petit Biqui*", o que não comovia a bela Suzanne. O idílio durou pouco e foi bastante conturbado: a moça tinha muitos pretendentes.

Teve então um filho, Maurice, de cujo pai não se sabe muita coisa, para não dizer nada: contrariamente a certas teses e hipóteses, não teria sido o pintor e crítico de arte catalão Miguel Utrillo, grande amigo de Picasso durante os primeiros anos em Montmartre; a maioria dos amigos de Utrillo, talvez com razão, via sobretudo em Miguel um amante que fora generoso no reconhecimento da paternidade. Não há nada também que ateste a afirmação de Francis Carco, segundo a qual o pai do artista era um certo Boissy, pintor pobre e alcoólatra.

Durante alguns anos, Suzanne Valadon levou uma vida nada comportada de mãe solteira. Depois, casou-se uma primeira vez com um homem influente e rico, amigo de Satie, que mandou Maurice para o Sainte-Anne**, e que ela substituiu por um dos melhores amigos do filho. O novo eleito chamava-se André Utter. Trabalhava esporadicamente como eletricista e, de preferência, como pintor. Quando o tirou das obras dele para se consagrar às dela, Suzanne Valadon tinha cerca de 45 anos. Utter, vinte a menos do que ela, e três a menos do que Maurice. O padrasto era o mais

---

* Oficial francês de origem judaica, acusado injustamente de traição. O caso teve grande repercussão na época. A Liga Francesa era favorável à condenação de Dreyfus. (N.T.)

** Hospital psiquiátrico. (N.T.)

jovem do trio – ao qual se deve acrescentar a avó materna, que vivia com o resto da tribo.

A família era esquisita, mas não deixava de ser uma família.

Mamãe pintava sob o olhar dos dois rapazes, seu filho e seu marido. Ambos tinham uma grande amizade um pelo outro, e também pintavam. Sob esse ponto de vista, a união era muito harmoniosa, apesar dos disse me disse.

O pecado estava em outro lugar, e havia muito tempo. Por causa de Maurice. Desde cedo, ele se tornara escravo da bebida. Não como seus amigos da Butte, que viviam com o sol e a lua, trabalhando de dia e brindando à noite. Utrillo bebia o tempo todo. Um drama para sua mãe. Um calvário para ele mesmo. Um horror para os vizinhos, que tinham que suportar os gritos do pintor quando Utter e Valadon o trancavam em casa para desintoxicá-lo um pouco. Ele insultava a mãe e o padrasto. Rasgava suas telas. Jogava mil coisas pela janela. Enquanto Suzanne Valadon, desesperada, sucumbia às crises de nervos ruidosas e agitadas, o moleque pegava a flauta e tocava uma sonata para solo, ele que não sabia ler uma nota musical sequer, e mal sabia tapar os orifícios do instrumento com os dedos.

À sua volta, todos só sonhavam com uma coisa: que ele sossegasse. Ou seja, que ele pintasse.

Foi assim que ele começou, seguindo os conselhos de um psiquiatra que Suzanne consultara no Sainte-Anne. O médico tinha dito: “Achem uma ocupação para ele que o afaste do vinho”.

Ela fez com ele o que Degas fizera com ela alguns anos antes: encorajou-o a pintar. Trancava-o com pincéis e tintas, trazia-lhe uma pilha de cartões-postais e dizia: “Só abro quando você tiver terminado”.

Quando Utrillo pintava, nada tinha importância para ele a não ser a obra que estava executando. Não pensava em comer nem em beber. Mas, assim que terminava, ia procurar um dos portos em que costumava atracar, onde sempre havia uma garrafa ancorada.

Detestava pintar ao ar livre. O olhar do outro era para ele uma pesada indiscrição. Para não ser espiado, apoiava-se contra um muro. E se alguém insistia, voltava-se para o importuno, que acabava fugindo, sob insultos encolerizados. Depois de alguns anos brigando com a curiosidade dos seus contemporâneos, ávidos do espetáculo da pintura, Utrillo passou a representar o pequeno universo de Montmartre apenas a partir de cartões-postais.

Francis Carco, que o viu trabalhar, testemunhou a seriedade com que ele escolhia as fotos que havia reunido, o cuidado com que ampliava o tema, transferindo as medidas com a ajuda de um compasso e de uma régua para o cartão que serviria de suporte. Dorgelès, que também foi seu amigo, fala da exigência quase doentia do pintor para que tudo fosse perfeita e exatamente representado:

> A reprodução nunca lhe parece bastante fiel. Ele conta as fileiras de pedras, recobre cuidadosamente os telhados, limpa as fachadas. Ao buscar uma cor, esmaga os tubos e fica furioso quando não consegue. "As fachadas não são branco-prata, hein? Nem branco-acinzentado... são de gesso..." Ele quer obter o mesmo branco pastoso. Ocorre-lhe então a ideia barroca de pintar as casas com uma mistura de cola e gesso que aplica com a espátula [...] De repente, toma como tema uma igreja [...] "Gosto disso, de fazer igrejas", ele nos explicava.[1]

Sexta-feira era um dia calmo. Graças às igrejas, justamente. Utrillo as adorava. Principalmente a Catedral de Reims, por causa do culto particular devotado a Joana d'Arc. Sexta-feira era o dia consagrado a Pucelle.* As gavetas e as prateleiras do pintor eram abarrotadas de medalhas, imagens e diversos objetos de culto à santa. Ele orava para ela.

Sábado era dia de usufruir as delícias do inferno. Um médico, que o hospedara durante algumas semanas, contou

---

* Joana d'Arc é conhecida como a *Pucelle d'Orléans* (a Virgem de Orléans). (N.T.)

a Francis Carco que ele bebia de oito a dez litros de vinho por dia. E que, uma noite, já tendo ingerido tudo o que havia entre o porão e o sótão, entrou no quarto do casal, descobriu os frascos da água-de-colônia e bebeu os cinco que lá se encontravam.

Na Butte, os moleques de Montmartre o chamavam de Litrillo. Eles o seguiam passo a passo quando o pintor, depois de afogar suas mágoas, percorria as ruelas com os cotovelos colados no corpo, fazendo *tchic-tchic-tchic-tchic* e soltando baforadas de fumaça imaginária para imitar, o mais perfeitamente possível, uma locomotiva demoníaca que, segundo ele, acabava de virar, deixando apenas um sobrevivente, ele mesmo, Litrillo, *tchic-tchic-tchic-tchic* – depois do que, voltava para casa para brincar com um trenzinho de brinquedo, de verdade, cujos trilhos ele colocava no chão.

O poeta André Salmon conta que, certo dia, depois de escapar à dupla vigilância da mãe e do padrasto, Utrillo foi para um hotel em Montmartre, com os bolsos cheios de fogos de artifício. Ele os acendeu sozinho no quarto, pondo fogo no prédio, que logo foi cercado pelos bombeiros e pela polícia. Do lado de fora, alguns gritavam: "Fogo!". Ao que outros respondiam: "Louco!".*

Mas o pobre Maurice não era louco. Foi o que ele gritou publicamente, um pouco mais tarde, depois que Francis Carco publicou um livro consagrado a ele.[2] Discordando completamente do retrato traçado pelo escritor, Utrillo se trancou no ateliê da rua Cortot, e jogou pela janela dezenas de desenhos, no verso dos quais escrevera: "O senhor Carco diz que sou louco. Não, eu não sou louco. Sou alcoólatra".

Quando, a pedido de Suzanne Valadon, os proprietários dos bistrôs de Montmartre lhe fechavam as portas, ele ia se embriagar nos prostíbulos da Chapelle ou da Goutte d'Or. Voltava com o rosto intumescido. No dia seguinte, a mãe recebia um cartão colocado no correio na véspera, em que o filho, que a adorava e admirava, tinha apenas escrito: "Não estou bêbado!".

---

* Em francês, os sons são semelhantes: *feu* (fogo) e *fou* (louco). (N.T.)

Quando não tinha nem mais um tostão, trocava uma ilustração por um copo de vinho, às vezes de absinto. Ou, ainda, sentava-se na calçada e distribuía suas obras aos que passavam. Por alguns francos, aceitava escrever uma dedicatória e fazer ele mesmo a entrega. Por um pouco menos, vendia suas vistas de Montmartre nas lojas de Pigalle, no açougue do aposentado Jacobi, ou ao antigo lutador Soulié, que negociava arte no mercado negro.

Deve sua glória de artista a um antigo palhaço e antigo confeiteiro que se instalara numa antiga farmácia da rua Lafitte. Clovis Sagot tinha conseguido contatos com os artistas, oferecendo a eles balas e xaropes que descobrira no laboratório que ficava no porão. Ele se dizia marchand; segundo muitos (principalmente Picasso, que também foi seu cliente), ele não passava de um vendedor de velharias. No entanto, entendia inegavelmente de arte. Em todo o caso, o bastante para compreender, rapidamente, que podia lucrar com a pintura: às vésperas da Guerra, a galeria Clovis Sagot fazia sua publicidade em termos desprovidos de qualquer ambiguidade:

2.500% de redução!

ESPECULADORES!
Comprem pinturas!

O que custa
200 francos hoje valerá
10 mil francos
em dez anos.

Os jovens poderão ser
encontrados na galeria Clovis Sagot,
rua Laffitte, 46

Clovis Sagot começou de baixo. Ele propôs a Utrillo comprar-lhe os quadros pequenos por cinco francos, os médios por dez francos e os grandes por vinte francos. Maurice aproveitou essa inesperada ocasião, que lhe permitia beber sem se preocupar com o pagamento. Multiplicou as vistas de Montmartre e os copos no balcão. A seguir, incentivado por Suzanne Valadon, trocou Sagot por um outro marchand, Libaude, ex-leiloeiro de cavalos, dublê de animador de variedades, que aceitou cuidar do filho desde que a mãe fosse fiadora. Assinado o contrato, ofereceu ao artista um tratamento de desintoxicação. Mais uma vez, totalmente inútil.

Alguns anos mais tarde, quando Montmartre já havia se juntado a Montparnasse, a modelo preferida dos pintores da época veio posar para Utrillo: Alice Prin. Foujita, Kisling, Man Ray e muitos outros já haviam representado essa jovem mulher, jovial e debochada, cuja conduta, modos e silhueta eram conhecidos no mundo inteiro. Utrillo, por sua vez, queria fazer seu retrato.

Ele a colocou diante do cavalete, fez com que ficasse na pose e pintou durante três horas. Ao final da sessão, Kiki de Montparnasse pediu para ver o retrato.

"Claro!", respondeu Utrillo.

Afastou-se da tela. A jovem se aproximou. Olhou com atenção, petrificada, o desenho de Utrillo. De repente, caiu na gargalhada. Aquela risada que todos os bistrôs da margem esquerda conheciam. Inclinou-se para se certificar de que não estava enganada. Não estava. Ela tinha visto bem. Não era seu rosto que estava na tela. Nem seu corpo. Nada que pertencesse a ela. Durante três horas, Utrillo havia pintado uma casinha no campo.

A VIDA EM AZUL

> Existem atualmente, como aliás em todos os países, tantos estrangeiros na França que seria interessante estudar a sensibilidade daqueles que, dentre eles, embora tenham nascido em outro lugar, vieram para cá ainda jovens o bastante para serem moldados pela alta civilização francesa. Eles introduzem no país que adotaram as impressões de sua infância, que de todas são as mais vivas, e enriquecem o patrimônio espiritual da sua nova nação, assim como o chocolate e o café, por exemplo, ampliaram o domínio do paladar.
>
> GUILLAUME APOLLINAIRE

O Montmartre do Mirliton, do Moulin de la Galette e do Quadrille Réaliste é o Montmartre nacional. Esses nomes, que falam por si só, evocam imediatamente a graça e a magia de um lugar: a praça do Tertre; de uma época: o cruzamento de dois séculos; de diversos personagens: Bruant, Toulouse-Lautrec, la Goulue, Valadon, Utrillo, Mac Orlan, Dorgèles...

Ao lado deles, presentes já havia alguns anos, existiam ainda os estrangeiros. Artistas, e muitos outros.

A França do Segundo Império havia encorajado a imigração, a fim de poder realizar suas novas obras. A partir de então, a indústria das minas e dos metais empregava, através de revoadas de anúncios, os talentos manuais. Havia ainda os que vinham trabalhar no campo – muitos poloneses –, os estudantes – muitos romenos –, os intelectuais e os artistas que fugiam da perseguição czarista – muitos judeus. Nesse ponto, a França tinha boa reputação: em 1791, fora o primeiro país a conceder cidadania e igualdade de direitos aos judeus. Cultivou então uma imagem que atravessou todas as fronteiras. No início deste século*, ela encarnava a nação da liberdade, da tolerância e dos direitos do homem. Centenas de pintores e de escritores foram viver nesse país, pois ali podiam expressar livremente talentos, sensibilidades, línguas a que não tinham direito em suas pátrias. A arte moderna, nascida sobre as margens de Montmartre e de Montparnasse, é fruto dessas múltiplas misturas.

Em outros tempos, Bordeaux havia acolhido um ilustre espanhol que ali terminou seus dias: Francisco Goya. No limiar do século, um outro pintor, também espanhol, desembarca na França: Pablo Diego José Francisco de Paula Juan Nepomuceno Cipriano de la Santíssima Trinidad Ruiz y Picasso.

O jovem tem dezenove anos. E a reputação de ser um artista extraordinário. Aos dez anos, desenhava tão bem quanto seu professor de desenho. Aos catorze, o pai colocou pincéis e tintas a seus pés, renunciando a uma arte na qual o próprio filho já o ultrapassava. Aos dezesseis anos, foi recebido com brilhantismo na Academia Real de Madri. Quando chegou a Paris, já não era apenas uma criança prodígio.

Ainda não conhecia a França e não contava ficar por muito tempo. Quando pensou em deixar seu país natal, foi porque este lhe pareceu pobre demais, limitado, e a família, sufocante. Mas se era preciso atravessar os Pireneus por um bom tempo, seria em direção à Inglaterra e seus pré-rafaelitas...

Picasso chegou em Paris para a Exposição Universal de 1900. Uma de suas obras, *Les derniers moments* (recoberta em 1903 por *La Vie*), foi escolhida para representar seu país. Por ocasião desse evento, ele encontra seus amigos espanhóis que viviam em Montmartre. Decide então ficar.

Em um desenho dessa época, Picasso se representou diante da porta da Exposição, em companhia dos amigos. Esse desenho diz muito sobre a posição que ele já se atribuía no grupo: é o primeiro. Mais baixo do que os outros, é mais

* Século XX. (N.T.)

fácil reconhecer sua silhueta do que a identidade dos perfis que o acompanham, e sob ela escreveu com letras grandes: "EU".

Os cinco espanhóis estão de braços dados: Pichot, Ramon Casas, Miguel Utrillo, Casagemas. E uma mulher, Louise Lenoir, modelo conhecida como Odette, que foi amante de Picasso.

Esses espanhóis já conhecem a França, particularmente Montmartre. Em Barcelona, em homenagem ao Chat Noir parisiense, eles fundaram um café-cabaré que chamaram de Els Quatre Gats (Os Quatro Gatos). Foi ali que, graças aos cartazes, Picasso descobriu a cultura europeia, o impressionismo, Cézanne, Gauguin, Rodin...

Como seus amigos estavam em Montmartre, ele vem para Montmartre. Um pintor catalão, Isidre Nonell, cede a ele seu ateliê na rua Gabrielle. Depois, vai morar num quarto no bulevar de Clichy cedido por um outro espanhol, Manyac. O personagem baixinho, com os cabelos caindo sobre os olhos negros e vivazes e o cheiro de tabaco saindo de um pequeno cachimbo, logo se tornará familiar para os habitantes de Montmartre.

É visto quase sempre na companhia de seu mais velho amigo, Manuel Pallarès, e de um escritor catalão, Jaime Sabartés, que lhe será fiel até a morte. Na casa de Nonell, na rua Gabrielle, Picasso morou com Casagemas, seu amigo desde a época do Quatro Gatos.

Casagemas é, provavelmente, o artista mais "politizado" da colônia espanhola. Está ligado ao movimento libertário. Sua assinatura, ao lado da de Picasso, pode ser encontrada embaixo de uma petição pedindo a libertação de anarquistas espanhóis, presos em Madri, em 1900. Por causa talvez dessas companhias, a polícia francesa suspeitará, durante algum tempo, que Picasso pertence ao movimento anarquista – o que acabará por se revelar falso, apesar de sua real simpatia pela causa e por alguns de seus defensores, como Francisco Ferrer, cuja execução, em 1909, o deixará revoltado.

Além de politizado, Casagemas é também sensível, frágil e apaixonado. Enamorou-se de Germaine, jovem que posa como modelo em Montmartre, e também na cama de Picasso. Sua chama, porém, se consome sozinha. Fala em suicídio. Para lhe arejar as ideias, Picasso o leva para a Espanha. Os bordéis não diminuem sua paixão. Casagemas volta a Paris. Na noite da sua chegada, convida alguns amigos para jantar em um restaurante do bulevar de Clichy. Germaine faz parte do grupo. Casagemas anuncia a todos que vai deixar a França e voltar definitivamente para o seu país. A moça nem se comove. O pintor renova suas propostas de casamento. Ela dá de ombros. Ele então pega um revólver, atira em Germaine, mas não a atinge, aponta então a arma para a própria cabeça e atira na fronte.

Picasso, muito abalado pelo trágico desaparecimento do amigo, pinta vários quadros representando-o, principalmente *La mort de Casagemas* (1901) e *Casagemas dans son cercueil* (1901). *Femme au chignon* (1901), de olhar endurecido e boca crispada, evoca talvez Germaine.

A morte de Casagemas marca uma mudança de fase na sua obra. Até então ele pintava como Toulouse-Lautrec. Admirava esse artista, que descobrira no Quatro Gatos. Escolhia personagens e temas que seu antecessor não teria renegado e pintava-os com cores vivas que o público apreciava. É assim, por exemplo, o *Moulin de la Galette* (1900). Desse modo, conseguia vender sua obra. Pouco a pouco, porém, ele abandona esse estilo por uma pintura mais trágica, mais interior, que corresponde à pobreza na qual vive a comunidade espanhola de Montmartre. É a fase azul.

Dessa pintura monocromática, em grande parte azul, já se disse que é inspirada em El Greco. Ela sugere a melancolia e a aflição, a miséria, muitas vezes moral, com a qual convive o artista desde a sua chegada em Paris. Muitas vezes ele foi até o presídio feminino de Saint-Lazare visitar algumas presas. Elas aparecem com frequência na sua obra, como prova do interesse de Picasso por uma certa imagem do sofrimento.

O azul convém a essa visão do mundo e às condições nas quais ele trabalha, trancado à noite no ateliê, sob a luz de uma lamparina.

São três, então, as perguntas que ele e seus amigos se fazem: como viver, pintar e comer?

O menos pobre de todos é o pintor e ceramista Paco Durrio. Foi aluno de Gauguin. Continuou seu amigo. Possui desenhos, aquarelas e uns quinze quadros do exilado das Ilhas Marquesas. É através dele que Picasso conhece melhor a obra desse pintor.

Paco costuma oferecer sua casa e sua mesa. Quando ninguém vem, é ele quem se desloca: várias vezes, deixa um pedaço de pão ou uma lata de sardinhas na porta de Picasso. Tem os amigos em grande apreço. No leito de morte, dirá: "É chato deixar os amigos".

O primeiro a tirar proveito dessa generosidade não é Picasso, mas um catalão, Manuel Martínez i Hugué, dito Manolo. Ele tem os olhos e os cabelos negros, é pobre, esforçado, astuto, se vira como pode. É o único com quem Picasso ainda fala em catalão. Nos bistrôs, ele o apresenta como sua irmã. Manolo gostaria de esculpir, mas não pode porque não tem argila nem material. Então pinta, heroicamente, pois ninguém compra suas telas. Come dia sim, dia não, dorme onde o convidam, rouba o que pode.

Durante um verão, Paco lhe empresta sua casa. Quando retorna, algumas semanas depois, o escultor o recebe com alegria um pouco forçada. Entrega as chaves e desaparece. O proprietário dá uma olhada. Está tudo em ordem. Tudo, exceto os Gauguin. Manolo vendeu-os a Vollard.

Um dia Picasso diz a Manolo: "Você nunca vai ser executado por nenhum pelotão".

"Por quê?", ele pergunta.

"Porque iam rir de você."

Manolo tornou-se mestre em ganhar a vida através de pequenos expedientes. E aperfeiçoou suas estratégias nos lugares sagrados. Quando chegou em Paris, sua primeira visita foi a uma igreja. Viu um homem bem-vestido, que não sabia onde se sentar. Uma mulher surgiu de um canto escuro, estendeu-lhe uma cadeira, o homem deu a ela uma moeda, sentou-se, e ela desapareceu. Manolo fez isso várias vezes, o que lhe permitiu ingerir alimentos terrenos mais substanciais do que uma simples hóstia mergulhada em água benta.

Quando não vai à igreja, põe em prática o sistema da rifa. Bate nas portas das casas de Montmartre e mostra o desenho de um busto de mármore que pretende esculpir.

"Um franco o bilhete."

Recebe a moeda e entrega um cartão numerado. Agradece com uma reverência, antes de ir embora. Ninguém jamais ganha: o busto não existe. Quando alguém pergunta que número ganhou, ele responde:

"O de Salmon!"

Alguns anos mais tarde, quando finalmente consegue algum dinheiro para comprar o material de que precisa, engana Kahnweiler, que compra regularmente suas esculturas. Manolo lhe pede um pouco mais por uma delas.

"Por quê?", pergunta o marchand.

"Porque está será melhor do que as outras."

"É o que você sempre diz."

"Desta vez, é sério."

"Veremos isso depois..."

"Então não posso mais trabalhar."

Kahnweiler não é apenas um comerciante. É também um esteta e amigo de seus artistas. Manolo sabe disso e insiste:

"Ela será maior do que as outras. Vou precisar de mais material, mas você vai poder vender mais caro."

"Ela é muito maior?"

"Infinitamente."

Kahnweiler lhe dá mais algum dinheiro. A visão do maço de notas inflama de alegria os olhos negros de Manolo.

Passa-se o verão. No início do outono, Kahnweiler recebe a escultura do espanhol. É uma mulher de cócoras. Nem maior nem menor do que as outras obras do artista. O marchand o interpela.

"Você me prometeu uma escultura de grande porte."

"E fiz."

"Não estou vendo..."

"Você não olhou bem..."

Manolo se coloca diante da obra.

"Trata-se de uma mulher..."

"Estou vendo."

"A mulher está de cócoras."

"É, dá pra ver."

"E se ela se levantar?"

"Se levantar?", repete Kahnweiler, ainda sem compreender.

"Se ela se levantar, ficará grande. Muito grande!"

Quanto a Picasso, ele se virava melhor do que os soldados nos bistrôs. Já tinha encontrado uma resposta para viver: pintava e vendia seus quadros. Igual e diferente ao mesmo tempo. De todos os artistas que cresceram sob o frontispício de Montmartre, ele será não apenas o mais rico, mas também um dos que conheceram a miséria por menos tempo.

Picasso era muito orgulhoso para enviar desenhos humorísticos ao *L'Assiette au beurre*, ao *Cri de Paris* ou ao *Charivari*, como faziam Marcoussis, Gris, Van Dogen, Warnod – e muitos outros. Ele desconfiava da "segunda profissão": "Quando se tem alguma coisa a dizer, a expressar, qualquer tipo de submissão é insuportável".[1] Em vez de aceitar as propostas dos jornais, ele esperava pelos marchands.

O primeiro deles, seu compatriota Manyac, cedeu-lhe então um quarto no seu apartamento, no bulevar de Clichy. Dava-lhe uma mesada de 150 francos em troca da sua produção. Era pouco, mas o bastante para não morrer de fome.

Enquanto Picasso pintou no estilo Toulouse-Lautrec, Manyac o sustentou. Mas quando começou a fase azul, o marchand se afastou: invendável. Picasso teve de tratar diretamente com os comerciantes, que lidavam com arte como quem lida com frutas e legumes.

A maioria vendia coisas usadas. Colocavam a mercadoria na calçada, diante da loja. Entre um velho ferro de passar roupa e um carrinho de bebê sem rodas, os transeuntes podiam encontrar uma obra de Utrillo, do Douanier Rousseau ou de Picasso.

Como os outros, o espanhol teve que lidar com Libaude e, principalmente, com Clovis Sagot, por quem Utrillo já havia passado.

De início, o contato com o antigo confeiteiro era fácil: ele era suave e maleável como suas massas. Além disso, apreciava de verdade a pintura. Pelo menos, as cores. As coisas se complicavam quando se começava a falar de dinheiro. E se não começava, Sagot se encarregava de dirigir a conversa para esse assunto, que era para ele o mais importante de todos. Assim, cada vez que ia ver Picasso, levava um buquê de flores. Oferecia-o gentilmente, e perguntava ao pintor:

"Gostou?"

Picasso balançava a cabeça.

"Você poderia pintá-lo, talvez?"

O espanhol resmungava.

"E então?"

"Não sei..."

"Mas é claro que pode!", exclamava o marchand. "Um buquê tão bonito!"

Tomava nas mãos o buquê e o exibia diante de Picasso.

"Eu lhe ofereço as flores, você as pinta, e depois... e depois?"

Picasso não respondia.

"... depois, para me agradecer, você me faz uma pequena gentileza: você me dá o quadro!"

Sagot abria um sorriso em dólares.

"E, como sou gentil, deixo-lhe as flores!"

Um dia, ele propôs comprar algumas telas de Picasso.

"Quanto?"

"Setecentos francos."

"Nem pensar."

O pintor deixou a rua Lafitte e subiu até a Butte.

Naquela mesma noite, não tendo nada para comer, lamentou sua intransigência. No dia seguinte, voltou à casa de Sagot.

“Mudou de ideia?”

“Não tenho escolha.”

“Ótimo!”, exclamou o marchand.

Abriu os braços para o grande artista.

“Compro todos. Quinhentos francos...”

“Setecentos!”

“Por que setecentos?”

“É que ontem...”

“Ontem foi ontem!”

Furioso, Picasso saiu da loja.

No dia seguinte, depois de outra noite sem ter o que comer, ele voltou.

“Hoje”, exclamou Sagot sorridente, “estou de bom humor”.

“Isso quer dizer o quê?”, arriscou Picasso, desconfiado.

“Quer dizer trezentos francos.”

O pintor desistiu.

Ele também negociava com Soulié, antigo lutador que já explorara Utrillo. Sua loja ficava em frente do circo Médrano. Soulié era antes de tudo alcoólatra, depois, vendedor de coisas usadas, especializado na compra e revenda de camas e colchões. Tornara-se vendedor de quadros por conta do escambo: vendia telas aos artistas, que pagavam em guaches ou em desenhos, quando não tinham outra moeda para a compra. Essas obras – Renoir, Lautrec, Dufy... – eram, em seguida, expostas diretamente na calçada.

Soulié tratava os pintores mais ou menos como os outros clientes, negociando tudo, recusando-se a lhes fornecer crédito. Um dia, foi ver Picasso para fazer uma encomenda. Precisava de um buquê de flores para o dia seguinte: tinha prometido a um cliente. Picasso não tinha nada pronto.

“Me faça então um!”, sugeriu o marchand. “Para você, isso não é complicado.”

“Não tenho branco.”

“E para que você quer branco?”

“Você podia me adiantar um dinheiro para comprar...”

“Esqueça o branco! É tão banal!”

Picasso pintou um buquê, que Soulié comprou por vinte francos. Ainda não estava seco quando o levou. E tratava-se de um preço excepcional, já que o marchand fizera uma encomenda. Normalmente, pagava três francos por um guache. E Picasso não era mais mal pago do que os outros: foi na loja de Soulié que Picasso comprou, por cinco francos, uma obra do Douanier Rousseau, *Portrait de madame M.* O quadro estava jogado na calçada. Picasso olhava para ele, observado pelo marchand.

"Leve essa senhora, vai ficar bem na sua casa!"

E como o pintor hesitava:

"Um franco! Você pinta por cima e, como é grande, se me fizer um belo buquê de flores, compro de novo pelo mesmo preço!"

Picasso adquiriu a tela, mas não a recobriu.

O primeiro marchand de verdade que ele encontrou era uma marchande: Berthe Weill. Seus pintores a chamavam de "La Merweil"...* Era uma mulher simpática, vesga, que usava grossas lentes. Não era ambiciosa e lucrava pouco com a venda dos quadros. Dormia e comia na sua galeria da rua Victor-Massé: uma loja simples, onde ficavam penduradas com pregadores de roupa, em fios estendidos, obras de Matisse, Derain, Dufy, Utrillo, Van Dongen. Logo virão as pinturas de Marie Laurencin, Picabia, Metzinger, Gleizes e, é claro, Picasso. Amante das artes, Berthe Weill contribuiu quase tanto para a expansão da arte moderna quanto Vollard, Paul Guillaume, Rosenberg e Kahnweiler. Ela ajudou muito Picasso, de quem havia comprado, por intermédio de Manyac, uma parte das obras da fase Lautrec e, depois que o intermediário se afastou, também alguns guaches da fase azul. Mas só alguns.

De acordo com seus livros-caixa, abertos diante de Francis Carco, em 1908, Berthe Weill comprava um Utrillo

---

* O apelido em francês faz um trocadilho entre *la mère Weil*, a mãe Weil (expressão muito usada na França), e *la merveille*, a maravilha. (N.T.)

por dez francos, um Dufy por trinta francos (tanto quanto um Rouault), um Matisse por setenta francos, um Lautrec por seiscentos francos. A cota de Picasso ficava entre trinta e cinquenta francos em média.[2] Ela revendia as obras a apreciadores relativamente ricos, como André Level, colecionador, Marcel Sembat (já um apreciador de Matisse) ou Olivier Sainciére, que se tornará secretário-geral do governo de Raymond Poincaré, quando este ocupar o Élysée. Foi assim que essa mulher enérgica e dedicada a seus pintores conseguiu tornar Picasso conhecido fora do estreito perímetro da Butte Montmartre.

Berthe Weill era do tipo decidida. O delegado responsável pelo XIX arrondissement que o diga. Um dia, em 1917, Berthe Weill havia organizado, numa galeria da rua Taitbout, a primeira exposição de Modigliani. Ela pedira a Blaise Cendrars para redigir um poema que acompanharia um desenho do pintor italiano nos convites distribuídos aos interessados.

Na noite do vernissage, havia tanta gente no interior da galeria quanto do lado de fora. De um lado, os apreciadores de arte; do outro, os transeuntes estarrecidos com os nus expostos na vitrine. Mandaram um policial, que relatou o fato ao delegado. Este mandou o recado: retirar os quadros. Berthe Weill se recusou a fazê-lo. Foi então imediatamente convocada ao gabinete do delegado. Teve que atravessar a rua debaixo das vaias e apupos dos senhores de polainas e das senhoras de chapéu.

O delegado estava furioso:

"Ordeno-lhe que retire todo esse lixo!"

"E por quê?", perguntou a dona da galeria.

"Esses nus!..."

O representante da lei lançava perdigotos. Quando se acalmou, respondeu com a voz enrouquecida de raiva:

"Esses nus... têm pelos!"

Tiveram que fechar. Para ajudar Modigliani, que vivia em profunda miséria, Berthe Weill comprou dele cinco pinturas. Ela o defendia com a mesma veemência com que defendera Picasso durante seus primeiros anos em Paris, embora tivesse restrições à fase azul. Mas enquanto o pintor espanhol, um dia, cruzará a estrada da riqueza, o italiano jamais conhecerá fama e fortuna. E terá muito pouca sorte.

Dois americanos em Paris

> Mostrei dois estudos de Cézanne a um cliente. Imediatamente ele disse: "Não quero essas máquinas onde ainda há espaços brancos...".
>
> Ambroise Vollard

A fase azul também não convinha a Ambroise Vollard. Ele descobriu Picasso por intermédio de Manyac, e vendeu obras do pintor espanhol em 1901 e, depois, a partir de 1906. Nessa época, ele expusera Manet, Renoir, Cézanne, Van Gogh, Gauguin. Sua atividade não se parecia em nada com a dos vendedores de coisas usadas – que vendiam cores – e dos quais fazia parte, pelo menos no início do século, Berthe Weill. Vollard havia aberto uma galeria. Foi um dos primeiros a comprar as obras de Derain e de Vlaminck e a se interessar pelo escultor Maillol. Era muito ligado a Pissarro, que o havia levado a descobrir os impressionistas.

Ambroise Vollard havia comprado títulos de nobreza ao organizar, em 1895, uma exposição das obras de Cézanne, que Durand-Ruel e os irmãos Bernheim tinham recusado. Em suas memórias, ele descreve, detalhadamente, o trabalho que teve para descobrir o refúgio do pintor, que escondia cuidadosamente seu endereço.[1] Quando conseguiu, encontrou-se com o filho do artista, a quem falou de seu projeto de exposição. Alguns dias mais tarde, recebeu um enorme rolo contendo 150 telas do pintor. Como ainda não dispunha de meios, Vollard as exibiu emolduradas por grosseiros pedaços de madeira. Sua fama, e também a de Cézanne, nasceram nessa ocasião. Isso permitiu a Vollard dedicar-se aos pintores que amava e admirava, ao mesmo tempo em que exercia a atividade de editor, que o apaixonava: escolhia os melhores tipos de papel e os melhores ilustradores para publicar livros, que eram assim enriquecidos por artistas (como La Fontaine ilustrado por Chagall; Verlaine, por Bonnard; Mirbeau, por Rodin...).

Ao longo dos anos, a galeria Vollard iria se tornar um dos pontos altos da arte moderna. Ficava na rua Laffitte, a principal artéria do mercado da pintura em Paris, onde também estavam Bernheim e Durand-Ruel (que abrira uma sucursal em Nova York, em 1886). Matisse, Rouault, Picasso e outros jovens artistas vinham com frequência visitar a galeria para descobrir a produção dos mais velhos.

A vitrine da galeria Vollard não se parecia com as outras. Diante dela, na rua Laffitte, depois de admirar os Renoir, os Pissarro e os Monet, Chagall mal pôde crer no que seus olhos viam: o resto era um punhado de lixo e jornais velhos. Quanto ao hábito, fazia perfeitamente o monge. Ao empurrar a porta, o visitante descobria uma mesa, um aquecedor, uma escultura de Maillol, quadros virados contra a parede, algumas telas de Cézanne que não haviam sido emolduradas. E poeira por todos os lados. Podia-se acreditar então em Vlaminck, que afirmava, quando fez sua primeira exposição na galeria, que mandava todos os dias a empregada para limpar os móveis e os quadros.

Um homem, meio sonolento, está sentado atrás da mesa. Um *créole** das Ilhas Reunião. Beirando os quarenta anos, alto, forte, meio calvo, uma barba curta. Renoir dirá que ele é parente de um chimpanzé. Os clientes pensarão: ele não se interessa por pintura. Isso porque Vollard mal dá atenção àqueles que entram na galeria. Abre um olho, pergunta o que desejam, escuta, ergue-se um pouco, deixa-se cair de novo na cadeira e responde:

"Volte amanhã."

No dia seguinte, ele mostra as obras que foi buscar na sua caverna de Ali Babá: o porão, onde estão depositadas mil preciosidades. Depois de retomar seu lugar atrás da mesa, volta a cochilar, até o momento em que o visitante lhe mostra uma tela.

---

* Descendente europeu nascido nas antigas colônias. (N.T.)

“Esta aqui?”

“Cinquenta francos”, responde Vollard sem hesitar.

“Quarenta.”

“Eu disse cinquenta... O senhor me propõe quarenta... então vai ser setenta.”

“Mas...”

Vollard sacode a cabeça, mostrando que é inútil discutir.

“E como posso saber se essa obra não é falsa?”

“Não pode.”

“Como, ‘não pode’?”

“Essa obra data de 1830. Eu ainda não era nascido... quem pode saber?”

O cliente olha desconfiado para o marchand e pergunta:

“Pode me mostrar um ou dois Cézanne?”

Vollard os mostra e o homem fica extasiado.

“Quanto, este aqui?”

“Duzentos francos.”

“O senhor acha que Cézanne vai valorizar?”

“Não tenho a menor ideia!”

O cliente hesita. Vollard aceita dar algumas explicações:

“Comprei essa tela por doze francos no ano passado. Estou vendendo por quase vinte vezes mais caro...”

“Isso prova que está valorizando!”

“Prova que está em alta hoje! Mas amanhã, pode ser que esse quadro não valha nem mesmo os doze francos!”

Sob esses modos rudes e desagradáveis, Vollard dissimulava uma alma matreira. Era como um gato espreitando a presa. Quando queria um pintor, conseguia. Não comprava apenas uma ou duas telas, mas toda a produção. É assim que ele fará com Vlaminck e Derain: fascinado pela violência pictural dos *fauves*, ia do ateliê de um para o ateliê do outro, observava, sério, as obras que lá se encontravam e dizia:

“Compro.”

“O quê?”

“Tudo.”

Na maioria das vezes, não assinava nenhum contrato: bastava a palavra.

Quando vendia, se queria se dar ao trabalho, não era um gato, mas uma raposa. Graças a Alice Toklas, sabemos o que se passou com Gertrude e Léo Stein.

Tentemos imaginar a cena. Dois americanos, recém-chegados à França, empurrando a porta da galeria de Vollard. Ela, gorda como uma camponesa, de sandálias de tiras de couro; o cabelo bem curto, acentuando ainda mais o aspecto masculino de uma pessoa atarracada; a mão era como a de um guarda-costas, o sorriso leve, a voz alta, decidida, e falava sem parar.

Ele, muito ereto, sisudo, de chapéu, barba vermelha e colete, quase delicado, se comparado à irmã. E Vollard, cochilando atrás da mesa, com seu legendário casacão e seus sapatos tão grandes e tão velhos que os bicos levantam como os dos tamancos holandeses.

Ele não se levanta. Não sabe que está diante dos maiores mecenas de Paris. Desde que chegaram, em 1903, os Stein garimparam as galerias e os ateliês. Eles têm uma fortuna para gastar, e pretendem fazer isso comprando obras de arte.

Impassível e sonolento, Vollard espera. Léo pergunta se podem ver as paisagens de Cézanne. Vollard se levanta pesadamente. Desce a escada que leva até suas preciosidades. Passam-se cinco minutos antes que volte com uma pequena tela na mão. Mostra-a. É uma maçã.

"Desculpe", observa Gertrude. "Uma fruta não é uma paisagem... Queremos ver uma paisagem."

"Perdão!", exclama Vollard.

Desce novamente a escada e desaparece. Os americanos começam a rir.

Quando o marchand volta, traz uma tela maior do que a primeira. Apresenta-a aos visitantes. Eles olham com grande interesse. Desta vez é Léo quem fala:

"Senhor Vollard, não queremos importuná-lo... Desejamos uma paisagem e o senhor nos traz um nu!"

Por sua vez, Vollard olha a tela: é uma mulher de costas.

"Desculpem! Já volto..."

Pela terceira vez, desce a escada. Reaparece alguns minutos depois, trazendo um quadro enorme.

"Vocês querem uma paisagem? Aqui está uma paisagem!"

A pintura está inacabada. É uma paisagem, mas minúscula.

O resto da tela está vazio.

"Está melhorando", admite Gertrude Stein. "Mas se pudéssemos ver uma obra menor e totalmente acabada, ficaríamos encantados."

"Vou ver", resmunga Vollard.

Sai novamente. O irmão e a irmã esperam. Ouvem passos.

Mas não é o marchand: uma mulher bem idosa sobe a escada e cumprimenta-os amavelmente, antes de sair e desaparecer.

Léo e Gertrude se olham sem entender nada. Riem. Novamente ouvem-se passos. Surge outra mulher.

"Boa noite, senhores!"

Sai como a outra, para a rua Lafitte. Gertrude cai na gargalhada e diz a seu irmão o que pensa: o marchand é louco. As duas mulheres que acabam de passar são duas pintoras que trabalham nas profundezas da galeria. A cada vez, Vollard pede a elas que façam rapidamente uma maçã, um pedaço de um nu, um fragmento de uma paisagem, e quando mostra a eles jura que é um Cézanne. Na verdade, ele não tem nenhum Cézanne!

Eles acham graça. Mas Vollard volta ainda mais uma vez.

Apresenta a eles uma nova tela: uma paisagem totalmente pronta. E maravilhosa. Os dois americanos compram o Cézanne e vão embora.

Vollard iria explicar a seus amigos que recebera a visita de dois americanos apressados e meio malucos, que não paravam de rir. Rapidamente, compreendera que quanto mais eles rissem, mais comprariam.

E não se enganara: ele os fizera rir de tal maneira que os Stein voltaram várias vezes. No mesmo ano, adquiriram dois nus de Cézanne, um Monet, dois Renoir e dois Gauguin.

O porão de Vollard era um lugar mágico e múltiplo. Servia de depósito para as obras-primas, mas tinha também uma cozinha e uma sala de jantar. O marchand adorava receber. Ele não era apenas mal-humorado e astucioso. Era também curioso, falador quando lhe convinha, adorava ouvir e contar fofocas e gostava de literatura popular; extremamente amável, sobretudo com as mulheres, apesar de nunca ter se casado. Quando Vlaminck perguntou a ele por que continuava solteiro, respondeu que uma esposa legítima, certamente, lhe teria pedido muitas explicações sobre Cézanne. "Já pensou! Que chatice ter que explicar!"

À sua mesa comia-se sempre frango ao *curry*, prato principal da cozinha da Reunião, sua terra natal. O marchand convidava os artistas e os compradores de que mais gostava. Sobretudo Rouault, que almoçava todos os dias com ele; e o irascível Degas, antissemita e chato, que nunca perdoou Berthe Weill por ter aberto sua galeria de pintura perto da casa dele. Vollard contava que, certo dia em que fora à casa do pintor para lhe mostrar uma tela, deixou cair sem querer um pedacinho de papel de meio centímetro quadrado que se perdeu numa fresta do assoalho. Degas se alvoroçou:

"Cuidado! Você está desarrumando meu ateliê!"

O lixo infecto foi imediatamente recolhido.

Uma noite em que o marchand o havia convidado para jantar, Degas impôs sete requisitos para aceitar: ele não queria pratos que levassem manteiga, nem flores sobre a mesa, exigiu pouca luz, que o gato ficasse preso, que não houvesse nenhum cachorro, que as mulheres não usassem perfume e que o jantar fosse servido às sete em ponto.

E bom apetite...

Os convidados sabiam que, assim que terminasse o jantar, Vollard cruzaria as mãos na nuca, se apoiaria contra a parede e mergulharia nos seus sonhos.

Ele tinha a doença do sono. A cabeça tombava à frente durante as refeições, nos fiacres, atrás da sua mesa de trabalho, e ele vivia se queixando de ter dormido mal. Reclamava da cama e jurava que ia trocá-la (mas nunca o fez, assim como nunca trocou o casacão e os sapatos que, no entanto, dez vezes por semana, ele prometia jogar no lixo). Esse estado de sonolência fazia com que seus amigos (e seus inimigos) dissessem que ele enriquecera dormindo. Os pintores para quem posou, principalmente Renoir, suplicavam a ele para não cair nos braços de Morfeu durante as sessões. Para mantê-lo acordado, Bonnard o obrigava a segurar um gato no colo. Cézanne chegou até a instalá-lo sobre um tamborete, colocado em cima de quatro pedaços de madeira no alto de um estrado.

"Se você cair, o tamborete também cai, e junto os pedaços de madeira e o estrado!"

"E aí?"

"Aí, você acorda!"

Foi um verdadeiro suplício. Depois de quinze sessões de pose e algumas quedas de mau jeito, o modelo perguntou:

"Acabou?"

"Ainda não", respondeu Cézanne.

"Pelo menos, você está satisfeito?"

O pintor se afastou, observou e respondeu:

"A parte da frente da camisa ficou boa..."

Ambroise Vollard morreria em 1939, num acidente de carro.

O motorista dirigia, enquanto o marchand roncava no banco de trás. Foram dadas duas versões para o acidente. Uns diziam que a limusine passara sobre um buraco e que Vollard, que dormia profundamente, batera a cabeça contra a lateral do carro. Teria então morrido dormindo. Hipótese tentadora. Georges Charensol arrisca uma tese mais realista[2]: depois que o carro derrapou, um bronze de Maillol, que estava na tampa interna do porta-malas, teria escorregado e quebrado a cabeça do marchand. Foi assim, talvez, que morreu Ambroise Vollard, tocado por duas graças: Maillol e o sono.

Cyprien

Fala-se de Max Jacob. Vejo um vaga-lume contra uma parede: é Max que está escutando.

Raymond Queneau

Pelas ruas de Montmartre, na direção oposta à galeria de Vollard, vai caminhando um homem, levemente iluminado pela luz azul dos lampiões a gás. Está vestido de modo estranho, com uma capa de pastor bretão, cinza, forrada de flanela vermelha. A cabeça enorme está descoberta, os ombros são estreitos, a boca é fina, e é impossível esquecer aquele olhar, às vezes fixo, às vezes em movimento. Usa um monóculo. Sob a dignidade e a elegância, grassa a miséria comum aos jovens artistas da Butte.

Quando lhe perguntam sobre sua infância, conta que foi roubado por um bando de ciganos quando tinha três anos; foi desossado e cortado em rodelas, antes de ser encontrado, alguns anos mais tarde, no pátio de entrada da Escola Normal.

É claro que não se deve acreditar no que ele diz: é um poeta.

Possui igualmente outras habilidades artísticas: pinta há muito tempo. No colégio de Quimper, o professor de desenho achava que ele só fazia garranchos, o que denotava, de sua parte, uma total falta de perspicácia.

Os pais queriam que ele fizesse a Escola Normal. Ele preferiu a carreira militar. Foi dispensado por falta de fôlego e de músculos. Um belo dia, sem bagagem, sem agasalho, com apenas alguns francos surrupiados da carteira da mãe, foi para Paris. Descobriu rapidamente que o pincel não alimentava mais do que a caneta. Foi sucessivamente professor de piano, preceptor, empregado, crítico de arte, varredor, aprendiz de marceneiro, oficial de justiça, secretário, empregado de comércio, babá.

É incrivelmente pobre. Se está vestido de modo elegante, é graças à generosidade de seu pai, alfaiate em Quimper. E, se está caminhando pelo bulevar de Clichy, é para encontrar um artista do qual acaba de ver 64 quadros expostos na galeria de Ambroise Vollard: Pablo Picasso.

Ficou fascinado pela pintura. Ele explicará que ela em nada faz lembrar aqueles pintores que se preocupam em passar, da maneira mais harmoniosa possível, da luz para a sombra ou vice-versa. Também não se parece com o impressionismo, que ainda choca o público, apesar do nascente entusiasmo por Renoir e Degas. Não pode ser comparada ao trabalho dos artistas que Max Jacob chama de "os grandes decoradores", aparentemente seguidores de Delacroix e Rubens, que preenchem paredes a metro. Não se aproxima nem das pequenas pinceladas de Signac, nem daqueles que imitam os simbolistas, Puvis de Chavannes ou Maurice Denis. É menos mordaz do que a obra de Toulouse-Lautrec. No entanto...

> Ele [Picasso] imitava tudo aquilo, mas suas imitações eram guiadas por um tal turbilhão de genialidade, que nessa exposição de inúmeras telas sentíamos apenas a força detonadora de uma personalidade inteiramente nova e original.[1]

Max Jacob descobre o pintor no apartamento que este divide com Manyac, no bulevar de Clichy. Fala-lhe da sua admiração, sob o olhar atento de uma dezena de espanhóis que cozinham ervilhas à luz de uma lamparina a álcool. Picasso agradece. Os dois homens se cumprimentam, apertam as mãos e se abraçam, sem entender bem o que dizem: o espanhol fala sua língua, e o francês, a dele. O que os dois sabem é que passa um magnetismo entre eles.

Picasso mostra suas obras: dezenas de telas empilhadas umas sobre as outras. Em seguida, convida o visitante a comer e a beber com os seus companheiros. Depois disso, cantam. Como não conhecem as mesmas canções, cantarolam Beethoven: até tarde da noite, os violões acompanham o canto das sinfonias.

No dia seguinte, Max Jacob convida o novo amigo para ir à sua casa. O espanhol, como sempre, chega com toda a turma. Max lê seus versos para uma assistência que não entende nada, a não ser o tom e os gestos. É o bastante. Picasso chora de emoção. Diz a Max Jacob que ele é o único poeta francês da época. Em troca dos elogios, o único poeta francês da época oferece a seu admirador alguns dos seus mais preciosos bens: uma gravura em madeira de Dürer, algumas imagens de Épinal* que ele ainda é um dos poucos a colecionar, e todas as litografias de Daumier que possui.

Picasso o leva junto com a turma dos espanhóis. Riem, cantam, dançam a noite toda.

O grupo tem vários redutos. O primeiro se chama Zut, um bar da rua Ravignan onde se reúnem todos os anarquistas da Butte. São três salas contíguas, cada uma mais lúgubre do que a outra. O lugar, um tanto sinistro, é iluminado por lampiões e dirigido por um homem baixinho que usa um gorro, uma barba comprida, calças de veludo marrom, tamancos e um cinto de flanela vermelho gritante. Chama-se Frédéric Gérard, vulgo Frédé. O bar fica aberto a todos os pobres, a todos os excluídos da cidade. Mesmo sem conhecer uma só nota musical, o proprietário toca violão, e às vezes violoncelo. Canta romanças parisienses, frequentemente acompanhado de outros artistas que vêm dar uma ajudinha. Do lado de fora, circulam as prostitutas, os malfeitores, os desertores, as gangues que se enfrentam com facas, os falsários, os adulteradores de selos: os frequentadores do *maquis*.

O letreiro do Zut anuncia o tema: "CERVEJA". É a única bebida alcoólica. Nem vinho, nem digestivos. Frédé enche os copos colocados sobre os tonéis, que fazem as vezes de mesa, diretamente da jarra. Às vezes, ele serve presunto com ovos. Quando se ouvem tiros vindos do exterior, marca registrada das arruaças do bando de Apaches, ele tranquiliza

* Basílica da região dos Vosges que se tornou um centro de imagens populares, a partir do final do século XVIII. (N.T.)

os amigos imigrantes: se a polícia chegar, ele os esconderá. Todos têm medo de ser deportados. Mas Frédé, o fanfarrão, Frédé, o anarquista parisiense, está atento.

Ele é um pouco mais velho do que a maioria do bando e compreende esses homens livres, que vivem como jovens estudantes. Eles não têm as responsabilidades sociais e familiares que tanto pesam sobre os respeitáveis ombros daqueles que moram embaixo, longe da Butte. Aqui, a única família são os amigos. E a vida social é a vida de artista: sem ordem, sem regras. O comportamento dos pintores e dos poetas é apenas, nem mais nem menos, uma variante do gesto, dos arroubos que Libertad e *Le Père Peinard* exprimem com as palavras. Picasso e Max Jacob são como todos os outros.

Em 1902, o espanhol vai passar alguns meses em seu país. Quando volta, divide vários quartos de hotel com um amigo escultor. Está na penúria e desanimado com a fraca venda das telas. Max, que é só cinco anos mais velho do que ele, age como irmão mais velho e toma conta do caçula. Ele o chama de "meu menino". Demonstrando uma incrível generosidade, vai trabalhar no serviço de manutenção da rede Paris-France, lojas dirigidas por um primo seu. O poeta varre o chão e entrega mercadorias empurrando uma carrocinha. Enquanto não é demitido, oito meses depois, por "incapacidade geral", ele divide o que ganha com Picasso.

Os dois amigos vivem juntos, num quarto que Max alugou no bulevar Voltaire. A vida boêmia está difícil. Uma noite em que estão na janela, um pensamento comum os atravessa. Picasso é o primeiro a se virar. Toma o poeta pelo braço e diz:

"Nada de ideias como essa."

Dormem se revezando: Max durante a noite, enquanto Pablo pinta. Pablo durante o dia, enquanto Max trabalha. Quando estão juntos, à noite, o empregado da Paris-France encoraja o amigo de quem Manyac, Berthe Weill e Ambroise Vollard se afastaram por causa da fase azul.

Certos dias, sob o nome de Maxime Febur, Max percorre as galerias, fazendo-se passar por um rico colecionador:

"Vocês têm obras de Picasso?"

A maioria das vezes a resposta é não. Ninguém sabe quem é. Então Max finge indignação:

"Mas como? É um gênio! Que absurdo, uma galeria como a sua não expor um artista desse porte!"

Para Picasso, Max Jacob é a encarnação da providência: não apenas ele o ajuda, como também o faz descobrir o universo das letras, que para ele, até então, não passavam de hieróglifos. E Picasso faz o que fará sempre: aprende, se aprofunda. Como ele próprio dirá mais tarde, ele não dá, toma.

Para Max Jacob, as coisas são mais simples: Picasso é a pessoa mais importante da sua existência. Ele dirá: "A porta da minha vida". Admira-o muito e sem reservas. Fascinado, por exemplo, pela vaidade do amigo, ele o olha, boquiaberto, escolher cuidadosamente um par de meias que combine com a cueca...

O poeta canta o pintor. O pintor desenha o poeta. Depois de Baudelaire e Delacroix, Zola e Cézanne, são eles que conduzem por sua vez o baile da pena e das cores. Logo virão outros poetas e outros pintores: Léger e Cendrars principalmente. O próprio Picasso vai atrair Salmon, Apollinaire e depois Cocteau, Eluard, Breton, Reverdy, René Char... mas é Max Jacob que o fará descobrir Ronsard, Verlaine, Vigny, Baudelaire, Rimbaud e Mallarmé, abrindo para ele os horizontes da poesia, aos quais será sensível por toda a vida; Max Jacob, que foi o primeiro pilar da turma de Picasso, pelo menos daquela que sucedeu os espanhóis; Max Jacob, que facilitará seu acesso ao mundo da beleza, da moda, o encontro com os costureiros-mecenas, Paul Poiret e Jaques Doucet...

Picasso não foi o único a tirar proveito da generosidade e das múltiplas qualidades do poeta. Para Francis Carco, sem Max Jacob, "a Butte teria certamente perdido seu espírito mais lúcido".[2] Inegável.

Montmartre primeiro e Montparnasse depois o amaram loucamente. Em qualquer lugar que chegasse era aplaudido, aclamado, festejado. Desfilava sua casaca preta, sua cartola e seu monóculo em mundos contraditórios, dos quais tirava seu sustento. Era apreciado pelos burgueses emergentes, por sua inteligência, sua gaiatice, suas diversas aparências, que podiam transformá-lo em um deles, seus ditos espirituosos, um pouco vulgares. Amado pelos amigos pobres como ele por sua generosidade, ele partilhava tudo e mais ainda. Judeu convertido, tinha orgulho de ser bretão. Além disso, era brilhante, "fofoqueiro e sublime, prestativo, atencioso, brincalhão, intenso, vaidoso, debochado".[3] Era também terrivelmente sensível, magoava-se por qualquer coisa, era capaz de chorar, de pedir perdão. Espirituoso, seus dardos atingiam diretamente o coração. Estimado pelas mulheres, por suas maneiras delicadas, ele só amava os homens.

Apaixonou-se por uma ou duas mulheres, no máximo três. A primeira chamava-se Cécile – tornar-se-á Mademoiselle Léonie, amante de Matorel em *Saint Matorel*. Ninguém a conhecia. Fernande Olivier menciona sua existência, mas, certamente, nunca a encontrou. Segundo uma carta que enviou a Apollinaire, em 1904, Max Jacob tinha a intenção de pedi-la em casamento:

> Esqueci de te dizer ontem que não vou estar livre hoje à noite. Prometi participar de um jantar de noivado... Isso mesmo! O meu próprio: vou me casar dentro de dois ou três meses. Esta comunicação serve de convite.[4]

A moça devia ter dezoito anos. Trabalhava nas lojas Paris-France. O idílio durou pouco. Se foi verdade, Max rompeu porque era pobre demais para poder ajudá-la, e chorou ao dizer-lhe isso.

Depois da Guerra, certo dia em que estava sentado na calçada de um café de Pigalle, na companhia de Juan Gris e de Piere Reverdy, viu passar uma mulher. Max enrubesceu e balbuciou: "Cécile!". Os outros olharam, e viram uma mulher gorda, feia e sem graça que sumiu de vista.

Antes de ser um amante perfeito, ou carente, Max Jacob foi principalmente um dos maiores poetas do seu tempo, tão brilhante nos alexandrinos quanto nas rimas livres e no poema em prosa. Mas sempre ficou um pouco apagado, atrás dos outros, sob pretexto de que tinha menos talento. Isso não só nos primeiros anos do século, mas também mais tarde, quando ficará bem conhecido – o que para os poetas não significa, infelizmente, fama e fortuna.

Quando Apollinaire publicou *Alcools*, Georges Duhamel, que era crítico do *Mercure de France*, escreveu que certos poemas eram plágio de Verlaine, Rimbaud e Moréas, e outros se inspiravam em Max Jacob. Max pegou a caneta e respondeu a Duhamel que o que ele dizia não era verdade: ele nunca escrevera nenhum poema antes de encontrar Apollinaire. Mentira. A grande virtude de Max Jacob, dirá Valery Larbaud, era a humildade.

Nos anos 1930, completamente na miséria, ele concordará em se apresentar num palco. Todas as noites, diante da sala lotada, ele começará o espetáculo com esta frase: "Senhoras e senhores, vocês não me conhecem. Ninguém me conhece. No entanto, estou no *Larousse*".

Era poeta. Poeta, mas não romancista. A diferença? Ele a explicará, um dia, a Pierre Béarn, na presença de um jovem que se encontrava no minúsculo apartamento parisiense de Max, Charles Trenet: "O romancista escreve: *um vestido verde*, e um poeta escreverá: *um vestido verdejante*".[5]

Aprendeu muita coisa numa empresa para a qual trabalhou. A direção lhe pedira para fazer um discurso no enterro do filho de um grande fornecedor. Max Jacob procurou informações sobre o infeliz fornecedor e fez um discurso elogiando fundamentada e detalhadamente os méritos cívicos, morais, econômicos e financeiros do defunto. Mas errou o alvo: o defunto em questão não tinha tido tempo de mostrar seus talentos; era uma criança...

Seu primeiro conto, *Le roi Kaboul et le marmiton Gauvin*, foi oferecido a estudantes, em uma distribuição de prêmios aos melhores alunos. Como a escola era laica, as autoridades eclesiásticas foram substituídas por autoridades municipais, e os padres, por professores. O que não deixava de estar de acordo com o personagem: Max Jacob também não merecia mais os louros da moralidade exemplar do que os do ateísmo praticante.

Ele mesmo se encarregava da distribuição dos seus livros, editava-os por sua conta ou, em alguns casos, através de uma lista de ajuda organizada por Kahnweiler: assim foram publicados *Saint Matorel* (1911) e *Le Siege de Jérusalem* (1914), ilustrados por águas-fortes de Picasso. As edições do *Phanérogame* e do *Cornet à dés* foram financiadas por ele próprio.

"Você tem que viver como poeta", lhe dissera Picasso, quando ele trabalhava no Paris-France.

Talvez fosse uma maneira de sugerir a ele que abandonasse não só o carrinho de entregas, mas também o pincel. Max pintava guaches figurativos, usando tinta, pó de arroz, cinza dos seus cigarros, fumaça, pó de café, poeira. Jamais renunciou à pintura. Mas abandonou as diversas profissões que exercera até então para se dedicar a outras atividades: a escritura, certamente, mas também a cartomancia.

Ele lia as linhas da mão, a borra de café, conhecia a Cabala e a linguagem dos astros. A todos os seus amigos oferecia talismãs, desenhos, pedras, pedaços de couro ou de ferro, gravados com hieróglifos incompreensíveis, fetiches de todos os tipos, às vezes recobertos de signos cabalísticos. Aqueles de quem ele não gostava recebiam objetos pesados, que o astrólogo aconselhava a conservar sempre com eles, senão a má sorte os atingiria. Assim, lá se iam os inimigos de Max Jacob, arrastando na bolsa uma placa de metal ou, no fundo do bolso, um granito bem pesado...

Ficou conhecido como astrólogo ao publicar, no *L'Intransigeant*, o horóscopo de Joseph Caillaux. A partir daí, passaram a lhe pedir que fizesse previsões sobre o futuro: os pobres moradores de Montmartre, que pagavam com uma sopa ou um par de meias; o costureiro Poiret, que não escolhia um terno sem primeiro saber a opinião do senhor Max; as mulheres da sociedade, que adoravam aquele homenzinho tão engraçado e esquisito, cuja presença decorava tão bem os jantares de Auteuil e de Passy.

Pois Max Jacob era sabidamente engraçado. Além dos seus talentos da pena e das estrelas, fazia imitações como ninguém. Imitava seus pais (sua mãe cantava operetas), os políticos, os personagens famosos dos cabarés, levantava a perna bem alto, a calça arregaçada, mostrando os pelos, falseando os agudos de uma dançarina. Ou então, pegava um pano vermelho que transformava em xale das velhinhas ultrajadas... Adorava aparecer: "A necessidade de agradar é em mim uma paixão desenfreada", ele confessará.[6]

Certa noite, houve uma briga no Lapin Agile. Acontecia com frequência. Alguém foi ferido na barriga com um saca-rolhas. Isso era raro. Max Jacob teve que ir testemunhar diante do tribunal. Chegou vestido impecavelmente. Pediram que falasse. Ele o fez: em voz baixa, sussurrando as palavras, cuidando para que ninguém entendesse nada a não ser a palavra "saca-rolhas", pronunciada dez vezes em tom maior. O presidente do júri ficou furioso. Mandaram-no sentar-se. Ele começou a choramingar, reclamando em voz alta que se soubesse que iriam maltratá-lo assim, jamais teria vindo... A sala de audiência se contorceu de rir como um saca-rolhas. Dessa vez sem danos.

Nas festas, seu humor e seus talentos de imitador faziam sucesso. As pessoas da sociedade que o tinham convidado, porque era chique mostrar um amalucado que sabia se comportar com elegância, subiam, no dia seguinte, as encostas de Montmartre para consultar suas cartas.

A burguesia elegante vinha então se promiscuir na Butte. Dorgèles descreve os senhores de fraque que visitavam os ateliês dos pintores, menos para comprar telas do que para espiar as modelos – que eles supunham, é claro, serem amantes do artista –; as senhoras ficavam admiradas diante das lamparinas a petróleo, tão fora de uso, das cozinhas-banheiro, tão reduzidas, dos ritos daquele povo vagamente primitivo... Quando desciam dos seus automóveis reluzentes, ou das caleches conduzidas por cocheiros vestidos de preto, elas não ficavam muito à vontade. É um lugar encantador, mas um pouco distante. Enfim, tem árvores... Suspendiam as saias de babados para chegar mais rápido ao número 7 da rua Ravignan, onde dava consultas o cabalista, que ainda não conheciam, e que Paul Poiret, o grande costureiro de todas elas, havia recomendado. Empurravam a porta e se deixavam envolver pelo misterioso encanto, que tão agradavelmente é possível sentir diante do universo dos poetas deste mundo.

Catástrofe!

Em 1907, Max Jacob morava no fundo de um pátio, numa espécie de edícula imprensa da entre dois prédios, que dava para a lixeira. O local era minúsculo (como todos onde ele morou) e muito escuro. Parecia um quarto de despejo do qual se retirou todo o entulho e as vassouras, para ser alugado por cem francos ao ano. Condizia com a extrema indigência do poeta, que escrevia com uma caneta de dois vinténs, comia arroz com leite, pedia cinquenta centavos emprestados para pegar o bonde, apertava o cinto para pagar o empréstimo o mais rápido possível e gastava a maior parte de seus parcos ganhos em combustível para a lamparina, que ficava acesa dia e noite, pois o cômodo único era escuro. "A política do petróleo é mais importante do que a política do arroz!", ele exclamava alegremente, quando alguém demonstrava compaixão. Já passara por coisa pior: dois ou três invernos sem aquecimento, ele mesmo sem agasalho e comendo metade de um pão por dia.

Cuidava do lugar com esmero. Os únicos móveis eram um colchão sobre quatro tijolos, uma mesa, uma cadeira e uma grande mala, onde o poeta guardava seus manuscritos. Depois de muita insistência, tinha obtido a permissão do proprietário para abrir um buraco no teto e instalar uma lucarna. Na parede maior, estavam desenhados a giz os signos do Zodíaco, um Cristo, um retrato de Max pintado por ele próprio, no tempo em que usava barba, e diversas inscrições, das quais uma delas chamava imediatamente a atenção: "NUNCA IR A MONTPARNASSE".

Max atendia nas segundas-feiras. Era muito cortês com os clientes. Ele próprio os recebia e lhes pedia para se sentar num canto do quarto, onde já aguardavam vários moradores do bairro. E voltava para ler a sorte daquele que tinha sido interrompido.

O cômodo era dividido por um magnífico biombo de quatro folhas. Um dia, Max o cedeu a um alemão amador de arte que, depois de ter comprado algumas telas dos pintores do Bateau-Lavoir, adquiriu também seus manuscritos (talvez até os primeiros rascunhos de *Saint Matorels*). Quando este lhe prometeu editá-los, ilustrados por águas-fortes e gravuras, os olhos de Max se encheram de lágrimas. Quando lhe estendeu algumas notas, Max achou que estava no paraíso. O santo homem pediu então que ele lhe desse o biombo, de cortesia. Max concordou. Que pena: as quatro folhas tinham sido pintadas por Picasso. Mas quando tomamos conhecimento de que o jovem amador de arte, assim apresentado pelas crônicas da época, se chamava Daniel-Henry Kahnweiler, é fácil compreender o interesse dele pelo biombo.

Algo que incomodava as senhoras vindas de longe era o cheiro do lugar. Elas tapavam o nariz, vítimas da mistura de tantos eflúvios – tabaco, petróleo, incenso e éter. Tabaco, porque ele fumava. Petróleo, porque precisava de luz. Éter, porque o poeta consumia tanto que seu quarto "cheirava mais do que uma farmácia".[7]

É Pierre Brasseur que relata algumas palavras de Max Jacob, que ilustram perfeitamente as contradições morais do chefe do druidismo, uma escola de poetas que tinha cinco ou seis adeptos, e cuja principal atividade consistia em cortar os raminhos do carvalho* na rua Ravignan:

> A honestidade é uma casinha onde há um perfume de incenso, o que é muito desagradável, e uma só porta que logo encontramos; a desonestidade é muito mais ampla, cheira a mel e a álcool, não encontramos a porta e, no entanto, existem muitas; desconfiem, pois essa casa é sedutora e é difícil sair dela.[8]

* Cerimônia religiosa atribuída aos druidas, usada aqui ironicamente. (N.T.)

Max Jacob gostaria de ter sido santo. E provavelmente acreditou que tivesse conseguido, no dia 22 de setembro de 1909, às quatro horas da tarde. Nesse dia, quando entrava em casa, como todos os dias, o Cristo apareceu a ele na parede da casa. Foi uma revelação fundamental que transformou sua vida, e que ele mesmo conta:

> ...Quando tirei o chapéu, e me preparava, como um bom burguês, para calçar os chinelos, dei um grito. Havia um Hóspede na parede. Caí de joelhos, meus olhos se encheram repentinamente de lágrimas. Fui tomado por um indescritível bem-estar e fiquei imóvel, sem entender. Parecia que tudo me era revelado [...] Instantaneamente, tão logo meus olhos encontraram o Ser inefável, senti-me despido de minha carne humana e apenas duas palavras me bastavam: morrer e nascer.[9]

Mais lírico:

> Voltei da Biblioteca Nacional; deixei a pasta; procurei os chinelos e quando ergui a cabeça havia alguém na parede! Havia alguém! Havia alguém sobre a tapeçaria; minha carne desapareceu! Fui despido pelo raio! Oh! Interminável segundo! Oh! Verdade! Oh! Perdão! Ele está numa paisagem, numa paisagem que desenhei outrora, mas Ele! Que beleza! Elegância e doçura! Seus ombros! Seu porte! Usa uma vestimenta de seda amarela e ornamentos azuis. Ele se volta e vejo aquele rosto plácido e resplandecente...[10]

Haverá outras revelações na vida de Max Jacob. Bastante estranhas, em sua maioria.

No dia 17 de dezembro de 1914, quando estava confortavelmente instalado numa sala de cinema, acompanhando com entusiasmo as tribulações em capa e espada dos heróis de Paul Féval, um importuno vem sentar-se a seu lado. Max é obrigado a puxar o casaco. Resmunga um pouco, coloca o braço sobre o braço da poltrona, e volta a mergulhar nas aventuras da *Bande des habits noirs*. Depois, arrisca uma olhada à sua direita. E aí, surpresa, perfeição, deslumbramento: o vizinho é o próprio Senhor. Tranquilamente instalado numa sala de cinema. Braços e pernas cruzados, dá para imaginar que por pouco não se pareceria com um esquimó! Max fica de joelhos. O espetáculo não está mais na tela: está na sala.

Uma outra vez, quando está rezando numa igreja, escuta uma voz:

"Max! Como você é feio!"

O penitente se volta. Quem vê a seu lado? Uma mulher de branco: a Virgem Maria. Ele então exclama:

"Mas não é possível, senhora Virgem! A senhora está exagerando!"

Ele mesmo contou esse encontro imprevisto a André Billy.

Acredite-se no que se quiser. O importante é que, cinema por cinema, ele decide apressar as operações necessárias à boa causa: sua própria conversão.

Está tentando fazer isso desde que seu visitante de seda amarela e ornamentos azuis encarnou na parede. Mas não é fácil: o pároco de Saint-Jean-Baptiste, na praça das Abbesses, foi sarcástico; o do Sacré-Coeur, também. Por que essa má vontade? "Eles devem ter informações terríveis a meu respeito", supõe Max Jacob.[11]

Quanto aos amigos, morrem escancaradamente de rir. Picasso, que Max quer que seja seu padrinho, propôs *Fiacre** como nome de batismo. Max reage: além de ridículo, esse nome é o mesmo do padroeiro dos jardineiros e cocheiros, e é também uma discreta alusão às suas preferências sexuais.

Enfrentando os deboches, os sarcasmos, as dificuldades que a Igreja coloca em seu caminho, o poeta, palhaço saltitante e trágico, consegue finalmente o que deseja: depois de

---

* *Fiacre*: referência a São Fiacre, santo popularmente associado, até depois da Revolução Francesa, à proteção contra os problemas urológicos e proctológicos. (N.E.)

muitas enquetes para julgar a veracidade da sua fé, os padres de Sion, especialistas em operações dessa natureza, adotam sua nova ovelha. Max se converte. O padrinho, magnânimo, aceitou trocar o nome de *Fiacre* por *Cyprien*, que é um dos seus nomes também.

A revelação, assim como a conversão, não mudará em nada o comportamento do novo católico. De um lado da moeda, ele reza. Sem parar. Os amigos se perguntam: por que tanto assim? Vlaminck vê nisso uma alegria misturada a uma ponta de masoquismo. Talvez ele tenha razão. Porque Cyprien faz também proselitismo, e em condições estranhas. Certa noite, no fundo de uma espelunca de Pigalle, ele tenta converter uma prostituta. Ajoelha-se diante dela e lhe estende as mãos para melhor convencê-la:

"Abrace a fé!"

"Onde fica?"

"Abrace..."

"No trabalho, nunca!"

A senhorita olha aparvalhada para aquele surpreendente indivíduo de monóculo, careca, usando um casacão preto impecável, embora gasto, que lhe conta histórias de anjos e do menino Jesus. Lá em cima, surge seu protetor, que dá uma olhada e julga as coisas de outra maneira. Aproxima-se do homem que quer subornar sua prostituta, suspende-o pela gola do casaco, toma-lhe as mãos e lhe quebra os dois polegares.

Max recomeça em outro lugar. Logo, ele terá tantas fraquezas a deplorar que as igrejas de Montmartre já não são suficientes. Vai então mais longe, onde os padres não o conhecem. Fica mais fácil confessar: entre suas preferências pelos cavalheiros, sua paixão pelos frascos de droga, seus desvios de conduta diversos e variados, os cochichos do confessionário horrorizam os homens de preto. Principalmente quando se repetem.

Quando volta para casa, Max passa pela farmácia de plantão da estação Saint-Lazare. Compra uma garrafa de éter. Fechado no quarto, cheira, ao mesmo tempo em que conversa com Deus e com a Virgem Maria. Fala-lhes com intimidade. Conta o que fez durante o dia, como se fossem seus velhos amigos. Os vapores do éter o transportam para pequenas nuvens brancas, onde ele se instala confortavelmente. Faz isso com frequência, com muita frequência, segundo os vizinhos e a zeladora que, involuntariamente, também inalam as amargas fragrâncias.

Procura-se abafar os escândalos, pois todos gostam muito dele. Na rua das Abbesses, todos o conhecem. Ele ouve as fofocas da aldeia, passa adiante, fazem-lhe confidências, ele se inclina diante da quitandeira como se ela fosse uma princesa... Deve-se acreditar nele ou em Utrillo, que conta que Max tentou violentá-lo depois de fazê-lo inalar um pouco de éter? Em quem acreditar, e por que escolher? Um e outro estão entre as grandes figuras de Montmartre. Cada um a seu modo. E este é outro paradoxo de Max Jacob: ele não gostava de Montmartre. Desconfiava de seus "gigolozinhos branquelos, que os romances poetizam estupidamente", de seus "falsariozinhos" e de seus "ladrõezinhos". Preferia a humanidade da Paris operária e burguesa. Ele só estava lá por causa dos amigos. Quando eles partiram, ele também se foi. Graças a um milagre que lhe forneceu os meios.

O milagre foi um acidente.

Um dia de janeiro de 1920, quando atravessava uma avenida, foi atropelado. Ficou levemente ferido, mas o mais importante é que recebeu uma indenização. Ele disse a Vlaminck que tanto rogara à Virgem Maria, que ela acabou tendo pena dele. Em vez de vê-lo reduzido a mendigar ou morrer de fome, ela provocou o acidente. Graças ao dinheiro que recebeu do seguro, Max Jacob passou a viver um pouco melhor – ou um pouco menos mal.

Nas vésperas de sua morte, ele ainda conseguia ver o lado bom das coisas. Preso por dois policiais, mandou várias cartas a seus amigos. Numa delas escreveu que os dois policiais eram "muito gentis" com ele.

Eles foram gentis porque concordaram em colocar a carta no correio. Mas o levaram para Drancy.* Algumas semanas antes da prisão, no registro da igreja de Saint-Benoit, onde tinha feito retiro, Max escrevera o seguinte: "MAX JACOB: 1921 (data da sua chegada)-1944". Foi premonitório. Ele sabia. Na estrada que o levou para a morte, enviou uma carta ao pároco de Saint-Benoit:

> Senhor pároco,
> Desculpe esta carta de náufrago escrita com a complacência da polícia. Quero lhe dizer que daqui a pouco estarei em Drancy. Ainda estou me convertendo. Confio em Deus e nos meus amigos. Agradeço a Deus pelo martírio que começa.[12]

Foi encarcerado em Drancy, não como católico, mas como judeu. Enviou vários SOS aos amigos, pedindo ajuda. Guitry, Cocteau, Salmon e outros intervieram junto à Gestapo e às autoridades alemãs. No dia 15 de março de 1944, conseguiram finalmente a ordem de soltura. Tarde demais: Max Jacob morrera dez dias antes de uma broncopneumonia fulminante.

Uma das primeiras cartas fora para André Salmon. Pedia-lhe que encontrasse Picasso para que este o salvasse.

Não se sabe exatamente o que fez Picasso, nem se ele fez alguma coisa. Alguns o acusaram de não ter se mexido, outros de ter se mexido pouco, outros ainda o desculparam, pois ele era apátrida e, por causa disso, também corria perigo.

A paixão essencial, muitas vezes desmesurada, que Max Jacob sentia por Picasso causou-lhe muitos sofrimentos. O poeta era gravemente paranoico. André Salmon conta uma história que mostra sua extrema sensibilidade. Um dia, leu para ele um poema que escreveu, e que tratava de uma serpente. Max voltou para casa. Picasso o encontrou

---

* Campo onde ficavam os judeus detidos na França antes de ser deportados. (N.T.)

aos prantos: achou que Salmon o havia comparado a uma serpente.

Bastava que o pintor não respondesse às cartas do poeta para que este mergulhasse em profunda tristeza. A esse respeito, a correspondência troca da entre os dois homens é eloquente.

Picasso a Max, 1902:

> Caro Max, faz muito tempo que não te escrevo. Não é porque não me lembro de você mas trabalho muito por isso que não te escrevo.

Picasso, em 1903:

> Meu caro Max, ainda que não te escreva com frequência não pense que te esqueço [...] Eu trabalho como posso porque não tenho bastante pão para fazer outras coisas que queria eu passo os dias sem poder trabalhar e é muito chato.*

Max, em 1904:

> Talvez você não tenha recebido minha última carta? Por isso te escrevo esta, e não é pouca coisa, pois não tenho mais nenhum tostão e tive que vender alguns livros para conseguir. Não preciso te dizer que meu quarto está à tua disposição...

Max, de Quimper, em 1906:

> Caro amigo, parto amanhã, 16 de abril, às oito horas da noite, estarei em casa depois de amanhã, às nove horas da manhã. Que bom reencontrar todos! Reencontrar você, meu querido amigo.[13]

---

* No original, as duas cartas de Picasso contêm erros de grafia e de pontuação, misturando francês e espanhol. (N.T.)

Poderíamos multiplicar as trocas epistolares, a demonstração seria a mesma: Picasso trabalha, Max espera.

Havia uma marca registrada que os amigos conheciam: na correspondência, mais do que as palavras superficiais, era a assinatura que revelava a afeição que o poeta sentia por aqueles a quem se dirigia: se o *J* de Jacob ia até embaixo da página, significava que ele gostava da pessoa. Se a consoante era contida, apesar de todas as palavras açucaradas que pudessem levar a crer na mais pura amizade, é que ele não gostava. Para Picasso o *J* não acabava mais.

Em 1927, durante um longo silêncio do pintor, numa carta a Jean Cocteau, Max explode:

> Não estou satisfeito com ele! Ah não!... não!... não! Será que ele está com medo... mas enfim, de que ele tem medo? De que eu me convide para almoçar? De que lhe peça três francos? [...] Ele quer cortar a intimidade da rua Ravignan? Desde antes da Guerra tudo isso já estava morto, quebrado... [14]

Um pouco mais tarde, Paul Léautaud também confirma:

> Max Jacob, sem um tostão naquele momento, foi vê-lo [Picasso]. Max Jacob prestou grandes serviços a Picasso, no seu começo. Ele trabalhou numa loja de novidades. Mal pago. Ainda achava um jeito de dar a Picasso o que ele precisava para comer e trabalhar na sua pintura. Max Jacob é, ao que parece, um homem incapaz de pedir alguma coisa para si mesmo. Picasso disse a ele: "Então, Max, como vão as coisas?". Max Jacob responde: "Ah, não vão nada bem, você sabe, nada bem, nada bem". Picasso: "Vamos lá, Max, a gente sabe que você é rico". Max Jacob, com sua delicadeza habitual: "É sim, Picasso, eu sei que para você é preciso que eu seja rico".[15]

Uma das últimas imagens que Max Jacob conservará de seu mais velho amigo, seu irmão, seu companheiro dos primeiros tempos, é a de uma refeição feita em Saint-Benoit, no dia 1º de janeiro de 1937. Parece que foi a única visita que Picasso fez ao poeta, no seu retiro. Ele chegou no final da tarde, levado pelo motorista, acompanhado do filho Paul e de Dora Maar. Jantaram juntos. Max estava nas nuvens. Picasso zombava dele. Durante todo o jantar, ele fez pouco caso do amigo. Pelo menos foi assim que Max relatou o encontro. À meia-noite, no momento da partida, Picasso propôs a Max levá-lo de volta para Paris. O poeta exclamou:

"Ah, não!"

O grande automóvel deu partida em direção à capital.

Sete anos mais tarde, quando chegou sua vez de ir em direção ao norte, rumo ao campo de Drancy, para onde a religião de sua infância o havia condenado, talvez Max Jacob estivesse pensando nas palavras que trocou com Picasso, durante aquele jantar em Saint-Benoit. O poeta tinha perguntado ao pintor:

"Por que você veio no dia 1º de janeiro?"

O pintor respondeu:

"Primeiro de janeiro é o dia da família."

"Você está enganado", replicou o poeta. "Primeiro de janeiro é o dia dos mortos."

Guillaume, o bem-amado

> Delicado! Delicioso! Admirável! Mony, você é um poeta arquidivino, vem trepar comigo no vagão-dormitório, tenho a alma em transas.
>
> Guillaume Apollinaire

Picasso, Max Jacob, Guillaume Apollinaire. Uma arte que incendiará o mundo da pintura está para nascer no topo de Montmartre, e esses três são os primeiros lanceiros da novidade que vem chegando.

Max Jacob conheceu Apollinaire em 1904. Foi Picasso que o levou a um bar nas vizinhanças de Saint-Lazare, o Austin Fox, onde ele tinha encontrado o poeta, na véspera. O Austin Fox é ponto de encontro dos jóqueis, e daqueles que esperam o trem: e também de Apollinaire, que ainda mora com a mãe, em Vésinet.

A primeira vez em que o vê, Max fica encantado com a elegância daquele que disputará com ele o primeiro lugar no pódio, junto a Picasso. Guillaume Apollinaire é então um jovem corpulento que usa um paletó inglês e colete com uma corrente de relógio. Parece com um pierrô lunar, com a cabeça em forma de pera. Essa descrição, feita pelo próprio Max, corresponde, linha por linha, curva por curva, a um retrato que Picasso fará desse seu outro amigo poeta, em 1908.

Antes de tudo, Max Jacob vê Apollinaire como verão todos aqueles que se aproximarem dele, os pintores, os escritores, os poetas, os marchands, os editores – tanto os muitos amigos como os poucos inimigos.

Guillaume Apollinaire está sentado a uma mesa. Fuma um pequeno cachimbo. Estende a mão, um pouco mole, a Picasso e a Max Jacob, sem interromper a conversa em curso com seus vizinhos, representantes comerciais ou viajantes a negócios. Ele lhes fala de Petrônio e de Nero. Tira um livro do bolso, depois outro, um terceiro: parece que as dobras das suas roupas escondem obras de toda a natureza, prosa, verso, filosofia, curiosidades, que Guillaume exibe, dá, toma de volta, lê – depois procura outra coisa, se entusiasma, ri, compõe uma quadra, fala de uma cidade, cantarola, descreve uma imagem, o odor de um prato, as entonações de uma *poskotznika*, desperta um súbito clamor, pede uma *stout*, vira-se e disserta sobre a literatura erótica, passa a Buffalo Bill, ao imperador romano Pertinax, a Paul Fort e Jean Papadiamantopoulos, tira de um dos bolsos um número de *La Revue Blanche*, pedindo à assistência para refletir sobre essa questão fundamental, sobre a qual ele mesmo discursou longamente: por que a tiara de Saïtaphernès seria desprezível pelo simples fato de ser falsa?

De repente, levanta-se e declara:

“Vamos dar uma volta.”

Arrasta atrás de si uma corte de letrados e artistas, que vai conduzindo através de Paris, de uma esquisitice a outra, às vezes cantarolando, parando para fazer anotações, propondo bruscamente pegar um carro e ir passear lá para os lados de Rueil, na Floresta de Saint-Cucufa.

Esse homem tem uma curiosidade insaciável. Tudo aquilo que for novo, imprevisto, bizarro, lhe interessa. É capaz de parar diante dos pedreiros que estão construindo um muro e admirá-los durante longos minutos. Depois, murmura do jeito mais sério do mundo:

“A construção é uma profissão de verdade. Não é como a poesia...”

Tem uma cultura prodigiosa e prodigiosamente diversificada. Fala cinco idiomas. Lê tudo. É apaixonado por Nick Carter, Fantômas e Buffalo Bill, dos quais não perde um só número, que devora andando pelas ruas.

“É uma ocupação poética do maior interesse!”, exclama.

Presenteia seus amigos com essas revistas. Um dia, a turma rouba a Biblioteca de Montmartre, no bulevar de Clichy. Passam os dias lendo. De noite, comentam as aventuras de Juve e Fandor. Max Jacob chega a pensar em criar uma "Sociedade dos Amigos de Fantômas". Mais tarde, os surrealistas irão adorar: ao redigir com uma velocidade digna da escritura automática, não estavam os autores fazendo prosa surrealista sem saber? Cendrars chegará até a dar a um poema o nome do herói comum. Melhor ainda: seu *Moravagine* será concebido como uma sequência de *Fantômas*. Fora o ritmo endiabrado das aventuras, porém, as duas obras não se parecem em nada. Uma nasceu do imaginário de um escritor. A outra resulta de um trabalho por encomenda aceito por um talentoso maníaco por artes gráficas, mundano de carteirinha, amante de belos carros – Pierre Souvestre – e seu redator, jornalista do *Poids Lourd*, autor de um manual sobre as mil e uma maneiras de cuidar do seu carro – Marcel Allain.

Apollinaire explica a modalidade literária de Fantômas a seus amigos. Os dois autores estão na editora Fayard: todo mês, devem entregar um volume de mais ou menos quatrocentas páginas. O objetivo do editor é simples: fazer mais sucesso do que Gaston Leroux.

Souvestre e Allain puseram em prática uma estratégia de participantes de rali. Eles se veem durante três dias, tempo de inventar uma história e estruturá-la, segundo um plano definido. Depois, sorteiam os capítulos, podendo trocar alguns entre si, em caso de dificuldade. Em seguida, é cada um na sua casa, diante de um gravador, junto a uma datilógrafa que leva os rolos de parafina sem que os autores se releiam. O resultado é um estilo veloz, com várias reviravoltas determinadas pela gramática.

Mesmo reconhecendo que a obra é escrita "de qualquer jeito", Apollinaire admira a imaginação sem rédeas – conforme, aliás, a campanha de publicidade, primeira do gênero, que saudou o nascimento de Fantômas.

Seu próprio trabalho não é isento dessas variantes que fazem toda a riqueza do personagem. Apollinaire escreve em verso, em prosa, poemas, caligramas, narrativas, artigos, textos eróticos. Por causa dos costumes e da moral da época ele teme o escândalo: disfarça sob uma capa falsa, na parte de cima da sua biblioteca, sua melhor obra, aquela que Picasso considera o mais belo livro que já leu: *Les onze mille verges*.*

Alguns meses depois de seu encontro com Max Jacob e Picasso, Apollinaire será o responsável de uma enigmática revista de cultura física, para a qual o pintor desenha três esboços do poeta nu, musculoso como um halterofilista, junto a uma pequena cabeça que olha admirada para esse corpo atlético. Depois, torna-se editor, encarregado de duas coleções, uma das quais se chama *Les maîtres de l'amour* e a outra *Le coffret du bibliophile*. Nelas são publicadas as obras de Arétin e do Marquês de Sade, que ele ajuda a tirar dos porões da censura.

Seu desejo de agradar é tão grande que poucos resistem a ele. Seus paradoxos lhe permitem ficar à vontade em qualquer lugar. Nas noites parisienses, Guillaume Apollinaire, de fraque, se inclina diante das senhoras para beijar-lhes delicadamente a pele branca das mãos. Também discursa como um sábio, e depois cai na gargalhada, um riso infantil, um tanto vulgar. É capaz tanto dos gestos mais delicados como das pilhérias mais grosseiras. Um dia, sob o olhar assustado dos amigos, finge ser um judeu praticante, entra num bordel da rua de Rosiers** e, dirigindo-se à encarregada, pergunta-lhe se o estabelecimento respeita as leis religiosas.

Compra *Le Temps*, explica ao vendedor que sofre de cólicas crônicas e que *Le Temps*, bem aplicado sobre o ventre, cura admiravelmente bem esse problema.

Ainda no estilo escatológico, pelo qual tem preferência particular, gosta de passar diante de uma confeitaria da Passagem Guénégaud, levantar a perna sobre os doces expostos do lado de fora e deixar neles a marca delicada de um peido fedorento.

Mais comportado, cozinha para Vlaminck peras com mostarda, acompanhadas de raminhos de dente-de-leão e água-de-colônia...

---

* Guillaume Apollinaire, *As onze mil vergas*, Mem Martins, Europa--América, 1996. (N.T.)

** Principal rua do bairro judeu. (N.T.)

À primeira vista, isso tudo não condiz com sua aparência: um burguês bem-vestido, de gravata, usando colete e corrente de relógio, que aprecia facilidades e conforto, empregado de um banco na rua da Chaussée-d'Antin. Supersticioso, gosta de conhecer as previsões para o futuro, e evita passar por baixo de escadas. Mora com a mãe, numa luxuosa casa em Vésinet.* A infância se desenrolou como um tapete de seda, nas escadarias dos palácios da Riviera, Itália, Nice, Mônaco. Seu nome verdadeiro era Wilhelm Apollinaris (uma bebida que vamos encontrar em *Les onze mille verges*) de Kostrowitzky, e era filho de um antigo oficial do exército real das Duas Sicílias (e não de um prelado da Igreja católica, como se acreditou durante muito tempo) e da filha de um oficial polonês da guarda pessoal do papa.

Palavras pomposas para uma realidade muito simples: Guillaume Apollinaire é um estrangeiro apátrida. Filho de um homem que foi embora alguns anos depois do seu nascimento, deixando um rastro de perfumado mistério romanesco; e de uma mulher, a Kostrowitzka, que podemos imaginar ágil como uma malabarista do amor, livre, arrastando os filhos de um quarto de hotel para o outro, frequentando cidades e palácios ao sabor do acaso, do jogo, dos amantes, das estações. Para a época, isso era o cúmulo da falta de vergonha. Circunstâncias agravantes: Guillaume defendeu Dreyfus, que, na sua época, apoiava as teses libertárias e foi colaborador de um jornal declaradamente anarquista: *Le Tabarin*.

Ao contrário de Max Jacob, Apollinaire já tinha publicado quando se encontraram. Não livros, mas artigos. Na *Revue d'Art Dramatique* e na *Revue Blanche*, cujo secretário de redação, o escritor Félix Fénéon, fora julgado por suas simpatias pelos anarquistas (Mallarmé testemunhou em favor dele). A equipe de redação da *Revue Blanche* tinha prestígio, e Guillaume conheceu ali muitos escritores que se tornaram famosos: Zola, Gide, Proust, Verlaine, Jarry, Claudel, Léon Blum, Octave Mirbeau, Jules Renard, Julien Benda...

* Nos arredores de Paris. (N.T.)

Com alguns amigos, Alfred Jarry e Mécislas Goldberg entre outros, Apollinaire fundou igualmente uma revista, com uma sede – a casa da mãe –, um secretário de redação – André Salmon –, um título – *Le Festin d'Esope* – e nove números. Em 1904, ela publicará *L'enchanteur pourrissant*.

Apollinaire tem ainda outros títulos. Alguns anos antes, quando tinha apenas vinte anos, ele escreveu um pequeno livro erótico que foi distribuído por baixo do sobretudo (dos homens) e dos vestidos (das mulheres): *Mirelv, ou le petit trou pas cher.** Um programa completo. E antes disso ainda, quando a mãe, o irmão Albert e ele mesmo desembarcaram em Paris, sem as riquezas com as quais a Kostrowitzka tinha vivido seu esplendor, o poeta redigia artigos para reclames, que ainda não se chamavam publicidade. Também escreveu para um novelista famoso que publicava, sob seu nome, histórias em episódios, no jornal *Le Matin*. Fez a mesma coisa para um estudante, que lhe pagou pela redação de uma tese de doutorado sobre os escritores da época da revolução.

Assim vivem os poetas. Quando não fazem jornalismo – ora cachorros atropelados (como Dorgèles), ora crônicas artísticas (como Salmon), ora teatro (como Léautaud) –, publicam contos nos jornais (como Alain Fournier) ou escrevem livros licenciosos para Jean Fort, um livreiro do *faubourg* Poissonniere (como Alfred Jarry ou Pierre Mac Orlan, que, uma vez ou outra, os assina com seu verdadeiro nome: Pierre Dumarchey).

No Fox, onde Picasso e Max Jacob vêm esperar o novo amigo, à saída do trabalho, Apollinaire não para de abrir seu talentoso leque. Pois ele também fora secretário e preceptor de francês. Tem até um diploma. Da União dos Estenógrafos. Olham para ele espantados. E ele, com ares de superioridade:

"Posso escrever tão rápido quanto falo."

"Isso serve para alguma coisa?"

"Para nada. Absolutamente nada..."

Além do mais, ele não trabalha como Salmon nem como Jacob. Não precisa de mesa. Ou quase. Está mais

* Mirely, ou o buraquinho barato. (N.T.)

próximo de Erik Satie, do qual gosta de lembrar que este compunha suas obras andando de Arcueil a Montparnasse, parando para escrever suas notas musicais à luz dos lampiões. A exemplo do músico, o poeta vai andando por Paris cantando uma ária, sempre a mesma, sobre a qual vêm pousar as rimas e os versos, "como uma abelha sobre uma flor", escreverá Max Jacob – que continua assim: "era uma poesia terrivelmente inspirada. Ele prolongava as notas para acrescentar uma sílaba ou ao contrário para suprimir". Paul Léautaud, que uma noite será convidado de Apollinaire, ouvirá sua mulher cantarolando a mesma ária... pois era ela que passava a limpo os versos do marido.

Ele parece rico, mas é pobre. Sua mãe – "mamãe", como ele diz – garante uma parte do trivial. Ela abusa da bebida, rum e uísque.

Em Vésinet, na bela casa situada no centro de um parque, Vlaminck e Derain encontraram a Kostrowiyzka. Ela estava passeando com os cachorros, dois *setters* de pelo vermelho. Andava com um chicote na mão. Os dois pintores se perguntaram se ela também usaria o chicote para conduzir o amante já antigo, um certo senhor Weill (que Max Jacob toma erroneamente pelo pai de Guillaume), empregado da Bolsa, que se empenhou para arranjar trabalho para os irmãos Kostrowitzky. Pelo menos é o que diziam os vizinhos.

Albert, o mais jovem dos dois, simpatizante do Sillon católico de Marc Sangnier*, é um rapaz tranquilo, comportado e sensato. A mãe o ouve com interesse e admiração. O outro, o poeta, ela não compreende, mas tem por ele um amor protetor. Alguém que não serve para nada, nem para trabalhar na Bolsa, nem para fazer nenhum tipo de trabalho manual. Nunca tem dinheiro e sempre tem medo de não ter. Gostaria de poder trocar um emprego estável, fixo e respeitável de empregado de banco pela profissão de poeta. O que é um poeta?

* Le Sillon: movimento social de inspiração cristã fundado em 1894, condenado por Pio X. (N.T.)

O tempo todo, Guillaume tem que engolir o operador da caixa registradora da mãe, sem poder dar o troco: ele gosta da mãe. Ele a defende, e não perdoará Max Jacob por ter escrito uma canção para ela, que os amigos, quando querem zombar dele, cantam em coro:

Épouser la mère d'Apollinaire
La mère d'Apollinaire
De quoi qu'on aurait l'air?
De quoi qu'on aurait l'air?*

Ele tem cara de menino obediente. A mãe quase não leu nada do que ele escreveu (ele não manda nada para ela), e quando der uma espiada em *L'hérésiarque & Cie*, fechará rapidamente os olhos sobre essas histórias totalmente escabrosas e incompreensíveis. Um dia, ao encontrar Paul Léautaud, ela lhe dirá:

"Meu outro filho também escreve! O que está no México!"

"Que tipo de literatura?"

"Coisas complicadas... Artigos para um jornal de economia."

Para ela, Guillaume é uma criança um tanto insuportável.

Quando ele estava na Renânia, bebezinho de 21 anos perdido na Alemanha, para onde foi como preceptor, ela lhe escreve como se ele ainda fosse um menino. Quer saber o que ele faz, como gasta seu dinheiro, se ainda pensa na família, praticamente lhe dá ordens para ler os jornais alemães, a fim de aprender a língua, aconselha-o a não colocar dinheiro na carteira, que pode ser roubada por garotos mais espertos do que ele... Chama-lhe a atenção porque ele esqueceu de escrever no Natal, recomenda que lamba BEM o selo antes de colar no envelope, que compre sapatos, se não custarem mais de oito marcos, que à mesa beba vinho, cerveja ou

---

* Casar com a mãe de Apollinaire/ A mãe de Apollinaire/ Com que cara vamos ficar?/ Com que cara vamos ficar? (N.T.)

então leite, que não faça bobagens... Quer saber se a roupa de cama é trocada e lavada, se alguém conserta suas roupas. Com incrível autoridade, exige que responda às cartas dela e não mande aquelas cartas de sempre, que parecem ter sido escritas por um imbecil. Finalmente, pede-lhe que preste atenção na ortografia:

> Presta atenção nas tuas cartas: é vergonhoso para um garoto que frequentou a escola cometer erros de ortografias [sic] o tempo todo. Entendo que são erros de falta de inatenção [sic], mas se você escrever assim a outras pessoas eles [sic] falarão mal das tuas cartas e será vergonhoso.[1]

Até a idade de 27 anos, Guillaume ficará morando com mamãe. Aos 28, 29, ele irá visitá-la todos os domingos, e em todas as vezes, como num ritual, levará uma pequena trouxa de roupa suja para lavar. Em troca, levará potes de geleia caseira. E voltará carregado de bacalhau ou de macarrão.

Ela nunca vai gostar dos amigos dele. Nem dos de Montmartre, nem de Vlaminck, nem de Derain, que Apollinaire levou uma primeira vez a Vésinet porque, como a carteira estava vazia e o estômago, colado nas costas, ele pensou que poderiam alimentar-se na sala da família: esperava que a mãe convidasse os três para se sentar à mesa com os convidados dela. Foram levados para um pequeno cômodo, entre a sala de jogos e a sala de música. Em cima de um baú, um macaco cego estava preso em uma gaiola; também morto de fome, ele havia roído as barras douradas a ponto de perder a visão.

Sentados em cadeiras nada confortáveis, os três amigos ouviram, sem dizer uma palavra, mas com a boca cheia d'água, o barulho dos garfos e das facas que chegava do cômodo vizinho. Tinham começado sem eles. Entrada, prato principal, queijos, doces. Até o macaco estava calado. Finalmente foram levados até a sala de jantar, depois que todos os convidados tinham ido embora, assim como a dona da casa, evitando os artistas.

Comeram o que sobrou.

Guillaume Apollinaire herdou da mãe o pecado da gula. "O vinho tilintava no seu estômago, a carne estalava entre seus dentes", escreveu Chagal.[2] Ele gostava de comer, de se empanturrar, de engolir os pratos uns atrás dos outros, de recomeçar até não ter mais fome, mais sede, até ficar saciado, sempre.

À mesa, ele se distinguia. Com as bochechas estufadas, o estômago preparado, o colarinho aberto, o cinto afrouxado, aguardava o sinal de partida e corria em todas as direções pelo cardápio dos pratos e dos vinhos. Escolhia os pratos mais variados, pois, tirando a carne vermelha, gostava de tudo. Com uma preferência por tripas e *petit-fours* cobertos de glacê, e por risoto, que ele mesmo preparava para os amigos, quando os convidava para jantar.

No restaurante, Apollinaire era um espetáculo à parte: o guardanapo em volta do pescoço, devorando uma ave cujos ossos quebrava com os dentes e com as mãos, o colarinho frouxo, a pequena boca bem aberta e cheia de molho, o sorriso percorrendo os pratos. Depois de engolir dois grelhados e três costeletas, levantava-se de repente e dizia: "Esperem por mim. Agora tenho que ir cagar no Lutécia". Pois ele conhecia os melhores banheiros de Paris, que sempre aconselhava a seus amigos.

Quando voltava, e se Carco estivesse à mesa, o poeta terminava sua refeição, pedia um café e um caldo gorduroso como digestivo.

Se fossem Derain e Vlaminck, no Chartier da rua Montmartre, por exemplo, apostavam quem comia mais. A regra era simples e das mais sociáveis. Devoravam todos os pratos do cardápio e, quando terminavam, começavam outra vez. Quem parasse primeiro, perdia. Depois pagavam. Raramente Apollinaire.

A cena predileta do poeta, no restaurante, consistia em levar a mão ao bolso, empalidecer e exclamar: "Esqueci minha carteira!". E quanto já tinha aplicado o golpe tantas vezes quanto Depaquit indo para Sedan, optava por perder o concurso. Até o momento em que Vlaminck dizia:

"Não te preocupa, é a minha vez."

Imediatamente ele recobrava o moral e três pratos com molho.

Com os gastos era extremamente parcimonioso. Para não usar outra palavra. Tinha medo da falta, a angústia de um criador diante de uma renda oscilatória, um pássaro na corda bamba dos direitos autorais...

Isso ele aprendera com a mãe. Esta conhecera altos e baixos. Fora preciso se adaptar. A escola de Guillaume foi dura...

No entanto, nunca chegou a ser como Harpagon* diante de seu pé-de-meia, e isso por uma boa razão: ele não tinha pé-de-meia; foi quase sempre muito pobre, nunca foi rico. Parecia uma criança, agarrado às suas moedinhas.

Soupault conta que, durante a Guerra, ele sempre acompanhava Apollinaire, que trabalhava então na Censura, no edifício da Bolsa. Um dia, passavam pela rua da *Banque*, onde havia um vendedor de coisas usadas. Guillaume parou na loja. Olhava tudo: chaves velhas, canetas-tinteiro, bustos, louça, pesos e medidas... Extasiava-se diante dos objetos. Chamou o vendedor:

"Quanto custa esse vaso?"

"Dez vinténs..."

"Dez vinténs?"

Olhou encantado para o vaso e depois recolocou-o, bruscamente, fazendo um muxoxo.

"Dez vinténs é muito caro."

Pegou um velho cachimbo, alisou a textura do material, admirou a curvatura e perguntou:

"E esse cachimbo?"

"Dois vinténs."

"Dois vinténs? Não vale isso!"

Desapontado, ia embora. No dia seguinte, ele voltava, e mesmo que o vaso custasse cinco e o cachimbo apenas um, não comprava nem um nem outro.

---

* Personagem principal de *O Avarento*, de Molière. (N.T.)

Havia uma maneira de irritá-lo: abrir seus armários e fingir roubar alguma coisa. Apollinaire corria atrás do indelicado, ordenava, suplicava, exigia que lhe devolvessem o que lhe pertencia. Sempre acabava recuperando o objeto, e sempre com amáveis reprimendas. Ninguém ficava zangado com ele. Admitiam essa sua fraqueza. Sabiam como lidar com ele: era só não lhe pedir nada.

Esse homem que fazia tantas economias não economizava esforços quando se tratava de amor. Quando conheceu Picasso e Max Jacob, estava voltando de Londres. Tinha ido fazer mais uma tentativa, a última, junto a uma jovem por quem estava loucamente apaixonado. O nome dela era Annie Playden. Ele a tinha conhecido três anos antes, na casa da Viscondessa de Milhaud. Na época, ele dava aulas de francês para a filha dela, Gabrielle. O inglês era ministrado por uma governanta britânica, a bela Annie. Ele se apaixonou em Paris e seguiu-a até a Renânia, onde a família se instalou. Essa migração permitiu que ele esquecesse um outro amor, Linda, visitasse a Alemanha e escrevesse sobre esse país – *Les rhénanes* e algumas outras páginas admiráveis, que serão retomadas em *Le poète assassiné* e *L'hérésiarque & Cie*.

Sua maior ocupação, porém, seu campo de batalha, mais do que as aulas de francês da pequena Gabrielle, é a governanta inglesa. Ele lhe envia versos, que fez para Linda e que outras, mais tarde, também receberão, sempre acreditando serem as únicas. Fala com ela em francês, ela responde em inglês. Se entendem pouco, mas para a jovem está tudo muito claro: ele lhe faz a corte. E parece que conseguiu. "Eu o amei carnalmente, mas nossos espíritos estavam muito distantes um do outro", confidenciaria a moça.[3]

Em todo o caso, nas cartas ela o chama de *querido*...

Durante quase um ano, tiveram uma ligação amorosa e clandestina. Um dia infeliz, Annie rompe: "Kostro", assim ela o chamava, tem uma personalidade rude e difícil que vai de encontro ao temperamento casto e reservado da jovem.

Um dia, ele a levou até a beira de um precipício e colocou a decisão nas mãos dela:

"Ou você casa comigo, ou te jogo lá embaixo."

Ela conseguiu convencê-lo de que a proposta não era justa. No dia seguinte, foi embora, e Guillaume ficou sozinho e a ver navios.

Não foi a primeira nem será a última vez: ele sabe como conseguir, mas não sabe como preservar. É sempre rejeitado. Ele é o mal-amado das mulheres. E sofre por isso. A todas escreve epístolas em versos, primeiro para conquistar, depois para continuar, e no fim para recomeçar. Chama e paixão. Ardor e volúpia. É tomado tanto pelo sentimento quanto pelo erotismo. Nada o detém. Annie Playden não quer mais nada com ele? Impossível.

Entretanto ela resiste, e Guillaume volta para Paris. Por uns tempos. Flerta com uma vizinha. Quando soube que Annie voltara para a Inglaterra, vai atrás dela. Propõe raptá-la, casar-se com ela, ter filhos, dinheiro, chapéus e peles que deixarão boquiaberta a respeitável família da moça. Uma noite, prepara-lhe uma armadilha. Convida-a para jantar na casa de um amigo, um escritor albanês. Annie obtém permissão de voltar às nove horas. Alguns minutos antes das nove, quando o jantar já é apenas uma lembrança, ela percebe uma estranha animação no cômodo ao lado. Vai ver o que se passa: a companheira do escritor albanês está preparando uma cama.

"Para quem é aquele quarto?", ela pergunta.

"Para quem haveria de ser? Para nós!", responde suavemente Kostro.

Às nove e dez, Annie Playden está em casa. Ela se protege atrás da zanga dos pais.

Guillaume volta mais uma vez para Paris, de orelhas caídas. Será que vai desistir dela? No ano seguinte, volta a Londres. Dessa vez, propõe à sua Dulcineia um título de condessa. Nananinanão. Fugir para a França. Nananinanão. O que, então?

"Nada!", grita a jovem governanta.

E como o poeta continua insistindo, cansada de brigar, ela dá mais um passo: havia atravessado o Canal da Mancha para fugir dele, agora colocará um oceano entre os dois. O Atlântico os separará para sempre. Apollinaire não irá para a América...

Annie, porém, terá sua *Chanson du mal-aimé*, como Louise, quinze anos depois, terá seus *Calligrammes*.

Adieu faux amour confondu
Avec la femme qui s'éloigne
Avec celle que j'ai perdue
L'année dernière en Allemagne
Et que je ne reverrai plus.*

Quando volta de Londres, em 1904, Apollinaire deixa o banco onde trabalhava e se torna redator chefe do *Guide des Rentiers.*** Ele nada entende da Bolsa, mas finge. Quando colocar sua pena a serviço da pintura, tornando-se o trovador dos artistas, ao lado dos quais ele vive, algumas línguas, nem sempre ferinas, dirão a mesma coisa: que ele não entende nada de pintura.

Por enquanto, pelo menos, ainda não escreveu muita coisa sobre arte. Faz seus discursos no Fox, como mais tarde os fará no Flore. Seu séquito não é composto apenas por Picasso e Max Jacob. Dele também fazem parte um escritor que ele admira, Alfred Jarry, e dois pintores *fauves* que conheceu no trem, entre Vésinet e Paris: Vlaminck e Derain. O grupo já está formado. Falta apenas o lugar.

É Picasso que o descobre, em 1904, quando volta de sua quarta viagem à Espanha. Seu amigo Paco Durrio, o escultor ceramista, deixa o ateliê que ocupa em Montmartre. Um espaço bizarro, num lugar incrível. Uma antiga fábrica de pianos, construída em 1860, que se tornou residência de

* Adeus falso amor que confundi/ Com a mulher que não ficou/ Com aquela que perdi/ Na Alemanha que passou/ E que não mais estará aqui. (N.T.)

** Guia dos Investidores. (N.T.)

artistas, graças a um tapume de madeira cercando o local. O lugar ficava na encosta da colina, e a entrada era pelo último andar. Ao descer, ia-se deslizando por corredores escuros, abafados no verão, gelados no inverno. Os ateliês recebem a luz através de amplas janelas que dão para Montmartre. No primeiro andar, há uma bica: a única. E os banheiros: os únicos. O teto dos andares inferiores é o assoalho dos andares superiores. Ouve-se tudo de um cômodo para o outro: colchões que rangem, pontuados por outros gemidos, cantorias, gritos, barulho de passos... As frestas do assoalho permitem que nada se ignore sobre os feitos e gestos dos vizinhos. As portas mal se fecham.

Picasso, entretanto, fica encantado. Olha com avidez para aquela estranha construção de madeira que não se parece com nada. Ele a chama de Maison du Trappeur. Max Jacob tem outra ideia. A cabana parece com as barcaças de fundo chato sobre as quais as lavadeiras lavam roupa no Sena. Dá-lhe então um nome que, saindo da rua Ravignan, dará a volta ao mundo: o Bateau-Lavoir.

A bela Fernande

> Meus olhos são pesos que medem a sensualidade das mulheres.
>
> Blaise Cendrars

Picasso mora em cima, isto é, no térreo. Na porta do ateliê, ele escreveu com giz estas palavras, inspiradas nos letreiros dos cafés: "AU RENDEZ-VOUS DES POÈTES".* Ao empurrar a tabuleta, o visitante (são numerosos) descobre uma pequena entrada que dá para um quarto minúsculo cujo assoalho está apodrecido. Depois, entra num cômodo mobiliado por um somiê e um aquecedor de ferro fundido enferrujado. Lá dentro, reina um cheiro de fumo, petróleo e óleo de linhaça. Na penumbra, dá para distinguir uma bacia que serve de pia, sobre a qual está jogada uma toalha e um pedaço de sabão nojento. Há também uma cadeira de palha, cavaletes de todos os tamanhos, tubos de tinta espalhados pelo chão, pincéis, recipientes cheios de querosene. Uma mesa com uma gaveta serve de moradia para um camundongo branco, domesticado, do qual Picasso cuida com carinho, e que não assusta a cadela Frika, uma doce vira-lata. Um enorme lampião é a única fonte de luz. Num canto do cômodo, uma prateleira de zinco contém dezenas de livros. Aqui, uma mala preta serve de cadeira. Mais adiante, um balde cheio de água espera para ser esvaziado. É tudo uma bagunça.

Menos na cama.

Recostada na cama, repousa uma jovem de 23 anos, alta, loura bonita, de uma graça delicada, que o pintor contempla com toda a força magnética de seus olhos negros. Fernande Olivier. É sua grande paixão. Aquela que substituiu as prostitutas, e algumas outras que vieram e foram embora,

* Ponto de encontro dos poetas. (N.T.)

colegas de escola do jovem Pablo. Ela ainda não destronou todas. Mas vai fazê-lo.

Ele a viu pela primeira vez perto da fonte da rua Ravignan. Depois, cruzou com ela perto da bica, no primeiro andar. Trocaram algumas rápidas palavras. Ela também mora no Bateau-Lavoir. Viram-se novamente na praça de Ravignan, onde Picasso faz ponto com sua turma. O pintor despertou-lhe o interesse por causa de seus "grandes olhos pesados, contundentes e pensativos, cheios de fogo contido".[1] Ele pareceu-lhe não ter idade. Gostou do desenho de seus lábios, um pouco menos do nariz grosso que o torna um pouco vulgar. Ele tem mãos femininas. Anda malvestido, desengonçado. Ela acha que ele é tímido e orgulhoso.

Quanto a ele, foi seduzido por seu porte, seus chapéus, uma elegância à qual não estava habituado.

Numa noite chuvosa, encontrou-a nos corredores escuros da Maison du Trappeur. Ele vem com um gato nas mãos, que acabou de pegar numa calha. Pergunta se ela o quer.

Ela lhe conta sua vida, muitos espinhos e poucas flores: uma infância infeliz, pais que a rejeitaram, um marido empregado do comércio a quem se uniu para fugir do inferno familiar; uma criança perdida, um divórcio doloroso depois de surras e ferimentos, uma ligação com um escultor que a estimulou a se tornar modelo. Alguns amantes. Sonhos e tristezas...

Picasso fica louco por ela. Certa manhã, pede a Apollinaire para ajudá-lo a fazer uma limpeza no Rendez-vous des Poètes. Durante o dia todo, esfregam o assoalho, as paredes e até o teto com uma vassoura. À noite, o pintor apresenta o ateliê a Fernande. Ele espera que ela não resista por muito tempo...

Na verdade, ela cai sim, para trás, vítima do efeito conjugado dos odores de água-de-colônia, terebintina, querosene e água sanitária. Mas não é para sempre e, dessa vez, não foi por muito tempo: ela tem seus amantes, e ele tem a enigmática Madeleine, modelo misteriosa que pode ser reconhecida em *Femme au casque de cheveux* e em *La femme à la chemise* (é ela também o personagem do magnífico *Nu assis*, que será comprado por Gertrude Stein).

Mas agora Picasso está amando. Não é um mero interesse: é uma paixão. Ele, o jovem espanhol, ainda embrutecido, descuidado, falando mal o francês, frequentador de bordéis, nos braços dessa mulher esplendorosa, bem-vestida, divinamente perfumada, um pouco burguesa, como serão todas as outras.

Quando ela vai vê-lo, ele a devora com um olhar suplicante. Esconde os objetos que ela esquece. Quando ela acorda, ele está à sua cabeceira, enlevado. Esquece os amigos, esquece de pintar, só não se esquece dela. Suplica-lhe que venha morar com ele. Ela hesita. Tem medo do seu ciúme e da sua violência. Ele sempre a sufoca com suas investidas, o que a assusta um pouco. Mas quando lhe traz presentes, ela se derrete. Ele não tem um tostão furado, mas isso não o impede de lhe oferecer livros, chá, grandes frascos de perfume, perfumes pelos quais ela é louca, tão fortes e cheirosos que quando ela está em algum lugar basta inspirar para dizer:

"A senhora Picasso está por aqui."

Ele a desenha sem parar. Ela posa e observa. No cômodo reina a desordem. Mas isso não a incomoda. Por outro lado, a gentileza do dono da casa não compensa sua "falta de higiene". *In petto*, Fernande promete que vai ensiná-lo que, quando se recebe uma mulher, é preciso estar limpo. Ela já se atribui um papel na educação do rapaz.

Vai ter muito trabalho pela frente. Porque, acima de tudo, Picasso é ciumento. De tudo e de todos, como será sempre, por toda a vida. Não suporta perder as mulheres ou os amigos, a não ser quando ele mesmo decide. Com Fernande ele se comporta da mesma maneira como se comportará, quase cinquenta anos mais tarde, com Françoise Gilot, a quem aconselhará, sem brincadeira, a usar um véu e um vestido até os pés. "Assim, você pertenceria ainda menos aos outros, eles não a teriam. Nem com os olhos."[2]

Ele gostaria de trancar a bela Fernande em casa. Para

que ela não saia. Quer que ela desista de posar em outro lugar; a partir de então, Picasso já não gosta que as mulheres da sua vida sejam representadas, a não ser por ele. Fernande posa uma vez, seminua, um seio bem à mostra, para Van Dongen (*La belle Fernande*, 1906). Ganha imediatamente uma bofetada. Ele faz uma cena homérica certo dia em que desconfia que ela provocou o olhar de um cliente sentado num bar. A partir desse dia, ela não sai mais de casa. Ele prefere fazer tudo, inclusive as compras, a arriscar outra troca de olhares.

Esse aspecto possessivo do personagem diverte os amigos. Apollinaire caçoa gentilmente dele, fazendo com que diga em *Femme assise:**

> Pour aboir braiment une femme, il faut l'aboir enlevée, l'enfermer à clef et l'occouper tout lé temps.[3]

Picasso alterna o frio e o quente. Nunca está morno. Nesse universo de dura miséria, ele traça os arabescos coloridos da vida em comum: ela não trabalhará mais, ele lhe comprará livros e fará tudo para ela.

Certa manhã, ele promete que lhe fará uma surpresa, à noite.

"Você vai fazer meu retrato?"

Ele enfia as mãos nos bolsos do macacão, sorri de forma enigmática e repete:

"Surpresa..."

À noite, ela vem. Ele está esperando impacientemente. Mostra-lhe alguns objetos que acabara de comprar: uma pequena lamparina, um cachimbo com uma longa haste de bambu e embocadura de marfim.

"É fumo novo?"

"Vem..."

Faz com que ela se deite sobre o pano que cobre o chão. Estira-se ao lado dela. Faz alguns gestos estranhos,

---

* O personagem mistura francês e espanhol e comete erros, como Picasso. (Para ter verdadeiramente uma mulher, é preciso raptá-la, trancá-la a chave e mantê-la ocupada o tempo todo.) (N.T.)

que ela observa sem desconfiar: abre uma caixa que contém uma massa escura, cor de âmbar; faz uma bolinha com os dedos, espeta-a na ponta de uma agulha, acende a lamparina, esquenta a bolinha na chama, coloca-a na extremidade do cachimbo e aspira, depois passa o instrumento para a companheira. É assim que ela descobre que Picasso fuma não só o fumo comum que coloca no cachimbo. Ele é também um grande apreciador de ópio.

Adormecem quando está amanhecendo.

Ela passa três dias com ele. Picasso trabalha durante a noite. Quando vai embora, está apaixonada.

O Bateau-Lavoir

> Era uma vez um poeta tão pobre, tão necessitado, e que morava tão mal, que quando a Academia Francesa lhe ofereceu uma cadeira, pediu permissão para levá-la para casa.
>
> André Salmon

Ela conheceu Guillaume Apollinaire. Achou-o gordo, jovial, amável. Era elegante, tinha a cabeça em forma de pera, os olhos bem aproximados, as sobrancelhas em forma de vírgulas, a boca pequena, um jeito de criança. Era calmo, austero, doce, enfático, encantador.

Max Jacob: tinha o olhar fugidio, a boca fina e maldosa, ombros estreitos, leve jeito provinciano. O que mais lhe chamou a atenção foi o sentimento de inquietação que parecia atravessá-lo, e seu medo das mulheres.

Encontravam-se quase todas as noites. A maioria das vezes, na casa de Pablo. Apollinaire quase sempre se convidava, ao contrário de Max Jacob: era preciso pedir-lhe que viesse.

Sentavam-se à mesa dividindo uma pequena toalha, da qual cada um ficava com uma ponta e sobre a qual Apollinaire escreveu um conto.[1] Quase sempre havia ostras portuguesas, pois a oito vinténs a dúzia era algo que podiam comprar. E quando não podiam, era só descer até o subsolo do Bateau-Lavoir, bater na porta onde estava escrito: "SORIEUL, CULTIVADOR", e tentar negociar fiado alcachofras, aspargos, cebolas, que o morador, por um milagre nunca explicado, cultivava em casa.

Apollinaire dizia seus versos, sem jeito e sem nenhuma graça. Max Jacob era engraçado, brilhante e divertia a plateia até o amanhecer. Em *Femme assise*, Guillaume Apollinaire retratou-o sob o nome de Moïse Deléchelle: "Um homem cinzento cujo corpo, em todas as partes, é musical". E o que faz esse homem-orquestra?

> Bate na barriga para imitar os sons profundos do violoncelo; dos pés tira as ressonâncias roucas da matraca; a pele esticada das bochechas é um címbalo tão sonoro quanto o dos ciganos de restaurante, e os dentes, nos quais bate com uma caneta, produzem os sons cristalinos das orquestras de garrafas tocadas por certos artistas de musicais, ou que fazem o charme de certos realejos dos parques de diversão.[2]

Improvisavam peças de teatro que representavam vestidos a caráter. A cadela Frika, presa a uma corrente metálica que arrastava atrás de si, era a encarregada dos efeitos sonoros. Nos andares de baixo, o pintor Jacques Vaillant assegurava a multiplicação dos efeitos, graças às suas próprias festas, sonoras e agitadas. Quando voltava o silêncio, falavam de arte, de poesia, de literatura. Se Guillaume Apollinaire perdia o último trem para voltar para casa e para a mãe, dormia no Bateau-Lavoir, num colchonete, ou num quarto de hotel, na rua de Amsterdam.

De manhã, se era inverno, e se o inverno era rigoroso, Picasso ficava na cama, debaixo das cobertas. Se era verão, ele se levantava e pintava, nu. Quando batiam à porta e ele estava trabalhando, não abria. Se insistiam, insultava o intruso e mandava-o embora. Se era o entregador da confeitaria da rua das Abbesses, era Fernande que respondia, gritando:

"Não posso abrir, estou nua!... Deixe o embrulho na porta!"

Era uma artimanha para pagar mais tarde: na véspera, ela havia feito a encomenda pedindo que entregassem em casa; ela pagará quando puder...

Havia também uma outra artimanha, que consistia em roubar as garrafas de leite colocadas nas portas dos apartamentos ricos. Mas para isso era preciso levantar cedo...

Quando era um marchand, a zeladora avisava. Morava na casa ao lado, tomava conta de quem entrava e atendia quando a cara era confiável – isto é, quando não parecia ser um credor. Então, batia na porta dos pintores gritando:

“Dessa vez é sério!”

Se era para Picasso, ele escondia Fernande sob os lençóis, e abria o trinco. Recebia Sagot ou Libaude, esforçando-se para ser amável. Além de não gostar deles, gostava menos ainda de se desfazer de obras, que muitas vezes considerava inacabadas. Depois disso, não conseguia pintar por vários dias.

Encontravam consolo no Azon, na rua Ravignan. Graças a Salmon, puderam comer ali, muito bem e fiado, durante alguns anos. Ao constatar que a proprietária era leitora assídua do *Matin*, o jornalista, poeta e escritor fez-se passar por autor do folhetim que ela devorava todos os dias. Desmascarado, depois de uma denúncia comprovada por fotos, teve de se resignar a comer menos.

Também podiam ir ao Vernin, na rua Cavallotti, restaurante popular frequentado por operários e empregados. Se a dívida fosse grande, podia-se penhorar um objeto nas vizinhanças e pegá-lo de volta assim que possível. Com um pouco de sorte, sabendo como fazer, colocava-se a despesa na conta de alguém. E, se Max Jacob estivesse lá, era o paraíso: seu pai pagava a conta. Havia feito um acordo com o proprietário: Max pagaria sempre que possível, e se restasse algum débito no final do mês, o pai acertaria. Com uma condição: o menu deveria ter sempre uma entrada, um prato principal, queijo e sobremesa, um café ao meio-dia e meia caneca de vinho tinto à noite.

Sem que o pai soubesse, Max tinha renegociado o acordo.

A entrada, prato principal, queijo, sobremesa, café, vinho poderiam ser transformados em cerveja, quinquina, *marc* e outras bebidas alcoólicas que ele oferecia aos amigos, graças ao mecenato paterno. Desse modo, podiam festejar alegremente pelo equivalente a uma refeição diária.

Quando voltava para casa, Picasso pegava, às vezes, a lamparina, o cachimbo e a caixinha de ópio. Havia descoberto a droga junto a um casal que frequentava a Closerie des Lilas, em Montparnasse. Outros clientes do café também a apreciavam, entre os quais, talvez, Alfred Jarry: *Les minutes de sable mémorial*[3] contém uma dose de ópio, com lábios queimando, corpo astral e o indispensável narguilé; e talvez também Blaise Cendrars, na Páscoa e em Nova York: "Eu lhe dei ópio para que ele chegasse mais rápido ao paraíso".

A partir de 1910, a coca destronará o ópio, e depois o consumo geral vai diminuir: durante a Guerra, o uso dos entorpecentes será severamente reprimido.

Na época do Bateau-Lavoir, o ópio estava na moda: era comprado dos oficiais da marinha que o traziam da China e da Indochina. Bastava ir a uma loja da rua Croix-des-Petits--Champs, pedir "uma caixinha", deixar vinte francos no balcão e ir embora com o material necessário e a respectiva substância.

Devidamente abastecidos, os convidados da Maison du Trappeur se estiravam sobre o pano que Fernande já havia usado, e depois, ao mesmo tempo que bebiam chá frio com limão, se deixavam levar pela magia dos paraísos artificiais.

Também fumavam haxixe. Segundo Fernande Olivier, ele proporcionava estranhas sensações. Certa noite em que estavam fumando na casa de Princet, um matemático mais ou menos confiável de Montmartre (em quem alguns, estranhamente, verão o teórico do cubismo), Apollinaire foi tomado por uma crise de ubiquidade: achava que estava no bordel. Quanto a Picasso, entrou numa espécie de transe doloroso, chorando e gritando que, depois que descobrira a fotografia, compreendera que sua arte não valia mais nada, e que o melhor que tinha a fazer era se matar.

Fumou-se muito em Montmartre, até 1908. Nesse ano, um pintor alemão do Bateau-Lavoir, Wiegels (o Krauss do *Quai des brumes*), se enforcou depois de ingerir éter, haxixe e ópio. Picasso jurou nunca mais fumar. Max continuou, sempre com prazer. Antes da Guerra, Guillaume Apollinaire fumava ópio com Picabia (quase todos os dias, afirmou esse último); ainda fazia isso quando conheceu Lou: nos primeiros meses de 1915, foi com a musa dos *Calligrammes* a um local onde se fumava ópio, em Nice.

Com mais frequência, porém, do que fumar, os artistas bebiam. Tirando Vlaminck, que só tomava água, e Picasso, que bebia moderadamente, os copos se enfileiravam em cima do balcão, nos cafés da Butte.

Ninguém ia mais ao Zut, que fora fechado pela polícia por causa dos anarquistas. Mas seguiram Frédé. Ele havia retomado o antigo Cabaret des Assassins, que antes havia pertencido a Adèle, amiga da Goulue, que por sua vez sucedera a um ilustrador e poeta metido a comunista, André Gill. O Lapin à Gill, rebatizado como Au Lapin Agile, ficava na rua dos Saules e tornou-se um dos pontos altos de Montmartre, o reduto preferido da turma de Picasso. Era também frequentado por Carco, Dorgèles, Mac Orlan... O letreiro representava um coelho saindo da panela, homenagem ao coelho à caçadora preparado por Adèle.

O Lapin era uma construção cercada de verde, com bar, salão, espaço ao ar livre e muitos animais. O interior era escuro, e limpo diariamente pela mulher de Frédé, Berthe la Bourguignonne. Lampiões, que mal se equilibravam sob abajures vermelhos pendurados em arames fixos no teto, difundiam uma luz de taberna. Nas paredes, estavam pendurados um grande Cristo branco, esculpido por Wasselet, obras de Utrillo, de Poulbot, de Suzanne Valadon e um autorretrato de Picasso vestido de arlequim (*Au Lapin Agile*, 1905). Uma grande lareira de gesso abrigava um batalhão de camundongos brancos. Eles disputavam o território com um macaco, uma gralha domesticada e, principalmente, com o jumento de Frédé, Aliboron, *dito* Lolo, que comia tudo em todos os lugares, pintava nas horas vagas e teve uma de suas obras exposta no Salão dos Independentes de 1910. Voltaremos a falar nisso.

Berthe cuidava da cozinha, e a cozinha era boa. Frédé ficava no caixa e vendia fiado. Bebia-se bem, quase sempre muito. A bebida preferida, sugerida pelo proprietário e apreciada pela clientela, era a *combine*, mistura de cerejas, vinho branco, groselha e licor de ginjas. Nos fins de semana, o bar e o salão ficavam lotados pelos clientes habituais da casa, aos quais se misturavam curiosos, que vinham se divertir nesse lugar que cheirava a mulher e artista.

Todo o Montmartre frequentava o Lapin. Foi lá que Picasso e Fernande encontraram o tonitruante Harry Baur (chamado pelo pintor de El Cabo) e o discretíssimo Charles Dullin. Este só se animava quando dava vazão à sua veia teatral, recitando poemas de Baudelaire, Rimbaud, Verlaine e Laforgue. Ele não dizia, cuspia. Com os cabelos caindo na testa, o olhar faiscante, vivendo a poesia como se ela o queimasse, ele cativava a plateia, que sempre o ouvia em silêncio. Depois, estendia a mão e comia um sanduíche que Berthe lhe oferecia.

Frédé recebia Picasso e seus amigos com alegria. O pintor não só era da casa, mas também da família. Ele fez o retrato da filha de Berthe, que se casou com Pierre Mac Orlan: *La femme à la corneille* (1904) representa Margot e seu pássaro domesticado. Ele vinha com Fernande, com Max Jacob, com Guillaume Apollinaire, com seus amigos, todos pintores ou poetas, que formavam seu séquito. Picasso era um pivô em torno do qual todos se reuniam. Quando o viu pela primeira vez em sua casa, acompanhado pelo gordo Apollinaire, pelo longilíneo Salmon e por três armários, Braque, Derain e Vlaminck, Gertrude Stein achou que ele parecia Napoleão escoltado por sua guarda pessoal.

Os outros talvez não fossem soldados, mas Picasso era, inegavelmente, o chefe da tropa.

A JAULA DAS FERAS

> Aquilo que eu só teria podido fazer na vida se jogasse uma bomba – o que teria me conduzido ao cadafalso – tentei fazê-lo na arte, na pintura, utilizando ao máximo a cor pura.
>
> MAURICE DE VLAMINCK

"Você já ouviu falar de Racine, La Fontaine e Boileau?", perguntou ironicamente Max Jacob a André Salmon, logo depois do primeiro encontro entre os dois. "Pois bem, somos nós!"

Quando veio pela primeira vez ao Bateau-Lavoir, Salmon encontrou Picasso pintando descalço, no seu ateliê. À luz de vela. Deixando de lado o que estava fazendo, ele mostrou suas obras ao recém-chegado. Como um demiurgo, ia passando de tela em tela, esbarrando nos cavaletes e nas molduras, apresentando seu trabalho sem fazer o menor comentário, indo de um canto a outro do ateliê para procurar, no meio de todas as pinturas, aquela que ele queria. Salmon, por sua vez, assim como Jacob, Apollinaire e tantos outros, se deixava levar pela genialidade que acabara de descobrir naquela noite.

Alto, magro, também fumante de cachimbo, Salmon já escrevia poemas e era também jornalista. Junto com Paul Fort, pilar de um Montparnasse ainda desconhecido, ele havia fundado uma famosa revista, *Vers et Prose*. Sob uma aparência ríspida e severa, dissimulava um grande talento inventivo, que divertia muito o pequeno universo da Maison du Trappeur.

Havia também André Derain, que morava num ateliê da rua Tourlaque (o mesmo que tinha sido ocupado por Bonnard), logo abaixo da rua Lepic. Vindo de um meio relativamente favorecido, Derain tinha abandonado a estrada da engenharia, na qual tinha sido lançado pelos pais, para trilhar os atalhos escarpados de Montmartre e da pintura. Conservara dessa vocação industrial, porém, um acentuado gosto pelo trabalho manual. Gostava de comprar no Mercado das Pulgas velhos aparelhos que consertava e ia juntando em casa. Um dos seus passatempos favoritos era fabricar aeroplanos de papelão, que tentava fazer voar. Colecionava instrumentos musicais escangalhados e lhes devolvia uma alma musical. Lia muito, e conhecia toda a literatura da época. Sua pintura, profunda, organizada, sólida, tinha qualquer coisa de terrena, forte, características também encontradas nas suas atitudes e na sua compleição. Suas modelos contavam que ele às vezes as colocava no colo, envolvia-lhes a cintura com uma das mãos e pintava com a outra. Ele precisava ver, e também tocar.

Antes de se instalar na rua Tourlaque, Derain viveu em Chatou, a aldeia onde nasceu. Foi lá que encontrou seu grande amigo Vlaminck, com quem pintou por muito tempo às margens do Sena, e que apresentou a Matisse. Desse encontro iria nascer um escandaloso produto: o *fauvisme.*

Os dois companheiros certo dia decidiram que seriam famosos, e que o primeiro que fizesse sucesso, o que seria marcado pela publicação de uma foto no jornal, ofereceria uma pantagruélica refeição a seu infeliz concorrente. Vlaminck trouxe o menu: um dia pela manhã, chegou à casa de Derain com o *Petit Journal* na mão. Sua cara estava estampada na terceira página. Estupefato, Derain leu a legenda: era uma publicidade para as pílulas laxativas Pink, recomendadas por “Maurice Vlaminck, pintor”.

Ele, Derain, Manguin, Marquet, Camoin e, principalmente, Matisse iriam provocar um escândalo no Salão de Outono de 1905. Esse salão tinha sido criado dois anos antes para permitir aos jovens artistas que expusessem suas obras. Completava o Salão dos Independentes, criado por Seurat e Signac, que se posicionara contra os salões oficiais, os prêmios e os júris. Em todas as épocas, artistas rejeitados pelas academias se retiravam dos eventos, quando não eram expulsos pelos responsáveis da seleção. Foi assim com Coubert, no seu tempo, e mais tarde com Degas. Pissarro e Manet preferiram expor num salão concedido por Napoleão III para a ocasião: o Salão dos Recusados.

Matisse, Vlaminck e sua turma iriam, por sua vez, provocar alguma celeuma no terceiro Salão de Outono. Chegaram trazendo telas cujas molduras eles mesmos haviam fabricado com madeira cedida por um marceneiro de Chatou. Haviam se distanciado das regras picturais nascidas do pontilhismo e do impressionismo, que tinham, segundo Vlaminck, levado a pintura a um beco sem saída. Para Matisse, "a pintura em particular, porque ela é divisionista, destrói o desenho".[1]

Esses agitadores representavam a luz de outra maneira, pela simples força da cor. No verão que precedeu o Salão, Matisse tinha escrito de Collioure para Derain, insistindo que viesse ao encontro dele, a fim de descobrir a luz excepcional dessa pequena cidade dos Pireneus Orientais. Derain aceitou o convite. Os dois pintores trabalharam juntos. Derain tinha descoberto ali uma nova concepção de luz que significava, na prática, negar as sombras. "Deixei-me levar à cor pela cor", ele escreveria ao amigo Vlaminck.

Isso ficou bem demonstrado em *Vues de Collioure* (1905). Quanto à *Femme au chapeau* (1905) de Matisse, com seus azuis, seus vermelhos, seus verdes, essa dança inesperada de cores lançadas no rosto conservador de muitos visitantes, provocou risos e cólera – e o ceticismo de André Gide, que falou de pintura "raciocinativa", teórica, sem qualquer intuição.

Esses pintores pertenciam mais à linhagem de Gauguin e do expressionismo de Van Gogh que à de Cézanne. Suas obras, vigorosas nas cores e nos contrastes, estavam reunidas numa única sala, que o crítico Louis Vauxcelles, bem conceituado, mas evasivo quanto à arte moderna, qualificou de "*cage aux fauves*".* Assim nasceu o fauvismo. Três anos depois, junto com outros, esse mesmo crítico irá comparar

* "Jaula das feras". (N.T.)

a pintura de Braque, exposta na galeria de Kahnweiler, a cubos. Daí o cubismo. Esse homem, à sua maneira, era um visionário...

O escândalo foi tão grande que o presidente da República se recusou a inaugurar o evento. A imprensa ficou em polvorosa. *Le Figaro* falou de um pote de tinta lançado na cabeça do público. Da coleção de artigos dedicados aos *fauves*, Vlaminck gostava de mostrar este, do *Journal de Rouen*, datado de 20 de novembro de 1905:

> Chegamos à sala mais espantosa deste salão, tão pródigo, no entanto, de surpresas. Ali, qualquer descrição, qualquer relato, qualquer crítica tornam-se igualmente impossíveis, pois o que nos é apresentado não tem – salvo o material empregado – nenhuma relação com a pintura: coloridos sem forma; azul; amarelo; vermelho; verde; manchas de tinta justapostas ao acaso; brincadeiras tolas e inocentes de uma criança que brinca com a caixa de lápis de cor que ganhou de presente.[2]

A crítica ainda não se acostumara com a ideia de que a pintura não tinha mais como finalidade representar objetivamente o mundo e a natureza. Para isso havia a fotografia. O escândalo, a partir do final do século XIX, devia-se ao fato de que os artistas cada vez mais se afastavam da realidade, recompondo o mundo à sua maneira. Eles não se entregavam mais à simples *representação* – como se fosse possível decalcar a natureza sobre uma tela! –; eles buscavam a expressão. A arte, sob esse aspecto, lhes trará muitas recompensas.

Depois de terem chocado bastante por conta da luz, antes de se tornarem quase irresponsáveis em relação às formas, os pintores entravam então na arena da crítica, brandindo obras das quais o vermelho não era a mais agressiva das cores. Mil bandarilhas viriam ainda. Matisse, Derain e também Vlaminck.

Ainda mais selvagem do que seu amigo de Chatou, Maurice de Vlaminck criava a luz esmagando tubos de tinta sobre a tela. Pintava pelo instinto, brutalmente, e não ligava para nenhum preceito teórico. Durante muito tempo cultivou uma violência que no amigo foi sendo aos poucos disciplinada. Quando Derain enveredou pela via das escolas e das academias, Vlaminck rompeu com ele.

Vlaminck, de cabelos louro-avermelhados, de olhar ingênuo num rosto atrevido, às vezes fechado, era brigão. Bufava, gritava, gargalhava. Detestava não só as escolas e as academias, mas também os museus, os cemitérios, as igrejas. Afirmava que fora o anarquismo que o havia conduzido ao fauvismo.

> Desse modo, satisfiz minha vontade de destruir as velhas convenções, de "desobedecer", a fim de recriar um mundo sensível, vivaz e liberto.[3]

E concluía garantindo que ele pintara, mas o melhor representante do fauvismo tinha sido Ravachol.

É uma questão de opinião. Vlaminck tinha várias, que expressava sempre em alto e bom tom. De punho fechado, se fosse preciso. O que era válido para ele também o era para os seus. Georges Charensol conta que um dia Vollard almoçava na casa do pintor e perdeu o apetite quando viu a filha deste, de sete anos, acender um cigarro à mesa. Chamou-lhe gentilmente a atenção dizendo que fumar, naquela idade... A garota, que não tinha nada de uma menina exemplar, voltou-se para o marchand e respondeu:

"Não é da sua conta, seu babaca."[4]

Para grande alegria do papai, que também não era lá dos mais delicados com os seus contemporâneos.

Vlaminck não gostava muito de Montmartre. Ia lá, de vez em quando, fazer farra com os amigos e depois, de madrugada, voltava para o subúrbio, a pé. Na época em que conheceu Picasso, vivia de expedientes para alimentar a mulher e as três filhas (suas primeiras telas, de uma pintura bruta saída diretamente dos tubos de tinta, estalam por causa da má qualidade das tintas e dos suportes). Ele participava de corridas de bicicleta, de regatas ou arranhava o violino em orquestras ciganas. Tinha também feito luta livre em parques de diversão, onde, por alguns francos, brigava com grandalhões e deixava que o derrubassem antes do final do segundo assalto. Por fim, escrevera livros. Dizia que a matéria-prima era mais barata do que a exigida pela pintura. Produziu alguns romances de títulos apelativos: *D'un lit dans l'autre ou La vie en culotte rouge.** Mais tarde, redigiu suas memórias, devastadoras e nem sempre gentis com os colegas de seu tempo.

Pensou que a sorte tinha finalmente lhe sorrido quando vendeu seu primeiro quadro no Salão dos Independentes. Depois de se informar, descobriu que o benfeitor vinha do Havre, e que comprara as duas telas que lhe pareceram mais horrorosas para oferecê-las ao genro. A primeira assinada por Vlaminck, a segunda por... Derain.

O terceiro elemento do grupo era Georges Braque, nascido na Normandia, em Argenteuil. Seu avô e seu pai dirigiam uma empresa de decoração de paredes. Tanto um como o outro eram amadores. Braque cursou a escola de Belas-Artes, no Havre, onde trabalhou com um pintor decorador. Chegou em Montmartre em 1900 e, logo em seguida, trocou a pintura praticada pelo pai por outra menos artesanal. Morou na rua Trois-Frères e, em 1904, conseguiu um ateliê na rua Orsel, não muito distante do Bateau-Lavoir. Conheceu Picasso em 1907 – mais tarde do que os outros.

Alto, musculoso, de cabelos escuros e crespos, calmo, forte como um urso, Braque encantava as garotas com quem dançava no Moulin de la Galette. Quando pegava o bonde puxado a cavalo Batignolles-Clichy-Odéon, que atravessava o Sena para alcançar a margem esquerda, subia cantando e tocando acordeão.

Era prontamente reconhecido graças ao macacão, aos sapatos amarelo-canário e ao chapéu enfiado na cabeça. Durante alguns meses a turma toda usou o mesmo chapéu: é que, durante um leilão, o pintor comprara uma centena deles por um preço irrisório, e os tinha oferecido aos amigos.

* De uma cama para outra ou A vida de calcinha vermelha. (N.T.)

O holandês Kees van Dongen, tão grandalhão quanto Braque, ruivo e barbudo, veio se instalar na Maison du Trappeur em 1905. Tinha exercido todas as profissões: vendedor de jornais nos grandes bulevares, pintor decorador, entregador, lutador de parque de diversões... Como muitos, também vendia desenhos para a revista satírica *Assiette au Beurre*, e outras de conteúdo erótico, para a *Prou-Frou*, ou outras publicações distribuídas clandestinamente. Foi um dos poucos do Bateau-Lavoir que pintaram a vida de Montmartre, buscando seus modelos entre as prostitutas que circulavam pelas calçadas, as vendedoras da praça do Tertre ou as dançarinas do Moulin de la Galette: os outros, apesar de morarem ali, afastaram-se das fontes que serviram de inspiração a Willette, Utrillo, Poulbot e Toulouse-Lautrec.

Van Dongen vivia com os estrangeiros de Montmartre, mas pintava como os franceses. Isso o iria conduzir para longe das reviravoltas da arte moderna (como ele detestava qualquer teoria artística, não participava das reuniões na casa de Picasso), aos salões parisienses, onde se reuniam as senhoras da alta sociedade: elas sonhavam em se ver pintadas com pérolas e brincos por esse gigante, que logo organizaria festas grandiosas e opulentas no seu ateliê de Denfer-Rochereau.

André Salmon, que nunca poupava ninguém, critica sua pintura, colorida demais para o gosto dele, achando que Van Dongen confundia a paleta das suas tintas com as caixas de maquiagem de suas modelos. Picasso, por sua vez, fugirá dele, considerando que Van Dongen, por se sentir muito mais à vontade nas Planches de Deauville* do que em qualquer outro lugar, tinha se tornado um pintor mundano. Talvez ele também não o perdoasse por ter feito vários retratos de Fernande Olivier, tendo se tornado por isso o estopim de numerosas cenas conjugais (a bela Fernande, que também ficara ciumenta, se defendia dizendo que também ele, Picasso, tinha pintado muitas outras mulheres...).

* "Calçadão" do balneário de Deauville. (N.T.)

No Bateau-Lavoir, Van Dongen viveu em tamanha miséria que nunca mais quis voltar a participar daquela vida. Ali, ele dividia um ateliê com a mulher, Guus, e a filhinha Dolly. Guus era vegetariana. Na casa de Van Dongen só se comia espinafre. A família era afetuosa. Sobrevivia num lugar onde os cavaletes disputavam espaço com as camas, o berço, a mesa, o barulho dos vizinhos, o calor insuportável no verão, o frio de congelar no inverno e alguns trocados que mal davam para alimentar a criança. Por várias vezes Picasso, Max Jacob e André Salmon tiveram que se cotizar para comprar talco na farmácia mais próxima. Quando, finalmente, Dolly dormia agasalhada e alimentada, os Van Dongen contavam os tostões para saber se eles também poderiam comer. O que nem sempre era possível.

Quando Vollard comprou alguns dos seus quadros, Van Dongen instalou a família num apartamento da rua Lamarck, e alugou para ele mesmo um ateliê próximo ao Folies Bergere. Finalmente, cortou o espinafre, e ninguém mais o viu pela Butte. Preferia andar pelos lados do Palais Royal. Comia carne bem vermelha e pratos com molho, num restaurante do qual se tornou cliente, e cujo anúncio chamava a atenção para a presença do pintor no estabelecimento:

ONDE É QUE SE PODE VER VAN DONGEN
COLOCAR A COMIDA NA BOCA,
MASTIGÁ-LA, DIGERIR E FUMAR?

NO RESTAURANTE JOURDAN
RUA DOS BONS-ENFANTS, 10.

Juan Gris também vivia com a família. Ele chegou ao Bateau-Lavoir em 1906, e se instalou no ateliê que era de Van Dongen. Era um jovem de dezenove anos, pele morena, olhos e cabelos negros. “Um cachorrinho cheio de vida, afetuoso, bom, um pouco desajeitado”, dirá Kahnweiler, que teria sido talvez seu melhor amigo em Paris.[5]

Como os outros, Gris sobrevivia em condições miseráveis. Vendia desenhos aos jornais ilustrados, até o dia em que Sagot lhe comprou umas telas. Nas paredes do ateliê, escrevia com um lápis de carvão os preços dos produtos que comprava a crédito dos comerciantes da Butte. Assim que conseguia alguns trocados, pedia a Reverdy para fazer a soma, e saldava a dívida.

Gris morava no Bateau-Lavoir, mas fugia da confusão do Lapin Agile. Bebia pouco, quase sempre café. Quando passavam por ele, nos corredores da Maison du Trappeur, estava sempre melancólico e ensimesmado. Acariciava a cadela do seu compatriota com a mão esquerda, explicando que, se ela o mordesse, lhe restaria a mão direita para pintar.

Picasso tinha um enorme ciúme de Juan Gris. Não gostava da amizade que Gertrude Stein tinha por ele, e menos ainda da de Kahnweiler. Nos anos 1920, Diaghilev encomendou a Gris o cenário e o figurino de seu novo balé, *Cuadro flamenco*; depois, cancelou a encomenda e entregou-a a Picasso. Essa história complicou as relações entre os dois.

O mais velho não tinha muito o que criticar no mais novo, a não ser sua independência, e o fato de que ele também era espanhol. Até nesse quesito Picasso queria ser único.

Gris ficou no Bateau-Lavoir durante mais de quinze anos. Duas mulheres dividiram a vida com ele: Josette, que ele conhecera em 1913, e a mãe de seu filho. Quando fazia sol, penduravam o guri pelas fraldas na janela. Picasso gostava tanto dessa criança quanto da menina de Van Dongen.

Gris morreu aos quarenta anos, de uma leucemia que os médicos confundiram com tuberculose. Sua agonia foi terrível. Nessa época, ele morava em Boulogne, perto de Kahnweiler. Do jardim, este podia ouvir o amigo gritar de dor.

Quando soube da morte do compatriota, Picasso ficou abalado. Gertrude Stein, surpresa com esse sofrimento depois de tanta aspereza muitas vezes demonstrada, disse a ele, duramente, que suas lágrimas não eram bem-vindas...

De todos os pintores que estiveram no Bateau-Lavoir, Gris foi aquele que mais se manteve distante do grupo de

Picasso. Os outros dividiam tudo: a moradia, as cobertas, a festa e até mesmo as roupas.

A pequena trupe escolhia as roupas aos domingos, no Mercado Saint-Pierre. Quando desfilavam pelas ruas de Montmartre, ofereciam o espetáculo de uma divisão do exército Brancaleone em marcha.

Fiel ao que pintava naquela época, Derain tinha adotado o estilo *fauve*: terno verde, colete vermelho, sapatos amarelos, casacão xadrez, branco, preto e marrom, tudo isso diretamente importado da Inglaterra; mais tarde, um pouco mais sóbrio, irá escolher o azul, apenas o azul: o macacão, para trabalhar; ternos, todos azuis, cuidadosamente pendurados por ordem de limpeza, para sair.

Vlaminck, também adepto da escola de Chatou, usava um *tweed* xadrez, um chapéu com uma pena de gaio e uma magnífica gravata colorida, de madeira, que Guillaume Apollinaire admirava pelo uso duplo que poderia ter: cassetete em caso de ataque, e violino, quando era virada ao contrário para se fazer vibrar as tripas de gato estica das do outro lado.

Quando não estava nos trinques, combinando com as tiradas espirituosas que esperavam dele nos jantares chiques para os quais era convidado, Max Jacob adotava o estilo dos mágicos: capa de seda, cartola e monóculo; ou se vestia à moda bretã: *kabik** com galões.

André Warnod tinha uma capa de veludo, Francis Carco usava luvas impecavelmente brancas (tinha quatro dúzias delas), Mac Orlan, que andava pelas ruelas da Butte em companhia do seu *basset*, ostentava pulôveres coloridos e meias de ciclista.

Picasso preferia o macacão, alpargatas, boné, uma camisa de algodão vermelha com bolinhas brancas, também comprada no Mercado Saint-Pierre. Experimentou usar barba (pode ser vista no *Autoportrait en bleu*, 1901), mas logo a cortou. Acabará por detestar esse estilo aprendiz de pintor

* Palavra bretã; refere-se a casaco curto com capuz e bolso na frente. (N.E.)

boêmio, bem como os artistas que se vestem assim. Por essa razão, ao se desfazer do seu legendário macacão, vai criticar Modigliani e todos os seus excessos. No entanto, já na época do Bateau-Lavoir, o pintor italiano (que chegou a Paris em 1906) superava os outros pela elegante maneira de se vestir: terno de veludo e camisa sempre impecavelmente limpa. Vestia-se de modo tão clássico quanto Guillaume Apollinaire, que nunca foi visto com as bizarrias dos colegas. Era nesses trajes diversos e variados que os pintores da rua Ravignan já praticavam o surrealismo, antes mesmo do seu surgimento. Andavam pelas ruas, durante a madrugada, gritando: "Viva Rimbaud! Abaixo Laforgue!", provocando às vezes escândalos que terminavam em pancadaria. Foi isso que aconteceu no dia em que, ao atravessar o Sena pela ponte das Artes, Derain, para mostrar sua força, torceu o lampião da escada que levava à beira do rio. Depois disso, ele e a mulher se lançaram numa briga, pontuada por tapas e xingamentos, até o momento em que a polícia deu as caras. A cena terminou na delegacia.

Valia qualquer coisa que parecesse desordem. Principalmente a arte, quando não era oficial. Os poetas malditos eram amados. Em vez dos assentos dos teatros, dava-se preferência à pista do Moulin de la Galette, onde, por quatro tostões, podia-se passar a tarde toda dançando quadrilhas e polcas inflamadas, que queimavam os pés e a alma. Mais tarde, iriam descobrir as estranhas formas da arte negra. Enquanto isso, a turma descia em direção aos bulevares para aplaudir outros artistas tão iconoclastas quanto aqueles da Butte Montmartre: os boxeadores e os saltimbancos.

No caminho dos saltimbancos

> A criança me pegou pela mão e eu a protegi do mal.
>
> Max Jacob

Picasso tinha inveja de Braque e de Derain, que lutavam boxe. Certa vez, ele colocou as luvas para tentar lutar contra esse último. Um direto de direita o derrubou, e ele nunca mais repetiu o feito. Contentava-se em contemplar, fascinado, os golpes que eram trocados nos ringues das salas que a turma frequentava.

Eles também gostavam de ir ao circo. Preferiam o circo Médrano, que sucedera o circo Fernando, pintado por Toulouse-Lautrec, Degas e Seurat. Iam várias vezes por semana. Eram amigos dos palhaços Alex, Rico, Ilès, Antonio e, principalmente, Grock, que estava começando. Apollinaire cultivaria essa paixão até a morte, tendo ido aplaudir Guignol, na Butte-Chaumont, durante a guerra, quando já era membro da associação Nos Marionnettes. Em 1905, na *Revue Immoraliste*, que só teve um número, e na qual ele escreveu sobre pintura, literatura e teatro, falou dos arlequins e das colombinas que podem ser vistos em Roma, estabelecendo uma ligação com Picasso:

> Eis os seres que encantariam Picasso.
> Sob os trajes brilhantes desses esbeltos saltimbancos, percebem-se verdadeiros jovens do povo, versáteis, astuciosos, espertos, pobres e mentirosos.

Quando Picasso descia de Montmartre até o bulevar Rochechouart, onde ficava o circo, ia ao encontro do mundo da jovialidade e da abertura. Nunca ele ria tanto quanto no bar do Médrano. Gostava mais dos bastidores do que do palco, e era assim, na verdade, que pintava os participantes do circo: não no picadeiro, mas na estrada, ensaiando os números em família, ou aqui e ali, na vida de todos os dias. Esse período feliz, ilustrado pela repetição da temática dos Saltimbancos (1905), punha um ponto final na fase azul. Picasso tinha entrado na fase rosa, que foi por muito tempo, erradamente, atribuída à chegada de Fernande em sua vida. A verdade é que a abertura para o mundo, que caracteriza essa fase, já tinha começado na época de Madeleine.

Madeleine é um marco essencial na vida de Picasso, tanto no plano afetivo como na história de sua carreira artística. Ela foi uma das primeiras mulheres que tiveram importância na sua vida antes de Fernande. Por razões bastante misteriosas, o pintor silenciou sobre a existência de Madeleine, até a morte de Fernande, recusando-se a contradizê-la quando ela atribuía a si mesma um papel que pertencia à outra. Segundo Pierre Daix, apenas Max Jacob conhecera essa mulher; Daix ouviu a confidência da boca do próprio Picasso:

> Um dia, em 1968, quando cheguei em Mougins, Picasso tirou do ateliê um admirável retrato de perfil que até então ele não tinha conseguido encontrar, porque ficara preso à moldura de um dos quadros da sua coleção. "É Madeleine", ele me disse, e continuou, diante da minha surpresa: "Quase tive um filho com ela..." [...] Essa informação nos levou a 1904. Pois bem, se observarmos de que maneira o tema da maternidade ressurgiu na sua obra, vamos encontrar o esplêndido guache Maternité rose, com um rosto afilado, infinitamente mais próximo do de Madeleine do que do de Fernande.[1]

Picasso sempre considerou o arlequim como seu duplo. Ao pintar *Famille d'Arlequin*, colocando ali um bebê, ou *Famille d'acrobates avec un singe*, é sua própria paternidade que ele está representando. E portanto, sutilmente, Madeleine, e não Fernande. Aliás, não é por acaso que *Maternité rose* inaugura em Picasso o que chamamos de fase rosa.

A questão da maternidade trouxe realmente grandes problemas para o casal Picasso: Fernande Olivier não podia ter filhos. Para ela isso era provavelmente um drama, e também para o amante. A fase rosa de suas vidas encerra um episódio sombrio, que ficou em segredo durante vários anos.

Em 1907, Fernande Olivier decidiu adotar uma criança. Ela foi até o orfanato da rua Caulaincourt e trouxe uma menina. Puseram-lhe o nome de Raymonde (André Salmon a chamava de Léontine, e ninguém sabia dizer ao certo a idade dela: uns dez anos, talvez...). Durante algumas semanas, na Maison du Trappeur, todos se interessaram muito por ela e por essa novidade. Picasso, como bom pai artista, fez seu retrato em nanquim (*Portrait de Raymonde*, 1907). Mas a garota perturbava, era turbulenta. Não era mais possível dormir durante uma parte do dia e trabalhar à noite. Não era mais como antes. Era preciso encontrar uma solução.

Procuraram. Na verdade, não era muito complicado: quando algo está atrapalhando basta mudá-lo de lugar. Colocá-lo onde estava antes. Ou seja, devolvê-lo.

Foi assim que, depois de ter brincado com seus novos pais durante três meses e, segundo parece, contra a vontade do pai, Raymonde voltou à antiga condição. Órfã da rua Caulaincourt. Max Jacob, o bom Max Jacob, foi encarregado de fazer a devolução.

Em *La négresse du Sacré-Coeur*, André Salmon romanceou a cena.[2] Segundo ele, Max, o bom samaritano, foi repreendido por um empregado dos Enfants Assistés, que o tomou por um pai desnaturado. Explicaram-lhe a regra: se persistisse na sua decisão, nunca mais poderia adotar a menina. Esta desandou a chorar. Max também. Ele levou a garota para almoçar num restaurante. Gastou todas as suas economias. À noite, voltou à rua Caulaincourt. Depois, foi embora correndo.

Será que ele tinha cheirado éter naquele dia?

A história foi confirmada a Hubert Fabureau.[3] Mas nem Fabureau nem Salmon mencionam o nome de Fernande e de Picasso. Os dois autores falam de um casal de artistas; em *La négresse du Sacré-Coeur*, Max Jacob aparece sob a identidade de Septime Febur (nome que ele usava quando elogiava Picasso nas galerias)...

Por que tanta precaução em relação a Picasso? Por que os bajuladores o protegeram tão bem e durante tanto tempo, só tendo rompido a lei do silêncio muito mais tarde? Por que desses primeiros tempos do Bateau-Lavoir (que precederam o nascimento do cubismo) só restou a charmosa bagunça dessa turma extraordinária?

Porque cinco anos depois da sua chegada a Paris Picasso já era o centro de um grupo para o qual todos convergiam, vítimas ou heróis do seu poder, do fascínio que exercia sobre aqueles que se aproximavam dele. No Bateau-Lavoir, ele estava em toda parte: era admirado, tudo girava em torno dele, ele se inspirava e servia de inspiração... Atraía tanto por aquilo que fazia quanto por aquilo que era. Todos o tratavam com respeito. Era mais procurado do que procurava os outros. Até Guillaume Apollinaire, que se distinguia porque não morava em Montmartre, ganhava mais e de maneira diferente, era superior ao grupo por sua maneira de se vestir, seus modos e suas atitudes, estava sempre a reboque do amigo. Era assim em todos os aspectos, até mesmo em relação às ilustrações que o pintor oferecia a seus amigos poetas para suas obras: nem sempre ele se preocupava em saber do que se tratava, e entregava a eles o fruto do seu trabalho do momento, às vezes esboços e até mesmo rascunhos que valiam sobretudo porque estavam assinados por Picasso.

Pivô em torno do qual tudo girava, Picasso gostava igualmente de unir gente e gêneros à sua volta. Casais também: nesse aspecto, tinha a alma generosa. Foi ele quem apresentou Marie Laurencin a Apollinaire, Marcelle Dupré a Georges Braque e, provavelmente, Alice Princet a André Derain...

Também ficava no centro das brigas entre uns e outros. Até *Demoiselles d'Avignon*, raros eram aqueles que criticavam sua obra. Ela era unanimidade e ele também, através dela. O Bateau-Lavoir era uma espécie de laboratório onde se trocavam ideias, pontos de vista, descobertas, tudo misturado em uma extraordinária fraternidade artística de onde o ciúme, por enquanto, e apenas nesse campo, tinha sido banido. Tirando Juan Gris, mais inseguro do que os outros, todos sabiam que um dia a penúria iria derreter debaixo do sol do reconhecimento. Era só esperar por esse dia. E esperavam juntos, mostrando uns aos outros as novas obras, quadros e poemas. A escola era uma só, enriquecida por diversas linguagens.

A arte ainda não era objeto de rivalidades maiores. Só um artista se prestava a esse papel.

Que artista?

Picasso.

Excessivamente ciumento das mulheres, dos homens, dos homens que ficavam em volta das mulheres, das mulheres que não ficavam em volta dele, dos homens que desdenhavam o papel de discípulos ou de admiradores, era normal que ele tivesse suscitado em torno da sua pessoa os mesmos ciúmes.

Tratava-se de um ciúme puramente afetivo. Apollinaire, Max Jacob e André Salmon não se mediam pelas obras. Tinham inveja da preferência de Picasso por esse ou por aquele. O mais infeliz era sem dúvida Max Jacob, destronado por Apollinaire no território da poesia, por Fernande Olivier no território do afeto e, logo depois, por Braque no território da criação artística.

Acreditava-se que essa convivência harmoniosa seria indelével. O tempo mostrou que não seria bem assim. Durou o tempo da pobreza e das revoluções artísticas. Picasso gostou de Max Jacob e depois o desprezou. Gostou de André Salmon e depois o desprezou. Gostou de Guillaume Apollinaire, que foi o preferido de todos e que cedeu o lugar a Jean Cocteau, depois da guerra e do desaparecimento do autor de *Alcools*... Todos tinham reconhecido o pintor como o porta-bandeira da arte moderna. Muitos sofreram contratempos afetivos que, às vezes, eram passageiros, mas que os feriram profundamente. Quanto a Picasso, passeava, altivo, no meio dos seus, sem se importar com as choradeiras, as maledicências e as pequenas tristezas daqueles que o cercavam. Estava no seu lugar. Era o primeiro.

O TEMPO DOS DUELOS

> Se escrevo, é para irritar meus confrades; para fazer com que falem de mim e tentar fazer um nome. Quando se tem um nome, é mais fácil ter sucesso com as mulheres e nos negócios.
>
> ARTHUR CRAVAN

Quem brinca com o fogo se queima. Na rua Ravignan, em homenagem a Alfred Jarry, que saca sua arma na Closerie des Lilas, também se ouvem tiros e espadas se cruzando por todos os lados.

Picasso não se separa da sua Browning. Atira (para o alto) para se livrar dos importunos. Atira quando entra no Bateau-Lavoir, ele que é o chefe de uma turma de folgazões perfumados a álcool. Atira da janela para acordar os vizinhos.

Certa noite, ele convida três alemães para ver suas obras no Bateau-Lavoir. Depois, leva-os ao Lapin Agile. Pelo caminho, os visitantes vão conversando sobre arte e teoria estética. Picasso não aguenta mais. Puxa a arma e atira. Os três alemães saem correndo.

Quando alguém fala mal de Cézanne, exibe a arma e ameaça:

"Cale a boca..."

Quando Berthe Weill exprime suas reservas quanto ao dinheiro que ele espera dela, não diz nada, mas pega a pistola e a coloca sobre a mesa. Certo dia, num café, entediado, atira alguns projéteis em direção ao teto. Mas as balas nunca atingem ninguém.

Dorgèles, num canto de um prédio, espera pelo engraçadinho que lhe roubou a namorada. E Apollinaire, sentado à mesa de um café, espera que Max Jacob, escolhido como padrinho, acerte as questões práticas com um crítico que ele desafiou para um duelo, por causa de uma discussão literária. O confronto não acontecerá. Limitar-se-ão a cruzar as espadas em torno da conta que os dois combatentes tiveram de pagar, enquanto os padrinhos discutiam.

Na época, enviavam-se com a mesma facilidade flores e padrinhos. Os jornais têm articulistas especializados em fazer a cobertura dos insultos mundanos, das maledicências desmascaradas, das fofocas das salas onde se realizam as aulas de treinamento. Eles se encontram, de manhã cedo, na Île de Jatte ou na ciclovia do Parc des Princes, locais preferidos tanto pelos ofendidos como pelos ofensores.

Para a sorte dos dois amigos do Bateau-Lavoir, se Picasso é o campeão da pistola, esta nunca acerta ninguém, e se Apollinaire é o rei dos duelos, estes são sempre abortados.

A primeira vez foi em 1907. A segunda, pouco antes da Guerra. A terceira teve como adversário Fabian Avenarius Lloyd, aliás, Arthur Cravan, que se dizia sobrinho de Oscar Wilde por parte de mãe. Um adversário de peso: dois metros por cem quilos.

Cravan era homem de sete instrumentos, provocador, anarquista, violento e... insensato. Uma verdadeira vocação. Adquirira seus títulos de nobreza quando estava na escola, onde um professor, que havia cometido o equívoco de querer repreendê-lo, acabou no colo do mau aluno, com as calças arriadas, e foi surrado dentro das regras da arte.

Era só o começo.

Expulso da escola, Cravan foi para Berlim, onde adquiriu o desagradável hábito de passear pela cidade com quatro prostitutas nos ombros. O chefe de polícia fechou-lhe a fronteira na cara, argumentando que Berlim não era um circo.

Paris era mais liberal. Cravan foi para lá e fez as contas: uma noite com uma prostituta custava mais barato do que uma noite no hotel; juntou então o útil ao agradável e se proporcionou esse prazer. Depois, improvisou como ator-poeta: no palco, exigia silêncio com toques de clarineta e pauladas.

Na livraria Brentanos, ficou o tempo da venda de um livro: admitido como vendedor, foi despedido por ter jogado um exemplar no rosto de um cliente que pedira a ele que se apressasse.

Para se defender melhor dos golpes dos patrões, aperfeiçoou-se no domínio do boxe, tornou-se campeão amador e treinava na Closerie des Lilas: empurrava a porta, insultava os clientes e brigava com eles até ser atirado na rua.

Suas ocupações foram ainda mais diversas e variadas do que as de Apollinaire. Ele as enumerava sem preconceito: foi, um de cada vez, às vezes ao mesmo tempo, trapaceiro, marinheiro no Pacífico, condutor de mulas, colhedor de laranjas na Califórnia, encantador de serpentes, rato de hotel, lenhador na Austrália, ex-campeão de boxe da França, neto do chanceler da rainha, motorista de carro em Berlim, gatuno.

Era principalmente poeta e jornalista, responsável por uma revista que só teve cinco números e que ele mesmo distribuía com a ajuda de uma carrocinha: *Maintenant*. Sua prosa elogiava as qualidades e os méritos de seu tio, Oscar Wilde, e criticava os defeitos de todos os outros.

Alguns de seus alvos prediletos:

Gide: *Sua ossatura nada tem de excepcional; suas mãos são de quem não faz nada* [...] *Com isso, o artista mostra um rosto doentio, no qual se destacam, em direção às têmporas, pequenas lâminas de pele maiores do que películas, inconveniente para o qual o povo dá uma explicação, dizendo vulgarmente de alguém: "ele está descascando".*[1]

Suzanne Valadon: *Ela conhece bem as receitas caseiras, mas simplificar não é tão simples assim, espertalhona!*[2]

Delaunay: *Tem uma boca suja de porco ou de cocheiro de gente rica [...] Antes de conhecer sua mulher, Robert era uma mula; talvez tivesse outras qualidades.*[3]

Marie Laurencin: *Essa é uma que merece que lhe levantem as saias e lhe metam um... em algum lugar.*

Apollinaire, no mesmo artigo, era descrito como um judeu sério (Cravan toma cuidado em precisar que não tinha nenhum preconceito contra os judeus, preferindo-os mesmo aos protestantes). É, como se diz, atirar para todos os lados.

Guillaume mandou seus padrinhos até o diretor da revista *Maintenant*. Estava menos aborrecido por ele mesmo do que por Marie Laurencin, com quem compartilhara a vida durante muitos anos.

Depois de sutis negociações, os intercessores obtiveram uma dupla retratação de Cravan. Os dois textos continham nuanças em relação aos primeiros, sem contudo modificá-los totalmente:

Para Apollinaire: *O senhor Guillaume Apollinaire não é judeu, mas sim católico romano. Para evitar, no futuro, erros sempre possíveis, faço questão de acrescentar que o senhor Apollinaire, que tem uma barriga enorme, parece mais um rinoceronte do que uma girafa, e que, no que diz respeito à cabeça, está mais para anta do que para leão, e que puxa mais ao abutre do que à cegonha de bico comprido.*

Para Marie Laurencin: *Essa é uma que merece que lhe levantem as saias e que lhe metam uma bela astronomia no Teatro de Variedades.*[4]

Ficou por isso mesmo. Arthur Cravan ainda daria o que falar durante algum tempo. Conseguiu vender um Matisse verdadeiro e um falso Picasso, o que lhe rendeu dinheiro suficiente para alcançar a Espanha no início da Guerra...

Quanto a Apollinaire, embainhou a espada e releu os artigos e os poemas que havia escrito em homenagem a Marie Laurencin.

Fora Picasso quem lhe apresentara a jovem, em 1907. Ele a havia visto na casa do marchand Sagot. Naquela época, Marie Laurencin tinha vinte anos. Estudava pintura na Academia Humbert, no bulevar de Clichy. No cavalete ao lado do dela havia um tal de Georges Braque.

Fernande Olivier descreveu-a como tendo cara de cabra, o olhar míope, um nariz muito afilado, pele de marfim sujo, mãos longas e avermelhadas, jeito de garota depravada. Sem contar que era metida, palpiteira e se fingia de ingênua.

Ela a detestava. Provavelmente porque, naquele grupo onde havia poucas mulheres, Marie Laurencin poderia disputar com ela o título de primeira-dama. André Salmon, mais poeta mas não menos cruel, resume em duas palavras: "Marie Laurencin? Uma bela feia".[5]

E Apollinaire relata em *Le poète assassiné* o papel que Oiseau du Bénin (Picasso) teve no encontro entre Tristouse Ballerinette (Marie Laurencin) e Croniamantal (ele próprio):

> Ele (Oiseau du Bénin) voltou-se para Croniamantal e disse:
> "Vi tua mulher, ontem à noite."
> "Quem é?", perguntou Croniamantal.
> "Não sei. Eu a vi, mas não sei quem ela é. É bem jovem, como você gosta. Tem o rosto sombrio e infantil daquelas que estão destinadas a provocar sofrimento. As mãos que se erguem num gesto de recusa têm muito charme, mas falta-lhe aquela nobreza que os poetas não poderiam amar, pois os impediria de sofrer. Vi tua mulher, estou te dizendo. Ela é a feiura e a beleza."[6]

Detalhe: essas linhas foram escritas três anos após a ruptura...

Marie Laurencin era magra, enquanto o amante era gordo. O que não os impedia de ter vários pontos em comum, começando por suas histórias: ela vinha de uma família *créole* e não conhecera o pai. Vivia com a mãe, em Auteuil, enquanto Apollinaire acabava de deixar a dele. Ele estava morando na rua Léonie (mais tarde rua Henner) e não ia mais a Vésinet, a não ser para a visita ritual do domingo.

Quando ia à casa dele, Marie Laurencin subia os dois lances de escada pulando corda. E descia do mesmo jeito. Ele ia atrás dela. Levava-a ao Bateau-Lavoir, onde não gostavam dela, mas a suportavam. Diziam que seu ar ingênuo era falso e dissimulava mal uma evidente tendência para o gosto burguês. Mas o que não agradava a ninguém seduzia Apollinaire: ele tinha essas mesmas tendências. O gentil Douanier Rousseau compreendeu isso, aliás muito bem, tendo desenhado os dois (*La muse inspirant le poète*, 1909) com traços muito pouco fiéis, mas verdadeiros se fosse uma caricatura: ele vestido como um tabelião e ela, como uma dona de casa.

Guillaume e sua musa recebiam na nova morada do poeta.

Era proibido desarrumar, sujar, sentar na cama ou comer sem autorização. Picasso e Max Jacob, que jantaram lá inúmeras vezes, tiveram que enfrentar, certa noite, a ira do dono da casa porque, aproveitando que este tinha virado as costas, resolveram roubar duas rodelas de salame que estavam sobre a mesa.

Apollinaire tomava conta da cozinha e da musa, que cozinhava mal. Se ficasse cozido demais, a coisa pegava fogo, se ficasse de menos, também. Guillaume era exigente, autoritário, bastante tirânico e ciumento, como Picasso. Tudo o que as mulheres queriam. Ficava contente quando a mesa estava bem posta, a comida, bem-feita, e os vinhos, adequados. Marie se tornava seu pequeno sol. Principalmente se os convidados tinham se cotizado e trazido alguma coisa para incrementar a mais trivial das triviais refeições dos Apollinaire: ensopado de carne e risoto. O que, em todo caso, era melhor do que as batatas cruas ao conhaque, às quais tiveram direito Jean Metzinger e Max Jacob numa noite de estranhas comilanças.

Quando estavam reunidas todas as condições para uma noite de paz, era uma delícia ver o poeta devorar a entrada (pepinos e depois *escargots*), atacar o prato principal, comer um pouco mais de um dos seus pratos favoritos (tripas), engolir a sobremesa (*petits-fours* cristalizados) e regalar-se com um mimo oferecido por um dos convidados (caramelos). Depois, tendo retirado o colarinho postiço, o dono da casa arregaçava as mangas e ajudava no serviço.

Quando o casal estava em paz, Apollinaire se mostrava de uma amabilidade exemplar. Não admitia que ninguém zombasse da sua querida Marie. Defendia-a de Max Jacob com a mesma garra com que pegou nas armas para socorrer sua mãe, de quem este também zombara. A título de brincadeira, ele tinha igualmente composto uma canção em louvor à musa:

> Ah! l'envie me démange
> De te faire un ange
> De te faire un ange,
> En chatouillant son sein
> Marie Laurencin
> Marie Laurencin.*

Marie Laurencin foi certamente a musa do poeta, assim como Fernande Olivier foi a inspiradora de Picasso. Uma teve suas cores, a outra, suas palavras: *Alcools* e um fragmento dos *Calligrammes*. São, no entanto, raras as mulheres da Butte que, excetuando as de Picasso e de Apollinaire, entraram na vida dos artistas para sair delas através das telas e das poesias.

Francis Carco concorda, nos seguintes termos:

> As mulheres não tiveram grande importância no nosso grupo. Nós as pegávamos como elas eram, durante um ou dois meses, depois elas iam embora e escrevíamos versos, pensando que teria sido melhor se elas não tivessem vindo.[7]

Evidentemente, isso é um exagero, como quase sempre em Carco. Mas nada suprime do essencial. Claro que havia mulheres no Bateau-Lavoir: Kees van Dongen era casado e Juan Gris também. Mas, enquanto esses senhores pegavam o pincel, as senhoras cuidavam do patrimônio. Nada mais.

Por sorte, essa grande abertura de espírito logo será contestada. Mais alguns anos, e as mulheres de Montparnasse, mais numerosas, virão ao encontro das de Montmartre. A história não seria a mesma se Suzanne Valadon, Fernande Olivier e Marie Laurencin não tivessem dado a mão às suas

* Ah! que vontade/ De te fazer um anjo/ Afagando seu seio/ Marie Laurencin. (N.T.)

amigas da margem esquerda, as Kiki, as Beatrice Hastings, as Marie Vassilieff, as Youki, as Gertrude Stein, as Sylvia Beach, as Jeanne Hébuterne, as Adrienne Monnier e tantas outras mais que terão um papel considerável no desenvolvimento da arte após a Primeira Guerra Mundial. Mas ninguém ultrapassará nem igualará a desmedida misoginia de um articulista da revista *Vers et Prose* que, em 1907, contava, cheio de inveja, a maravilhosa sensação que tomou conta de Alfred de Musset certa noite em que pôde percorrer sozinho o museu do Louvre. Não porque estivesse sozinho, mas porque estava "longe de suas contemporâneas".[8] E o articulista narrava aos leitores da revista a alegria que ele mesmo experimentava, idêntica à de Musset, quando estava às sextas-feiras à noite em Avignon. Por que sexta-feira? Porque nesse dia, em respeito à Paixão, as mulheres não saíam. Um verdadeiro paraíso: "Podemos então, finalmente, amar a maravilha pelo que ela é".

O nome desse grande homem defensor da preferência masculina? Charles Maurras.

GÓSOL

Organizar um caos, eis a criação.
GUILLAUME APOLLINAIRE

Numa manhã de primavera de 1906, um fiacre de capota arriada conduzido por um cocheiro parou ao pé da escadaria da rua Ravignan. Um homem estava sentado no banco de trás. Ele desceu pesadamente, aconselhou o cocheiro a ir se sentar à mesa de um bistrô e dirigiu-se, a passos largos, até a entrada do Bateau-Lavoir. A zeladora, que assistia à cena, pensou que um indivíduo com aquele aparato só podia querer o bem dos seus inquilinos. Esgueirou-se pelos corredores até o ateliê de Picasso, bateu à porta e anunciou:

"Tem gente aí, e pelo visto é para o senhor."

"De que tipo?", perguntou uma voz do outro lado.

"Tipo rua Laffitte. Um marchand da melhor qualidade."

O marchand vinha mesmo da rua Laffitte. Era Vollard. Tinha sabido por Guillaume Apollinaire que Picasso havia abandonado a fase azul por obras mais vivas, e queria ver isso.

Ele viu. Uma hora depois, ao chegarem por sua vez à rua Ravignan, André Salmon e Max Jacob assistiram a um espetáculo verdadeiramente inacreditável: o marchand estava saindo da Maison du Trappeur com duas telas que os poetas reconheceram imediatamente: Picasso! Colocou-as no fiacre, no banco de trás, e em seguida, com os mesmos movimentos pesados, voltou de onde tinha saído. Alguns minutos se passaram e Vollard reapareceu. Desta vez, colocou três telas no fiacre. Depois quatro! Depois cinco! Quando terminou, havia pelo menos vinte telas no banco de trás.

Vollard subiu, sentando-se ao lado do cocheiro. O fiacre fez a volta, e partiu na direção dos grandes bulevares. Max Jacob não se conteve. Com os olhos marejados, abraçou

André Salmon, agradecendo aos céus por terem ajudado seu venerado amigo.

Esse ano de 1906 apresentava-se como um ano de fartura. O Bateau-Lavoir já tinha recebido a visita de um colecionador que parecia meio maluco, mas que tinha, apesar disso, comprado algumas obras de Picasso. Havia descoberto esse último por intermédio de Berthe Weill. Chamava-se André Level. Tinha contado uma história surpreendente, mas tão generosa, que todos se encheram de estima por esse amante da arte. Sem meios para adquirir sozinho telas contemporâneas, Level se juntara a alguns amigos para fundar uma associação, a Peau de l'Ours*, que comprava obras para o grupo. Os onze membros depositavam uma contribuição anual que era usada por Level, designado como gerente. Para isso, ele visitava as galerias e os ateliês a fim de descobrir jovens pintores, cujas obras propunha aos seus "sócios". As telas eram sorteadas entre eles; tinha ficado estabelecido que todas seriam postas à venda dez anos após a fundação da Peau de l'Ours. Uma parte dos lucros seria para os pintores.

Como não ficar encantado com essa ideia? Ainda mais porque, de acordo com a proposta de André Level, os associados tinham decidido que, em 1906, só escolheriam obras de Picasso. E depois desse grande acontecimento, eis que aparece Vollard!

Ele pagou dois mil francos ouro.** Dois mil francos ouro!

Naquela noite, abriu-se champanhe no Bateau-Lavoir. No dia seguinte, Picasso comprou uma carteira que colocou no bolso interno do paletó, e fechou-o com um alfinete de fraldas.

Alguns dias depois, levou Fernande Olivier para uma viagem de férias: Barcelona e depois Gósol, uma pequena cidade da Catalunha, perdida nas montanhas.

---

* Pele do Urso. (N.T.)

** Franco ouro: moeda de ouro da época de Napoleão III. (N.T.)

Max Jacob e Guillaume Apollinaire acompanharam o casal até a estação de Orsay. Cada um segurando uma alça do pesado cesto no qual o pintor havia colocado seus tubos e pincéis, eles desceram a rua Ravignan. Chamaram um fiacre que conduziu o alegre grupo até a estação de trem. Na plataforma, outros amigos aguardavam. Foi uma algazarra.

A estada em Gósol durou até o verão. Permitiu a Picasso terminar um quadro que havia começado no inverno anterior e que não conseguia terminar. Um quadro de extrema importância na evolução da sua obra.

Alguns meses antes, ele recebera outra visita que acrescentara alguma coisa ao seu cofrinho. Levados por Henri-Pierre Roché, dois estranhos – Jules e Jim* – se apresentaram à porta do ateliê: Gertrude e Léo Stein. Depois de terem comprado alguns Cézanne de Vollard, adquiriram *La femme au chapeau* de Matisse, na "*cage aux fauves*" do Salão dos Independentes. Em seguida, Léo caiu de costas diante de um quadro de Picasso em exposição na loja de Sagot. Levou a irmã para vê-lo, mas ela não gostou.

"São as pernas que a incomodam?", perguntou Sagot.

"Os pés."

"Então cortem-nos!"

Eles nada fizeram. Por 150 francos, Léo Stein comprou finalmente a *Fillette au panier de fleurs* (1905). Depois, convenceu a irmã a acompanhá-lo à residência desse pintor espanhol do qual nem um nem outro tinha, até então, ouvido falar. Roché, que frequentava a turma do Bateau-Lavoir, assim como frequentava todos os outros artistas de Paris, serviu de intermediário. Durante essa primeira visita, os Stein compraram vários quadros. Graças a isso, durante algumas semanas, Picasso pôde comprar material, e não precisou recobrir antigas telas para pintar as novas.

Picasso e Gertrude se tornaram rapidamente grandes amigos. Fascinado pelo seu aspecto físico, o espanhol propôs

---

* Protagonistas do filme *Jules et Jim*, dirigido por François Truffaut, em 1962. (N.T.)

à americana fazer o seu retrato. Ela aceitou. Ele queria pintá--la como Ingres havia feito *Le portrait de monsieur Bertin*: sentada, compacta, definitiva.

A primeira sessão de pose começou. O pintor havia instalado seu modelo numa poltrona desconjuntada, enquanto ele se sentava numa cadeira diante do cavalete. Com o nariz colado na tela, começou fazendo um esboço: Gertrude dobrada sobre si mesma, com as mãos no colo, levemente curvada; uma força quase masculina, parada, como se estivesse à espera de algo.

No primeiro dia, tudo transcorreu bem. A família Stein veio buscar sua heroína, à saída do trabalho. Todos se mostraram encantados. A ponto de considerar o quadro pronto, acabado, pago, levado, exposto.

"E depois?", perguntou Picasso.

"Quer que eu volte amanhã?", quis saber Gertrude, com aquela voz grave e profunda, que correspondia tão bem ao aspecto que o artista lhe havia dado na tela.

Ela voltou, não apenas no dia seguinte, mas ainda durante vários meses. Todas as tardes, ela deixava a rua de Fleurus para ir a Montmartre, empurrava a porta do Bateau-Lavoir e se sentava diante do pintor, na poltrona desconjuntada.

Às vezes, Léo vinha fazer uma visitinha. Outras vezes, era Fernande. Ela achava os Stein um pouco ridículos, principalmente Gertrude, com seus ternos de veludo e suas sandálias de tiras. Mas reconhecia que tinha força de vontade: era preciso ter, para ficar assim imóvel, durante horas, diante de Pablo, que não abria a boca.

Querendo ser amável, Fernande propôs ler para a modelo as *Fábulas* de La Fontaine. Oferta aceita. Assim se passaram os dias, ao longo dos livros e das conversas. De repente, depois de noventa sessões de pose, Picasso largou os pincéis. Diante de Gertrude consternada, ele confessou:

"Não a vejo mais quando a olho."

Tinha acabado de pintar o rosto.

Apagou-o.
Partiu para Gósol.

Um amigo escultor tinha elogiado essa cidadezinha catalã, situada não muito longe de Andorra, nos Pireneus, por sua extrema simplicidade. Chegava-se até ela no dorso de mulas, e então o mundo desaparecia. Em volta, só a natureza, os marrons e os amarelos das montanhas, a simplicidade de uma vida que a modernidade não havia destruído. Os habitantes, amáveis e hospitaleiros, eram, na maior parte, contrabandistas. Era tudo de que Picasso precisava.

Foi em Gósol que ele esboçou esse novo estilo que, um ano depois, deveria conduzi-lo ao término dessa revolução artística que foi *Les Demoiselles d'Avignon.* Na nudez das paisagens, na simplicidade do povo, ele afinou seu estilo. Buscava aquilo que Gauguin descobrira no Taiti: uma pureza, uma forma de primitivismo. Algo diferente. Uma novidade. Para ele, tratava-se de definir suas diferenças da arte tradicional, ao mesmo tempo em que retomava seus valores do começo, quando pintava os excluídos de Montmartre ou as mulheres da Prisão de Saint-Lazare; uma crítica da pintura, da sociedade, da cultura estabelecida... Revirar as convenções sociais, reencontrar-se como era antes, jovem simpatizante anarquista de espírito livre.

Primeiro, ele pintou à maneira de Ingres, cujo *Le bain turc* o havia fascinado no Salão de Outono de 1905. Fez *Fernande à sa toilette*, de um extremo classicismo. Depois se misturam múltiplas inspirações: as estátuas ibéricas, anteriores à conquista romana, vistas no Louvre; a virgem de Gósol, que data do século XVII, cujos traços são exagerados; as órbitas desmesuradas e vazias; os trabalhos de Matisse também, e os de Derain...

Picasso olhava dentro de si mesmo, procurava, descobria. E pintou o *Grand nu rose* (1906). Fernande sobre um fundo rosa. Nua. Os cabelos puxados para cima, as mãos juntas, com um rosto mais escuro do que o corpo, ao invés de um olhar, olhos sem órbitas, alongados como uma fenda. Inexpressiva. Desprovida de qualquer subjetividade psicológica.

O esboço de uma máscara.

Quando voltou a Paris, fugindo de uma epidemia de tifo que tomou conta de Gósol, Picasso se plantou diante do retrato de Gertrude Stein e, sem mesmo rever seu modelo, de uma só vez pintou a cabeça que tinha apagado.

O esboço de uma máscara. Os contrafortes das *Demoiselles d'Avignon*. O balbucio de uma nova arte: o cubismo.

Uma tarde na rua de Fleurus

Matisse: cor. Picasso: forma. Duas grandes tendências, um grande objetivo.

Wassily Kandinsky

Rua de Fleurus, número 27. Uma casa de dois andares, um ateliê contíguo. Na casa, alguns quartos, um banheiro, uma cozinha onde é servido o jantar. No ateliê, uma sala ampla, móveis envernizados da Renascença italiana, um aquecedor, duas ou três mesas atulhadas de flores e porcelanas, uma lareira, uma cruz maciça pendurada entre duas janelas, paredes caiadas sem nenhum centímetro quadrado de espaço livre. Nas paredes: Gauguin, Delacroix, Greco, Manet, Braque, Vallotton, Cézanne, Renoir, Matisse, Picasso. E outros.

Não estamos num museu. E, como na época a maioria desses quadros não vale grande coisa, a porta do ateliê só tem uma chave; uma dessas chaves achatadas americanas, que se coloca no bolso e fica perdida, em meio a outras enormes e barulhentas que chacoalham nos casacos dos parisienses.

É aí que moram os Stein. Recebem todos os sábados. Boca-livre, ou quase. Para poder entrar, basta responder à pergunta ritual feita pela dona da casa: "Vem a mando de quem?". De um nome de artista, cujas obras estão expostas na casa.

Então, é possível ter acesso ao amplo ateliê, onde se acotovela uma multidão desigual – pintores, escritores, poetas... Uma vez por semana, come-se e bebe-se de graça, o que, nesses tempos de vacas magras, é considerável. Ainda mais que, por menos que se aprecie a arte moderna, a companhia é das mais agradáveis.

Aquele que está falando, lá no fundo, com os dedos nos bolsos do colete, cercado por uma multidão de admiradores que conversam com ele, é Guillaume Apollinaire. É inútil tentar desafiá-lo: ele sabe tudo sobre tudo, e ganha sempre. Miss Stein, que se tem em alta conta, confessa que apenas uma vez conseguiu vencê-lo, e somente porque ele estava embriagado.

O grandalhão de cara amarrada, de pé, diante da lareira, é Braque. Está zangado porque uma de suas obras, colocada acima da lareira, está escurecendo com a fumaça. E, da mesma forma, duas aquarelas de Cézanne que estão ao lado. Braque resmunga, pensando que da próxima vez que tiver que pendurar os quadros (como é o mais alto de todos, ele segura o quadro enquanto a zeladora coloca o prego), pedirá para mudar o seu de lugar. E lamenta não ter dito nada no último jantar. Mas tem uma desculpa: à mesa, cada pintor estava sentado diante das suas próprias telas, ao lado dos colegas. Nessas condições, ficava difícil criticar...

Naquela noite, Picasso estava lá. Como sempre, não dizia nada. Detestava a vida mundana e tinha dificuldade de se exprimir bem em francês. Observava, com certa ironia, o professor Matisse, que fala tão bem e com tanta perfeição.

Nesse dia, Picasso está no mesmo estado de espírito que seu colega da rua d'Orsel: furioso. Acaba de notar, penduradas na parede, duas telas suas; mudaram de aspecto e brilham mais do que deveriam: Gertrude Stein as envernizou. Efetivamente, essa mulher gosta de tudo que brilha...

Max Jacob tenta acalmar o amigo. Não conseguirá muita coisa: Picasso decide ficar, mas jura não colocar mais os pés na rua de Fleurus por muitas semanas.

Ele está procurando Fernande Olivier com os olhos, quando um desconhecido se aproxima e mostra o quadro que o pintor terminou ao voltar de Gósol:

"É Gertrude Stein?"

"É."

"O retrato não parece muito com ela..."

Picasso dá de ombros:

"Não tem importância: ela acabará se parecendo com ele."

Fernande fala com uma mulher baixinha, vestida de cinza e preto. É jovem, usa brincos de vidro, mas a voz, muito grave, e os modos, muito formais, a envelhecem. É frequentemente confundida com a empregada, mas não é. No entanto, quem a vê conversando com Fernande Olivier poderia perfeitamente pensar isso. Ela está ali e ao mesmo tempo não está. Ouve sem prestar atenção. Muito dependente das opiniões de miss Stein, ela não liga muito para o que diz a senhora Picasso, que a dona da casa não poupa: "Ela só fala de três coisas, só três coisas: chapéus, perfumes e casacos de pele".

Não desta vez. Combinam aulas de francês que Fernande poderia dar a Alice Toklas. Ao mesmo tempo em que responde às perguntas feitas pela futura professora, a americana toma conta do que está se passando: quem bebe, quem não bebe, quem come, onde estão os *petits fours*, estão faltando, por que miss Stein ainda não apareceu, vão ouvi-la com atenção, será que ela vai precisar afastar os importunos que podem atrapalhar a conversa que a escritora-mecenas terá obrigatoriamente com o artista-professor Matisse? E Brancusi, que se aproxima, será que ele não vai perturbar a harmonia da conversa?

Alice Toklas venera a patroa e amiga a ponto de enaltecê-la sob as múltiplas facetas que compõem sua rara personalidade. Gertrude gostaria de ser uma joia literária. Acha-se um gênio inovador das letras mundiais. A "Picasso da literatura". Alice faz com que ela acredite nisso. É seu maior papel. Além de lhe servir de datilógrafa.

Miss Stein acaba de surgir na porta do ateliê. Está usando, naquele dia, um vestido de veludo marrom que lhe marca a cintura e aperta os ombros de tal maneira que as carnes escapam indisciplinadamente. Para se proteger do frio, colocou grossas meias de lã, empurradas e acomodadas nas sandálias de tiras, que fazem barulho quando ela anda sobre o assoalho encerado.

Primeiro, miss Stein se assegura de que todos notaram sua chegada. Satisfeita em relação a isso, estende um maço de folhas manuscritas a miss Toklas e pede-lhe para datilografá-las, em espaço duplo, na Underwood que fica no quarto. Depois suspira, e diz que escrever é uma atividade muito deprimente. Mas tem sorte: acaba de enviar um texto maravilhoso para uma revista de Nova York que teve a gentileza de publicar outros três, desde o início do ano.

Caminha em direção ao grande retrato feito por Picasso e se coloca sob ele. Logo depois, Henri Matisse, Robert Delaunay, Maurice de Vlaminck, três que vêm sempre filar a comida, estarão à sua volta.

Gertrude Stein é a maestrina dessas reuniões de artistas, e gosta desse papel. Sentada sob seu retrato, como São Luís sob sua árvore*, emite seus comentários com autoridade, olhando severamente para quem a interrompe. Não suporta nem os escritores que não admirem as poucas novelas que ela publicou nos jornais americanos, nem os pintores que não lhe sejam devotados, ela que é sua benfeitora material e moral. Aos que recusam participar dos salões oficiais, oferece um lugar para que exponham e, graças a isso, tornam-se conhecidos. Foi assim com Picasso. E a quem Matisse deve agradecer por conseguir, doravante, seu sustento? A ela.

Gertrude Stein gosta muito do casal Matisse. Quando vai à casa deles, na margem do rio, perto de Saint-Michel, fica sempre agradavelmente surpresa com a arrumação. Picasso é a boêmia. Matisse é a pobreza elegante. Come-se relativamente pouco tanto na casa de um quanto na do outro, mas, na margem esquerda, as aparências são salvas. A senhora Matisse sabe preparar uma carne ensopada com vinho e cebolas. Ela se dedica à causa do marido. Um dia, Matisse a fez posar vestida de cigana com um violão na mão. Ela adormeceu e o instrumento caiu. A família só tinha o indispensável para comer, mas ela preferiu morrer de fome e mandar consertar o violão. Assim, Matisse pôde terminar o quadro.

---

* São Luís – Luís IX, rei da França –, monarca modelo da Idade Média, tido como justo e moralizador dos costumes, é representado sentado junto a um carvalho, aplicando as leis. (N.T.)

Outra vez, Gertrude Stein viu uma magnífica cesta de frutas sobre a mesa. Ninguém podia tocar nela: estava reservada para o artista, para o seu trabalho. Para que as frutas não apodrecessem, haviam desligado o aquecimento do apartamento. Matisse pintava sua natureza-morta enfiado num casacão, de luvas de lã nas mãos.

Gertrude Stein gosta muito de convidar Matisse e Picasso ao mesmo tempo. Eles se admiram, mas não gostam um do outro, estão sempre se medindo. É um espetáculo magnífico!

Matisse e Picasso, a imagem é de um deles, são como o Polo Norte e o Polo Sul. O francês conservou uma retidão que caía como uma luva nas suas mãos de escriturário, quando redigia os atos do advogado para o qual trabalhava. É sério, não ri. A família não são seus amigos, mas sim a mulher e a filha. Convida pouca gente. Quando fala, fala com seriedade, para convencer. "Ele não sabia rir, mas era o pintor da alegria de viver"[1], lamentou André Salmon.

Dorgèles, num artigo um tanto xenófobo, descreveu sua "barba ponderada" e seus "óculos austeros", semelhantes aos de "um adido militar alemão" –, mas a verdade é que Dorgèles se tornará simpatizante da *Action Française* e escreverá no *Gringoire.* *

Apollinaire, mais brilhante, mostrou-se mais conciso: "Esse *fauve* é refinado". Descreveu-o pintando com solenidade várias telas ao mesmo tempo, quinze minutos para cada uma, citando Claudel e Nietzsche, se havia estudantes na sala.

O espanhol é calado. Exprime-se através dos olhos, que são zombeteiros. É bruto, enquanto o francês é educado. Foge dos círculos e dos salões. É passional e o demonstra.

Os dois pintores têm, no entanto, alguns pontos em comum: o interesse pelo primitivismo, a amizade que a anfitriã da rua de Fleurus tem por eles, a tensão com que se comportam um em relação ao outro.

---

* Action Française: movimento nacionalista e revista de mesmo nome. *Gringoire*: antigo jornal de direita. (N.T.)

Nas paredes, estão penduradas obras de ambos. Eles já sabem o que os Stein compreenderam quando os descobriram: são os dois gigantes da arte moderna.

Cada um terá seus prosélitos: para Matisse serão Léo e seu irmão Michaël: para Picasso, Gertrude. Por ora, as fissuras ainda não comprometeram a cumplicidade que liga os irmãos e a irmã. Mas Matisse já sente ciúmes da solicitude que a americana dispensa ao espanhol, doze anos mais jovem do que ele; e sente também ciúmes de Braque e de Derain, que se afastam do seu círculo para se aproximar dos mistérios tramados no Bateau-Lavoir.

Uma pergunta atormenta o professor: do que se trata?

O BORDEL DE AVIGNON

> Esse é o verdadeiro Taiti, isto é: fielmente imaginado.
>
> PAUL GAUGUIN E CHARLES MORICE

Em Montmartre, assim como em torno de Saint-Michel, borbulha um caldeirão do qual ninguém ainda chegou a provar, mas que já se anuncia escaldante: o primitivismo; a arte negra.

Picasso foi para Gósol, e Matisse está voltando de Collioure. A fronteira espanhola separa o vilarejo na montanha do pequeno porto de pesca. Mas a arte não se importa com fronteiras. Nas alturas, Picasso descobria uma nova simplicidade; embaixo, Matisse explorava universos semelhantes.

Gertrude Stein sabe onde e como se realizou o cruzamento. Um dia, que não era sábado, Matisse estava indo à casa dela. Na rua de Rennes, ele parou, de repente, diante da vitrine de Heymann (chamado de "Père sauvage"*), um vendedor de curiosidades exóticas, onde estava exposta uma estatueta africana de madeira escura. Entrou e comprou-a (cinquenta francos). Era uma estátua *vili*, do Congo, que representava um personagem sentado, de cabeça erguida e órbitas vazias. O mais extraordinário era que as formas e as proporções tinham mais que ver com o imaginário do que com a representação, e que, contrariamente às práticas da escultura ocidental, a definição muscular não era acentuada.

Matisse foi à rua de Fleurus e encontrou Picasso. Este viu a estatueta. Foi depois de Gósol. Observou-a por muito tempo, e depois voltou para Montmartre. Havia se produzido um choque.

---

* Pai selvagem. (N.T.)

No dia seguinte, Max Jacob encontrou-o no ateliê, ocupado em desenhar cabeças estranhas, cujos olhos, nariz e boca eram ligados por um mesmo traço. Max, aliás, gostava de desmentir a senhora da rua de Fleurus, afirmando que Matisse tinha mostrado a estátua *vili* a Picasso, em sua casa, durante um jantar, onde também estavam Apollinaire e Salmon.

Apollinaire nunca falou sobre isso, e Salmon não se lembra. Matisse conhecia a arte negra, pois já fora várias vezes ao Museu de Etnografia do Trocadéro, que exibia objetos da Oceania, africanos e americanos trazidos pelos que vinham das colônias. Esses objetos estavam entulhados em armários poeirentos, ou então eram exibidos nas próprias caixas usadas nas viagens. Apollinaire se manifestou contra a apresentação descuidada dessas preciosidades. Propôs que fossem recebidas no Louvre – onde Picasso ia com frequência admirar as estatuetas ibéricas (ditas "iberas") que lá se encontravam. Nessa época, o pintor espanhol ainda não frequentava o Museu do Trocadéro.

Nessa história, entra um terceiro personagem, cujo papel foi determinante: André Derain.

Derain está apaixonado pela arte negra há mais tempo do que os outros. Ele conhece o Trocadéro. E conhece também o British Museum, onde, em 1906, descobriu as obras primitivas da Nova Zelândia. Falou muito sobre elas para Matisse, quando faziam juntos pesquisas sobre o fauvismo, e também para Vlaminck:

> Estou emocionado com minhas visitas a Londres e ao Museu Nacional, assim como também ao museu de arte negra. É fantástico, extraordinariamente expressivo.[1]

É Derain que levará Picasso a entrar no Museu de Etnografia. Também, e sobretudo, vai lhe mostrar uma máscara *fang*. Essa máscara provocará no pintor espanhol um choque, como aquele que levou ao ver a estátua *vili* de Matisse.

Essa máscara tem uma história, anterior àquela famosa noite em que Matisse foi à rua de Fleurus, depois de passar na loja de Heymann. Gertrude Stein está certamente na origem do encontro entre Matisse e Picasso, mas não é ela a madrinha da arte negra. Carco, Dorgèles, Warnod e Cendrars podem servir de testemunhas.

A madrinha é um padrinho: Maurice de Vlaminck. Uma tarde, ele está em Argenteuil, às margens do Sena, pintando há várias horas. Deixa o trabalho e entra num café. Pede um vinho branco com água de Seltz.* Nem bem havia bebido os primeiros goles, nota três objetos estranhos numa prateleira, imprensados entre duas garrafas de Pernod. Levanta-se, aproxima-se, e descobre três esculturas de origem africana. Duas são pintadas em ocre vermelho, amarelo e branco: vêm do Daomé.** A outra é preta: Costa do Marfim. O pintor fica profundamente perturbado. Segundo suas próprias palavras, "mexido no fundo". Essas estatuetas lhe revelam a arte negra.

Ele as compra, pagando à vista. Em seguida, leva-as para casa.

Alguns dias depois, recebe a visita de um amigo de seu pai. O homem vê os objetos africanos e lhe oferece outros três: duas estátuas da Costa do Marfim e uma máscara *fang*, que sua mulher acha tão feias que não as quer na decoração da casa. Vlaminck está nas nuvens. Pendura a máscara acima da cama. Quando Derain a vê, fica paralisado de emoção. Quer comprá-la. Vlaminck recusa.

"Nem por vinte francos?"

"Nem por vinte francos."

Oito dias depois, Derain volta. Propõe cinquenta francos.

Vlaminck aceita. O parceiro leva a máscara para seu ateliê, na rua Tourlaque. É lá que Picasso a descobre. É essa a origem do seu interesse pela arte negra.

---

* Da região de Seltz, na Alemanha, onde existem importantes mananciais de água gaseificada natural. (N.E.)

** Atual República do Benin. (N.T.)

O fato de saber se foi primeiro Matisse e depois Picasso, ou Picasso primeiro e Matisse depois, não tem, na verdade, muita importância. Houve Gósol para um, Collioure para o outro, Derain para os dois... e Gauguin para todos.

Porque Gauguin também ficara fascinado pelas peças africanas e da Oceania que descobrira, na sua época, por ocasião da Exposição Universal, e das quais uma retrospectiva, organizada em volta das *Tahitiennes*, no Salão de Outono de 1906, perturbou ao mesmo tempo Matisse, Picasso e Derain. A partir daí, eles começaram a colecionar essas preciosidades, vindas de um outro tempo, de uma outra cultura, que contestava a arte tradicional e elevava a subjetividade do criador a um ponto nunca alcançado até então. Os primitivos, reconhecidos como "artistas puros" por um Kandinsky ainda russo-germânico, só se ligavam, "nas suas obras, à essência interior, qualquer contingência ficando por isso mesmo eliminada".[2]

Pouco a pouco, Matisse e Picasso vão integrando a arte negra à sua criação. O primeiro acrescentando-a a seus quadros, o segundo fazendo do estatuário o centro das suas composições. A partir daí, finalmente, o duelo Matisse-Picasso não vai mais se realizar com leves pinceladas, mas sim à vista de todos, sobre telas imensas, imensas obras-primas.

Matisse é o primeiro a desembainhar a espada. No Salão dos Independentes de 1906, expõe uma única tela. Ela se tornará legendária: *Le bonheur de vivre*. É uma tela gigantesca, tanto pelo tamanho (175 cm x 241 cm) quanto pela novidade. É uma espécie de mistura desse primitivismo, que o artista descobriu em Collioure, com um fauvismo contido, uma poesia onírica que lembra *L'aprês-midi d'un faune,* de Mallarmé, a deformação dos corpos, como em Gauguin. *Le bonheur de vivre* rompe com o neoimpressionismo.

Foi um prato cheio para a crítica. Juntando-se aos risos e à zombaria daqueles que não gostaram, falam de "divagações transcendentais", de "tela vazia", de pensamento musical, literário, mas sem nenhuma plasticidade. Menosprezam a justaposição das cores, os contornos, às vezes finos demais, às vezes pesado em excesso, as deformações anatômicas, o abandono do pontilhismo pelas pinceladas largas e coloridas. Até mesmo Signac, que havia no entanto comprado um outro objeto de escândalo, a tela de Matisse *Luxe,calme et volupté*, estima que o pintor está completamente equivocado; esse mesmo Signac que tinha, na sua época, junto a seu amigo Seurat, conhecido o ostracismo dos impressionistas românticos imposto por Picasso contra Monet e Renoir.

Matisse, que se revelará terrivelmente conservador quando se tratar de defender o cubismo, está então na ponta da vanguarda, em 1906. No ano anterior, nos Independentes, em relação a *Luxe, calme et volupté*, Charles Morice, que era no entanto amigo de Gauguin, criticou-o por ter se juntado à turma "dos pontilhistas e confetistas". A mesma coisa aconteceu, alguns meses depois, com *La femme au chapeau*. Matisse é o mais escandaloso dos inovadores.

Até seus fiéis admiradores hesitam. Léo Stein também fica desconcertado com *Le bonheur de vivre*. Vai vê-la, volta uma outra vez. Finalmente, a tela lhe parece aquilo que é: o acontecimento do Salão, a obra marcante do século que começa, aquela que consagra Matisse como o grande mestre da pintura moderna. Então, ele a compra.

No ano seguinte, o pintor reincide. É o *Nu bleu: souvenir de Biskra* (1907), inspirado em uma viagem que fez à Argélia, na primavera de 1906. Novamente a crítica permanece arredia aos estranhos contornos, sempre deformados como em Gauguin, ao rosto que parece uma máscara, à pele matizada de azul. Louis Vauxcelles reconhece que não entende nada daquilo que ele define como sendo uma "esquematização vacilante", da qual Matisse e Derain (que expõe *Les baigneuses*) são os primeiros arquitetos. Outros descrevem o artista como um "espertalhão", e sua pintura como um "universo de feiura".

Também dessa vez, Léo Stein e a irmã compram o quadro.

Durante esse tempo, bem longe do Couvent des Oiseaux onde o "fauve refinado" vai instalar sua academia (antes de se recolher ao convento do Sacré-Coeur, nos Invalides), Picasso trabalha. Na confusão do Bateau-Lavoir, prossegue com suas próprias pesquisas. Sob o olhar atônito de Max Jacob, ele desenha formas e figuras que se parecem com as gravuras das cavernas pré-históricas. Depois do *Portrait de Gertrude Stein*, ele pinta o *Autoportrait* (1906) e *Autoportrait à la palette* (1906). Em seguida, dedica-se a vários bustos de mulheres, principalmente o *Buste de femme à la grande oreille* (1907).

Ele prepara sua resposta a Matisse. Afia suas armas. Conhece a obra do rival, pois a viu na casa dos Stein. Como muitos, também ficou abalado. Mas acha que aqueles que afirmam que a pintura de Matisse é revolucionária estão enganados. Ela é um ponto alto da arte, mas da arte clássica. A linguagem é mais moderna sim, mas ainda exprime a tradição. Isso é também o que diz Kandinsky, mais ou menos na mesma época: ele vê em Matisse um dos grandes mestres da pintura contemporânea, um gênio das cores, mas um impressionista visceral que, como Debussy, não rompeu com a "beleza convencional".

Disseram que o artista foi longe demais? Pois, em seu íntimo, Picasso pensa que Matisse parou cedo demais. A ruptura, a verdadeira ruptura, passará por ele.

Depois de meses de pesquisa e de esboços preparatórios, no inverno de 1906, Picasso coloca a ponta do pincel na garganta daquele que ele quer superar. Começa a pintar *Les Demoiselles d'Avignon.* No seu pensamento, esta obra é sua resposta ao *Bonheur de vivre,* de Matisse.

Os esboços mostram que, inicialmente, ele pensava representar um marinheiro num bordel, e introduzir um estudante de medicina no quarto onde estavam o marinheiro e cinco mulheres. Por que Avignon? Porque, ao executar a obra, Picasso pensava na *calle* d'Avignon (Avynyo), perto da qual ele morava em Barcelona, e onde comprava papel e tintas. Quanto ao marinheiro, era inspirado em Max Jacob: este havia garantido a Picasso que era originário de Avignon, cidade que, aliás, tinha várias casas de tolerância. Durante os estudos preparatórios, Picasso pintara o amigo poeta vestido com uma camiseta de marinheiro. Inicialmente, uma das mulheres deveria ser Fernande Olivier, a outra Marie Laurencin, e a terceira a avó de Max, nascida em Avignon. Picasso confirmou esse fato a Kahnweiler em 1933.[3]

À medida que o trabalho avançava, o marinheiro desapareceu e o estudante se transformou em mulher. Quando o quadro ficou pronto, representava cinco mulheres, das quais quatro estão de pé, nuas. Seus rostos têm a marca das estatuetas ibéricas e das máscaras negras. Contrariamente à obra de Matisse, cheia de curvas, de cores, que parece, pelo menos hoje em dia, extraordinariamente harmoniosa, a obra de Picasso é escura, de uma espantosa violência. Os corpos das mulheres são distorcidos, angulosos, os pés são enormes, as mãos são grandes, o peito cortante ou inexistente, os narizes achatados, retorcidos, um pouco de azul em uma das pernas, certos movimentos pouco graciosos, caras feias, máscaras, olhos arregalados fixando o observador, uma órbita vazia e preta, a dissimetria ibérica do lado direito, a estatuária negra do lado esquerdo, clara geometria anunciando o cubismo. Pierre Daix diz, com precisão, que a violência do *Bordel* lembra o arrebatamento de *Une saison en enfer*, e que Picasso, à época da composição da tela, estava lendo Rimbaud.[4]

Não mais se trata de poesia, de indolência, de devaneios, como em Mallarmé. Estamos num bordel, na mais crua das realidades. Picasso opõe essa obra, ainda maior do que *Le bonheur de vivre*, a Matisse. Não se trata do fim, fosse ele o mais moderno, do universo anterior, mas o começo de um novo mundo. *Le bordel* está para *Le bonheur* assim como *Le sacre du printemps* de Stravinsky está para os últimos *Quatuors* de Beethoven.

Ninguém entende. Quando Picasso mostra a obra para os íntimos do Bateau-Lavoir, há um certo desconforto. Braque tenta uma brincadeira: "É como se você quisesse nos fazer comer a estopa e beber o petróleo!". Manolo, como sempre, é objetivo: "Se você fosse buscar seus pais na estação e eles chegassem com uma cara dessas, confesse que você não ficaria contente!". Léo Stein fica horrorizado. Outros garantem que a obra não está acabada. Derain teme encontrar Picasso enforcado no próprio quadro.

Pior foi Apollinaire. Sempre disposto a defender as ousadias da arte moderna, principalmente quando se trata de Picasso, ele fica calado. Não diz uma só palavra sobre o quadro e nem mesmo menciona a existência dele nas suas críticas.

A única a defender o artista é Gertrude Stein. Mas não compra o quadro...

A tela ficou por muito tempo nos sucessivos ateliês do pintor. Foi exposta pela primeira vez em 1916, no Salão d'Antin, organizado por André Salmon. Foi ele quem sugeriu na ocasião que, por razões de decoro e de censura, *Le bordel d'Avignon* (assim chamado por Picasso), ou *Le bordel philosophique* (assim chamado por Apollinaire e Salmon), passasse a se chamar *Les Demoiselles d'Avignon.* Picasso concordou, a contragosto: ele jamais gostou desse nome.

Depois da exposição do Salão d'Antin, a obra foi enrolada e pouco exibida. Em 1923, André Breton convenceu Jacques Doucet, costureiro e mecenas, a comprá-la. Em 1937, uma galeria de Nova York comprou-a e depois vendeu-a ao Museu de Arte Moderna de Nova York.

Ainda hoje, *Les Demoiselles* suscita comentários. Historiadores da arte discutem entre si, a fim de dar uma resposta às duas perguntas feitas desde a origem do quadro: qual é a contribuição da arte negra na composição? A obra pode ser considerada o ponto de partida do cubismo?

A resposta à primeira pergunta é que a arte ibérica estava na parte direita do quadro, a mais "revolucionária", sendo reconhecida pelo sombreado, a forma das orelhas e dos olhos de duas das senhoritas, uma de pé, a outra agachada; que esta última foi pintada segundo o retrato de um camponês feito por Picasso em Gósol – os blocos dos esboços o provam sem grande contestação possível. E que o olho da senhorita da esquerda seria, ao contrário, influenciado pela arte negra. Para apoiar essa tese, os historiadores avançaram algumas datas que tendem a provar que, quando começou *Les Demoiselles*, Picasso conhecia a estátua *vili* de Matisse e a máscara *fang* adquirida por Derain junto a Vlaminck, mas ainda não conhecia, ou conhecia mal, o Museu de Etnografia do Trocadéro; portanto, ainda lhe faltavam fontes de inspiração.

É verdade que Picasso começou a comprar um pouco mais tarde os objetos de arte negra que iriam entulhar o ateliê do Bateau-Lavoir (*L'oiseau du Bénin**, nome escolhido por Apollinaire para designar Picasso em *Le poète assassiné*, se refere a uma peça da coleção do pintor). Também é verdade que ele tinha menos peças do que Matisse, campeão nesse domínio. Finalmente, é também verdadeiro que, a partir dos anos 1938-1939, o próprio Picasso declarou que, se no tempo do Bateau-Lavoir todo o mundo viu a influência da arte negra nas *Demoiselles*, era porque todos estavam descobrindo essas novidades culturais; mas que, na verdade, dever-se-ia ver ali, quase exclusivamente, uma influência ibérica.

A influência da arte negra na obra do pintor é igualmente contestada por Pierre Daix e por Pierre Reverdy. Contrariamente ao primeiro, o segundo nega, sem fundamento algum, a influência de Cézanne no cubismo, de Ingres nas obras de 1905, e da estatuária negra no período que precede o cubismo. O poeta está enganado. Mas tem desculpas: escreveu nos anos 1920, logo, muito próximo da época; e venera seu modelo, tão essencial para a arte, segundo ele, quanto Descartes para a filosofia.

John Richardson tentou introduzir uma nova nuança nesse debate de especialistas. Concordando com um certo número de antropólogos e historiadores da arte, ele afirma que os rostos das senhoritas são réplicas incontestáveis de máscaras africanas; e que Picasso refez esses rostos depois de visitar o museu do Trocadéro. Richardson lembra ainda que, na época em que Picasso negava a influência da arte negra nessa obra, a guerra da Espanha terminara com a vitória de

* O pássaro do Benin. (N.T.)

Franco: reivindicar a influência ibérica no *Le bordel* era também reivindicar suas raízes espanholas. Entre a elaboração do *Bordel* e as palavras do pintor, antes dos anos 1940, houve *Guernica*, o Museu do Prado, cuja direção lhe foi confiada pelos republicanos e, finalmente, os massacres cometidos pelas tropas africanas engajadas nas legiões franquistas. Era preciso defender a Espanha, tanto ela havia sofrido e sido devastada. Isso era suficientemente importante aos olhos de Picasso para que ele se irritasse, sem nenhuma hesitação, com André Salmon, que devia cobrir a Guerra para o *Le Petit Parisien*, jornal monarquista. A partir desse dia, ele se recusou a apertar-lhe a mão, e afastou-se dele.

A segunda pergunta, sobre o cubismo, continua sem resposta. Salmon e Jacob sempre consideraram – e escreveram – que as *Demoiselles d'Avignon* constituíam o ponto de partida do cubismo. Kahnweiler, que mais tarde será o marchand de Picasso, também. E quando se observa a parte direita do quadro, pode-se reconhecer claramente as novas formas que serão o modo de expressão dessa escola. Mas Pierre Daix diz o seguinte:

> Atualmente, depois da exposição no Museu de Arte Moderna de Nova York, em 1989-1990, considera-se que o nascimento do cubismo implica, além da reconstrução das formas naturais, o aprofundamento da expressão cezaniana dos volumes, que primeiro se manifestou em Braque, durante o ano de 1908, e depois em Picasso, na versão final de *Trois femmes*.[5]

Para Daix, *Trois femmes* é uma espécie de conclusão da evolução do trabalho iniciado em *Les Demoiselles d'Avignon*. Se aí existe cubismo, então é aí que ele se situa, e não em outro lugar. Ainda uma vez, os exegetas travam combate.

E Matisse, nisso tudo?

Ele viu *Le bordel d'Avignon* no ateliê do Bateau-Lavoir (os Stein o levaram até lá), e compreendeu muito bem contra o que e contra quem era dirigida a violência do seu caçula: contra a arte qualificada de moderna, ou seja, contra ele próprio. Aos olhos do mundo, não é ele que se passa pelo representante da mais nova tendência da pintura francesa? É claro que ele fica furioso e afirma que vai "arrasar" Picasso.

A rivalidade entre os dois homens é enorme. Segundo o relato de Salmon, ela se manifesta nos "picassianos" através de gestos de uma infantilidade impressionante: quando Matisse ofereceu a Picasso um retrato de sua filha Marguerite – um retrato malfeito, afirma o escritor para justificar o presente –, a turma, então, entrou um dia em um bazar da rua das Abbesses, comprou umas flechinhas e, de volta ao Bateau-Lavoir, lançou-as, visando bem no rosto da menina. Por sorte, eram da marca Eurêka, com pontas de borracha.

Matisse, por sua vez, queria saber quem eram os moleques que pintavam *slogans* em sua homenagem nos muros de Montmartre: "Matisse faz enlouquecer!".[6]

Seu caminho, entretanto, logo o levaria para o lado dos júris e das academias de pintura: um outro mundo...

Em 1908, as relações entre os dois pintores esfriaram, porque Braque foi recusado pelo comitê que escolhia os quadros para o Salão de Outono. Matisse, que, três anos antes, provocara escândalo nesse mesmo Salão, era membro do comitê. Dizia-se, além disso, que ele havia criticado o cubismo nascente. As "garras da fera"* tinham se tornado meras almofadas.

Por sorte, a briga não durou muito. No início da Primeira Guerra Mundial, Matisse e Picasso cavalgavam juntos no Bois de Boulogne. Encontravam-se nos respectivos ateliês. Trocavam obras entre si. Em 1914, os dois escaparam da convocação. Em 1937, foram condenados pelos nazistas, junto a outros, como representantes da "arte degenerada". Quando os alemães entraram em Paris, Matisse não estava lá. Picasso protegeu sua obra, que estava num cofre forte, no banco, perto dele. Para Matisse, segundo Brassal, Picasso

* "Les griffes du fauve", no original, remete a um jogo de palavras, pois griffe pode tanto significar "garra" como "domínio cruel". (N.T.)

era "seu camarada e rival, a pedra do seu sapato, e seu irmão de sangue".[7]

Depois da Guerra, Picasso foi visitar Matisse (que tinha se refugiado em Nice). Toda a rivalidade entre os dois artistas havia desaparecido. Falaram de suas respectivas pinturas e de outras. Matisse se mostrou quase paternal. Ele morreria pouco depois. Doou e transmitiu. E Picasso escutava. A rua de Fleurus tinha ficado distante. Nem um nem outro precisava mais de Gertrude Stein para apartá-los. Sabiam que eram ambos grandes mestres da arte moderna.

O gentil Douanier

Um pássaro pequenino
Pousa no ombro de um anjo
Eles cantam em louvor
Do gentil Rousseau

Guillaume Apollinaire

Um pintor estranho, que não se espera encontrar num lugar desses, também frequenta a turma do Bateau-Lavoir. Tem quase 65 anos, a aparência de um velho senhor respeitável, usa bengala e chapéu, e anda devagar, um pouco curvado, de Plaisance, onde mora, até o alto da Butte. Seu rosto traduz uma bondade generosa e uma grande sensibilidade: enrubesce à mínima contrariedade. Henri Rousseau está entrando na terceira idade, e mal saindo da infância. Sua pintura reflete uma ingenuidade que Éli Faure comparou à de Utrillo, os dois pintores partilhando, segundo ele, o mesmo grau de inocência.

Chamam-no de Douanier Rousseau*, pois trabalhou num escritório da alfândega de Paris, encarregado de verificar os gêneros alimentícios que entravam na capital. Quando fez cinquenta anos, aposentou-se para se dedicar à pintura. Não estudou em nenhuma escola de arte. É totalmente autodidata. Ignora a perspectiva e todas as regras picturais. Pinta por instinto, cuidadosamente. Sua história é simples, principalmente se não for contada por Apollinaire.

Tu te souviens, Rousseau, du paysage aztèque,
Des forêts où poussaient la mangue et l'ananas,
Des singes répandant le sang des pastèques
Et du blond empereur qu'on fusilla là-bas.

---

* *Douanier*: aduaneiro. (N.T.)

Les tableaux que tu peins, tu les vis au Mexique
Un soleil rouge ornait le front des bananiers,
Et valeureux soldat, tu troquas ta tunique
Contre le dolman des braves douaniers.*

O poeta peca por excesso de imaginação quando escreve que Henri Rousseau representa as paisagens mexicanas descobertas durante a guerra do México, da qual teria participado como sargento, comandando uma tropa de soldados. Pois, na verdade, o Douanier Rousseau não foi nem ao México nem à América. Foi apenas a Angers, durante o serviço militar, e à Exposição Universal de 1889, onde talvez tenha descoberto as paisagens exóticas reconstituídas que, eventualmente, o teriam inspirado mais tarde. Apollinaire, portanto, está enganado quando, numa frase lapidar, afirma que as obras de Rousseau "são a única coisa que o exotismo americano forneceu às artes plásticas".[1] E Blaise Cendrars não é mais verdadeiro quando, por sua vez, põe a mão na massa da lenda:

Viens au Mexique!
Sur les hauts plateaux les tulipes fleurissent
Les lianes tentaculaires sont la chevelure du soleil
On dirait la palette et les pinceaux d'un peintre
Des couleurs étourdissantes com me des gongs,
Rousseau y a été
Il y a ébloui sa vie.**

---

* Tu te lembras, Rousseau, da paisagem asteca/ Das mangas e abacaxis que crescem nas florestas,/ Do sangue das melancias espalhado pelos macacos/ Do louro imperador que ali foi fuzilado. Viste no México os quadros que pintas/ Um sol vermelho coroando as bananeiras/ Enquanto trocavas a túnica do valoroso soldado/ Pelo dólmã azul dos bravos aduaneiros. (N.T.)

** Vem para o México!/ No cimo dos planaltos florescem as tulipas/ As lianas tentaculares são a cabeleira do sol/ Lembrando a paleta e os pincéis de um artista/ São cores estonteantes como a sonoridade dos gongos,/ Rousseau esteve lá/ Foi lá que deslumbrou a vida. (N.T.)

Rousseau é único. Não tem época nem escola. Não está mais próximo dos impressionistas, dos quais, no entanto, é contemporâneo, do que dos seguidores da arte negra. Talvez dos *fauves*, mas só por engano: *Le lion ayant faim* foi, na verdade, exibido ao lado das telas de Matisse, de Vlaminck e de Derain, no famoso Salão de Outono de 1905. Louis Vauxcelles, que admirava Rousseau, afirmava que o caso dele demonstrava "que o mais ignaro e inculto dos seres pode ser um artista talentoso". Dele, disseram que era uma espécie de surdo-mudo da pintura, solitário e intuitivo, seguindo por um caminho tranquilo que ninguém partilhava com ele, e do qual ele mesmo ignorava as regras – se é que existiam.

O paradoxo desse artista, absolutamente único no gênero, é que ele ostenta um classicismo, difícil certamente de ser classificado, mas que não pode ser comparado à audácia dos criadores do Bateau-Lavoir; ora, foi graças a eles que conheceu a glória.

Alfred Jarry apresentou-o às duas eminências do *Mercure de France*, Alfred Valette e sua mulher Rachilde, e depois a Apollinaire; Jarry, também nascido em Laval, foi o grande amigo do Douanier e não se sabe se preferia, a exemplo de muitos outros, o pintor ao avoado – ou o contrário. Até onde se sabe, foi ele, o menos conservador dos autores, que lançou o gentil homenzinho nas garras do *Mercure de France*, o que muito contribuiu para torná-lo conhecido. A seguir, vieram os pintores da vanguarda, que muito respeitavam o olhar deslumbrado com que Rousseau observava a natureza.

Picasso, mais do que qualquer outro. Em 1908, ele comprou por cinco francos uma tela do pintor, na loja de Soulié: *Le portrait de Mme M.* (1895), que representava sua primeira esposa. Em seguida, compraria outros. É claro que Picasso ficou vivamente interessado pelo primitivismo que se desprende da obra do Douanier. Ele, que tanto procurava se afastar do academismo, descobriu na obra do Douanier um estilo que não era o seu; mas que, certamente, era um estilo.

O Douanier Rousseau morava na rua Perrel, perto de Montparnasse. Sozinho: ficou duas vezes viúvo e foi perdendo os filhos, só tendo lhe restado um.

Na sua porta havia um pequeno cartaz de papelão:

DESENHO, PINTURA, MÚSICA.
AULAS EM DOMICÍLIO, PREÇOS MÓDICOS.

Vivia miseravelmente. Duas vezes por semana, preparava uma gororoba que guardava embaixo da cama e que deveria durar a semana toda. Infelizmente para ele, todos os pobres do bairro sabiam o dia do festim. Mal a gororoba ficava pronta, todos iam chegando. A semana não durava dois dias...

Vendia o retrato de alguns alunos que iam à casa dele para os comerciantes do bairro (quando o Museu de Arte Moderna de Nova York houve por bem procurar suas obras, descobriu-se uma na casa de um encanador, outra com um agricultor...). Até que Vollard, Uhde e Paul Rosenberg se interessassem por ele, só alguns amigos compravam suas telas: Delaunay, Serge Férat e sua meio-irmã Hélène d'Oettingen.

A miséria, entretanto, não impedia o Douanier de convidar os amigos. Depois de economizar, fazendo jejum durante oito dias, enviava regularmente convites, acrescidos de um menu que valorizava suas noitadas artísticas. Para a do dia 1º de abril de 1909, por exemplo:

Programa
CÉCILIETTE (POLCA)
LES CLOCHETTES (MAZURCA)
ÉGLANTINE (VALSA)
POLKA DES BÉBÉS
RÊVE D'UN ANGE (MAZURCA)
CLÉMENCE (VALSA)[2]

A essas festas íntimas vinham o padeiro e o dono do armazém, que garantiam o dia a dia de Henri Rousseau, e também quase toda a turma do Bateau-Lavoir. O dono da casa mandava os convidados se sentarem nas cadeiras alinhadas, e ele mesmo ficava perto da porta para receber os que iam chegando. Comia-se e bebia-se o que havia – às vezes nada. Cada um recitava uma poesia ou um versinho infantil. Depois, o Douanier pegava o violino e tocava uma canção para a plateia. Quando ficava cansado, estirava-se, ainda vestido, num velho canapé do ateliê, e só acordava de manhã, feliz, e pronto para pintar.

A solidão acabou lhe pesando. Decidiu casar-se outra vez e formar uma nova família. Enrabichou-se por uma moça, fez-lhe a corte assiduamente, e, como os pais da eleita hesitassem em entregar a única herdeira nas mãos de um pintor sem eira nem beira, pediu aos amigos que viessem em seu socorro. Um belo dia, chegou à galeria de Vollard brigando com uma tela maior do que ele. Mostrou-a ao marchand, que a julgou admirável.

"Ótimo", respondeu o pintor. "Você poderia então me dar um atestado, dizendo que estou fazendo progressos?"

O marchand não podia acreditar no que ouvia. Rousseau explicou-lhe que queria se casar, e que um atestado de boa conduta ajudaria os futuros sogros a conceder-lhe a mão da filha.

"Que idade tem sua noiva?", perguntou Vollard. "Ela não é maior? Precisa do consentimento dos pais?"

"Não", respondeu Rousseau, com um sorriso extático... "Ela tem 54 anos."

Conseguiu o atestado, e um outro de Apollinaire. Apesar disso, o casamento nunca se realizou. O bom Douanier Rousseau ficou solteiro.

Precisou de vários meses para terminar o retrato de Marie Laurencin e Guillaume Apollinaire. Não por falta de inspiração ou de criatividade. Simplesmente, ele fazia questão que houvesse cravos na parte de baixo do quadro, e teve que esperar, para encontrá-los, que a estação estivesse propícia a esse seu desejo de vegetação.

Apollinaire conta que, quando ele pintava uma tela de inspiração fantástica, a realidade da pintura lhe apertava a garganta; tomado pelo pânico, corria até a janela...

Outra curiosidade, assinalada por algumas testemunhas, entre as quais Georges Claretie, jornalista do *Figaro*: logo depois de um conto do vigário do qual fora vítima, Rousseau foi condenado a uma pena na prisão. Quando o juiz lhe concedeu o *sursis*, exclamou:

"Obrigado, meritíssimo! Em agradecimento, se o senhor quiser, farei o retrato da sua mulher!"

Mal seu advogado, Guilhermet, tinha terminado a defesa, o Douanier se virou para ele e perguntou em voz baixa:

"Agora que você terminou, posso ir embora?"

Guilhermet reconhecia duas boas criações de Alfred Jarry: o *Ubu roi* e o Douanier Rousseau. Mas, como muitos outros, perguntou-se, por muito tempo, se as palhaçadas do artista eram o resultado de uma gaiatice espontânea ou de um talento nato para a comédia. A pergunta lhe ocorreu pela primeira vez certo dia em que o cliente telefonou para o seu escritório. Ele estava tentando falar para Laval, e gritava. O advogado sugeriu que falasse mais baixo.

"Está dando para te ouvir!"

"Você está me ouvindo! Mas os outros não!"

"Claro que sim... O telefone..."

"Bobagem!", interrompeu Rousseau.

Colocou a mão em concha no bocal, e acrescentou:

"Estou falando com gente que mora em Laval! É longe! Como é que você quer que me ouçam, se eu não gritar?"

Seus amigos, pintores ou não, adoravam essa ingenuidade, tão semelhante à sua obra. Picasso gostava dele, e ele gostava de Picasso.

Douanier dizia: "Somos os dois maiores pintores do nosso tempo, você no gênero 'egípcio' [primitivista], eu no gênero moderno".[3] O espanhol não contestava. Talvez pensasse a mesma coisa...

Em 1908, alguns meses antes de deixar o Bateau-Lavoir, Picasso decidiu organizar um banquete em homenagem ao Douanier Rousseau. Ele queria festejar a tela comprada na loja de Soulié, e também o pintor que a tinha criado.

A festa foi preparada durante muito tempo. Fernande e Picasso tinham prendido ramos e folhas de árvores nas vigas do cômodo. O teto estava todo coberto. Nas paredes, máscaras africanas. Diante do armário, haviam feito um trono com uma cadeira colocada em cima de um caixote. Atrás da cadeira, nas paredes, entre bandeiras e lampiões, estava estendida uma faixa: "SALVE ROUSSEAU!". *Le portrait de Mme M.* estava colocado sobre um cavalete, no centro do ateliê. Em volta do quadro, colocaram faixas de tecido colorido e guirlandas.

A mesa estava posta: uma longa prancha sustentada por cavaletes, sobre a qual fora colocada a louça, emprestada pelo restaurante Azon. A comida, encomendada no Felix Potin, foi paga por todos: o Bateau-Lavoir se cotizou para a festa.

Restava esperar. Às oito horas, os entregadores ainda não haviam chegado. Os convidados sim: Braque, Jacques Vaillant, Dalize, Gertrude Stein e Alice Toklas, de chapéu novo.

Às oito e meia, nada. O jeito era ter paciência. Felix Potin se enganara quanto ao dia. Pânico e correria. Num piscar de olhos, todos os que estavam lá se dispersaram pelas ruas Ravignan, Lepic e Abbesses para fazer a ronda dos comerciantes amigos. Reuniram-se nos bares da vizinhança com tudo o que tinham conseguido: doces e arroz. Voltaram, apressadamente, para a Maison du Trappeur. Tiveram que carregar Marie Laurencin, bêbada demais para ficar de pé. No ateliê, ela caiu por cima das tortas que tinham colocado sobre o canapé. Ergueu-se, sacudindo pernas e mãos e, aos gritinhos, foi parar, toda coberta de açúcar, nos braços dos convivas. Em alguns minutos, a assistência estava toda melada e pegajosa. Fernande começou a xingar "a bela feia". Foi preciso apartá-las.

Quando tudo se acalmou, foram para a mesa. Foi então que a porta se abriu e entrou Apollinaire, que havia ido buscar, de fiacre, o Douanier Rousseau. O pintor, siderado, feliz, permanecia imóvel na entrada, com o pequeno chapéu na cabeça, a bengala na mão esquerda e o violino na outra. Foi empurrado, puxado, festejado. Apollinaire recitou um poema. Salmon também. Bebeu-se muito. Marie Laurencin, sempre petulante, cantava canções normandas. Guillaume a repreendia em voz baixa. Como isso não foi suficiente para sossegá-la, arrastou-a para fora. Quando voltaram, ela estava mais calma.

Rousseau instalou-se no trono que haviam preparado para ele. Salmon dançava em cima da mesa. Foi preciso contê-lo. Picasso empurrou-o para fora. Léo Stein se colocara diante do homenageado da noite para protegê-lo contra os assaltos da assistência. Mas o pintor adormecera. Acima dele, havia um lampião cuja cera caía, gota a gota, no alto da sua cabeça. Ao acordar, divertiu-se com o chapeuzinho que, pouco a pouco, ali se formara. Quando o lampião pegou fogo, foi preciso subir nas cadeiras e nas mesas para apagar o princípio de incêndio. Restabelecida a ordem, o Douanier pegou o violino e, acompanhado de seu instrumento, cantou trechos de músicas da sua juventude:

Ai! Ai, ai, que dor de dentes!

Sob aplausos, engrenou outra quadrinha:

Moi je n'aim' pas les grands journaux
Qui parl' de politique
Qu'est-c' que ça m'fait qu'les Esquimaux
Aient ravagé l'Afrique...*

Sucumbindo ao esforço, adormeceu novamente.

Durante a noite, outros visitantes vieram: Frédé e seu burro Lolo, que rapidamente se pôs a comer as roupas de uns e os chapéus de outros; um casal de americanos, ela de vestido de noite e ele de terno escuro, estupefatos diante das

---

* Eu detesto os jornais/ Que só falam de política/ Que me interessa que os esquimós/ Tenham destruído a África... (N.T.)

manifestações artísticas desses franceses grosseiros. Logo se mandaram.

De manhãzinha, os convivas se cotizaram para pagar um fiacre para o Douanier Rousseau. Acompanharam-no até o veículo, colocaram em seu colo a bengala e o violino, e deram-lhe muitos beijos.

Essa festa, que foi uma das últimas da época áurea da rua Ravignan, foi comentada de diversas maneiras. Segundo Fernande Olivier, a turma queria "pregar uma peça no Douanier". Num artigo publicado em 1914 por *Les Soirées de Paris*, Maurice Raynal descreve os eventos como se, na verdade, todos quisessem zombar do Douanier Rousseau. Gertrude Stein fica neutra. Salmon se revolta contra as interpretações maldosas. Ele defende o pintor:

> Nós gostamos de Henri Rousseau não pela sua falta de jeito, pela sua ignorância sobre desenho; nós o estimamos não por sua enorme candura [...] Nós gostamos do homem pela sua pureza, sua coragem diante da vida cruel, por uma espécie de angelismo, e gostamos do artista pela surpreendente intuição que ele teve da sua grandeza, pela sua magnífica ambição da vasta composição, numa época em que, exceto Picasso e, menos profundamente, Matisse, tão poucos artistas compunham.[4]

Se Picasso organizou a recepção em sua casa, se arrumou e ajeitou a Maison du Trappeur, se cobriu *Les Demoiselles d'Avignon* e, de certa forma, dobrou-se, provavelmente não foi para se divertir às custas de um mau pintor; foi, certamente, para receber um artista que ele amava e admirava.

É claro que Henri Rousseau o fazia rir. Ele se divertia com sua simplicidade e suas ideias de velho-criança. Mas todos riam e se divertiam. Só que nem todos pensavam, como Raynal e Derain (que mudaria de opinião), que o Douanier Rousseau era um imbecil (Derain a Salmon, depois que este último publicou um artigo sobre o pintor: "O que é isso? É o triunfo dos idiotas?"). E mesmo que Picasso brincasse, não zombava dele, provavelmente nem Apollinaire: segundo Max Jacob, o pintor não teria permitido. Beatrice Hastings, futura noiva de Modigliani, aprendeu por experiência própria: Picasso fechou-lhe a porta depois que ela falou mal do artista.

Rousseau, apesar de tudo, levou a vida tranquilamente, sem nunca se aborrecer. Caçoavam? Prova de que se interessavam por ele. E, em matéria de pintura, não tinha nada a aprender com ninguém: ele sabia que tinha talento.

Teve o mérito de inaugurar uma série de festividades, das quais Braque e Apollinaire seriam, em outra época e em outro lugar, os próximos heróis. Também fechou com chave de ouro a época com a qual ele tanto sonhou, de uma vida de artista, que logo iria atravessar o Sena para incendiar Montparnasse.

...Temos então que procriar, mas, na nossa idade, não devemos ter medo disso. Sim, você me faz sofrer porque, felizmente, ainda me sinto vivo. Vamos nos unir e você verá se sou incapaz de te servir.[5]

Não teve tempo para brincar de reprodutor. Certo dia de setembro de 1910, seus amigos receberam a comunicação do seu falecimento: Henri Rousseau tinha morrido no hospital Necker, vítima de uma gangrena. Todos foram convidados para o serviço religioso, que teria lugar na igreja de Saint--Jean-Baptiste-de-la-Salle, na rua Dutot.

Ninguém foi: a notícia chegou tarde demais! O funeral já havia sido realizado.

O roubo da *Mona Lisa*

...Um guarda o acompanha. Apollinaire – é inadmissível esse rigor da administração penitenciária – está algemado.

Paris-Jornal, quarta-feira, 13 de setembro de 1911

Os Picasso estão se mudando.

Os carregadores que transportam os poucos móveis do Bateau-Lavoir para o novo apartamento do bulevar de Clichy estão surpresos. Para eles, deve ter sido muita sorte. Ou uma herança. Que milagre permitiria trocar um barracão de madeira, esquisito e imundo, por um prédio dos mais burgueses, em que o ateliê tem vista para o Sacré-Coeur, e o resto do apartamento para as árvores da avenida Frochot? Um salão, um quarto, uma sala de jantar, cozinha, vista ampla, calma, conforto.

Um sonho emoldurado.

Tudo muda, até os móveis. O bricabraque se torna chique e choca: acaju rústico, móveis italianos, bufês antigos de carvalho, divã Louis-Philippe, piano... O quarto é um quarto de verdade, a cama, uma cama de verdade, com barras de cobre. Cristais e porcelanas estão à mostra. Melhor ainda: ao chegar à nova residência, a senhora Picasso escreve a Gertrude Stein para pedir-lhe que peça a Hélène, a cozinheira, que lhe arranje uma "empregada"! Terá casa e comida e lhe pagarão quarenta francos por mês.

Quando encontra a ave rara, a senhora Picasso lhe dá um quarto, onde colocam a mesa redonda, o armário pintado com tinta de casca de nozes e todos os móveis dos melhores dias do Bateau-Lavoir.

Só que para a jovem empregada não é bem uma vida de artista: pedem-lhe que use um bonito avental branco para servir à mesa. Limpeza todos os dias, em todos os cômodos, menos no ateliê do dono da casa. Lá, as formas geométricas vão se tornando sinuosas. Telas, pincéis, tubos de tinta, paletas. Máscaras e estátuas africanas por toda parte, instrumentos musicais, móveis heteróclitos. Sem contar as coleções: bibelôs azuis, xícaras, garrafas, fragmentos de tapeçaria desfiados, caixas, molduras velhas... e o que dizer da macaquinha, do cachorro e dos três gatos?

O dono da casa pediu que não se toque em nada, principalmente na poeira: quando ela está bem espalhada, não o incomoda; agitada pelo espanador, torna-se perigosa: vai para os quadros. Para evitar problemas, ninguém entra. Proibição total. Nesse cômodo, a limpeza é feita uma vez por trimestre, não mais do que isso. No restante do apartamento, a agitação começa quando o senhor e a senhora acordam, isto é, quase sempre quando a manhã já está avançada. A senhorita aproveita para descansar, o que desagrada à patroa: a empregada é negligente.

Na nova residência, Picasso se torna irritadiço, observa Fernande. Refugia-se no ateliê, espécie de Bateau-Lavoir reconstituído. Exige comida saudável – peixes, legumes e frutas –, mais de acordo com uma saúde que ele julga debilitada. Segue uma dieta. Bebe mais água do que vinho. Seu humor fica sombrio. Sai menos e é mais exigente. Será porque, a partir daquele momento, passa a frequentar mais a alta sociedade do que antes? Frank Haviland, ceramista de Limoges, apreciador da arte negra, e que também pinta, recebe em grande estilo no seu ateliê da avenida de Orléans. E Paul Poiret, famoso costureiro, convida para luxuosas festas. Ainda não está no topo da moda, mas está chegando lá. Graças a ele e aos seus vestidos, as mulheres já não usam mais corpetes. Gosta da arte e dos artistas. Quando vem ao bulevar de Clichy, admira tudo, por alto, sem prestar atenção nos detalhes. As telas expostas no apartamento são magníficas, extraordinárias, maravilhosas, admiráveis, únicas; as almofadas: sublimíssimas; a vista: esplendidíssima. Paul Poiret é um homem-superlativo.

De certa forma isso agrada a Picasso, que às vezes prefere o boi gordo social às vacas magras heroicas. Mas o excesso o irrita. Seu bom humor só retorna aos domingos, quando chegam os amigos: Salmon, Apollinaire e Max Jacob. Ou ainda quando encontra seu velho amigo Manolo, que foi embora para Céret.

Céret é, à época, um vilarejo catalão, situado nos Pireneus Orientais. Exatamente como quando se refugiou em Gósol, alguns anos antes, Picasso vai até lá durante o verão de 1911. Em meio aos pomares, ao campo e às casas antigas, encontra-se a si mesmo.

Primeiro hospeda-se no hotel, depois, numa casa isolada, no coração das montanhas. À noite, reencontra os amigos. Braque vem de Paris, depois Fernande. Durante um certo período, o casal encontra novamente a harmonia de outros tempos. Picasso pinta como pintava em Gósol e, assim como aconteceu em Gósol, sua pintura terá mudado quando voltar a Paris. Como em Gósol também, a estada é interrompida por um acontecimento imprevisto.

Em 1906, foi a epidemia de tifo. Em 1911, uma manchete de primeira página do *Paris-Journal*: roubaram a *Mona Lisa* no Louvre. Quando, no dia 29 de agosto, um tal de Géry-Piéret confessa nas colunas do mesmo jornal que roubou três estatuetas do museu, Picasso e Fernande fazem precipitadamente as malas e voltam correndo para Paris. A hora é grave.

Picasso conhece bem esse Géry-Piéret. Bem demais. É um aventureiro belga, amigo de Apollinaire, do qual foi eventualmente secretário. O poeta encontrou-o na época em que trabalhava como jornalista no *Guide des Rentiers*. Apresentou-o a Picasso. Em março de 1907, por cinquenta francos, este comprou dele duas cabeças ibéricas, de pedra, que vinham do Louvre. O museu era então uma espécie de peneira. Num sentido e no outro. Francis Carco conta que Roland Dorgèles tinha colocado um busto de um de seus amigos escultores na galerie des Antiques, sem que ninguém se desse conta da brincadeira. O próprio Picasso, a título de gozação, perguntara um dia a Marie Laurencin: "Vou ao Louvre. Quer alguma coisa?".

Géry-Piéret entrava então facilmente no museu. Talvez não fosse tão fácil assim, como descreveu Blaise Cendrars, que, com seu costumeiro exagero e o talento inventivo e romanesco que caracterizam seus testemunhos, apresenta o aventureiro belga como um fanfarrão, apostando uma garrafa de champanhe em como traria do Louvre um objeto valioso, escondido sob o casacão, depois de ter – faça-me o favor! – apertado a mão dos guardas! Mas, finalmente, esse astuto Géry-Piéret vendeu mesmo duas cabeças para Picasso. A falta de sorte foi que, depois do desaparecimento da *Mona Lisa*, ele vendeu uma terceira cabeça ao *Paris-Journal* (por 250 francos, o que não vale os cinquenta mil francos oferecidos pela restituição da *Mona Lisa*); o jornal garantiu uma publicidade barata, exibindo a estatueta antes de devolvê-la. É claro que o antigo secretário do poeta afirma também ter surrupiado a *Mona Lisa.* O *Paris-Journal* publica então um editorial inflamado, criticando a facilidade dessas entradas e saídas. O próprio Apollinaire escreve um artigo sobre o mesmo tema, no dia 24 de agosto, para *L'Intransigeant.* Começa assim: "A *Mona Lisa* era tão linda que sua perfeição passava a fazer parte, a partir de então, dos lugares-comuns da arte". Mais adiante: "O Louvre é mais mal guardado do que um museu espanhol".

O que prova sua ingenuidade.

Pois a justiça passa a desconfiar de que Apollinaire está envolvido no caso. De certa forma, ele serviu de intermediário entre o amigo aventureiro e o amigo pintor. Em 1907, o poeta bem que tentou persuadir esse último a devolver as estatuetas. Picasso recusou: "Ele as tinha danificado para descobrir certos arcanos da arte antiga e bárbara ao mesmo tempo, à qual elas pertenciam".[1] As duas cabeças ibéricas constituíam uma das bases das suas pesquisas sobre o primitivismo, e elas têm seu papel na elaboração das *Demoiselles d'Avignon* (a boca redonda da mulher da direita, as orelhas desmesuradas de três delas, a assimetria geral...).

Por isso, Picasso e Fernande voltam correndo de Céret: se Géry-Piéret devolveu a terceira cabeça roubada, pode ser que os policiais do Louvre, com a permissão dos senhores do departamento de Justiça, partam em busca das outras.

Apollinaire, por sua vez, compreendeu logo o perigo. Veio então buscar seus amigos na estação de trem, e lá se foram os três para o bulevar de Clichy. Um problema precisa ser resolvido: como vão se desfazer do objeto do delito?

O poeta se desespera, acusa-se de negligência, maldiz o amigo indelicado, prevê a difamação e a desonra. Picasso concorda com ele. Fernande Olivier, testemunha mais calma e cruel, observa que eles parecem "crianças arrependidas, amedrontadas".[2]

Nessa hora grave, ressurge um dado importante que os dois artistas haviam esquecido um pouco: são estrangeiros. Temem ser expulsos.

Passam a noite no bulevar de Clichy. Imaginam mil soluções antes de decidirem por aquela que lhes parece a menos perigosa: jogar as estatuetas no Sena. É Fernande quem conta. Assim o fizeram. Ou quase. A senhora Picasso ajuda a achar uma grande mala, a colocar as obras de arte dentro dela e a empurrar o pintor e o poeta pela porta afora. Blaise Cendrars, sempre imaginativo, descreve-os esgueirando-se pelos muros, olhando para todos os lados, curvados sob o peso da bagagem. Um barulho insólito propulsará os dois receptadores até um pórtico, com o coração acelerado. Depois, seguirão até o Sena, um atrás do outro, o primeiro tomando conta da dianteira, o segundo, da retaguarda. Até o momento em que um movimento nas sombras, mais importante do que os outros, os fará voltar praticamente correndo, tomados pelo pânico.

Quando Fernande Olivier lhes abre a porta, às duas horas da manhã, eles estão pálidos. E trazem a mala.

"Vazia?"

"Não, cheia", resmunga Picasso.

Entram. Pensam outra vez. Finalmente escolhem a solução já experimentada por Géry-Piéret: as cabeças serão entregues ao *Paris-Journal.* Os únicos a saber serão Chichet, o diretor, e André Salmon, que trabalha lá. A publicidade oferecida ao jornal vale o segredo.

Apollinaire passa o resto da noite no canapé do salão. De manhãzinha, pega a mala e executa o plano previsto. Segundo Albert Gleizes, Picasso o acompanha. Os dois homens vão até a Gare de l'Est pelos bulevares que a circundam, colocam a mala no depósito, e esperam a hora da abertura da redação do *Paris-Journal.*

No dia seguinte, por intermédio do jornal, o Louvre recupera as estatuetas.

Ufa!

Não exatamente. No dia 7 de setembro pela manhã, no horário do leiteiro, tocam a campainha na casa de Apollinaire.

É a polícia.

Mandado de busca.

Prisão.

O poeta é levado para o Quai des Orfevres.* É indiciado por receptação e cumplicidade de roubo. Vai diretamente para a penitenciária da Santé. "Parecia-me que, daquele momento em diante, eu estava num lugar situado fora da nossa terra e que ia sucumbir." Não tem direito a nenhum privilégio. Na prisão, recebe uma camisa, uma toalha, lençóis e uma colcha. Através de corredores sombrios, é conduzido até o décimo primeiro pavilhão, décima quinta cela. A porta se fecha atrás dele. Os ferrolhos são puxados.

Avant d'entrer dans ma cellule
Il a fallu me mettre nu
E quelle voix sinistre ulule
Guillaume qu'es-tu devenu.**

Ele não entendeu nada. Está totalmente confuso. Em uma das cabeceiras do catre, descobre a identidade de um

* Onde fica a chefatura de polícia. (N.T.)

** Antes de entrar na minha cela/ Eu tive que ficar nu/ E uma voz sinistra ulula/ Guillaume, diz quem és tu. (N.T.)

daqueles que o precederam naquele lugar sinistro: “DÉDÉ DE MENILMONTANT, POR ASSASSINATO” .

Aguarda.

Que lentement passent les heures
Comme passe un enterrement.*

No bulevar de Clichy, ninguém se mexe. Um dia se passa. Espera-se um pouco. Mas no dia seguinte, ao amanhecer, tocam a campainha. Polícia. O homem está à paisana, o que não o impede de mostrar a carteira e de pedir a Pablo Picasso para acompanhá-lo até a chefatura.

No quarto, o pintor tira o pijama. “Picasso, tremendo, vestiu-se rapidamente; foi preciso ajudá-lo; ele estava fora de si, em pânico”.[3]

Dá para entender: o pintor é espanhol, suspeito pela polícia francesa de ser simpatizante dos anarquistas. Na pior das hipóteses, corre o risco de ser preso, na melhor, de ser extraditado...

Fernande o vê afastando-se pelo bulevar, em companhia do mastodonte. Sobem no coletivo Pigalle-Halle-aux--Vins. Picasso jura que não tem nada com a história, que nem sabe do que se trata. Mas o policial não pode fazer nada. Não é ele que cuida do caso.

Delegacia. Gabinete do juiz. Picasso, ouvido como testemunha, repete que não sabe de nada. Não é verdade. A polícia tem informações.

“Quais?”

“Um poeta que diz ser seu amigo.”

“Não conheço nenhum poeta.”

Picasso gagueja. O juiz detalha o depoimento do poeta em questão: ele mencionou o nome de Picasso diante de Géry-Piéret, que já se sabe ser o ladrão das obras de arte; o dito Géry-Piéret foi à casa do pintor e lhe vendeu duas cabeças ibéricas.

“Não sei de nada”, repete Picasso, sem firmeza.

---

* As horas passam lentamente/ Como passa um enterro. (N.T.)

"Ele também disse que o senhor ignorava a procedência dessas obras de arte..."

"..."

"Temos uma testemunha."

A testemunha esperou durante quatro horas na cela do Palácio de Justiça, com o nariz colado nas grades. Depois, tiraram-no dali e conduziram-no, algemado, a uma sala contígua ao gabinete do juiz.

Este abre a porta. A testemunha entra. Está abatido, pálido, assustado, os olhos avermelhados, a barba por fazer, sem gravata, o colarinho desfeito. Senta-se na cadeira que lhe indicam. Picasso olha para ele e imediatamente se vira para o outro lado. Olha fixamente para a parede da frente.

"Conhece este homem?" Pergunta o magistrado.

"Não", declara Pablo Picasso.

Na cadeira, Apollinaire emite um soluço.

"Não", repete Picasso, teimoso como uma criança perdida: "Nunca encontrei este senhor".

Não diz mais nada.

Mas logo se arrepende, se desespera, volta atrás nas suas declarações – enquanto Apollinaire, transtornado, não consegue emitir nenhum som.

Sentado atrás da mesa, o juiz, desconcertado, observa aquelas crianças tomadas por terrores piores do que os noturnos, sofrendo, como se o céu do Papai Noel lhes tivesse caído sobre a cabeça. Manda um para casa e o outro para a Santé.

No mesmo dia, Géry-Piéret, sob o pseudônimo de Baron Ignace d'Ormesan (que Apollinaire havia usado no *L'hérésiarque & Cie*) escreve à Justiça para inocentar o prisioneiro.

Durante esse tempo, em Paris, algumas pessoas se agitam. À esquerda, os amigos de Apollinaire, liderados por André Salmon, René Dalize, André Tudesq e André Billy, fazem uma petição pedindo o relaxamento da prisão do poeta (o ilustríssimo senhor Franz Jourdain, presidente do Salão de Outono, se recusa a assiná-la). À direita, a imprensa racista, tendo à frente Léon Daudet e Urbian Gohier, se aproveita:

O secretário do judeu ou polonês pornográfico – um dos bandidos do Louvre – é um belga. Quando todo o bando for conhecido, veremos que todos são estrangeiros ou forasteiros.[4]

Atrás das grades, o forasteiro está arrasado:

Dans une fosse comme un ours
Chaque matin je me promène
Tournons tournons tournons toujours
Le ciel est bleu comme un chaîne
Dans une fosse comme un ours
Chaque matin je me promène.*

Felizmente, isso não dura muito tempo. No dia 12 de setembro, Guillaume Apollinaire é libertado. Mas o caso ainda não foi encerrado. Por intermédio de Gleizes, o poeta vai ao encontro do assistente Granié, que não o tranquiliza: ele protegeu um indivíduo que roubou o Estado, e foi receptor de bens subtraídos de um museu nacional.

"Quais são os riscos?", pergunta Apollinaire.

"O tribunal."

"Mais o quê?"

"Uma condenação."

O poeta fica arrasado.

"O ideal seria se apresentar diante do tribunal..."

"Como?"

"Você não pode negar o delito", argumenta o assistente, "os juízes aplicarão a lei sem discussão. No tribunal, você pode se explicar..."

Apollinaire não tem a menor intenção de se explicar diante de um tribunal.

"Não existe outra possibilidade?"

"O crime ser considerado improcedente."

---

* Como um urso no fundo do fosso/ Passeio todas as manhãs/ Pra lá e pra cá prá cá e pra lá/ O céu é azul como uma corrente/ Como um urso no fundo do fosso/ Passeio todas as manhãs. (N.T.)

"Tenho chance de consegui-lo?"

"Veremos..."

Havia uma chance. E Apollinaire conseguiu. Em janeiro de 1912, foi inocentado de toda e qualquer suspeita. Mas essa história, dramática para ele, deixou algumas sequelas. No seu coração de amigo, mesmo sem nunca ter tocado no assunto, como poderia o Mal-Amado* não sofrer com a covardia de Picasso?

> Um de seus mais queridos amigos não o tinha renegado, por ocasião de um confronto, perdendo a cabeça, chegando até a declarar que não o conhecia?, pergunta André Gleizes. Ele me falava sobre isso sem conseguir disfarçar a amargura e a emoção.[5]

Essa amargura, verdade seja dita, não desagradava certamente a Gleizes, que queria ser reconhecido como o inventor do cubismo e detestava Picasso.

O pintor foi temporariamente vítima da frieza dos amigos do poeta. Essa desgraça, porém, não tão pesada assim, foi acompanhada por um temor difuso, que o obcecou durante algum tempo: ele se recusava a usar a linha Pigalle-Halle-aux-Vins, na qual havia sido levado para a cadeia; na rua, estava sempre olhando para trás, temendo ser objeto de perseguição; quando a campainha tocava no bulevar de Clichy, ficava sobressaltado.

Cinquenta anos depois, no *Paris-Presse*, Picasso confessaria, ao jornalista que o entrevistava sobre o caso do roubo da *Mona Lisa*, que sua atitude lhe havia inspirado, e inspirava ainda, um sentimento que não era outro senão a vergonha.[6] O que parece facilmente compreensível.

Porque Apollinaire, de sua parte, protegeu tão bem o pintor da ira da praça pública, que seu nome nunca foi citado pela imprensa. Nem mesmo nas obras que seus contemporâneos dedicaram às relações entre os dois homens. Melhor ainda: no seu prefácio às obras poéticas de Guillaume

* *La chanson du Mal-Aimé* é um dos poemas de Apollinaire. (N.T.)

Apollinaire[7], André Billy, testemunha da época e ator indireto dessa história infeliz, também não menciona a identidade de Picasso; limita-se a falar do pintor X...

A *Mona Lisa* foi reencontrada em 1913. Tinha sido roubada por um cidadão italiano que trabalhava no Museu do Louvre e queria devolver a obra ao seu país. Aparentemente, o assunto estava encerrado.

Para todo o mundo, talvez, mas não para Apollinaire.

Um ano mais tarde, começava a Primeira Guerra Mundial.

O poeta logo se alistou. Todos os seus amigos acharam que essa vontade de defender um país que não era o seu era uma espécie de revanche. Como se Apollinaire quisesse recobrir as vergonhosas algemas com as três cores da bandeira: sua maneira pessoal de fazer esquecer o sorriso devastador da *Mona Lisa.*

Separações

> Caso F.O. Não há o que dizer: estou excitado, excitado. Já estou apaixonado na imaginação. Ficarei muito decepcionado se nada acontecer. Mais do que decepcionado.
>
> Paul Léautaud

O caso do roubo da *Mona Lisa* constitui um marco em torno do qual uma nova era vai se abrir, dolorosa para uns, feliz para outros, fértil em formas e cores. É o tempo das reviravoltas e das rupturas. No livro das artes, a página de Montmartre estremece. “Irei ao Lapin Agile relembrar minha juventude perdida”, logo escreverá Blaise Cendrars.

Marie Laurencin rompe com Guillaume Apollinaire: em Auteil, uma estada na prisão não é coisa que se perdoe. Fernande garante que Marie não escreveu ao amado enquanto ele esteve na Santé. A desonra da prisão foi se juntar às inúmeras infidelidades do poeta, e a uma divergência que se tornara crônica: Marie já havia se recusado a se casar com ele, por causa do seu gênio difícil. E depois, segundo Picasso, o casal se entediava um pouco na cama... Quando pensamos no ardor de Mony Vibescu em *Les onze mille verges*...

Profundamente magoado, Apollinaire deixa Auteil e vai viver, por alguns meses, na casa de Robert e Sonia Delaunay. Ele dará o troco, através de Tristouse Ballerinette:

> Eu era desconhecida, ela pensava, e então, ele [Croniamantal] me tornou famosa.
>
> Geralmente todos me achavam feia, por causa da minha magreza, minha boca enorme, meus dentes horrorosos, meu rosto assimétrico, meu nariz torto. Agora, todos os homens dizem que sou bela. Zombavam do meu jeito viril e desajeitado, dos meus cotovelos pontudos, que mexiam quando eu andava,

como as patas de uma galinha. Agora, todos me acham tão graciosa que as outras mulheres me imitam. Que milagres não faz o amor de um poeta![1]

Durante a Guerra, o poeta em questão trocará algumas cartas mais amáveis com a musa. Mas esta, segundo Pierre Soupault, o repudiará. Soupault, que dedicava uma imensa admiração a Apollinaire, não admitia que a jovem zombasse cruel e sordidamente do homem com quem compartilhara vários anos da sua vida. Além disso, Marie Laurencin tinha dois defeitos, imperdoáveis aos olhos do autor do *Nègre*: era injustificadamente pretensiosa e, o que é pior, muito ligada a Marcel Jouhandeau...*

Apollinaire, então, atravessa um período difícil, tanto pelo afastamento da musa quanto pela dúvida que pairava em relação a seu caráter: o crime ainda não fora julgado improcedente, e os ataques da imprensa de direita assustaram-no. Teme não conseguir se naturalizar e, como sempre e ainda, ser expulso da França.

Para ajudá-lo, os amigos André Salmon, René Dalize, André Tudesq, André Billy e Serge Jastrebzoff cotizam-se e compram uma revista, *Les Soirées de Paris*, cuja direção confiam a ele. Basta um único número para que os assinantes passem de quarenta a... um só.[2] Mas os pedidos de revenda afluem do mundo inteiro, o que entusiasma Apollinaire. Uma vez por mês, na companhia de Serge Jastrebzoff, ele faz a ronda em Paris, de táxi, para entregar a revista aos livreiros.

Serge Jastrebzzoff, mais conhecido como Serge Férat, seu nome de pintor, é o meio irmão da baronesa de Oettingen. Ela é russa, culta, frequenta a alta sociedade, mora numa mansão no *faubourg* Saint-Germain e lida com tudo: pintura, literatura e Croniamantal, de quem foi amante efêmera.

Para os lados de Clichy, as coisas também não vão lá muito bem no melhor dos mundos conjugais. Ali também

* Autor de *Chroniques maritales*, entre outros, seus livros criticavam a vida conjugal. (N.T.)

Mona Lisa provocou algumas caretas. Será, como disseram alguns, porque Fernande foi dura com Apollinaire? Ou porque, em relação a isso, ela demonstrou uma ironia que vai transparecer nos seus escritos, da qual Picasso não gosta? Ou será porque é leviana? Ou será que a vida mundana lhe sobe à cabeça? Seja lá como for, o casal está em crise.

Durante muito tempo, criticou-se a irascibilidade do pintor, que, nessa época, trabalhava junto com Braque. Também se falava da incompreensão da bela Fernande em relação à obra de Picasso. De qualquer maneira, as tempestades se sucedem. Ela o critica por se preocupar demais com suas pequenas indisposições físicas, e ele, porque ela compra roupas e perfumes demais. Ela diz que ele é "burro como uma porta", que não sabe fazer nada, a não ser pintar, que ele nada mais é senão uma criança prodígio. Ele não aguenta as lamentações dela.

As cenas são cada vez maiores, multiplicam-se. Um dia, Fernande Olivier vai embora. Vai pousar em outro lugar durante algum tempo, depois volta correndo. Mas a fruta já está estragada. E vai apodrecer sozinha até 1912 (anos mais tarde, Picasso iria confessar que a primeira vez em que se separou da musa de Montmartre não foi por causa de água-de-colônia, ou de fru-frus; foi por causa de Raymonde, a menina adotada e depois devolvida).

A turma, por enquanto, faz de conta que nada está acontecendo. Trocaram o Lapin Agile pelo Grelot, na praça Blanche, ou pelo Ermitage, no bulevar Rochechouart: como sempre fizeram, vão atrás de Picasso. Os pintores se reúnem, sob os olhares curiosos dos clientes que bebem cerveja no balcão. Cada um na sua, e que não se misturem. Quando as moças sucumbem ao charme dos artistas, mudando de campo, durante um encontro casual, explodem as brigas: é até possível ver Picasso fazer um sujeito, que lhe deu um encontrão, lamber a poeira do chão.

Os mais assíduos – Max Jacob, Apollinaire, Braque... – fazem a contagem regressiva, observados pelos recém-chegados: Férat e a irmã baronesa, Metzinger, Marcoussis, os futuristas italianos...

Esses últimos logo se destacam: procurando aparecer de qualquer jeito, usam meias combinando com a gravata, mas de cores diferentes. São pintores e poetas. O primeiro da fila, Filippo Tommaso Marinetti, resolveu o problema do alexandrino e do verso livre, como mostra esse trecho de seu poema "Train de soldats".

Tlactlac ii ii guiiii
Trrrrrrtrrrrrr
Tatatatôo-tatatatatôo
(rodas)
urrrrrr
cuhrrrr
gurrrrrr
(locomotiva)
Fuufufufuufufu
fafafafafa
zazazazazaza
tzatzatzatza.
tza[3]

Para além da aparência provocadora das indumentárias, dos discursos e de outras bandarilhas cravadas no bom comportamento da Belle Époque, é preciso reconhecer nos futuristas o papel que lhes cabe nas revoluções que estão por vir: foram eles os primeiros, antes de dadá e dos surrealistas, a tentar acender o pavio das futuras explosões. Fizeram-no, porém, com evidente falta de jeito, principalmente quando se vangloriaram de ser os precursores da arte do amanhã. Era preciso, de qualquer jeito, estar de acordo com os termos do *Manifesto do Futurismo*, assinado por Marinetti, publicado pelo *Figaro* em 20 de fevereiro de 1909:

> Artigo 4: declaramos que o esplendor do mundo foi enriquecido por uma nova beleza: a beleza da velocidade. Um carro de corrida, com seu porta-malas enfeitado com grossos canos, como serpentes de hálito explosivo... um

carro que ruge, que parece correr numa metralhadora, é mais bonito do que a Victoire de Samothrace.
Artigo 9: queremos glorificar a guerra – única higiene do mundo, o militarismo, o patriotismo, o gesto destruidor dos anarquistas, as belas ideias que matam e o desprezo pela mulher.
Artigo 10: queremos demolir os museus, as bibliotecas, combater o moralismo, o feminismo e todas as formas de covardia oportunistas e utilitárias.

O resultado disso é uma exposição, promovida por Bernheim-Jeune, uma discussão em *La Nouvelle Revue Française*, Jacques Copeau falando de "uma prosa declamatória, incoerente e risível"[4], um futuro engajamento ao lado do Duce italiano, uma flechada de Apollinaire:

> Os futuristas são jovens pintores aos quais se poderia dar crédito se a jactância de suas declarações e a insolência de seus manifestos não afastasse a indulgência que seríamos tentados a ter por eles.[5]

Finalmente, isso provoca uma reviravolta na casa dos Picasso: Fernande levanta voo com Umbaldo Oppi, pintor futurista. Quando pousar de novo na terra, vai compreender que o presente agora se conjuga no passado: Picasso também foi embora.

Ele está com Eva Gouel, em Céret. Eva era noiva de Marcoussis. Viram-se muitas vezes no Ermitage, os quatro. Depois, Picasso e ela, sozinhos. A pretexto de falta de espaço no seu ateliê do bulevar de Clichy, o pintor alugou um outro no seu antigo Bateau-Lavoir. Não exatamente na Maison du Trappeur, mas um andar acima. Foi aí, provavelmente, que assumiu o papel de amante clandestino, que se prolongou até o inverno de 1911 e a primavera do ano seguinte.

Não é passageiro, e Marcoussis se entristece. Os amigos o encorajam a esquecer: não é fácil; a se mostrar magnânimo:

ele tenta. Quando a raiva extrapola, aconselham-no a fazer como Cristo.

"O que é que Cristo fez?" "Perdoou a mulher adúltera."

"Fácil! Não era a dele!"

Picasso está loucamente apaixonado por essa mulher de apenas trinta anos, fina, bonita, de personalidade tranquila e alegre. Ele a pinta e anota embaixo do quadro, *Ma jolie*. Para fugir de Fernande, ele a leva para os Pireneus e, temendo as visitas intempestivas, vai para Sorgues, onde Braque vai encontrá-lo. E assim termina, de forma medíocre, uma paixão de oito anos. Junto com Fernande desaparece a sombra tutelar do Bateau-Lavoir. Ela havia sido a rainha do lugar, a única.

Nunca mais ela veria Picasso. Depois da ruptura, trabalhou com Poiret, em seguida com um antiquário e, finalmente, numa galeria de quadros. Recitou poemas no Lapin Agile, foi caixa no balcão de um açougue... Nos anos 1930, vivia miseravelmente dando aulas de pronúncia aos americanos que vinham aos bandos para Montparnasse. Max Jacob procurou Picasso para pedir-lhe que a ajudasse. Ele não se mexeu. Ela então decidiu publicar suas Memórias. Foi até o *Mercure de France*. Mandaram-na subir a um escritório escuro onde trabalhava um homem de óculos. Dois casacos o protegiam do frio. O de baixo estava gasto, manchado, descosido. O segundo apenas sujo. Era mais curto do que o outro, mas menos usado: talvez por isso o proprietário o usava por cima.

Grandes folhas de papel jornal estavam estendidas no chão. As manchetes do dia estavam cobertas por crostas de pão, e secavam, longe dos manuscritos que abarrotavam as prateleiras.

O homem levantou os óculos, cumprimentou a aparição e se apresentou. Chamava-se Paul Léautaud. Gostava de animais, particularmente de gatos. Quando não estava trabalhando no Mercure, cuidava dos seus protegidos. Procurava quem os quisesse abrigar, ou, mais urgentemente, alimentava-os. As crostas de pão eram para eles. "Se a senhorita quiser se sentar, por favor..."

Fernande Olivier tinha ouvido falar de Paul Léautaud. Pouco tempo depois do rompimento com Picasso. Talvez por Guillaume Apollinaire. Léautaud estava jantando e bebendo champanhe na companhia de uma mulher. Quando ia levar o copo à boca, a mulher o interrompeu exclamando:

"Você não vai fazer um brinde?"

"Certamente", ele respondeu.

Como não dizia nada, a dama exclamou:

"Já que não tem nada melhor a dizer, beba ao menos à saúde dos animais!"

"Claro!"

Léautaud bateu seu copo no da companheira e, todo sorridente, murmurou:

"À sua saúde, cara senhora..."

Fernande Olivier chorou suas misérias para o autor do *Petit ami*, que ficou sensibilizado com seu infortúnio. A seu modo, sempre diferente dos outros:

> Quando a senhora F.O. foi embora, eu disse à senhora Graziansky (a responsável pelas assinaturas) que, apesar de tudo, se ela está com tantos problemas como disse, bonita como ela ainda é, bem que podia arrumar um amante.[6]

Quando a encontra outra vez, examina-a, e diz para si mesmo que ela tem, certamente, "um traseiro maravilhoso". Mas, infelizmente, tem a "pele sardenta das louras". Depois reavalia: deve ser ruiva. Acaba perguntando a ela: castanho-avermelhado. Um dia, ele a acha bonita, no outro, totalmente sem graça. "Tem manchas rosadas no peito, acima da marca dos seios."

Colhe flores no seu jardim. Leva-as à rua da Grande-Chaumière, onde ela mora. Na frente, fica o prédio da Academia de Pintura. Léautaud fica com um pouco de ciúmes: pensa que, se ela quiser fazer amor, pode escolher à vontade. Fica aborrecido por ser tão velho – sessenta anos – e ela tão jovem – dá-lhe quarenta anos, ela tem 46.

Léautaud está apaixonado. A paixão aumenta quando compreende que ela ainda tem "seus períodos", mas diminui quando ela lhe conta sua vida de artista, a boêmia, o Lapin Agile... "Prefiro de longe uma boa puta burguesa."

Mas quando ela vai visitá-lo, geralmente durante o dia, bem que ele gosta. Mas é tímido. Não tem coragem. Ela se senta numa espreguiçadeira, no jardim. Ele descobre que ela tem pernas "enormes", um pneu na cintura, braços grossos como as coxas, os seios flácidos. Não importa: "Tive uma ereção". Tinha comprado uma garrafa de champanhe, que acabou bebendo sozinho, depois que ela foi embora.

Mais tarde, ela lhe faz confidências: Marie Laurencin desconhecia o prazer; Apollinaire só fazia amor vestido; Max Jacob frequentava policiais e guardas republicanos de bigode; na rua Ravignan havia um carvoeiro que era apaixonado por ela, e que colocava o carvão diante da porta da Maison du Trappeur, sem nunca pensar em pagamento; ela se dava muito bem "sensualmente" com Picasso...

Ela permanece muito ligada ao pintor: fica preocupada quando ele adoece, defende-o sempre contra qualquer coisa. Quando fala dele, Léautaud lê a emoção, talvez a tristeza, no rosto dela.

Certo dia, ela confessa; o problema com Picasso é que ela se entediava terrivelmente. Ele quase não falava, sempre e sempre absorto no trabalho... Mas ela esquece. Revolta-se quando Léautaud lhe fala do que Serge Férat lhe contou sobre aquele dia fatídico, em que o pintor e Apollinaire se confrontaram no gabinete do juiz, e Picasso disse não conhecê-lo. Fernande faz um escândalo, diz que tudo não passa de ciúmes, pois Picasso roubou uma amante de Férat, que quer então se vingar...

A pedido de Georges Charensol, Léautaud redige o prefácio das memórias de Fernande Olivier (das quais o *Mercure* só publicou alguns trechos, pois Valette achou que a obra não venderia). Quando Picasso sabe que o livro vai ser impresso, tenta intervir junto à editora Stock para impedir a publicação: propõe pagar todas as despesas.

Consegue um adiamento, mas o livro será finalmente publicado, em 1933.

Quase vinte anos depois, passando por outro período difícil, Fernande Olivier escreverá outro livro. Picasso será informado pela senhora Braque. Não se sabe se foi para adiar a publicação, ou por um gesto desinteressado e generoso (como faria mais tarde com Hans Hartung, ao ajudá-lo a passar para a Espanha durante a Ocupação), mas o poeta enviará à sua antiga companheira uma soma considerável.

Durante trinta anos, a obra ficará guardada nos armários de Fernande Olivier.

CUBISMO

> Para nós, os homens, a natureza está mais na profundidade do que na superfície.
>
> PAUL CÉZANNE

Marie Laurencin se foi, Fernande também. Max Jacob, depois de ter desfrutado os charmes de Cécile, talvez de mais uma ou outra, quase se enamora de uma de suas primas. Em 1912, em Quimper, no dia da Ascensão, está vendo uma procissão quando alguém o chama. Volta-se, e vê um primo e duas primas. Uma delas chama-se Eva. Max leva todo mundo em direção à igreja. No jardim, avista-se uma amoreira. As primas estimulam Max a subir na árvore. Ele consegue. Conquistou Eva: um poeta esportista!

É o bastante para que ela lhe ofereça seus lábios. Max experimenta. Não deixa de ficar orgulhoso por ter "excitado a senhorita Eva".[1] Mas, feito por feito, ele prefere as amoreiras. E, rapidamente, renuncia aos caprichos das moças: volta aos seus amores habituais.

Na turma de Picasso, ele é presença constante, mas começa a perder terreno. Por várias razões.

Cheira muito éter. Picasso, que depois da morte de Wiegels não usa mais nenhuma droga, aceita mal a dependência do amigo. Isso agora é uma bobagem. E como essa bobagem esfria as reuniões amigáveis, Max Jacob está sempre inventando pretextos para justificar sua apetência, Diz que sofre dos dentes, e que o éter acalma a dor. Os pais, que ele visita de vez em quando, ficam admirados ao ver que essas dores dentárias, tratadas dessa maneira, mergulham o filho no delírio. Exigem que ele vá a um dentista recomendado por eles. Max Jacob, que detesta dentistas, e não tem nada nos dentes, pensa em parar uns tempos com essas práticas farmacêuticas. Talvez o faça na sua Bretanha natal, mas não em Montmartre.

É um primeiro delito.

O segundo resulta da sua susceptibilidade doentia: ele transforma, com frequência, pequenos desentendimentos em terremotos arrasadores. Não apenas em relação a Picasso, mas também a Apollinaire, que, às vezes, bate de frente com ele. São rivais diante de Picasso. Mas Jacob se queixa sempre de que o poeta só pensa em se divertir com ele, sem levar em conta seu trabalho literário. Ora, enquanto Picasso ganha dinheiro e Apollinaire, notoriedade (teve três votos no Goncourt por *L'hérésiarque & Cie*), Max permanece no grupo dos menos importantes. Essa situação alimenta ainda mais uma paranoia natural. Em cartas, tão infantis quanto certas frases do Douanier Rousseau, Max acusa Apollinaire de fugir dele, de passar por Montmartre e não ir cumprimentá-lo, de não convidá-lo nunca para suas festas, de lhe dar inúmeros bolos... tudo isso ao mesmo tempo em que lhe jura uma amizade eterna e duradoura.

Esse é outro motivo.

Finalmente, ele mesmo critica em Picasso um pequeno desvio de conduta, a seus olhos imperdoável: ele está enriquecendo. Depois que Vollard comprou suas telas, ele esquece os velhos amigos e aquela cumplicidade única nascida da miséria compartilhada. Max lamenta. Por mera falta de sorte, ele mesmo vai tornar ainda mais tenso o fio que existe entre os dois: pouco depois do banquete com Rousseau, no Bateau-Lavoir, ele vende alguns desenhos de Picasso. Justifica o gesto pela pobreza (real) em que se encontra, e da qual os outros já se livraram.

Picasso detesta ouvir seu antigo companheiro de miséria falar – e, portanto, lembrar – do período das vacas magras, e da solidariedade que os unia naquela época.

Max rema contra a maré.

Em 1911, publica, à custa do autor, *La côte*, "coletânea de cantos celtas, antigos, inéditos". Essa obra, como confessará alguns anos depois a Tristan Tzara[2], foi concebida para zombar de Paul Fort, de Francis Jammes e, de modo geral, da literatura popular, que ele acha "grotesca" (o que confirmaria a opinião de André Salmon, que considerava que Max Jacob fingia gostar dessa literatura para agradar Apollinaire). Ele mesmo cuida da venda e, desse modo, ganha a vida. Essa forma de ganha-pão lhe parece uma "mendicância disfarçada". Talvez Picasso pense a mesma coisa.

Enquanto os outros se mudam para apartamentos maiores e mais luxuosos, ele continua nos pardieiros das ruas Ravignan, Chevalier-de-la-Barre ou Gabrielle. É claro que, às vezes, Picasso o convida para ir a Céret. Mas ele não pode pagar a viagem. O pintor tem que escrever a Kahnweiler pedindo-lhe que dê ao amigo poeta o dinheiro necessário para as passagens e as pequenas despesas da viagem.

Por sorte, nos Pireneus tudo vai às mil maravilhas. Ao mesmo tempo em que, em Montmartre, empresta seu ombro amigo a Fernande, Max faz amizade com Eva. Gosta da sua vivacidade, da sua dedicação ao lar e ao dono da casa. Este último volta a ocupar o primeiro lugar no panteão afetivo do convidado.

Vão à Espanha assistir a uma tourada. "A Espanha é um país quadrado e anguloso"[3], observa Max Jacob, exprimindo uma ideia bem tola desenvolvida por Gertrude Stein, que, mais tarde, vai considerar a Espanha como o país do cubismo.

Em Céret, o poeta desenha paisagens geométricas. Ele não sai para passear, os outros também não. Ao tomilho e à lavanda das montanhas eles preferem os cafés, cheios de erotômanos e "pederastas" (escreve Max a Apollinaire). Ou o interior das casas, onde trabalham muito. Max pinta e escreve versos. Picasso, acompanhando Braque, faz suas colagens.

Não é a primeira vez que os dois pintores trabalham juntos, em Céret. Por ocasião de uma estada anterior, eles já tinham se reunido numa casa isolada no coração das montanhas. A cumplicidade deles é antiga: data de 1908, ano seguinte ao Salão dos Independentes, onde Braque expôs suas primeiras paisagens de Estaque. Apesar de diferentes, e de terem sido desenvolvidas individualmente, as pesquisas deles sobre as formas e os volumes iria, inevitavelmente, conduzi-los um ao outro.

Para Picasso, tudo vem das artes negra e ibérica. Essa dupla influência está no quadro mítico, *Les Demoiselles d'Avignon*, que o pintor mantém coberto ou enrolado no seu ateliê. Poucos visitantes tiveram o privilégio de ver essa obra. No entanto, apesar de chocar, ela goza de uma reputação considerável, que aumentará com o passar dos anos.

Para Braque, tudo vem de Cézanne.

Na sua época, o mestre de Aix foi vaiado, como foram os *fauves* e como serão os cubistas, como o foi Berlioz e como será James Joyce: é o preço das vanguardas. Recusado nos salões oficiais, alvo da chacota e da estupidez reinantes, Cézanne, que admirava Delacroix e que era elogiado por Gauguin, recusou-se a expor durante vinte anos. O senhor Camille Mauclair, eminente especialista em arte, felicitou-o por isso: sua pintura, aos olhos dele, era "a mais memorável pilhéria artística dos últimos quinze anos".

Dez anos antes de morrer, graças a Vollard, Cézanne foi finalmente reconhecido: não apenas pela obra anterior, nascida do trabalho com Pissarro e os impressionistas de Auvers-sur-Oise, mas também por suas pesquisas sobre as formas, os volumes, a ordem dos planos, a fragmentação, as deformações. "Ele elevou a natureza-morta ao nível de objeto exteriormente morto e interiormente vivo", resume magistralmente Kandinsky.[4]

Cézanne queria descobrir "as bases geológicas" da SainteVictoire, e se empenhava nisso respeitando a percepção humana do espaço. Segundo ele, era preciso tratar a natureza "em termos de esfera, de cilindro e de cone". Compreende-se que Apollinaire tenha decretado que as últimas obras de Cézanne eram de essência cubista e, principalmente, o interesse de Picasso.

E mais ainda de Braque.

Depois da morte de Cézanne, acompanhado de Othon Friesz, ele vai para Estaque, perto de Marselha, e pinta várias obras, estruturadas, simplificadas e monocromáticas, que são expostas no Salão dos Independentes de 1907. No ano seguinte, o Salão de Outono aceita dois quadros dos oito apresentados. Braque se ressente dessa humilhação. Kahnweiler os expõe então na sua galeria, na rua Vignon, e pede a Apollinaire um prefácio para o catálogo. *Maisons à l'Estaque* está entre as telas expostas. O quadro fora recusado pelos senhores do Salão de Outono: cubos de cor ocre, casas sem portas nem janelas, volumes entrelaçados uns por cima dos outros. Não mais a representação objetiva da natureza, mas sim sua interpretação reinventada, fora dos padrões tradicionais, uma simplificação, uma organização e uma deformação de volumes que correspondem a uma visão já conhecida: a de Picasso. No que diz respeito a Braque, pode-se dizer que se trata de uma vocação. Segundo Jean Paulhan, quando o pintor do Havre chegou a Paris, foi ao Louvre copiar as obras de Rafael. Primeiro, fez muito parecido. Quanto mais ele pintava, porém, mais deformava...

Kahnweiler expõe também o *Grand nu* (1908), de Braque, que constitui uma espécie de resposta à violência das *Demoiselles* e das *Trois femmes* de Picasso, das quais ele critica a selvageria e o primitivismo, a seu ver excessivos. O *Grand nu*, parente próximo do *Nu debout* (1907) de Matisse, é uma obra de inspiração cezaniana, angulosa, desprovida de claro-escuro, menos primitiva e mais "legível", no entanto, do que o ímpeto do espanhol. Primeira grande tela de Braque, ela constitui uma obra maior do cubismo nascente. Matisse não gosta. Ele faz parte do júri do Salão de Outono que excluiu Braque. Ele zombou dos seus "cubos" e deu-lhe as costas. Depois dele, Louis Vauxcelles, no número do *Gil Blas* datado de 14 de novembro de 1908, fez o mesmo. E depois, ou mais ou menos ao mesmo tempo, foi a vez do crítico Charles Morice. O nome dessa escola (se é que se pode dizer assim) foi então, provavelmente, inventado por Matisse. Que, é claro, negou depois. Mas Apollinaire e Kahnweiler confirmam. E os cubos em questão se referiam às obras de Braque, e não às de Picasso. Finalmente, mais tarde, Matisse reconhecerá que o primeiro quadro cubista que ele viu foi uma obra de Braque, que Picasso lhe mostrou no seu ateliê. Um ateliê do qual ele logo se afastou, furioso com o pintor espanhol que o colocara ao lado de Derain e de Braque. E, talvez, um pouco constrangido por ter recusado esse último no Salão de Outono...

Por que esse escândalo em torno das obras dos dois pintores? Porque elas questionam a tradição. A perspectiva não existe mais, nem o claro-escuro, que eles consideram um artifício utilizado para dar conta da profundidade. Eles se distanciam do princípio que data da Renascença, segundo o qual o espectador de uma obra a vê de um único ponto de vista. Eles observam uma paisagem e fecham alternadamente o olho direito e depois o esquerdo: não veem a mesma coisa. Assim também quando o ângulo de visão é outro. Essas diferenças são essenciais. Eles levam isso em conta.

John Berger atribui ao cubismo uma dupla origem: Cézanne, pela importância atribuída à relatividade do ângulo de visão; Coubert, que trouxe para a tradição pictural clássica outra materialidade que não aquela atribuída à luz e à sombra.

> Antes de Cézanne, todo quadro era de certa maneira como uma vista através de uma janela. Coubert tinha tentado abri-la e ir para fora. Cézanne quebrou a vidraça. O cômodo passou a fazer parte da paisagem, o observador a fazer parte da vista.[5]

Para um, o materialismo. Para o outro, a dialética. Para os dois, desde que estejam juntos, o materialismo dialético. O cubismo, nunca ninguém contestou isso, foi uma revolução.

O impressionismo, no seu tempo, tinha escandalizado uma opinião pouco habituada a que os pintores lhe mostrassem uma realidade interpretada – mesmo que fosse por leis ópticas. Os cubistas vão ainda mais longe: eles não ligam para as sombras nem para as luzes. Braque: "Diziam-me: basta colocar sombras. Não, o que conta, antes de mais nada, é o que se pensa a respeito".[6]

Eles opõem uma arte de concepção a uma arte de imitação. Zombam do respeito pelas sensações visuais, defendido pelos impressionistas. O que eles querem é mostrar o objeto na sua essência. Assim como é concebido, e não como é visto. Nisso, aproximam-se de Gauguin, que achava que o impressionismo tinha uma ferramenta, o olho, que o espírito não alcançava. Picasso: "Quando o pintor cubista pensava: 'Vou pintar uma compoteira', ele começava o trabalho sabendo que uma compoteira na pintura não tem nada a ver com uma compoteira na vida".[7]

A utilização das figuras geométricas permite apresentar todas as facetas de um objeto para além de uma aparência imediata. Não se trata de "fazer de forma semelhante". É preciso ir mais longe. A própria cor não deve se adaptar a fenômenos passageiros, como a luz, o ângulo, o tempo, elementos que traduzem a irrupção do mundo exterior; ela deve inscrever o objeto naquilo que ele tem de durável. Braque: "Não preciso mais do sol, levo a luz comigo".

Os impressionistas tiravam suas fontes de inspiração do lugar em que viviam, isto é, para muitos deles, perto de Paris, à beira da água, em paisagens molhadas, onde a luz varia. Os cubistas moram na cidade, e quando partem é para os vilarejos do Sul, onde os relevos são mais duros que aqueles das margens do Sena ou de Auvers-sur-Oise. Baudelaire: "O Sul é brutal e positivo". A ele se opõe o Norte, "dolorido e inquieto", que se consola "com a imaginação".[8] E Derain, escrevendo de Collioure para Vlaminck: "A luz ergue de todos os lados seu imenso clamor de vitória. Não é como as brumas do Norte que compartilham da nossa dor".[9]

Como é possível definir melhor a oposição entre os antigos e os modernos?

Os cubistas integram nas suas obras elementos da vida cotidiana que, segundo eles, atuam na percepção artística dos seus semelhantes: por exemplo, as árvores, as casas, os instrumentos musicais, os letreiros das lojas, os painéis de publicidade, os jornais, os objetos de uso diário. As colagens permitem opor os materiais, as texturas, as cores, reuni-las em justaposições heterodoxas que mostram, de maneira diferente, os objetos mais comuns – por exemplo, os violões e violinos de Picasso, principalmente *Le violon* (1912), composto de papéis colados em volta de uma caixa de papelão.

Os cubistas utilizam materiais simples, por vezes grosseiros, que se opõem a uma visão sofisticada da arte: não há joias nem roupas com fru-frus, há areia, papel, madeira. Estão no limiar de um século no qual a ciência tem o que dizer, no tempo da radioatividade, da baquelita, do néon, do cinematógrafo e da relatividade einsteiniana. Os cubistas são decididamente modernos. Viram as costas para o romantismo.

Os *fauves*, por sua vez, tinham ido muito longe nas pesquisas sobre a cor: recortando-a da realidade visível, eles a submeteram unicamente ao olhar do pensamento. Como dirá Fernand Léger, que vai aderir ao cubismo na sua última etapa, é preciso, de agora em diante, preocupar-se com a questão da composição e do espaço. Picasso: “Estávamos à procura de uma base arquitetônica na composição, de uma austeridade que pudesse restaurar a ordem”.

Guias de cordada

> O que é a arte pura segundo a concepção moderna? É criar uma magia sugestiva que contenha, ao mesmo tempo, o objeto e o sujeito, o mundo exterior ao artista e o próprio artista.
>
> Charles Baudelaire

Depois de um primeiro período, qualificado de pré-cubista ou cezaniano, marcado pela deformação dos corpos e dos objetos, Braque e Picasso tomam uma nova direção: o cubismo analítico. Estão no âmago do tema. Em vez de utilizar o claro-escuro, artifício que repousa sobre uma ilusão, tentam exprimir a terceira dimensão – profundidade e volume – do objeto pintado, representando-o sob todos os ângulos, segundo planos superpostos. Para que esses objetos sejam facilmente identificáveis, eles os escolhem na vida cotidiana. Essa etapa é marcada por uma pintura monocromática, cinza e ocre, e pela austeridade.

Os dois pintores fundamentam suas pesquisas num trabalho de construção: elaboram esculturas de papel, ferro e papelão. Dessa forma, respondem diretamente a Baudelaire que via na escultura, excetuando aquela "da época selvagem", uma arte de segunda categoria, ou "complementar". É até mesmo surpreendente. É como se eles tomassem o ponto de vista do poeta no sentido contrário, tirando um lado positivo de um avesso negativo. O que é que Baudelaire critica na escultura? Não permitir o ponto de vista único; obrigar o espectador a caminhar ao seu redor para observar-lhe as particularidades (se existem); mostrar "faces demais ao mesmo tempo".[1]

Essas fraquezas, apontadas por Baudelaire, são consideradas como riquezas aos olhos de Braque e de Picasso. Eles partem então de suas construções "leves", e tentam traduzir os resultados obtidos sobre a tela. Desse modo, vão da escultura para a pintura, ou ainda da pintura para a escultura, num trabalho de ir e vir do qual nascerá, por exemplo, a *Tête de Fernande* (1909), esculpida por Picasso a partir dos retratos de Fernande pintados na Horta de Ebro, ou, em 1912, a série dos violões, baseada num modelo de papelão tridimensional.

O problema, nessas representações que se propunham totais, é que os pontos de partida desapareceram.

O *Portrait de Daniel-Henry Kahnweiler* (1910), obra-prima do cubismo analítico, foi feito em duas etapas, depois de várias sessões de pose. A primeira versão pareceu insatisfatória a Picasso, porque o quadro estava incompreensível. Então, ele acrescentou aquilo que chamava de "atributos", marcas, sinais, graças aos quais o olhar se orienta: a sombra de uma orelha, a linha de um nariz, um fragmento de gravata, o esboço dos cabelos, as mãos cruzadas...

E é exatamente para infundir de novo a clareza nas suas obras que os dois pintores vão, em seguida, abordar um novo estágio em seu trabalho, e chegar ao cubismo sintético. Dessa vez, trata-se de introduzir na tela um detalhe, um sinal que permita identificar o objeto, devolvendo assim ao espectador os indícios que foram retirados anteriormente. É o prego que Braque pinta em *trompe-l'oeil* na tela *Broc et cruche* (1910), as letras impressas, as colagens e os fragmentos de material que logo surgirão em Gris e Picasso, pouco antes da utilização do Ripolin* por este último. A pesquisa consiste, igualmente, em restituir através da pintura, graças às colagens, o relevo e o volume dos objetos (como os violões) escolhidos como modelos.

A criação do cubismo por Braque e Picasso constitui então uma obra comum, fundamentada em preocupações semelhantes e pesquisas paralelas realizadas em conjunto. Essa complementaridade excepcional não tem equivalente na história da arte.

---

* Marca de tinta que passou a designar seu gênero. (N.E.)

Quem fez o quê?

Essa pergunta, não muito importante, só se justifica para dar a César o que é de César, e a Braque aquilo que a fama de Picasso tirou dele.

A influência de Cézanne pertence mais profundamente a Braque. Mas a do primitivismo é de Picasso. Se Picasso "cezaneou" seu primitivismo, o fez em total harmonia com Braque.

A primeira obra qualificada de cubismo é de Braque. Mas aquela da qual se disse que abriu o caminho é de Picasso.

A primeira tela cubista exposta num salão oficial, o Salão dos Independentes de 1908, é de Braque. Fernande Olivier dizia que ele tinha se inspirado numa obra de Picasso (*Les trois femmes*, 1908), e que o espanhol estava furioso com o amigo. Mas Apollinaire nada cita a respeito, e Max Jacob afirma o contrário: Picasso, que nunca expunha nos eventos oficiais (desconfiava da imbecilidade da crítica e dos escândalos que ela alimentava), estimulou Braque a fazer isso.

Em 1912, Braque entra num bazar e compra um rolo de papel imitando madeira.[2] Cola-o sobre uma tela (*Compotier et verre*, 1912). É assim que ele inventa a colagem. Picasso fará a mesma coisa. Ele realizará a primeira colagem utilizando um pedaço de tela encerada (*Nature morte à la chaise cannée*, 1912).

Em 1911, em Céret, Braque tinha utilizado o *trompe-l'oeil* em *Le portugais*, desenhando letras e números com normógrafo para representar um músico, visto do outro lado da vidraça de um café sobre a qual esses números e letras estavam escritos. Um ano depois, em *Le violon*, Picasso insere uma partitura sobre a qual aparecem duas palavras: *Jolie Eva* (em homenagem à sua nova namorada). Algum tempo antes, ele havia pintado sobre telas ovais, retomando uma ideia de Braque.

Em 1912, Braque utiliza cinzas e areia misturadas ao óleo. Picasso o fará alguns meses mais tarde.

No outono de 1912, Picasso realiza uma escultura de papelão, *La guitare*, inspirada nas construções cubistas de papel elaboradas por Braque no final do ano anterior.

E daí?

Daí, poderíamos concordar com Pierre Cabanne que fala, a propósito de Picasso (que o reconhecia), de "ciência do legítimo larápio".[3]

Ou então com Nino Frank, infinitamente mais severo:

> Picasso é indiscutivelmente um dos heróis do nosso tempo e seu mais admirável artista, sempre entregue a esse grande egoísmo que o faz tirar partido de tudo e de todos, pegando o que pode em todos os bolsos, explorando amizades e amores, colocando tudo, desordenadamente, no seu trabalho. Talvez se pudesse dizer que ele era o gigolô da época, e não deixa de ser verdade... [4]

Ou ainda acompanhar Jean Cocteau, que, durante a Guerra, forçará tanto a porta de um Picasso venerado, que o pintor levará o poeta pelos ateliês de Montparnasse, onde os batentes só se abriam até a metade: assim que sabiam que Picasso se aproximava, os artistas escondiam suas obras, antes de abrir.

> Ele vai copiar minha maneira de pintar as árvores, declarava um, e um outro: ele vai me roubar o sifão que usei na pintura. Dava-se uma grande importância ao mínimo detalhe, e, se os colegas temiam a visita de Picasso, é porque sabiam que seu olho ia ver tudo, engolir tudo, digerir tudo e restituir tudo nas suas próprias obras, com uma riqueza da qual eram incapazes.[5]

Pode-se, igualmente, ouvir o próprio Picasso. Muito tempo depois da época cubista, ele explicava que, durante todos aqueles anos, Braque e ele se viam todos os dias (para infortúnio de Max Jacob e de Gertrude Stein, ambos com ciúmes dessa convivência artística que não podiam compartilhar). Primeiro em Montmartre, depois em Céret, em Sorgues e em Montparnasse. Trocavam opiniões e se criticavam. Braque falou de uma cumplicidade, comparável a "uma cordada na montanha".* É claro que um se inspirava mais nas paisagens e naturezas-mortas, enquanto o outro passava facilmente do objeto ao retrato. Mas eles queriam elaborar uma arte coletiva, anônima, e suas obras eram quase idênticas. A ponto de mal se poder distingui-las entre aquelas do período analítico. A maioria não estava assinada, ou, se estava, isso foi feito posteriormente. Kahnweiler, a esse respeito, ora nega, ora confirma. Ele observa[6] que, entre 1908 e 1914, os dois pintores assinavam na parte de trás das obras; nessa prática, ele via o desejo, comum a vários outros artistas, de não romper a geometria da tela ao registrar sua origem. Mas, por outro lado[7], concorda com Picasso, reconhecendo nele, tanto quanto em Braque, um desejo de "execução impessoal".

Esse desejo, que certamente era caro aos dois artistas, não foi partilhado com nenhum outro. Eles o reivindicaram para si mesmos, e só para si mesmos.

Apenas Derain (vagamente) e Gris (principalmente) achavam a ideia interessante. Mas isso não agradava a Léger, que se considerava um dos pilares do cubismo (o que Kahnweiler reconhecia).

Derain tinha sido um dos primeiros pintores a se interessar pela arte negra. Era igualmente um grande seguidor de Cézanne. Depois de uma temporada em Estaque, havia demonstrado que, independentemente das cores, as formas e a composição são muito importantes na representação da natureza. Suas *Baigneuses*, expostas no Salão dos Independentes de 1907, afirmavam a geometrização das linhas, o que levou Picasso, provavelmente, a atenuar as curvas da primeira versão das *Demoiselles d'Avignon.* Derain, figura essencial do nascimento do cubismo, afastou-se em seguida, deixando passar à sua frente os dois "*chevau-légers*"** da colagem.

---

* Escalada na qual vários alpinistas sobem juntos, com a ajuda de uma mesma corda. (N.T.)

** Soldados de um corpo de cavalaria da França (séc. XVI ao séc. XIX). (N.T.)

Gris, mais intelectual, mais "científico" do que Braque e Picasso, continuou a fazer suas pesquisas sobre a colagem e o *trompe-l'oeil,* paralelamente aos outros dois. Ele costumava dizer: "Cézanne parte de uma garrafa para chegar a um cilindro, eu parto de um cilindro para chegar a uma garrafa". No Salão dos Independentes de 1912, expôs sua *Hommage à Picasso* (1912), deferência àquele que ele considerava o pioneiro dos cubistas. Quando a Guerra foi declarada, como os pais fundadores não trabalhavam mais juntos, ele se tornou o arauto do cubismo ortodoxo.

A Guerra separou Braque e Picasso, como fez com muitos outros. Anos mais tarde, Picasso dirá a Kahnweiler que a última vez em que viu Braque e Derain fora no dia 2 de agosto de 1914, quando os conduziu à estação de trem de Avignon. Claro que era só uma imagem, mas fazia sentido: depois, nada mais foi como antes.

Subtenente no front, Braque foi ferido em Neuville-Saint-Vaast e fez depois uma trepanação. A única patente da qual Picasso pôde se orgulhar lhe foi conferida, gentilmente, por Apollinaire, e ironicamente retomada por Derain: general do cubismo.

Os dois homens se viram outras vezes, mas apenas esporadicamente. A corda se rompeu. Um pouco como as formas arrojadas que eles tinham inventado juntos e que, pela desarticulação, explosão e contorção, anteciparam tão bem o quadro de uma guerra que pulverizou o mundo.

Com o passar dos anos, Braque manteve-se reservado em relação ao antigo companheiro. Esse afastamento irritava Picasso: ele não entendia a razão de tanta frieza.

Ao contrário de Max Jacob, Braque sabia se defender. Ele não se deixava manipular pelas pequenas manobras, às vezes dolorosas, que Picasso fazia com aqueles aos quais estava ligado.

Picasso afirmava que ninguém o havia amado como Braque, que ele era uma espécie de senhora Picasso. O outro bem que gostaria de reviver a amizade, mas com uma condição: receber sua parte. Relação de forças, muito bem, mas só em condições de igualdade. Nos anos 1950, isso foi manifestado de forma brilhante, sob o olhar de reprovação de Françoise Gilot.

Picasso tinha ido, sem ser convidado, à casa do antigo parceiro, que então morava perto do Parque Montsouris, numa casa extraordinária, construída pelo arquiteto Auguste Perret. Braque foi bastante frio, e não deu nenhuma atenção a Françoise Gilot. Picasso ficou ainda mais magoado porque o amigo não os convidara para almoçar. Voltou para casa, no Quai des Grands-Augustins, e tirou da parede do ateliê um quadro de Braque que estava lá havia muito tempo.

Algumas semanas depois, resolveu voltar com a companheira. Queria, com essa visita, testar os sentimentos de Braque a seu respeito: chegaria alguns minutos antes da hora do almoço; se não fossem convidados, ele reconheceria seus limites e romperia definitivamente com ele.

Um pouco antes do meio-dia, Picasso e Françoise Gilot chegam, então, à casa de Braque. Ele os manda entrar. Lá, já está um outro visitante, saboreando o cheirinho de um assado quase pronto. Picasso espera que coloquem mais dois pratos na mesa. "Porém", conta Françoise Gilot, "se Pablo conhecia o seu Braque de cor, Braque conhecia ainda mais o seu Picasso."[8] Ele sabe que, se convidar Picasso para o almoço, este ganhará a queda de braço e zombará da fraqueza dele.

Leva-o até o ateliê. Durante uma hora, mostra-lhe suas últimas obras. O cheiro da carne sobe até eles. Picasso está encantado só de pensar em vencer o torneio que preparou.

Braque, mais ainda.

Propõe a Picasso e a Françoise Gilot mostrar-lhes algumas esculturas. Eles vão vê-las. Picasso observa que a carne já deve estar no ponto. Braque não responde, mas sugere que vejam as litografias. Assim é feito. São quase duas horas. Picasso começa a ficar agitado. Diz a Braque que Françoise não conhece seus quadros *fauves*.

"Não seja por isso", responde Braque.

Com isso, desfaz o lance de Picasso: as telas estão na sala de jantar.

Descem. A mesa está posta para três pessoas. Nem uma a mais. Passa-se meia hora. Nada de convite. Picasso insiste: para prolongar o tempo, pede ao dono da casa que lhe mostre novamente as telas que já viu. Muito calmo, Braque o faz. Passam uma hora no andar de cima. Depois, mais uma hora no ateliê. Às quatro e meia, o assado não cheira mais, e já é hora do lanche. Picasso se despede. Está ao mesmo tempo completamente irritado... e admirado. Na volta desse passeio digestivo, pendura de novo na parede do ateliê a tela de Braque que havia retirado.

Os dois pintores se gostavam e se respeitavam. Mas se tornaram rivais. Essa rivalidade era agravada pelo ciúme quase congênito de Picasso. Assim como Fernande Olivier (de forma, porém, mais irônica e mais distanciada), Françoise Gilot também foi testemunha disso. Ela conta a raiva de Picasso ao descobrir que, depois que Reverdy publicou um livro ilustrado por ele, publicou outro ilustrado por... Braque! E a raiva aumentou quando soube que o mesmo Reverdy passava mais tempo na casa de Braque do que na casa dele. Ou, ainda, naquele dia em que foi visitar Braque e encontrou René Char, que não vinha ao Quai des Grands--Augustins havia várias semanas!

Quando Braque morreu, Picasso o homenageou com uma litografia, na qual inscreveu as seguintes palavras: "AINDA HOJE POSSO DIZER QUE GOSTO DE VOCÊ". Isso surpreendeu alguns. Aqueles que se lembravam das suas palavras anteriores: "Braque quis fazer maçãs, como Cézanne, e só conseguiu fazer batatas". E aqueles que, como Sonia Delaunay, lembravam-se das insuportáveis maledicências de Picasso em relação ao antigo companheiro.

A verdade é que, quando Juan Gris morreu, suas lágrimas também causaram surpresa. Esse homem tinha algo de crocodilo...

Os cubistores

> Talvez pensem que tenho prevenção contra o cubismo. De jeito nenhum: prefiro todas as excentricidades de um espírito até mesmo banal às obras sem originalidade de um burguês imbecil.
>
> Arthur Cravan

Em 1912, a galeria La Boétie, em Paris, expõe quase duzentos quadros qualificados como cubistas. Dois anos antes, os pintores participantes, que se reuniam em seus ateliês, principalmente em Puteaux, na casa de Jacques Villon, tinham fundado a Section d'Or. Em 1911, no Salão dos Independentes, sala 41, tinham organizado a primeira exposição coletiva cubista. Estavam presentes Delaunay, Gleizes, Léger, Metzinger, Jacques Villon, Marcel Duchamp, Kupka, Picabia, Lhote, Segonzac, Archipenko, Roger de la Fresnaye e Le Fauconnier.

Mas nem Braque nem Picasso estavam lá.

Eles só expõem nas galerias de Kahnweiler ou de Uhde. Essa recusa obstinada a se misturar com os que reivindicam, em alto e bom tom, um título que lhes pertence de direito marca o desprezo que eles têm por aqueles que Braque chama de "cubistores". Picasso, ainda mais direto, não hesita em afirmar: "Não existe cubismo".[1] O que é tão provocador quanto a frase que ele iria pronunciar sobre a arte negra nos anos 1920: "Arte negra? Nunca ouvi falar...". E que traduz, além do desejo de se distinguir, seu desprezo pelas escolas e teorias.

Os bajuladores ajudam. Reverdy, já o vimos, nega a influência de Cézanne, de Ingres e da arte negra na obra do mestre. Durante a Guerra, chegará a brigar com um dos defensores do "outro clã"; a tal ponto que Max Jacob vai sugerir a criação de dois grupos: o de Braque, Gris, Picasso, Reverdy e o de Lhote, Metzinger e seus amigos.

Cocteau, outro fã incondicional, é ainda mais exclusivista:

> Quando falo de cubismo, peço que não leiam: Picasso. Um quadro de Picasso não é mais cubista do que um drama de Shakespeare seria shakespeariano.[2]

Robert Desnos é mais rigoroso com os cubistores, porém, mais sutil em relação a Picasso:

> Enquanto tantos outros pintores se fecharam na fórmula esterilizante do cubismo, felizes por terem encontrado um meio de disfarçar sua incompetência através do ilegível, Picasso nunca soube o que é uma fórmula. Ele cria do jeito que sente.[3]

Braque e Picasso consideram que a única coisa que fizeram os pintores da Section d'Or foi acrescentar formas geométricas às suas obras, mas que isso não é inerente ao estilo deles. Os dois não ouvem as tolices que dão a entender que Bergson teve influência sobre o cubismo (o que será negado pelo filósofo). Ou, ainda, que o cubismo tem algo a ver com a matemática. Eles zombam abertamente das exegeses simplistas, cuja tendência seria provar que as pesquisas dos cubistas repousam sobre o trabalho de diversos cientistas, principalmente Princet, matemático que trabalhava numa companhia de seguros e que frequentava a turma do Bateau-Lavoir.

Se Princet gosta de traçar figuras geométricas para demonstrar as relações de causa e efeito entre o compasso e o pincel, isso é lá com os pintores da Section d'Or, mas não com Braque nem com Picasso. Essas histórias de terceira, quarta ou quinta dimensão nada têm a ver com os dois. Eles nunca recorreram à leis matemáticas ou geométricas que os tornassem dependentes de um sistema. Para eles, não existe nenhuma teoria do cubismo. Gleizes, Metzinger e Raynal (entre outros) trabalham em terras que lhes são estranhas. Picasso, como sempre, se afastou depois de provocar o rebuliço. Quando o circo pega fogo, ele já está longe. A léguas de distância dos outros.

Braque, igualmente. Muito mais tarde, ele dirá à Jean Paulhan: "Já caí fora há muito tempo. Não sou eu que vou fazer um Braque de encomenda".[4]

Quando o escândalo do cubismo está no auge, os dois fundadores da nova arte deixam as discussões para os aliados. Principalmente para Max Jacob, que, ao contrário dos outros, quer ser um santuário diante dos anátemas, do som e da fúria. Aos que ficam desorientados diante de uma obra cubista, ele dá quatro conselhos:

> 1º) Chegar diante do quadro sem intenção preconcebida de sarcasmo.
> 2º) Olhar para a pintura do mesmo modo como olharia para uma pedra talhada. Aprecie as facetas, a originalidade da forma, a luta com a luz, a disposição da linha e das cores [...]
> 3º) Escolher um detalhe que seja a chave do conjunto, fixá-lo por um bom tempo, e o modelo surgirá.
> 4º) Nessa última comparação, deixar-se levar até as regiões da mais requintada Alusão.[5]

Max Jacob também se considera cubista. Cubista literário (assim como Reverdy, a quem, nesse aspecto, se iguala). Numa obra já emaranhada, complexa, extraordinariamente rica e inclassificável, feita de poemas em prosa, trechos de conversas ouvidas aqui e ali, jogos de palavras, verdadeira ginástica de um espírito ágil, ele acrescenta o tom cubista:

> O cubismo na pintura é a arte de trabalhar o quadro por ele mesmo, fora do que ele representa, e de dar à construção geométrica o primeiro lugar, criando apenas uma alusão à vida real. O cubismo literário faz o

> mesmo na literatura, servindo-se da realidade apenas como um meio e não como um fim.[6]

Os notáveis da época, no entanto, não entendem *Le cornet à dés* mais do que entenderam Estaque, as banhistas, os violões e outros instrumentos de uma música por demais atonal para o gosto deles. Para eles, o cubismo é um ataque ao naturalismo. Um ataque vindo de fora. Da Itália, por exemplo, que quer torpedear a arte nacional enviando seus submarinos futuristas. E da Alemanha, que credencia seus artilheiros nas pessoas de Wilhem Uhde e de Daniel-Henry Kahnweiler, os marchands dos cubistas. Sem contar a Rússia, que dança sobre nossas tradições – Debussy! Ravel! – graças aos espiões dos balés de Diaghilev.

Em 1912, um deputado socialista se insurge contra o fato de que essa pintura, vinda do exterior, esteja exposta nos museus nacionais. Fala-se de *Kubismo*, de arte boche. Quando a guerra chegar, a ira será maior.

Até a medicina se mete na discussão. Depois de ter refletido por muito tempo, o doutor Artault, de Vevey, citado por Guillaume Apollinaire, explica o cubismo como a exploração de um fenômeno patológico:

> Basta, na verdade, observar, com os olhos semicerrados, um quadro cubista para encontrar ali, em meio a zigue-zagues e a vislumbres decrescentes, as deformações e as formas fugidias dos objetos, características das irisações monocromáticas e intermitentes, desse acidente que chamamos de escotoma cintilante, o sintoma mais frequente da enxaqueca oftálmica.[7]

Para a medicina, portanto, Braque, Picasso e seus consortes são vítimas de enxaqueca. Maneira asséptica de exprimir o parecer médico e a opinião comum: são doidos.

Até mesmo Léon-Paul Fargue, que admirava Lautréamont e gostava de Jarry, não compreendia essa pintura que, segundo ele, sofre de uma crise de “intelectualidade”.

Ele defende a volta ao grande impressionismo, e coloca os artistas cubistas na lata de lixo da arte:

> Vocês são pintores de reunião em público – ou de restaurante sóbrio, de refeitório vegetariano... Vocês são semi-instruídos, têm "a cabeça fraca demais para o aprendizado". Vocês vão sempre para o campo com suas ideias bairristas, colegiais, suas comportadas ideias revolucionárias, que não cheiram nem mesmo a petróleo, mas a cachimbo apagado, a coisa ácida, a toalha úmida e a mostarda rançosa, como as salas dos banquetes literários.[8]

As bandarilhas também vêm de um campo que poderíamos julgar mais aberto. Fiel à imagem que quer mostrar de si mesmo, Arthur Cravan perde as estribeiras.

Metzinger: *Um fracassado que se agarrou ao cubismo.*[9] *Sua cor tem sotaque alemão. Ele me enoja.*

Marcoussis? *Não é sincero, mas sente-se, como diante de todos os quadros cubistas, que deveria haver alguma coisa, mas o quê?*

Gleizes? *Nenhum talento.*

De Segonzac? *Só faz bobagens.*

Archipenko: *Você não é nada tolo.*[10]

E assim por diante.

Montmartre também entra na dança. Dorgèles, que na época é jornalista do *Paris-Journal*, não aguenta mais essa destruição de temas, formas e cores. Vê seus melhores amigos, Gleizes, Marcoussis, Delaunay, demolidor de torres Eiffel*, e Maurice Raynal (que ele qualifica de "estemático"), tomarem uma direção que nega a tradição, os impressionistas e a arte acadêmica. O esquadro substitui o pincel. O mais importante é aparecer.

Apoiado por seu amigo André Warnod, Dorgèles resolve aparecer também. Não é preciso escrever textos assassinos, nem pronunciar excomunhões trovejantes: outros

* *Tours Eiffels*, série de Delaunay, realizada entre 1909-1910. (N.T.)

já o fazem. Vale mais a pena provocar o ridículo. Fazer uma pilhéria, da qual toda a imprensa vai tratar.

Ele lança um movimento: o excessivismo. E um pintor: Joachim-Raphaël Boronali, futurista italiano, nascido em Gênova. Esse artista, do qual, efetivamente, toda a imprensa vai falar, não se parece com os outros. Tem a pele cinzenta, os pelos compridos, anda sobre quatro patas, e não fala: zurra. É o jumento de Frédé: Aliboron, cujo anagrama deu Boronali.

Certa manhã, Dorgèles vai à procura de um oficial de Justiça no *faubourg* Montmartre. Conta-lhe seu projeto e explica o que quer que ele faça. Especialista em averiguações conjugais e flagrantes de adultério, o senhor Paul-Henri Brionne não acredita nos seus olhos nem nos seus ouvidos. Mas acha engraçado, e aceita.

O escritor e o homem da Justiça sobem até a Butte, onde André Warnod espera por eles. Dorgèles e ele tiram Lolo do Lapin Agile, amarram-lhe no rabo um pincel encharcado de azul ultramarino, colocam uma tela virgem sobre um tamborete, que é posicionado sob o traseiro do animal. Fazem-lhe festinhas, oferecem-lhe cenouras, e o animal, todo contente, sacode o rabo. E assim deixa sua primeira marca de artista animal.

O oficial toma nota.

Os dois amigos mudam a tela de lugar para dar mais vigor ao trabalho em curso, e como uma cor só não basta para o artista, mudam, mergulhando o pincel, fixado na extremidade desse destro bem particular, em outros potes de tinta.

Depois do ultramarino, o vermelho, o cobalto, o cádmio e o índigo. Quando o solípede demonstra cansaço, Berthe lhe dá um pouco de tabaco para roer, e o oficial, os seus cigarros. Em seguida, Frédé canta *Le temps des cerises*: o jumento começa a acompanhar o ritmo. Quando para de vez, *Et le soleil s'endormit sur l'Adriatique* está diante dos olhos maravilhados dos amantes da arte.

O oficial toma nota.

Dez dias depois, é inaugurado o Salão dos Independentes. *Et le soleil s'endormit sur l'Adriatique* é exposto num lugar bem visível. Alguns amigos de Dorgèles, a quem ele confiou a história, demonstram entusiasmo diante dessa obra maior de um futurista italiano que ninguém conhece, mas que, sem dúvida alguma, seguirá seu caminho até atingir o ponto alto da arte moderna. Guardem este nome: Joachim-Rafaël Boronaldi, grande mestre do excessivismo.

E assim acontece. Alguns ficam extasiados. Outros criticam. Acham que é um pouco *fauve* no que diz respeito ao céu, vago segundo as formas, imbuído demais da personalidade do pintor, enigmático, ou pelo menos simbólico: o que é que representam aqueles riscos vermelhos no centro da tela? Um nariz? A lua? Um pierrô divino?... *Le Matin*, *Comoedia*, *La Lanterne*... a imprensa não fala de outra coisa. E falarão ainda mais depois que Dorgèles chega à redação do *Matin* brandindo as provas do embuste. Perplexidade e hesitação. Mas só por algumas horas. No dia seguinte, em negrito, na manchete da primeira página, aparecem algumas palavras que definem o cubismo, tal como era considerado na época:

UM JUMENTO É CHEFE DE ESCOLA.

O oficial de Justiça foi testemunha.

Guillaume Apollinaire toma a dianteira

Os sábios são felizes. Se eu fosse sábio, poderia refazer um dos meus quadros.
Georges Braque

Segunda-feira, 1º de outubro de 1912: vernissage do Salão de Outono. Nas escadarias do Grand Palais, o ilustríssimo senhor Franz Jourdain, presidente do evento, recebe o ministro da Educação. Depois dos cumprimentos de praxe, a honorável assembleia percorre salas e corredores.

Alguns dias antes, vindos de Montmartre e de Montparnasse, os mais ricos de fiacre, os mais pobres empurrando carrinhos sobre os quais estavam empilhadas suas obras, cumprimentando uns aos outros, rindo e cantando, os artistas tinham ido pendurar as telas escolhidas pelo júri.

As autoridades vão percorrendo a exposição. Ficam pasmas diante de Renoir, Degas, Bonnard, Vuillard, Manet. Cochicham respeitosamente na frente de Fantin-Latour e de Maillol. Levantam imperceptivelmente as sobrancelhas, mas com discrição, ao passar perto das antigas ovelhas negras, agora recebidas no seio familiar, ocupando até mesmo lugares de honra: Matisse, Van Dongen, Friesz. Maravilham-se diante do *Portrait de Cézanne*, do querido Pissarro. Entram, finalmente, numa sala mais escura.

Ali, tudo é verdadeiramente obsceno. Eles apertam os pincenês e tiram os monóculos. O ilustríssimo senhor Franz Jourdain e seus vice-presidentes nada puderam fazer, a não ser aproveitar alguns daqueles cubistas imundos, porque, explica a ilustríssima autoridade à sua excelência o ministro da Educação, aquilo representa, apesar de tudo, a arte moderna. Não foi possível evitá-los. Ainda mais porque dois deles, um tal de Albert Gleizes e um tal de Jean Metzinger, acabam de publicar um livro sobre o assunto, chama-se *Du cubisme*, e os jornais estão falando muito...

Coragem, vamos embora.

Na assistência, nem todos estão de acordo. Está presente o ilustríssimo senhor Paul Fort, poeta, o ilustríssimo senhor Claude Debussy, compositor, o ilustríssimo senhor Apollinaire, jornalista. Esses observam e discutem entre si. Um pouco afastado, está o ilustríssimo senhor Louis Vauxcelles, que cobre o evento para o *Gil Blas*, e que insultou com eloquência Picabia, "o cubista endinheirado", Léger, "tubista", Picasso, "Ubu-Kub", e muitos outros, enfaticamente criticados ao longo das páginas.

O senhor juiz em matéria artística está de braços dados com sua senhora. Pronto para atirar uma das suas lanças venenosas, cujo segredo ele possui, quando dois maus pintores, em boa forma, surgidos de trás das geometrias de Dunoyer, de Segonzac ou de Roger de la Fresnaye, cercam-no, insultam-no e o jogam ao chão, diante de Marcoussis, Metzinger, Picabia, Lhote, Le Fauconnier, Gleizes, Léger, Duchmap e Villon, que se contorcem de rir.

Discutem-se o lugar, as armas e os padrinhos.

Naquela mesma noite, em *L'Intransigeant*, Guillaume Apollinaire relata o acontecimento:

> Um pequeno incidente teve lugar esta manhã. Alguns pintores cubistas desafiaram um de nossos confrades, o ilustríssimo senhor Vauxcelles, e insultaram-no veementemente. Mas tudo não passou de uma áspera troca de palavras.[1]

No dia seguinte, nas colunas do mesmo jornal, o feiticeiro vítima de seu próprio feitiço* responde ao diretor:

---

* No original, *arroseur arrosé* (jardineiro molhado); alusão ao filme *L'arroseur arrosé*, de Louis Lumière, em que o jardineiro, ao usar a mangueira, acaba sendo molhado por ela. (N.T.)

Conceda-me a honra de acreditar que não é do meu feitio deixar-me insultar "veementemente" sem responder ao ofensor.

A verdade é que respondi aos dois jovens mal-educados que a solução normal para o incidente seria o duelo. Eles recusaram imediatamente, talvez porque os princípios da moral cubista os proíbam de fazê-lo.

Serei grato se publicar esta carta, pois ficaria constrangido em parecer covarde diante de seus numerosos leitores.

Acredite em mim, por favor, seu criado

Louis Vauxcelles

PS: Mais uma palavra: os dois jovens citados poderiam esperar, "para me desafiar", que eu estivesse sozinho. A senhora Vauxcelles estava a meu lado quando o incidente aconteceu. Pois bem, certas questões devem ser resolvidas de homem para homem.[2]

O cubismo, logo se vê, precisa de defensores.

O mais enérgico de todos é Guillaume Apollinaire. Para ele, a defesa do cubismo é da ordem do combate e da missão. Trata-se de sustentar uma vanguarda na qual Apollinaire se inscreve igualmente como poeta. É aí que ele primeiro demarca seu território.

Ele sabe o quanto deve ao simbolismo, que liberou o verso das suas limitações e das pesadas regras da prosódia. Mas ele deseja ser ainda mais moderno. Quer ser o grande defensor do verso livre. A exemplo dos pintores cubistas, ele quer misturar a poesia com as coisas da vida, as novidades, as imagens, e organizar essa paleta de acordo com suas próprias cores: uma cultura extraordinária, uma incrível fantasia. É assim que fará Guillaume Apollinaire.

Em 1913, publica *Alcools* pela editora Mercure de France. Nessa antologia, ele reuniu textos escritos entre 1898 e 1912. É um buquê composto de flores da sua memória, e das folhagens do mundo: Guillaume na Santé, sofrendo dos mil males do amor, insone e angustiado;

mas também os hangares de Port-Aviation, o papa Pio X, os prospectos, os cartazes, as estenodatilógrafas, o avião, as sirenes... Não há mais pontuação, o corte dos versos é o bastante para dar ritmo à poesia.

No ano seguinte, Apollinaire começa a escrever seus *Calligrammes*. O uso das letras formando figuras não é novidade. Mas como não ver nessas poesias/imagens a aplicação daquilo que as palavras já continham em *Alcools*, e que as reproduções dos títulos de jornal, as montagens tipográficas, os desenhos integrados, as escalas musicais sublinham e reforçam ainda mais: as colagens cubistas? A faceta literária das ousadias picturais? A ponta de lança da vanguarda? Uma invenção generosa, proteiforme, cujas declinações serão encontradas, quinze anos depois, no *42º Parallèle,* de Dos Passos?*

Quando defende a modernidade do outro, Apollinaire também está se defendendo. Ele participa igualmente dessa revolução da arte moderna, da qual não é apenas o cronista complacente. Ele acha que deve se engajar ao lado da nova linguagem, assim como as pessoas se engajavam em 1789 ao lado da Revolução. Ele é poeta. Sua arma é a pena. É com ela que ele se bate.

Entre 1910 e 1914, Apollinaire trabalha em *L'Intransigeant.* Salmon está no *Paris-Journal* (escreve sob pseudônimo: "La Palette", e logo irá para o *Gil Blas*, onde tomará de assalto a fortaleza Vauxcelles).

Aos olhos dos amigos, Guillaume Apollinaire é um poeta excepcional, um amigo maravilhoso, mas é um crítico medíocre. Picasso não o leva a sério: na sua opinião ele "sente" mais do que sabe. Para Braque, ele não sabe nada, e confunde Rubens com Rembrandt. Vlaminck ironiza sobre "sua incompetência e sua verve fantasiosa". Outros ainda, como Juan Gris, se divertem ao descobrir sob a pena do jornalista uma opinião que eles mesmos emitiram em resposta a uma pergunta.

---

* John Dos Passos, *Paralelo 42*, Rio de Janeiro, Rocco, 1999. (N.E.)

Servem-se dele quando querem atiçar fogo: Guillaume adora novidades e acode assim que for preciso forçar uma porta fechada. Ele louva as vanguardas. Mesmo se for preciso devolver à loja de acessórios os acessórios que não são mais necessários. O impressionismo, por exemplo. No prefácio do catálogo da exposição de Braque (1908), depois de usar de forma parcimoniosa "alguns mestres magnificamente dotados" (os quais não cita), ele ataca: "A ignorância e o frenesi são as características do impressionismo"; este "não foi senão apenas um instante pobremente religioso das artes plásticas"; os impressionistas tentaram "exprimir febrilmente, apressadamente, desarvoradamente, seu espanto diante da natureza".

Isso também é febril, apressado e desarvorado. Quanto ao próprio Braque, de quem se trata, no final das contas, pois Kahnweiler o festeja, depois que os salões oficiais lhe fecharam as portas, "ele exprime uma beleza cheia de ternura, e o nácar de seus quadros irisa nossa compreensão". Isso é mais poesia do que crítica. São frases que atravessam a pintura sem nunca mostrar as rupturas, palavras que cintilam como uma paleta de versos, imagens, uma imensa boa vontade, uma falta de análise às vezes desconcertante.

Nesse prefácio das obras de Braque recusadas no Salão de Outono, Apollinaire se regozija de que o sucesso tenha recompensado Picasso, Matisse, Derain, Vlaminck e alguns outros. Lamenta que não tenha ainda chegado o momento de Vallotton, Odilon Redon, Braque e... Marie Laurencin.

Ela (ainda) é sua musa, e ele, seu trovador. Canta-a por toda parte, em todos os tons.

Em 1908, em *Les peintres nouveaux*: "A senhorita Laurencin soube exprimir na arte maior da pintura uma estética inteiramente feminina" .

No mesmo ano, em *L'Intransigeant*, em que escreve crônicas regularmente, "A vida artística": "Não encontro palavras para definir a graciosidade toda francesa da senhorita Marie Laurencin".

Em 1909, sobre o Salão dos Independentes: "A senhorita Laurencin traz para a arte uma graciosidade forte e precisa que é totalmente nova".

No Salão de Outono de 1910, onde Marie foi recusada: "Notemos que artistas importantes, como o senhor André Derain, Marie Laurencin, Puy etc., não expuseram".

Em 1911: "O ponto alto do salão poderia ter sido a sala dos cubistas, se todos eles tivessem exposto, se não faltassem nem Delaunay nem Marie Laurencin...".

Um pouco mais adiante, o crítico lamenta igualmente a ausência de Picasso, de Derain, de Braque, de Dufy; ninguém, a não ser ele, pensaria em associar Marie Laurencin, que se dedicava à pintura em porcelana, e cujas obras evocam tons pastel e formas arredondadas, a esses quatro! É o que se pode chamar de "deitar a amante no papel"...*

Existem outros, no entanto, de quem Guillaume não gosta. Talvez porque Picasso também não goste, talvez igualmente porque esses artistas não participem da nova e escandalosa arte. Van Dongen, que prefere a geometria arredondada das pérolas nacaradas às linhas descontínuas das figuras cubistas, recebe seu quinhão em *L'Intransigeant.*

1910: "Os quadros do senhor Van Dongen são a expressão daquilo que os burgueses que sofrem de enterite chamam hoje de audácia".

Alguns meses depois: "O ilustríssimo senhor Van Dongen faz progressos na banalidade...".

Em 1911, ele nada mais é do que um "velho *fauve*" expondo "uma espécie de cartazes". Dois anos mais, e seus quadros parecem ao crítico "os mais inúteis do mundo".

Mas dá também uma alfinetada em Vlaminck: "Ele desperdiça seu talento pintando cartões de visita". E faz uma maldade com Matisse (1907) – podemos adivinhar a sombra de Picasso por trás das palavras: "O ilustríssimo senhor Henri Matisse faz coisas novas, mas ele renova mais do que inova". A hora das reverências não tardará a chegar. Apollinaire contribuirá então para reforçar o pedestal sobre o

---

* No original, a expressão *coucher sur le papier* apresenta duplo sentido: "pôr no papel, escrever", e também "deitar" no sentido erótico. (N.T.)

qual subiu o mestre do Couvent des Oiseaux e que ninguém pensará mais em demolir.

Quando se trata de Picasso, a coisa é simples. Apollinaire nunca o ataca. Quando não gosta, se é que não gosta, prefere não escrever. Foi o que aconteceu depois de *Les Demoiselles d'Avignon*: assim como Braque, Derain e alguns visitantes, que viram a tela no Bateau-Lavoir, ele talvez também não tenha gostado muito; mas, no mínimo, a novidade o deixou paralisado. A partir de 1910, porém, ele comemora. Reencontrou a energia necessária para consagrar o amigo e colocá-lo no lugar que, a seus olhos, lhe é de direito: o melhor.

Em *Poésie*, uma revista publicada no Sudoeste, ele descreve o Salão de Outono, usando pela primeira vez a palavra "cubismo" e criticando a "metafísica plástica" que os jornalistas encontraram nos expositores, entre os quais Jean Metzinger; segundo ele, trata-se apenas de "uma tosca e frágil imitação de obras que não foram expostas, pintadas por um artista dotado de forte personalidade e que, além do mais, não revelou seus segredos a ninguém. Esse grande artista chama-se Pablo Picasso". No mesmo artigo, explicita seu pensamento: "O cubismo do Salão de Outono era o gaio enfeitado com as penas do pavão".

O pavão concorda, com certeza. Mas os outros não. Em resposta aos artigos publicados em *L'Intransigeant*, a redação recebe queixas cada vez mais numerosas, vindas dos pintores vítimas dos artigos de Apollinaire. Ela responde com retificações que magoam o crítico. Este manda seus padrinhos procurarem os descontentes. A direção acaba transferindo a crônica para páginas de menos destaque. Apollinaire encerra o assunto deixando *L'Intransigeant* e indo para o *Paris-Journal.*

Ele não era Baudelaire e Picasso não era seu Delacroix. Sessenta anos depois de *Salons*, de seu ilustre predecessor, ninguém duvida de que ele reivindicava o desejo de uma crítica subjetiva e apaixonada, não explicativa, mas lúdica, assim como a reivindicava o autor de *Fleurs du mal*. Mas ele não tinha nenhuma profundidade. Raramente lemos sob sua pena uma análise tão fina quanto aquelas de *La Madeleine dans le désert* ou de *Dernières paroles de Marc Aurele*[3], quando não a de *L'Eugene Delacroix*[4], assinadas por Baudelaire em 1845 e 1846.

É claro que Apollinaire tem sua própria opinião. E, com frequência, quer compartilhá-la. Menos com seus leitores, o que seria razoável, do que com aqueles que lhe são próximos – o que não é tão razoável assim. Às vezes, ele muda de opinião em função do gosto dos amigos, ou, o que é mais grave, da evolução das suas amizades e inimizades. Resumindo clara e diretamente: ele é o rei da camaradagem. O que lhe traz novos problemas.

Em 1911, quando os cubistas se acham pela primeira vez reunidos na sala 41 do Salão dos Independentes, Apollinaire se entusiasma. Defende os *cubistores*. É a sua contribuição para criar um movimento que, no espírito de seus dois fundadores – Braque e Picasso –, não existe. Ele admite o lugar preponderante de pelo menos um deles no processo de criação, lembra-o através de muitas linhas e artigos, mas, contrariamente à opinião dos dois, aos quais logo virá juntar-se Kahnweiler, proclama em alto e bom tom que o cubismo é uma escola da qual Braque (de volta, bem a propósito), Gris, Gleizes e, é claro, mas apenas em algumas de suas obras, a eterna Marie Laurencin formam uma parte da tropa. Sem esquecer Metzinger, Lhote, Delaunay, Archipenko, Le Fauconnier, Dunoyer de Segonzac, Luc-Albert Moreau e Fernand Léger, que, até a Guerra, serão elogiados, com mais ou menos entusiasmo, pelo poeta.

Apollinaire está meio perdido. Ele ama demais, dá demais, discerne muito pouco. Fica dividido entre sua amizade por Picasso, aquela que dedica, a partir de então, ao casal Delaunay (que detesta o espanhol), e seu reconhecimento a Picabia, que, sendo mais rico do que os companheiros de fortuna e infortúnio, financia a edição das suas *Méditations esthétiques*... E quando, para agradar a Picasso, Braque e

Kahnweiler, faz uma concessão, esforçando-se para se distanciar daquilo que, pouco a pouco, vai parecer a ele como um sistema, já é tarde demais: o bem (ou o mal, conforme o caso) está feito. Apollinaire defendeu tão bem a nova pintura que ela surge, a partir daí, como um movimento, uma escola. A tal ponto que muitos, a exemplo de Vlaminck e de Francis Carco, logo se perguntarão o que teria sido o cubismo sem Guillaume Apollinaire.

O poeta e o marchand

A arte é filha de seu tempo.
Wassily Kandinsky

O cubismo sem Apollinaire? Daniel-Henry-Kahnweiler não se faz essa pergunta. Ele não escreve em jornais, mas contribui tanto quanto o poeta para a defesa dos seus pintores. É o marchand dos cubistas, como os Bernheim são os de Matisse, como Durand-Ruel foi o dos impressionistas e Vollard foi o de Cézanne, de Gauguin e dos *nabis*.

Aos 23 anos, numa antiga loja que pertencia a um alfaiate polonês da rua de Vignon (perto da Opéra), Kahnweiler abriu uma galeria. Só dezesseis metros quadrados, mas 25 mil francos ouro financiados por uma família alemã. E uma aposta alta: o jovem tinha um ano para mostrar lucros. Se fracassasse no comércio de quadros, a sociedade seria desfeita.

Mas ele foi bem-sucedido. No Salão dos Independentes, comprou quadros de Derain e de Vlaminck. Depois, foi a vez de Van Dongen e de Braque. Em 1907, graças a Wilhelm Uhde, que lhe falou sobre as *Demoiselles d'Avignon*, foi até o Bateau-Lavoir e conheceu Picasso. Ao contrário de muitos outros, ele ficou fascinado pelo quadro. Compreendeu, imediatamente, a ruptura que ele representava para a história da arte. Quis comprá-lo, mas, sob pretexto de que não estava pronto, Picasso recusou-se a vendê-lo. Kahnweiler teve que se contentar com os desenhos preparatórios. Voltou outras vezes e, quando Vollard faleceu, tomou o lugar dele junto ao pintor.

Fernande Olivier descreveu-o como audacioso e teimoso. Totalmente obstinado. Tomava de assalto a torre que queria conquistar, e só a deixava depois de obter o bem que queria possuir.

Acredita-se que se tratava de um método, pois continuava a proceder da mesma forma quarenta anos mais tarde. Ia à casa de Picasso e não arredava pé. Instalava-se e ficava à vontade. O pintor tentava provocá-lo com críticas ou palavras duras: o marchand negava calmamente ou concordava serenamente. Às vezes, metiam-se em discussões filosóficas nas quais Kahnweiler tomava cuidado para não irritar o outro; se ganhasse a partida teórica, perderia a batalha comercial: Picasso nunca aceitou ser derrotado duas vezes. As horas passavam, o tédio se instalava, mas Kahnweiler não se mexia na poltrona. Picasso acabava cedendo: vendia.

Françoise Gilot conta que, em 1944-1945, quando Kahnweiler não tinha exclusividade, Picasso o colocava em concorrência com um outro marchand. Era Louis Carré, cuja galeria, uma das mais importantes da época, ficava na avenida de Messine. O artista convidava os dois homens para virem à sua casa, no Quai des Grands-Augustins, e deixava-os na sala de espera. Eles ficavam lá por uma hora, conversando. Em seguida, o pintor convidava um deles para acompanhá-lo ao ateliê. Geralmente era Louis Carré. Respeitando o princípio picassiano, segundo o qual quem ama castiga, o artista deixava assim o seu preferido cozinhando em banho-maria.

No ateliê, discutia-se mais do que era necessário: tempo suficiente para que o visitante que ficou na sala de espera se consumisse até ficar com cara de tacho. Quando o pintor e seu marchand reapareciam, Kahnweiler estava cinza. Se Carré saísse com uma expressão só um pouquinho feliz, fazendo supor que os dados estavam lançados (mesmo que não estivessem), o pobre Kahnweiler ficava verde.

Picasso, por sua vez, o levava ao ateliê, onde então era fácil discutir o preço. "Foi uma das primeiras vezes em que compreendi a técnica de Picasso, que consistia em usar as pessoas como no jogo de bilhar, visando uma bola para acertar outra", conclui Françoise Gilot.[1]

Nesse jogo de gato e rato, quem ganhava era sempre o queijo. Estava longe o tempo em que Braque, Derain,

Vlaminck e Picasso chegavam de macacão na pequena galeria da rua Vignon, tiravam o boné e diziam: "Chefe, viemos receber!".

Kahnweiler foi o marchand dos cubistas, título altamente reivindicado por ele. Ao que Apollinaire, ironicamente, teria podido responder: tudo bem, mas que cubistas?

Se forem Braque, Picasso, Gris e Léger, que Kahnweiler considerava os "quatro grandes cubistas"[2], o fato é incontestável. Senão, o título não pertence a ele. Apollinaire sabia bem disso, pois recebeu umas boas bordoadas vindas desse homem que, conscientemente ou não, invejava bastante a amizade que ligava o pintor ao poeta.

Um e outro eram amigos da arte. Defendiam-na ardentemente, cada um com as suas armas. Assim como fez Vollard antes dele, Kahnweiler editou poetas ilustrados por seus pintores: maravilhas para bibliófilos, impressas a cem exemplares.

Foi o primeiro editor de Apollinaire, que também foi seu primeiro autor: em 1909, aparecia *L'Enchanteur pourrissant*, ilustrado com 32 xilogravuras de Derain (o *Saint Matorel* de Max Jacob, ilustrado por Picasso, sairá em 1911). Tiragem: cem exemplares; balanço, cinco anos mais tarde: cinquenta exemplares vendidos. Pérola literária:

> A senhorita o tocou e sentiu que ele tinha o corpo muito bem feito. E ela o amou com paixão, fez a sua vontade e isso, tudo isso, para sua mãe e para os outros.

Kahnweiler amava e admirava o poeta, respeitava o erudito, mas desprezava o crítico. Julgava-o mundano e ignorante em matéria de história da arte. Para ele, as *Méditations esthétiques* eram pura conversa fiada. Não gostava do aspecto anedótico dos artigos, menos ainda da energia com a qual o poeta defendia os pintores cubistas reunidos na sala 41 do Salão dos Independentes de 1911. E quando Apollinaire tornou a apoiar, no ano seguinte, os artistas da Section d'Or, Kahnweiler se enfureceu e protestou. Queria que o crítico estabelecesse publicamente uma clara distinção: quem era cubista e quem não era? De que lado ele estava?

O marchand pediu a Braque e a Picasso que obrigassem o amigo a definir sua posição. Eles se recusaram: talvez partilhassem da opinião de Kahnweiler, mas respeitavam o poeta.

Apollinaire, que acabava de publicar *Alcools* nas edições Mercure de France (tendo na capa seu retrato feito por Picasso), soube do pedido de Kahnweiler. Armou-se da pena e respondeu:

> ...Acabo de saber que você acha que o que digo sobre a pintura não é interessante, o que vindo de você me surpreende. Defendi sozinho, como escritor, pintores que você só escolheu depois de mim. Você acha que fica bem tentar destruir alguém que, em suma, foi o único capaz de colocar as bases da compreensão artística futura?[3]

Ao que o marchand respondeu:

> Recebi de você uma carta bem peculiar. Ao lê-la, perguntei-me se deveria ficar zangado. Preferi rir.[4]

Para Kahnweiler, as coisas estavam claras: os pintores que ele expunha na rua Vignon, dos quais vendia as obras no exterior, eram os únicos pintores cubistas. Os outros eram apenas maus seguidores. Não tinha interesse por eles.

Em 1912, ele e seus artistas estavam ligados por contratos. O princípio era simples: comprava toda a produção sob condições definidas previamente. Exigia exclusividade. Os preços variavam de acordo com o tamanho. Derain valia mais do que Braque, que recebia três vezes menos do que Picasso. Este discutira cláusula por cláusula: oferecera a Kahnweiler uma exclusividade de três anos em relação a toda a sua obra, exceto a produção antiga e os retratos que lhe fossem encomendados; ele ficaria com cinco quadros por ano para si mesmo, e também com os desenhos; Kahnweiler compraria os outros quadros, os guaches, e pelo menos vinte desenhos por ano.

O marchand assinou. Estava confiante: não faltava clientela. Esta não era mais composta apenas de Gertrude Stein ou de alguns franceses esclarecidos. Já havia algum tempo, os colecionadores estrangeiros desembarcavam em Paris para conhecer esses cubistas que eram só alguns deles, mas, ao mesmo tempo, eram os únicos.

O primeiro desses colecionadores era russo. Chamava-se Sergeï: Tchouchkine. Era industrial do setor têxtil, proprietário do Palácio Troubtskoi, em Moscou. Tinha comprado obras de Derain e de Matisse. Este último foi a Moscou para expor *La danse* e *La musique*. Essas obras estavam penduradas nas paredes do Palácio, ao lado de Van Gogh, Monet, Cézanne e Gauguin.

Tchouchkine interessava-se por Picasso desde 1908. Logo adquiriu os quadros mais importantes das fases azul, rosa e cubista (sua coleção passará para o Estado, após a Revolução de 1917, enriquecendo os museus de Moscou e de São Petersburgo). Seu intermediário privilegiado sempre foi Kahnweiler.

Esse atuava em todas as frentes. À exceção de uma: os salões nacionais. Recomendava a seus pintores que seguissem o exemplo de Picasso, e proibia-os de se exporem à chacota dos críticos que percorriam o Grand Palais, em companhia das autoridades da República. Na França, para ver as obras de Braque, Derain, Gris e Picasso, era preciso visitar os colecionadores que os apreciavam. Ou então ir até a pequena galeria da rua Vignon. Ou, ainda, atravessar as fronteiras. Porque, paradoxalmente, embora nenhum desses artistas expusesse nos salões oficiais parisienses, eles estavam todos em Berlim, em Colônia, em Munique, em Amsterdã, em Londres e em Moscou.

Para início de conversa.

A Pele do Urso

Voltaremos todos para a rua Ravignan! [...]
só lá é que fomos verdadeiramente felizes.
Pablo Picasso

Eles também estão em Paris naquela segunda-feira, 2 de março de 1914. Na casa de leilões Drouot, salas 6 e 7. Há curiosos, jornalistas, marchands vindos da Alemanha, gente da sociedade, apreciadores esclarecidos, como Marcel Sembat, deputado socialista de Paris.

Na multidão, podemos reconhecer a "guarda pessoal" de Picasso: Max Jacob, Kahnweiler, Serge Férat e a Baronesa d'Oettingen. Na primeira fila – diante do leiloeiro Henri Beaudoin e de seus experts, Druet e os irmãos Bernheim –, membros fundadores da Peau de l'Ours esperam o começo do leilão. Dez anos depois de criar a associação, vão vender. Desde 1904, eles contribuem com 250 francos por ano cada um. Repartiram os quadros entre si, como previa o regulamento elaborado por eles mesmos. Hoje, vão se desfazer deles. Recuperarão o que investiram, e mais os juros mínimos (3,5%). André Level, o gerente da associação, receberá 20% do total como pagamento pelos seus serviços. Os artistas dividirão o restante entre si. A operação não foi concebida com fins especulativos, mas sim para tornar a arte moderna conhecida e para ajudar os pintores a viver. O prefácio do catálogo dá o tom:

> Alguns amigos se reuniram, há dez anos, para formar uma coleção de quadros e principalmente ornar, embelezar as paredes de suas residências. Como as belas obras do passado eram praticamente inacessíveis, não foi difícil para eles, a maioria jovens e cheios de esperança no futuro, confiar em artistas também jovens

ou recém-descobertos. Parecia-lhes honroso correr os riscos inerentes às novidades...

O que essas pessoas generosas compraram em dez anos?

Cento e cinquenta obras: Van Gogh, Gauguin, Odilon Redon, Vuillard, Maurice Denis, Bonnard, Vallotton, Signac, Sérusier, Maillol; mas também Dufy, Van Dongen, Herbin, Dufrenoy, Flandrin, Roger de la Fresnaye, Othon Friesz, Marquet, Metzinger, Rouault, Dunoyer de Sengonzac, Verhoeven, Vlaminck, Derain, Matisse, Willette e Picasso. Alguns quase clássicos, outros *fauves* e, principalmente, aqueles que todo mundo espera: os cubistas. Porque mesmo que esses últimos apresentem obras menos geométricas do que as que costumam causar escândalo por aí, é a primeira vez que elas enfrentam o mercado nacional. A venda da Peau de l'Ours, todos sabem, é um teste decisivo para a arte moderna.

O leiloeiro Henri Beaudoin encerra a primeira venda em 720 francos: *L'aquarium*, de Bonnard, apresentada no catálogo como um "estudo de peixes e crustáceos".

Vlaminck não se sai tão bem com *Écluses à Bougival*, para a qual o martelo bateu em 170 francos.

Le boulevard maritime, de Dufy, começa com um lance de cem francos e é arrematado por 160.

Metzinger, com uma paisagem cubista, não passa dos cem francos. Mas Roger de la Fresnaye vê os cubos da sua *Nature morte aux anses* saírem voando por trezentos francos. Utrillo consegue a mesma coisa no maior lance, e a metade no mais baixo. Derain, trezentos francos por *Vase de gres*, 215 francos por *Pêches dans une assiette*, 210 francos por *La chambre*.

Pior do que Marie Laurencin, que, com 475 francos, faz jus, finalmente, à teimosia do seu antigo companheiro, ainda jornalista. Muito pior do que Dunoyer de Segonzac, cujo *La mare*, proposto a trezentos, é arrematado por oitocentos francos.

Le violoncelliste, de Gauguin, começa com um lance de quatro mil francos. Tanto quanto *Fleurs dans un verre*, de Van Gogh. Com *Étude de femme* e *La mer en Corse*, Matisse sai em novecentos francos. *Feuillages au bord de l'eau* ultrapassa os dois mil francos, e *Compotier de pommes et oranges* supera as expectativas, chegando a cinco mil francos. Melhor do que Van Gogh.

A sala aplaude.

Mas Picasso ainda não disse a que veio. Ele está acima dessa confusão. As telas compradas pelos amigos de André Level são mais antigas do que suas últimas obras cubistas, mas pouco importa: as fases azul e rosa serão menos julgadas do que o homem, seu espírito inovador e aqueles que o seguiram. Depois de ter trabalhado por muito tempo na sombra, o Bateau-Lavoir desceu para a sala dos leilões. E, quando apresenta a primeira pintura sobre papelão de Picasso, *Femme et enfants*, o leiloeiro Beaudoin, a seu modo e sem o saber, enterra Montmartre, o Montmartre dos artistas esplêndidos que esperavam pela glória.

Pois a glória aí está. *Femme et enfants* é arrematada por 1.100 francos. Mas é sobre papelão. *L'homme à la houppelande* começa com 1.350 francos. *Les trois hollandaises* atinge 5.200 francos.

A sala se agita: melhor do que Matisse. Uma tela gigantesca é colocada então sobre o estrado: *Famille de saltimbanques* (1905). Lance inicial: oito mil francos (André Level a comprara por mil francos). Os lances começam. Sobem. Sobem junto com o entusiasmo de uns e com a ira de outros. Os críticos ferozes já afinam as pontas de seus lápis. Os defensores do cubismo esfregam as mãos. E quando o martelo do leiloeiro bate na mesa é como se ele atingisse o Velho Mundo. Onze mil e cinquenta francos. A obra mais cara vendida naquele dia.

A sala, de pé, aplaude efusivamente. Muitos vão embora.

As más línguas, e são numerosas, observam que o marchand que comprou *L'homme à la houppelande* e *Famille de saltimbanques* é um alemão: Justin Tannhauser. Cinco meses depois, exatamente cinco meses, talvez se veja aí um sinal premonitório. Por ora, os curiosos vão embora.

Na saída, esbarram em outro alemão. Daniel-Henry Kahnweiler abre caminho para sair. Precisa ir dar a boa nova a Picasso. A venda rendeu 115 mil francos. Só para ele, o pintor destinou a quarta parte daquilo que pode ser chamado de uma boa cifra.

Kahnweiler consegue finalmente sair e corre até um fiacre. Porque Picasso não está lá. Ele não veio. Está em outro lugar, como sempre.

Onde estará ele, nesse dia de glória?

Não está em Clichy nem em Montmartre. César à sua maneira, ele cruzou o Rubicão: atravessou o Sena. De agora em diante, vai se misturar com a burguesia, cujas chamas elétricas o afastarão para sempre das velas de Montmartre.

Picasso deixou as terras do seu nascimento artístico. Não está mais no Bateau-Lavoir. Está na margem esquerda. Em Montparnasse.

II

Montparnasse vai à guerra

A Ruche*

> Este é o Montparnasse que se tomou para os pintores e os poetas aquilo que Montmartre era para eles há quinze anos: o refúgio da simplicidade bela e livre.
>
> Guillaume Apollinaire

Do outro lado do Sena não existem os Sacré-Coeur. Na passagem do século, o Monte Parnasse era o reino das cavalariças, das fazendas, de alguns parques de diversão instalados nas esquinas dos bulevares, dos rebanhos de cabra andando pelas ruas.

Ali viviam mais homens ligados às letras do que às imagens, muitos poetas vestidos de preto, poucos pintores de macacão, uma vida comportada entre as academias de pintura e os prédios de pedra talhada e largos portões. Montparnasse tinha se estabelecido em posições esquizoides: a burguesia caminhava na bosta. Não havia nenhum monumento onde ela pudesse se abrigar.

As cores do lugar eram as da poesia. Em outras épocas, os estudantes vinham do Quartier Latin para declamar seus versos nessa elevação coberta pelo entulho das pedreiras vizinhas. Depois, vieram os empregados das fazendas e das cavalariças, os horticultores, os operários que trabalhavam na abertura do bulevar Raspail.

Havia também alguns escultores: os jardins e os depósitos ofereciam-lhes o espaço necessário para o seu trabalho. A disposição dos edifícios era igualmente propícia. Os arquitetos tinham construído prédios burgueses para os burgueses e, nos pátios internos, ateliês de artista para os artistas: tetos envidraçados e lucarnas que facilitavam a luminosidade, jirau sob o teto, para que as obras pudessem ser observadas e

* Colmeia. (N.T.)

apreciadas de cima. Numerosos ateliês tinham ainda tomado o lugar das fazendas, que foram divididas e envidraçadas.

Montparnasse se abrira então para as belas-artes. O bairro tinha academias de renome: a de Bourdelle, principalmente, cujo ensino era mais livre do que o dos professores tradicionais. Havia também moldureiros e marchands; e alguns mercados de modelos, que faziam ponto na porta da academia da Grande Chaumiere ou na esquina da rua do mesmo nome com o bulevar Montparnasse: lutadores de boxe, datilógrafas, operárias – muitos italianos, menos pudicos do que os outros.

Montparnasse também tinha seus Bateau-Lavoir. Eram cortiços onde viviam artistas que vinham, iam, voltavam, de acordo com os trocados do bolso. Havia o Beco do Maine, onde Bourdelle esculpia. Havia a Cité Falguière, também chamada de Villa Rose, por causa da cor das paredes. Foujita morou ali, e também Modigliani, que foi despejado pela proprietária, senhora Durchoux, em função dos frequentes atrasos do aluguel.

Havia principalmente a Ruche, construção circular no Beco de Dantzig. Era um dos lugares mais importantes de Montparnasse. Todos os artistas passaram por lá, pelo menos uma vez; muitos deles ficaram. A Ruche era o Bateau-Lavoir dos pintores judeus vindos dos países do Leste Europeu.

A construção era obra de um mecenas, Alfred Boucher, escultor *pompier.** Ao voltar da Exposição Universal de 1900, ele comprou o que restou dos pavilhões do excelentíssimo senhor Gustave Eiffel e reuniu-os num terreno adquirido anteriormente, não muito longe dos abatedouros de Vaugirard. Vários ateliês erguiam-se em torno do prédio principal, antigo Pavilhão dos Vinhos, cujo teto lembrava uma colmeia. De um lado e de outro da entrada, duas cariátides tinham vindo do Pavilhão da Indonésia. A grade externa vinha do Pavilhão da Mulher. Pequenas construções, entre as quais um teatro de trezentos lugares (onde Louis Jouvet teve aulas), e salas de exposição erguiam-se no centro de

* Estilo de pintura e escultura acadêmicas. (N.T.)

gramados e de aleias – Aleia das Flores, Aleia do Amor, Aleia dos Três Mosqueteiros...

Boucher alugava os ateliês por um preço módico para os pintores pobres. Eles dispunham de um cômodo único que chamavam "o caixão": um triângulo dotado de um jirau acima da porta, onde os inquilinos dormiam sobre um fino colchão. Não havia água, nem gás, nem eletricidade; os corredores eram escuros, o lixo se acumulava, havia goteiras. Mas, do outro lado dos patamares circulares e das portas numeradas, ouvia-se o canto dos italianos, as discussões dos judeus, os gritos das modelos dos russos.

Antes da Guerra, segundo ele mesmo confessou, Chagall gostava de parecer exilado; trabalhava sozinho e até tarde, e recebia poucos visitantes: Cendrars foi o primeiro, seguido por Apollinaire. Quando voltavam à noite, bêbados e barulhentos, os artistas da Ruche jogavam pedras na sua janela para incitá-lo a vir ao encontro deles. Mas Chagall, filho de uma família pobre de Vitebsk, protegido de um advogado russo deputado na Duma, era mais sério do que os outros. Cultivava sozinho uma arte que ele definia como a do estado da alma; pintava nu diante das telas, não se queixava, comia uma cabeça de arenque no primeiro dia da semana, o rabo no dia seguinte, crostas de pão nos outros dias. Seu ateliê tinha uma agradável varanda interna.

Com algumas exceções, como o normando Fernand Léger, grande amigo de Archipenko, a maioria dos inquilinos da Ruche vinha da Europa Central. Aos domingos, reencontravam alguns vestígios de seus países. Chegavam os frequentadores dos parques de diversão, tocadores de acordeão, comediantes populares... Do bairro de Saint-Paul, vinha um vendedor judeu de longa barba negra que parava sua carrocinha diante das grades e distribuía o arenque, o fígado moído, o pão preto, tantos cheiros e sabores que lembravam a infância.

Eram todos imigrantes. Tinham chegado alguns anos antes da Guerra. Ainda não constituíam a Escola de Paris que iria se tornar famosa e conhecida no mundo inteiro. Archipenko, escultor russo, havia chegado em 1908. Lipchitz, escultor lituano, um ano depois. Kikoïne, também lituano, neto de rabino, socialista do BUND*, que estudara na Escola de Belas-Artes de Wilno com Krémègne e Soutine. Krémègne, que atravessou a fronteira clandestinamente em 1912, sempre abatido, de gestos desajeitados, e que tinha ciúmes de Soutine, com quem se considerava em pé de igualdade. Mané-Katz, que trocou Kiev pela Ruche em 1913. Chana Orloff, que chegou no mesmo ano. Kisling, o polonês, aluno brilhante da Escola de Belas-Artes de Cracóvia, mais alegre, mais brincalhão do que muitos outros, que gostava de festas, de vinho e de pintura. Léon Bakst, pintor e cenógrafo, que, em 1909, fez os cenários de *Cléopâtre*, primeiro dos balés russos, que causou furor no Châtelet nas pontas das sapatilhas de Pavlova e de Nijinski. Soutine, o mais miserável de todos, que cantava em iídiche enquanto pintava. E ainda Zadkine (vindo em 1909, aos dezenove anos), Epstein, Gottlieb, Marevna, os escultores Lipsi, Joseph Csaky, Léon Indenbaum...

Quando descobriram a França, esses imigrantes não tinham mais de vinte anos. Deixaram para trás família, amigos, uma tradição. Suas únicas armas eram os lápis e os pincéis, que na sua terra só podiam usar até certo ponto. O ponto era, ao mesmo tempo, o *numerus clausus* das universidades e a rigidez dos costumes espirituais. A lei hassídica condenava a idolatria e, portanto, a reprodução de rostos:

> Não farás para ti imagem de escultura, nem alguma semelhança do que há em cima nos céus, nem embaixo na terra, nem nas águas debaixo da terra.[1]

No Leste, a arte judaica era religiosa. Não existia nenhuma outra tradição. Os judeus, fechados nos guetos, eram impermeáveis ao mundo exterior. Os artistas desenhavam como fazem as crianças com as leituras: de dia, aquilo que

* BUND: partido socialista judeu fundado na Rússia em 1897. (N.T.)

podem mostrar; de noite, aquilo que devem esconder. À luz do dia, a vida cotidiana do *shtetl*; na sombra, todas as imagens banidas, escondidas, e depois colocadas na folha branca, na clandestinidade dos quartos fechados. Para se emancipar, só havia uma solução: partir.

E partir também para fugir do antissemitismo oficial e ancestral. Em inúmeros países, as portas das universidades se fechavam para os judeus. A Academia Real de São Petersburgo, principalmente, lhes era proibida.

Quando chegavam, esses homens desarraigados só conheciam uma palavra da língua francesa: Paris. Escolheram essa cidade porque outros, que lá já estavam, tinham passado a mensagem adiante. Em Paris era possível viver e pintar como homens livres. Em Paris os artistas judeus trabalhavam como os outros. Tinham o direito de dizer tudo, de mostrar tudo. É verdade que eram miseráveis, mas a maior parte deles já conhecia a miséria. Não falavam a língua, mas aprenderiam. O essencial era poder finalmente pintar à luz do dia. Livres, longe das escolas: tanto do impressionismo quanto do cubismo recém-descoberto. Paris, como escreveria De Chirico pouco depois, era um lugar para onde convergiam os homens, as ideias, os estados de espírito, a criação. Paris, para todos, era a capital do mundo.

Ubu rei

> Deus é o caminho mais curto entre zero e o infinito.
> "Em que sentido?", pode-se perguntar.
>
> Alfred Jarry

Até a Guerra, os pintores da Ruche não cruzavam suas cores com as dos artistas do Bateau-Lavoir. Um rio separava os dois mundos. Quando a turma de Picasso atravessava o Sena, era principalmente para encontrar escritores, amigos de Apollinaire. Montparnasse era então um burburinho do murmúrio dos poetas. Os versejadores ainda eram os reis do lugar, e os que faziam garatujas andavam atrás deles. Montparnasse ainda não vivia sob os ritmos conjugados dos bistrôs Dôme e La Rotonde, mas sim sob a cadência versificada do La Closerie des Lilas.

A Closerie é o primeiro de todos os cafés que fizeram a reputação do bairro. Em outros tempos, era uma simples taberna na estrada para Fontainebleau. Sua glória e seu nome lhe vieram de sua vizinhança com o Bal Bullier. Este ficava na avenida do Observatoire, em frente do Luxembourg. Até a Guerra, dançava-se ali em meio aos lilases. Em seguida, ia-se refrescar no pequeno bistrô, que ficava na parte de cima do bulevar que misturava Saint-Michel a Montparnasse, isto é, estudantes e artistas. Foram muitos os que brindaram à sombra da estátua do marechal Ney, fuzilado na avenida do Observatoire depois da Ilha de Elba*, levada para a sombra do café quando da construção da estrada de ferro para Sceaux.

A Closerie foi uma das trincheiras das discussões sobre Dreyfus. Tornou-se também a retaguarda do café de Flore,

* Marechal Ney: oficial do exército de Napoleão. Foi condenado à morte depois do exílio deste na Ilha de Elba. (N.T.)

onde Charles Maurras reunia seus *Camelots*.* Foi igualmente frequentado por Monet, Renoir, Verlaine, Gide e Gustave le Rouge; finalmente, por um poeta cujo papel foi essencial no encontro das artes de Montmartre e Montparnasse: Paul Fort.

Hoje, suas *Ballades françaises* já não são cantadas por muitos, exceto algumas delas:

> Le p'tit cheval dans le mauvais temps, qu'il avait donc du couraget!**

Mas ele era um príncipe. O príncipe dos poetas. Assim foi eleito, sucedendo a Verlaine, Mallarmé e Léon Dierx. Cinco jornais, *La Phalange*, *Gil Blas*, *Comoedia*, *Les Nouvelles* e *Les Loups* organizaram, em 1912, um referendo para nomear um sucessor para Dierx, que acabara de morrer. Trezentas e cinquenta penas votaram em Paul Fort: foi considerado o melhor herdeiro das tradições literárias francesas.

Paul Fort não tinha um tostão. Quando lhe perguntavam de que vivia, ele respondia com um sorriso nos lábios:

"Da minha pena, ora essa!"

Ele copiava suas próprias obras e as vendia aos colecionadores de manuscritos e de autógrafos.

Todas as terças-feiras reunia os amigos no La Closerie des Lilas, dirigido à época por Combes. Os presentes celebravam alegremente a poesia, o vinho, a festa e as canções.

O amigo generoso tinha cara e jeito de mosqueteiro. Era magro, tinha os cabelos compridos, um bigode fino, usava uma gravata preta sob um paletó abotoado até o colarinho, ria, brindava, contava histórias, tinha a língua presa. Comandava a festa. À meia-noite, quase sempre, com sua voz esganiçada, improvisava poesias geniais. Às vezes cantava, de pé sobre uma cadeira, acompanhado por um piano, por outras vozes, por aplausos que iam se extinguindo ao amanhecer.

---

* *Camelots du roi*: assim eram chamados os militantes do movimento monarquista L'Action Française, entidade nacionalista. (N.T.)

** O cavalinho na tempestade, como era corajoso! (N.T.)

Seu amigo, Jean Papadiamantopoulos, conhecido como Jean Moréas, escutava, zombava, fazia versos na fumaça e nas brumas do álcool. Este homem de prodigiosa cultura, que conduzia seus leitores até Chateaubriand, Vaugelas, Barrès ou Madame de la Fayette, ficava sentado numa mesa à parte, embriagado, a cartola enfiada até o monóculo, o monóculo caindo sobre um bigode tingido, e o bigode fazendo cócegas em palavras, quase sempre ríspidas, saídas de uma boca que puxava para a direita incensando Barrès e Maurras.* O que não foi proposital para irritar o companheiro de certa noite, secretário de redação do *Mercure de France,* que veio uma vez e jurou que nunca mais voltaria a pôr os pés ali: Paul Léautaud. Duas coisas o incomodaram: a sujeira de Moréas, legendária e confirmada, e o teor alcoólico geral. Além disso, naquela noite, Léautaud estava na fossa: tinha acabado de saber que, em cinco anos e meio, seu *Petit ami* tinha vendido quinhentos exemplares...

Paul Fort havia fundado, em 1905, com Moréas e Salmon, uma revista famosa: *Vers et Prose*. Os três amigos tinham feito um empréstimo de duzentos francos que foram convertidos em selos, e tinham enviado 2 mil cartas aos primeiros possíveis assinantes.

Vers et Prose foi um marco das letras francesas até a Guerra, da qual foi vítima. Abriu suas páginas a poetas e a escritores ilustres: Maeterlink, Suart Merrill, Barrès, Gide, Maurras, Jules Renard, Apollinaire... A sede ficava no endereço do seu fundador, na rua Boissonnade. Foi Pierre Louÿs quem escolheu o título. *Vers et Prose* se propunha reunir "o grupo heroico dos poetas e dos escritores de prosa que renovaram o fundamento e a forma das letras francesas, suscitando o gosto da alta literatura e do lirismo por tanto tempo abandonado".

Os trovadores do simbolismo recorriam à força da imagem, força misteriosa que a análise não podia explicar.

---

* Ambos escritores, militantes de direita, Maurice Barros tem entre suas obras o livro *Sciences et doctrines du nationalisme*, e Charles Maurras foi o criador do movimento monarquista L'Action Française. (N.E.)

Era preciso evocar a "alma das coisas, [...] as afinidades secretas das coisas com a nossa alma".[1] Era preciso sugerir, e não descrever.

A revista reunia todas as tendências da "jovem literatura". Paul Fort continuava a ser, no entanto, o arauto de um simbolismo cujo momento de glória já havia chegado ao fim havia alguns anos.

Os grandes defensores dessa escola eram Henri de Régnier, Saint-Pol Roux e, uma vez ou outra, Jean Moréas, que trocava de escola com mais frequência do que trocava de camisa. Opunham-se aos realistas – Zola –, aos românticos – Chateaubriand, Hugo, Lamartine –, e aos parnasianos – Banville, Leconte de Lisle, Baudelaire, Coppée. Estes eram criticados por terem buscado colocar nos seus versos virtudes analíticas e críticas, e por não terem seduzido a juventude. Foram vivamente atacados, assim também como Flaubert e Catule Mendès, que considerava Verlaine um poeta muito pouco importante.

O simbolismo, entretanto, não marcou por muito tempo a história da literatura. Foi principalmente uma passagem, uma reação que só durou uns dez anos.

A grande luta dos simbolistas, e depois dos pós-simbolistas, era o ritmo. Era preciso livrar-se das regras convencionais, liberar o alexandrino de suas doze correntes, insistir no verso livre. As colunas de *Vers et Prose* são cheias de debates e de reflexões sobre essa questão, à qual até Mallarmé respondeu, *post mortem*: ele deplorava no alexandrino "um abuso da cadência nacional, cujo uso, assim como o da bandeira, deve ser excepcional".

Desde o primeiro número, a revista teve quatrocentos assinantes. Logo os teria no mundo todo. A revista lhes oferecia livros como prêmios. Ela abriu suas páginas para a publicidade: editores, livreiros, fabricantes de estantes, bancos e estabelecimentos financeiros.

Em 1910, foi criada a editora Vers et Prose. Houve gigantescos banquetes para os poetas prediletos, que reuniam quase quinhentos convidados. Às terças-feiras, no La

Closerie, os festeiros eram menos numerosos, mas também barulhentos. Não vinham só de Montparnasse. Muitos atravessavam o Sena. Vinham de Montmartre, a pé. Quando os pintores do Bateau-Lavoir empurravam a porta do bistrô para assistir às terças de Paul Fort, não estavam em terras desconhecidas: o arroubo das suas cores misturava-se de maneira admirável aos jogos de palavras e aos prazeres dos poetas do La Closerie des Lilas.

Foi na Closerie, em 1905, que a turma da praça Ravignan se juntou a um amigo de Apollinaire que vinha às vezes ao Fox: Alfred Jarry. Foi Jarry quem passou a todos eles a paixão pelas armas de fogo. "Jarry, aquele que revólver", dirá Breton sobre esse monumento que os surrealistas veneram e com quem dividem duas paixões: a poesia e o tiro com balas verdadeiras.

Guillaume Apollinaire foi o primeiro a colocá-lo na mira:

> Alfred Jarry [...] me pareceu a personificação de um rio, um jovem rio sem barba, com as roupas molhadas como um afogado. O bigode pequeno e caído, a sobrecasaca cujas pontas balançavam, a camisa frouxa e as meias de ciclista, tudo isso tinha algo de mole, esponjoso: o semideus ainda estava úmido, parecia que algumas horas atrás tinha saído encharcado do leito onde sua onda se esvanecera.[2]

Na época, Jarry era o criador da patafísica, que Ubu e Fastrol serão os primeiros a louvar. O que é a patafísica?

> Uma ciência que nós inventamos, cuja necessidade se fazia geralmente sentir.[3]

Essa ciência se propunha a observar o mundo a partir das suas exceções e seus paradoxos, fora dos hábitos e do conformismo do pensamento (René Dumal, e depois Boris

Vian e Raymond Queneau, no quadro do colégio de patafísica, vão desenvolver os trabalhos de Jarry).

Quando Apollinaire encontrou Jarry, este já havia publicado numerosos artigos em *L'Art Littéraire*, ou no *Mercure de France.* Várias de suas obras já tinham sido editadas, como *César-Antéchrist, Les jours et les nuits, Le surmâle.** Ele era conhecido principalmente como o autor de uma peça que causara escândalo e revolta no público parisiense bem pensante e bem comportado, que estava sentado no Théâtre de l'OEuvre, no dia 9 de dezembro de 1896: à primeira palavra – *Merdra!* –, a sala ficou de pé.

Alfred Jarry morava na rua Cassette, num apartamento à sua altura, senão à sua imagem. Ficava no terceiro andar e meio. Guillaume Apollinaire e Ambroise Vollard iam sempre à casa dele. Batiam numa porta minúscula, incrustada na escada, que quando abria ia de encontro ao peito do visitante. Uma voz vinda do interior pedia que os visitantes se abaixassem para que o morador lhes pudesse ver o rosto.

Se era um amigo, Jarry mandava entrar. O cômodo tinha o teto muito baixo e só se podia andar curvado: o proprietário do imóvel tinha dividido seus apartamentos em dois para dobrar os lucros alugando-os a inquilinos de baixa estatura. Vollard, que era alto, conta que Jarry era do tamanho exato da altura do apartamento. O marchand afirma ainda que ele morava ali com uma coruja cuja cabeça era embranquecida pelo gesso do teto; o próprio escritor, que às vezes também roçava o teto, tinha mechas brancas. Não se sabe ao certo se a coruja era de carne, de osso ou de porcelana, apesar de que André Breton também se queixava do cheiro da gaiola da coruja.

Jarry dormia numa cama muito baixa e escrevia deitado. Na parede, havia um retrato do escritor (que desapareceu), feito pelo amigo Douanier Rousseau. Parece que se podia ver Jarry em companhia de um papagaio e de um camaleão. Segundo André Salmon, viam-se, principalmente,

* Alfredy Jarry, *O supermacho*, São Paulo, Brasiliense, 1985. (N.E.)

os retoques que o modelo tinha feito na obra: ele tinha recortado sua silhueta, de forma que a tela era enfeitada com um buraco de tamanho natural.

Jarry não podia se ver nas pinturas. Ele não podia se ver de maneira alguma.

Quando queria esticar as pernas, pegava a bicicleta e ia a Plessis-Chenet, nas margens do Sena. Ele comprara, perto da propriedade de Valette, diretor do *Mercure de France,* e de sua mulher, a romancista Rachilde (cujo verdadeiro nome era Marguerite Eymery), um terreno minúsculo onde construíra uma cabana: o Tripode. Era uma construção de madeira que ocupava quase toda a superfície da "propriedade": dezesseis metros quadrados. Passava lá o verão comendo peixes que ele mesmo pescava.

Jarry comia muito pouco. A não ser que quisesse se divertir. Sentado um dia com Salmon à mesa de um bistrô da rua do Seine, ele chamou o proprietário.

"Um conhaque, por favor."

"E só?"

"Não. Eu também queria um café."

"Mas..."

"Um café, um pedaço de *gruyère* e uma compota de frutas."

"O senhor quer uma sobremesa!"

"Para começar. Depois me traga meio frango."

"E depois?"

"Depois, macarrão."

"Que tal um bife?"

"Malpassado."

"Tudo de uma vez só?"

"Na ordem do pedido."

O proprietário assentiu com jeito de quem aprova.

"Depois da carne, eu queria rabanetes", acrescentou Alfred Jarry... "E uma sopa."

"E só?"

"Não. Quero também um Pernod... um Pernod bem forte."

O dono do restaurante colocou então a mão no ombro do cliente e suspirou:

"É melhor parar por aí! Você vai passar mal!"

"Tire essa pata daí! E traga-me tinta vermelha num copinho."

"Como quiser."

Assim foi feito. Jarry mergulhou um torrão de açúcar no copo e bebeu a tinta toda. Naquele dia ele estava de dieta. Na maior parte do tempo, só comia carne fria e pepinos. O que não o impedia de beber muito. De preferência erva santa. Era o nome poético pelo qual ele chamava o absinto. Segundo Rachilde, que foi sua melhor amiga e lhe foi fiel até a morte, ele engolia dois litros de vinho branco e três Pernod entre a hora em que levantava e a hora do almoço; depois, bebidas alcoólicas durante a refeição, café acompanhado de *marc* como digestivo, vários aperitivos antes do jantar; antes de ir para a cama, acalmava o estômago com uma dose de Pernod, uma dose de vinagre e um pouquinho de tinta.

Nunca ninguém o viu bêbado. Só doente, quando a filha dos Valette, para lhe pregar uma peça, substituiu o álcool do seu copo por água pura...

Quando conheceu Apollinaire, os dois homens caminharam por Paris durante a noite toda. Quando estavam no bulevar Saint-Germain, alguém se aproximou para perguntar o caminho de Plaisance. Jarry tirou um revólver do bolso, apontou para o desconhecido, ordenou-lhe que recuasse cinco metros... e explicou-lhe o caminho que deveria seguir.

O negócio do nosso Ubu literário eram os seis tiros. São numerosas as histórias que relatam seus feitos com as armas.

Certa noite em que está jantando na casa de Maurice Raynal, Manolo, o amigo de Picasso, aproxima-se dele. Queria apenas conhecê-lo, o que desagrada Jarry. Ele manda que o escultor o deixe em paz e que vá embora imediatamente. Como o espanhol não se mexe, Jarry saca o revólver e atira nas cortinas.

Noutra vez, ele está sentado num café, ao lado de uma mulher. Por uma razão inexplicável, antipatiza com um cliente vizinho. Levanta-se, puxa a arma e atira num espelho. O espelho explode. Tumulto. Muito calmo, Jarry torna a sentar-se, vira-se para a mulher e diz:

"Agora que quebramos o gelo, vamos conversar."*

Quando está treinando para abrir as garrafas de champanhe atirando com a pistola, no jardim de uma casa que alugou em Corbeil (que ele chamava de Le Phalanstère), a proprietária acode assustada:

"Pare com isso, por favor! O senhor vai matar meu filho!"

"Não tem importância", responde Jarry. "Faço-lhe um outro!"

Disso ele se orgulhava: Jarry não gostava das mulheres, e ninguém nunca soube de um só relacionamento seu.

Ele atira quando um pedestre atrapalha sua passagem, atira para calar as crianças que o incomodam, atira quando não pode subir num ônibus lotado. Mesmo quando não está com seu revólver, ele não o desarma.

Certa noite, vai assistir a um concerto. Passa pela bilheteria vestido com uma camisa de papel sobre a qual está pintada uma gravata em nanquim. Como essa maneira de vestir não inspira confiança, mandam-no para a galeria. Ele não reclama. Mas, assim que se faz silêncio e o maestro se prepara para começar, ele se levanta e grita:

"Isso é um escândalo! Como é que se deixa entrar nesta sala esses espectadores das três primeiras filas que estão atrapalhando todo mundo com seus instrumentos musicais?"

No dia 28 de maio de 1906, depois de receber os últimos sacramentos e redigir seu testamento, ele escreve a Rachilde:

> O pai Ubu, que não roubou seu repouso, vai tentar dormir. Ele acha que o cérebro, quando se decompõe, funciona para além da morte e que o Paraíso são seus

---

* No original, *la glace est rompue* faz um trocadilho: significa ao mesmo tempo "quebrar o espelho" e "quebrar o gelo" (no sentido figurado). (N.T.)

sonhos. O pai Ubu, contra sua vontade – ele queria tanto voltar ao Tripode – vai talvez dormir para sempre.

No dia seguinte, acrescenta um *post-scriptum*:

Reabro minha carta. O doutor acaba de chegar e acha que vai me salvar.[4]

E realmente o salva. Durante mais de um ano e meio, Jarry sobrevive. Todos os dias, armado de dois revólveres e de um bastão recoberto de chumbo, ele vai ao médico. Sua situação é das mais terríveis. Corroído pelas dívidas e pela tuberculose, ele esconde sua ruína. Veste-se com as roupas que os amigos não querem mais. Espera que tudo termine.

No dia 29 de outubro de 1907, Jarry não abre quando batem à porta do terceiro andar e meio. Valette força a fechadura. O escritor está na cama, incapaz de se mexer. É transportado para o hospital da Charité. Durante dois dias, incansavelmente, ele exala suspiros murmurando: "Procuro, procuro, procuro...".

O doutor Stephen-Chauvet, que o examina, nota no paciente uma calma excepcional. Jarry está anêmico. O fígado se desfez, o pulso está muito fraco. Ele para de se queixar.

Morre no dia 1º de novembro de 1907, de meningite tuberculosa. Também sofria de intoxicação etílica crônica, mas isso não foi a causa da sua morte.[5]

Deixou o Tripode para a irmã e, dizem (Max Jacob primeiro), o revólver para Picasso. Não se sabe que fim levou sua bicicleta, uma Clément luxo 96, de corrida, comprada em 1886 e que não estava paga por ocasião da morte do proprietário.

Desaparecido aos 34 anos, Jarry não teve tempo de representar no palco o papel que lhe cabia. Suas extravagâncias e suas arruaças constituem uma linguagem que os amigos da sua época sabiam ler. Apollinaire em primeiro lugar:

> Alfred Jarry foi um escritor como raramente se encontra. Suas mínimas ações, suas brincadeiras, tudo isso era literatura.[6]

Breton em segundo:

> [...] A partir de Jarry, bem mais que de Wilde, a diferença entre a vida e a arte, tida por muito tempo como necessária, vai ser contestada para terminar enfraquecida no seu princípio.[7]

Que melhor homenagem podemos prestar a Jarry, que tanto quis ser Ubu e se comportou na vida do mesmo modo que esse personagem que ele mesmo definia como o "anarquista perfeito"?

Mas o drama de Jarry vem do fato de que sua reputação repousa sobre uma impostura: ele não é o pai de Ubu. Nunca foi.

Essa peça que o consagrou, e muito, não é dele. Ele é um autor, grande autor, seus livros o provam: mas *Ubu roi* é uma obra coletiva da qual, por assim dizer, ele não participou. *Ubu* é uma gesta redigida por alunos do liceu de Rennes que queriam caçoar do professor de física, Hébert, um homem sem nenhuma autoridade, cujas aulas eram uma bagunça. Quando Jarry teve aula de retórica, aos dezesseis anos, a peça já existia. Chamava-se *Les potonais*, e os autores eram os irmãos Morin. Jarry é o criador do título e do nome do personagem. Este talvez venha de uma contração de Hébert, chamado de Hébée ou Eb pelos alunos. Hébée se tornou Ubu.

Parece ainda que foi Jarry quem acrescentou as cenas antimilitaristas à criação original. Mas nem a Chandele Verte nem Cornegidouille são dele. Menos ainda o famoso *Merdra* que abre a primeira cena. Charles Morin confidencia:

> Éramos ainda crianças; nossos pais não queriam, naturalmente, que usássemos aquela palavra; então, imaginamos intercalar um r: é isso![8]

Entretanto, foi graças a Jarry que Ubu deu a volta ao mundo. Foi ele, na verdade, quem colocou o personagem num palco de teatro. Primeiro, no Liceu de Rennes, representado pelos alunos. Depois, em outros lugares, às vezes com marionetes.

A crítica entusiasmou-se. Falaram de Shakespeare, de Rabelais. *Vers et Prose* saudou essa "imortal tragédia burlesca, uma das obras-primas do gênio francês". Muito tempo depois da morte de Jarry, L'Action Française ainda aplaudia a caricatura de Robespierre, de Lenin, do bolchevismo em marcha... O que fez rir os irmãos Morin, que não reclamaram de nada. É claro que eles sempre ficaram um pouco irritados com o papel que Jarry se atribuiu, fazendo-se passar pelo único autor da obra comum. Mas não revelaram o segredo. Explicaram que essa brincadeira, que zombava da sociedade da época, particularmente dos medalhões do meio literário, divertia-os muito; ligados anteriormente ao colega, e sabendo o quanto *Ubu* o ajudou no início da carreira, alegraram-se com a notoriedade que isso lhe trouxe; enfim, autorizaram Jarry a fazer o que quisesse com *Polonais*, com a dupla condição que ele trocasse o título e os nomes dos personagens, de maneira que ninguém pudesse fazer a associação com Hébert e com o Liceu de Rennes... Quanto ao resto, *Ubu* permaneceu aos olhos dos dois criadores como uma gozação, uma brincadeira, ou melhor dizendo: uma sacanagem.

Mesmo que ele seja, ao que parece, o autor de *Ubu enchainé* e *Ubu cocu*, mesmo que o personagem Ubu apareça nas suas próprias obras (principalmente *Les minutes de sable mémorial* e *César-Antéchrist*), *Ubu roi* não é, portanto, da autoria de Jarry. Seu amigo Ambroise Vollard sabia tão bem disso que, durante a Primeira Guerra, pegou a deixa e escreveu uma sequência para a saga: *Les réincarnations du père Ubu*, ilustrada por Rouault.

A usurpação pesou muito sobre o destino de Jarry. E sobre seus ombros também. Não se conhecem revelações feitas por ele a propósito de *Les polonais*. Entretanto, ele confidenciou uma vez:

> Estou ficando sufocado com o Ubu. É só uma bobagem de estudantes que nem mesmo é de minha autoria [...] Fiz e fazia outras coisas. Mas estão todos aí atrapalhando meu caminho com Ubu. Tenho que dizê-lo, representá-lo, vivê-lo. Só querem isso![9]

A filha de Valette e de Rachilde confirma que nunca ouviu Jarry ser chamado de outra maneira, a não ser de Ubu:

> Era uma espécie de máscara que às vezes ele tirava na nossa casa, em família. E às vezes falávamos todos como o pai Ubu.[10]

Esse papel tomou conta de Jarry. Mas ele o representou e respondeu a todos os chamados. No palco da sua vida, ele se apresentou como uma cópia desse personagem que tem, ao mesmo tempo, algo de Macbeth, de Falstaff, de Gargantua, de Tykho Moon e de Polichinelo. Personagem que se ergue no teatro da existência gritando *Merdra*! Que escandaliza os salões da alta sociedade com suas provocações, sua insolência e, ainda por cima, com uma conduta que mais tem a ver com as bandarilhas libertárias e anarquistas do que com os traseiros abençoados sentados nas cadeiras das academias. Do qual, enfim, a vida toda parece uma tragicomédia em um ato.

2 de agosto de 1914

Nesse dia, um raio caiu no
coração dos homens.
Joseph Delteil

Ubu não era racional.

O século também não. Mal atinge a Idade da Razão e já parte para a Guerra.

No dia 28 de junho de 1914, o arquiduque Francisco Ferdinando é assassinado por um fanático sérvio. No dia 28 de julho, o Império Austro-Húngaro declara guerra à Sérvia. No dia 31, a Alemanha lança um ultimato à França e à Rússia. No mesmo dia, Jean Jaures é assassinado. No dia 1º de agosto, a França se mobiliza. No dia seguinte, sob um sol radioso, as tropas deixam a École Militaire e os quartéis de Paris. Cheias de entusiasmo, capacete sob o braço, num tilintar de espadas, sabres e baionetas, bandeiras e música, as tropas sobem as avenidas e convergem para as estações de trem. Couraceiros, dragões, artilheiros, fuzileiros e soldados da infantaria em marcha só têm uma palavra de ordem: "Rumo a Berlim!". Acreditam que vão chegar em uma semana e que voltarão rapidamente para Paris, trazendo o escalpo do Cáiser na ponta dos fuzis.

Nos cafés de Montparnasse, já se comemoram as próximas vitórias. O cruzamento Vavin* destronou o Lapin Agile e a parte alta dos bulevares. Na véspera da Guerra, os artistas, seguindo Picasso, atravessaram o Sena. Fugiram dos turistas que chegavam em Montmartre. Plantaram na margem direita, mas a colheita será feita em Montparnasse.

Ali, o La Closerie des Lilas já não conduz mais a dança. Tornou-se burguês. O *pastis* passou de seis para oito cêntimos. Em represália, pintores e poetas desceram um pouco

---

* Atualmente Place Picasso. (N.T.)

mais. Empurraram as portas de dois bistrôs solidamente construídos de um lado e do outro de um amplo cruzamento: o Dôme e o La Rotonde. O primeiro abriu quinze anos antes do outro. Tem três salas onde os alemães, os escandinavos e os americanos jogam bilhar. O segundo tem duas vantagens: um caça-níqueis e mesas na calçada, expostas ao sol. Logo vai crescer e devorar os vizinhos: o Parnasse e o Petit Napolitain. É lá que os artistas se reúnem para falar mal do Cáiser.

Naquele 2 de agosto, o cruzamento Vavin se parece com qualquer outro. A não ser pelo fato de que do lado sul é a festa; do lado norte, a derrota. O La Rotonde lotou. Em frente, o Dôme está vazio. Os alemães abandonaram as mesas de jogo. De agora em diante, vão exibir seus capacetes do outro lado da fronteira. Os jovens pintores, que até então acreditavam que a arte não tinha fronteiras, acompanharam tristemente os amigos alemães até a beira dos trilhos, atendendo à convocação do imperador Guilherme. Partiram para Berlim ou para Zurique. Debaixo dos apupos da multidão.

É tempo de antigermanismo extremo, e em todos os domínios. A arte não foge à regra. No dia seguinte à venda da Peau de l'Ours, *Paris-Midi* publicou um artigo que ilustra o pensamento geral:

> Altos preços foram alcançados por obras grotescas e disformes de indesejáveis estrangeiros... Assim, as qualidades de ordem e de equilíbrio da nossa arte nacional vão pouco a pouco desaparecer para grande alegria do ilustríssimo senhor Tannhauser e seus compatriotas, os quais, chegará o dia, não mais comprarão Picasso, mas levarão de graça o Museu do Louvre, que os esnobes frouxos ou os anarquistas intelectuais, seus cúmplices inconscientes, não saberão defender.[1]

O próprio Apollinaire dá o tom. Condena Romain Rolland e todos os escritores pacifistas que tomam o partido da paz. Clama e reivindica por seus sentimentos "antiboches".

Na ocasião da publicação de *Alcools*, garantirá que os alemães traduziram *Zone,* o primeiro poema de *Alcools*, sem nunca lhe terem dado um só marco de direito autoral.

> Quando eles não incendeiam catedrais francesas, roubam os poetas franceses.[2]

Será porque nunca irá para o front que André Gide vai ser um dos únicos a defender a reconciliação franco-alemã, sem a qual, ele escreverá, a Europa não se fará? Por muito tempo ele irá pregar no deserto: toda a literatura francesa da época, até os anos 1930, é marcada por esse estreito patriotismo, já denunciado no final do século anterior por Remy de Gourmont.

Em 1917, chegar-se-á ao ponto de trocar o nome da água-de-colônia para água de Louvain, dos pastores alemães para pastores alsacianos, da rua de Berlin para rua de Liège, da rua Richard-Wagner para rua Albéric-Magnard. “Espero que quando vier a paz troquem de nome a rua da Victoire”, concluiu Paul Léautaud, escandalizado.[3]

O La Rotonde foge um pouco à regra: ali, o nacionalismo é menos feroz do que nos outros lugares. Enquanto as armas desfilam, Libion, proprietário do café, oferece bebida desde cedo. Distribui aos seus artistas os múltiplos prazeres guardados nas suas caves. Com uma das mãos na cintura e a outra verificando o ângulo do bigode, todo vestido de cinza, como sempre, ele observa as tropas que sobem o bulevar. Na beira das calçadas, as senhoras jogam flores para os jovens soldados. Os oficiais, de túnica preta e calças vermelhas, saúdam aguerridos. *La Marseillaise* ecoa em todos os campos.

Ao passar pelo La Rotonde, porém, as notas ficam mais ásperas e as palavras mudam de direção. A tropa e os passantes hostilizam aqueles jovens que bebem à saúde das marchas militares, mas que, à guisa de uniforme, usam camisas coloridas abertas sobre peles que não são como as nossas. Ecoa então aquele grito de Maurras, que ainda fará doer os ouvidos do século que termina: “Fora os metecos!”.

É verdade que eles não são daqui, e isso é fácil de ser ver.

São mesmo duplamente de fora. Suas falas têm sotaque, mas suas roupas também. E seus modos. Suas ocupações. Alguns vêm de países distantes, outros não. Partilham, entretanto, costumes similares, incompreensíveis para a maioria. Ficam nas beiradas. Nas margens. Nas calçadas. Afastados das multidões que acompanham a tropa.

Naquele dia, porém, erraram o alvo. São metecos, mas não são covardes. É verdade que são estrangeiros, e que são diferentes, mas se recuaram para dentro do café, protegidos pelas cortinas de Libion, não foi por covardia, mas sim para se protegerem dos insultos que antes já eram terríveis e continuam. O que os metecos não dizem é que todos eles tomaram conhecimento do apelo feito por dois deles: o italiano Ricciotto Canudo e o suíço Blaise Cendrars:

> Estrangeiros amigos da França, que durante sua estada aprenderam a amá-la e a respeitá-la como uma segunda pátria, sentem o dever imperioso de estender-lhe os braços.
>
> Intelectuais, estudantes, operários, homens de bem de todo o tipo – nascidos lá fora, residentes aqui –, nós, que encontramos na França nosso sustento material, agrupemo-nos num feixe sólido de vontades colocadas a serviço da grande nação francesa.

O que eles não dizem é que, como o dia 1º de agosto daquele mesmo ano caiu num sábado, esperaram todos pela segunda-feira para se inscrever nos centros de recrutamento.

E, na segunda-feira, os poloneses na frente de todos, eles são quase 100 mil a ir em direção à rua Saint-Dominique para alistar-se na Legião. Depois, com o certificado de alistamento nas mãos, invadem o Temple para comprar casacos, calças, túnicas, quepes, que serão transformados em adereços militares.

Em poucas semanas, os antigos moradores do Bateau-Lavoir se separam para sempre, e Montparnasse perde seus irmãos do outro lado, que foram defender a pátria que os alimentou, nas trincheiras do Norte. Apollinaire vai para Nice, onde se alistará. Na estação de trem de Avignon, Pablo Picasso acompanha Braque e Derain até o caminho da Guerra. Moïse Kisling volta da Holanda para pegar nas armas. Blaise Cendrars o acompanha e Per Krogh, Louis Marcoussis, Ossip Zadkine...

No dia 2 de agosto, em Paris, o ilustríssimo senhor Frantz Jourdain, esclarecido presidente do Salão de Outono, exclama: "Finalmente o cubismo se fodeu!". Não é provavelmente o que pensam Léger, Lhote e Dunoyer de Segonzac, mobilizados com os companheiros da mesma idade. Nem Carco e Mac Orlan, que também partem. Menos ainda Modigliani e o pintor ítalo-chileno Ortiz de Zarate, recusados pela Legião e em outros lugares, porque são muito fracos e franzinos para manejar o Lebel. Mané-Katz é muito baixo e Ehrenbourg está tuberculoso. Esses ficam fazendo companhia a Diego Rivera, Brancusi, Gris e Picasso.

Foujita vai para Londres; depois irá para a Espanha e voltará para Paris. Pascin ficará algum tempo na Inglaterra antes de ir para os Estados Unidos, onde, antes dele, chegarão Picabia e Duchamp. Delaunay vai precisar de um álibi. Alguns afirmam que ele foi reformado por causa de um problema no coração, ou por sinais de desequilíbrio mental. Cendrars romperá com ele considerando, como muitos outros, que ele simplesmente se escondeu na Espanha e em Portugal com a mulher, Sonia.

Nos dias seguintes, nas semanas seguintes, o que resta em Montmartre? Em Montparnasse? Avenidas vazias, cafés obrigados a fechar ao toque de recolher, o Bal Bullier transformado em depósito de munição, uma grande miséria que ficará, desta vez por muito tempo, privada das cores da festa. Não há nada para beber, nada para comer. O administrador do XVI arrondissement, Ferdinand Brunot, gramático e professor da Sorbonne, pede demissão da faculdade para cuidar da sua jurisdição. Cria sopas populares para os indigentes. O partido socialista, por sua vez, oferece *sopas comunistas*.

Nos ateliês, os pintores que ficaram morrem de frio, de fome e de pobreza.

A Ruche é requisitada para abrigar refugiados vindos da Champagne. Os gramados se transformam em hortas. As árvores são cortadas para obter madeira para o aquecimento. Certa manhã de inverno, o zelador, que durante o verão molhava os inquilinos com um jato de água fria, sobe ao ateliê de Chagall. Este, que tinha ido para Vitebsk às vésperas da Guerra, não pôde voltar (só o fará em 1923). O zelador tira todas as telas que lá se encontram. Examina-as e constata que a pintura impermeabiliza a tela. Satisfeito, volta para o térreo. Com os quadros nas mãos, dirige-se ao quarto que lhe serve de moradia. O teto está estragado. Ele o desfaz e, com um sorriso de mecenas, o substitui por aquela proteção vinda do céu: as pinturas de Chagall.

Sob a luz sombria dos lampadários

> Temos em Montparnasse cantinas de artistas que propiciam ao temperamento natural destes a oportunidade de esquecer, à custa da decência e até da dança, as dores nacionais dos outros.
>
> Max Jacob

Paris em tempo de Guerra. Paris miséria. A cidade está envolta nas cores pálidas da escassez e das restrições. Os lampadários e os faróis dos carros obscureceram. As vitrines foram enfeitadas com esparadrapos contra bombardeios. Foi preciso habituar-se às novas regras. A atmosfera triste da penúria se estendeu sobre as populações, fazendo com que cada um descobrisse a velha lei dos indigentes: a vida é um tubo digestivo; o dinheiro só permite salivar: quinze cêntimos o cozido, treze a porção de espinafres, dois cêntimos o meio quilo de peras, um cêntimo o chocolate...

A Guerra cortou os víveres de todos os artistas estrangeiros que viviam em Paris. Os vendedores sumiram da cidade. As galerias estavam fechadas. O dinheiro que alguns recebiam não passava mais pelas fronteiras. Era preciso esperar durante longas horas para se obter alguns pedaços de carvão que proporcionariam calor pelo tempo de um suspiro. Até mesmo Rodin, apesar de doente, congelava no leito de morte, pois ninguém se preocupava em fornecer a ele combustível para se manter aquecido.

Os artistas, no entanto, se mostravam solidários uns com os outros. Isso não era novidade. Em outras épocas, Caillebotte já tinha ajudado seus amigos impressionistas comprando suas telas, organizando exposições, dando dinheiro a Monet, Pissarro e Renoir. Nos anos 1910, os russos de Paris haviam organizado bailes de caridade para ajudar os mais pobres dentre eles. Em 1913, em *Vers et Prose*, Salmon, Billy e Warnod tinham anunciado a criação de uma entidade literária encarregada de recolher fundos para os escritores sem recursos. A partir de 1914, no seu pequeno quarto da rua Gabrielle, Max Jacob escrevia aos amigos que partiram para o front e recebia notícias deles transmitindo-as aos outros. Em 1915, o poeta organizará uma subscrição para enviar para o Sul o pintor italiano Gino Severini, que estava morrendo de fome e de tuberculose. Ortiz de Zarate, grande amigo de Max Jacob (ele também tinha visto o Senhor lhe aparecer numa parede), fez o mesmo no dia em que encontrou Modigliani desmaiado em seu ateliê: reuniu os amigos para mandar o pintor se cuidar na Itália, junto à família.

Foram abertas algumas cantinas, além daquelas subvencionadas pelas autoridades municipais. Marie Vassilieff, por exemplo, colocou a sua à disposição dos pintores, no Beco do Maine, onde morava. Durante todo o tempo que durou o conflito, ali se cruzaram os artistas havia muito tempo instalados em Montparnasse, os que sobraram do alistamento e do Bateau-Lavoir, as grandes figuras dos anos de Guerra e do pós-Guerra.

Marie Vassilieff vinha da Rússia. Depois de ter estudado pintura em Moscou, passou uma temporada na Itália e chegou à França em 1912. Foi por pouco tempo aluna de Matisse, e fundou uma academia de pintura no Beco do Maine. Youki Desnos conta que, apenas algumas semanas depois da sua chegada, quando estava descansando num banco, Marie foi abordada por um senhor idoso, bem-vestido, educado e discreto, que tocava razoavelmente violino e magistralmente o pincel. Pediu-a em casamento. Tinha quarenta anos a mais que a moça, tinha sido funcionário de um departamento da alfândega em Paris e se chamava Henri Rousseau.

Marie Vassilieff preferiu preservar a sua mão. Usava-a para pintar, esculpir, tirar as cartas para os amigos e oferecer-lhes sua generosa petulância graças à qual, nesses tempos de guerra, eles ainda podiam conjugar no presente um triste passado.

Corria um boato de que, antes de 1914, a czarina enviava-lhe rublos; um outro mostrava-a em Munique, distribuindo panfletos comunistas. No final da Guerra, suspeitarão que ela trabalhava para os bolcheviques.

Todos em Montparnasse conheciam sua cantina. Como era um local particular, ela estava dispensada do toque de recolher. Quando os artistas empurravam a porta, era como se as promessas da noite apagassem as traições do dia.

Nas paredes, telas: Chagall, Léger, Modigliani. No chão, alguns tapetes sem franjas. Nas prateleiras, as bonecas-retrato de feltro que Marie Vassilieff fabricava e vendia ao costureiro Poiret ou aos burgueses da margem direita, que as empilhavam nos cantos de suas modernas estantes. Por todo lado, cadeiras soltas, pufes descosidos, centenas de objetos garimpados no Mercado das Pulgas.

Atrás do bar, cuidando da louça, baixinha e mais vivaz ainda do que um ludião, trabalhava o fênix dos clientes do lugar. Sobre dois aquecedores, um a gás, outro a álcool, Marie e uma cozinheira preparavam a boia. Por algumas dezenas de cêntimos era possível comprar uma tigela de sopa, legumes, às vezes uma sobremesa. Os mais ricos tinham direito a um copo de vinho e três cigarros Caporal bleu.

Comiam, cantavam, tocavam violão. Também recitavam versos. Falava-se em russo, exclamava-se em húngaro e ria-se em todas as línguas. Quando soavam as sirenes de alerta, bastava cantar mais forte para encobrir o medo e o perigo.

No dia seguinte, durante o dia, os pintores se encontravam no Dôme ou no La Rotonde. Passavam ali dias inteiros. Os cafés tinham aquecimento. Podiam roubar restos de comida: Libion não reclamava. Antes da Guerra, ele fechava igualmente os olhos quando sua clientela colocava disfarçadamente nas bolsas ou nos bolsos os pires e os talheres que iam constituir o faqueiro do dia a dia dos artistas. Só se mostrava exigente quanto a duas coisas: as senhoras deviam conservar os chapéus e os senhores, abrir em outro lugar seus vidrinhos de éter ou seus saquinhos de coca. Quanto ao resto, o patrão era de uma benevolência exemplar. Tinha dado ordens aos garçons para não exigir novas consumações, de modo que, com um único *crème* – que se tornara a bebida local naqueles tempos de penúria –, cada um podia ficar na sala aquecida por muito tempo. Por que o *café-crème*? Porque era uma bebida para os pobres: não era bom o bastante para ser bebido de uma só vez, nem de todo ruim para ser deixado na xícara; era quente e barato. Os bebedores de *café-crème* do La Rotonde bebiam em minúsculos goles, lavavam-se nos lavabos, aqueciam-se ao calor da estufa. Libion chegava a entrar ele mesmo na fila das tabacarias para oferecer a seus artistas os cigarros que eles não podiam comprar. Gostava deles. Protegia-os. Ele foi em Montparnasse o que Frédé tinha sido em Montmartre.

A maioria dos pintores e dos poetas do Bateau-Lavoir estava no front, mas os que ficaram em Paris também iam ao café de Libion. Os antigos artistas de Montmartre encontravam ali as figuras de Montparnasse, que às vezes já conheciam. Braque, Derain, Apollinaire já frequentavam o lugar, e Max Jacob, Vlaminck, Salmon e Picasso representavam o minguado contigente da praça Ravignan. Estavam ao lado dos artistas que iam tomar o cruzamento Vavin e cobri-lo de cores tão ricas e tão vivas quanto as da Butte de ontem: o polonês Kisling, o japonês Foujita, o italiano Modigliani, o suíço Cendrars, o lituano Soutine... Para todos aqueles que tinham ficado nos limites de Paris, para os que estavam em licença, para os reformados, para os convalescentes, atravessar a soleira do La Rotonde era o mesmo que empurrar o Marne* até o fim do mundo.

* Rio da bacia parisiense, às margens do qual chegou o exército alemão. (N.T.)

Chaïm e Amedeo

Meu coração se distendeu.
Chaïm Soutine

Chaïm Soutine vem ao La Rotonde para aprender a ler. Quando o pintor não tem como pagar os *café-crème* exigidos por sua preceptora em troca do serviço, Libion põe a mão no bolso. Assim, ele contribui para a expansão da língua francesa. Soutine bem que precisa.

Ele é um dos mais miseráveis de todos. Corroído por dentro, consumido pela angústia, devorado pela exigência. Detestado por muitos, por Chagall antes de todos, que reprova seu mau humor, sua grosseria, sua rudeza.

Soutine no La Rotonde é como Quasímodo tomado pela febre. Sentado no fundo do café, ele repete as palavras que a professora ensina. Ela é feia. Ele não olha para ela. Protege-se debaixo de um casacão cinza todo rasgado. Seus ombros largos parecem servir de suporte para o rosto. O queixo dobra sobre o pescoço e o pescoço está enrolado por uma echarpe de lã. A cabeleira, negra e brilhante, desaparece sob um chapéu de aba rebaixada, uma casamata sob a qual há um olhar inflamado. Soutine olha tudo e todos. Para ver quem gosta dele e quem não gosta, quem vai lhe fazer mal, quem vai lhe oferecer um *crème* ou um cigarro. Morre de frio e de fome. Então ele diz: "Meu coração se distendeu". Muitas vezes, revira as latas de lixo do bairro para encontrar alguma roupa velha ou um sapato amassado, que troca por um arenque ou um ovo.

Oferecer uma refeição a Soutine é o melhor presente que se pode dar a ele. À mesa, parece um papão. Ele não come: devora. Rói os ossos, aspira o molho. O rosto, da testa até o queixo, torna-se uma paleta de mastigação, com comida por toda parte. Limpa-se com as mãos. Lambe os dedos. Não sabe se comportar. Ele desconhece a fórmula da vida.

Ele gosta das belas casas. Mas não quer conspurcá-las. Certa vez em que foi convidado a uma casa de pessoas ricas, pede desculpas, sai da mesa e vai até o jardim. Procura uma árvore. Abre a braguilha e faz xixi no tronco.

"Por quê?", perguntam a ele.

Com um horrível sotaque, ele responde:

"A casa de vocês é tão bonita que eu não quis sujá-la..."

Numa outra ocasião, um dos seus marchands lhe oferece um quarto num hotel de luxo em Marselha. Soutine desaparece e se refugia perto do porto, num bordel de marinheiros onde passa a noite.

Ele gosta de boxe. Quando a sala urra e vocifera porque um dos grandalhões, com a cara inchada e ensanguentada, não consegue se levantar, Soutine ri como um anjo. Levanta-se e aplaude, contra a maré. Sua pintura será feita assim: atormentada, violenta, rica em deformações. Ele é selvagem como sua obra. Paroxístico.

Ele não pinta sobre telas novas. Recobre as que compra, cheias de crostas, no Mercado das Pulgas de Clignancourt. Quando o resultado não lhe agrada, isto quer dizer quase sempre, rasga com a faca o que acabou de fazer. Faz a mesma coisa quando aquele a quem mostrou seu trabalho não demonstra muito entusiasmo. Os pintores de Montparnasse já avisaram uns aos outros: ninguém deve criticar as obras de Soutine. Senão ele as destrói.

Quando lhe falta material, retoma as telas, pega agulha e linha, recose os pedaços desencontrados e pinta rostos deformados, membros tortos, esses excessos que fazem o seu estilo. Ele é mais brutal do que Van Gogh, mais *fauve* do que Vlaminck.

Ele não vai aos salões que expõem a pintura contemporânea, mas passa os dias no Museu do Louvre, diante dos mestres flamengos que venera. E também diante de Courbet, Chardin, Rembrandt, principalmente, a seus olhos o maior de todos. Quer conhecer a luz. Busca uma abertura que a vida não lhe oferece. Curvado sobre si mesmo, de olhos baixos, as mãos enfiadas nos bolsos do casacão, onde estão espalhadas algumas pontas de cigarro, ele procura por um osso para roer, um copo para beber, um detalhe para pintar, uma razão para sorrir.

Quando a porta do La Rotonde se abre e Modigliani entra, seu rosto se ilumina de repente. Deixa de lado o aprendizado da língua para acompanhar o passeio do italiano por entre as mesas. Amedeo é exatamente o oposto de Chaïm. Fala com todo o mundo, sempre sorrindo, usa um paletó cintado e um colete de veludo que disfarçam uma camisa feita com pano de colchão. Arrasta atrás de si uma longa echarpe, como um rastro. É muito bonito, afável, brincalhão.

Senta-se diante de um desconhecido, empurra xícaras e pires com suas longas mãos agitadas, tira um bloco e um lápis do bolso, começa a cantarolar e a fazer um retrato, sem mesmo pedir permissão ao retratado. Termina rapidamente, em três minutos, assina, arranca a folha e estende-a a seu modelo.

"É sua por um vermute."

É assim que ele bebe. É assim que ele come.

Soutine não tem essa facilidade. Ganha a vida carregando bagagem nas estações de trem. Mas ele concorda com Modigliani, que afirma em alto e bom tom que os artistas só devem viver da sua arte e que ele jamais ganhará a vida de outra maneira a não ser com seus pincéis; só que ele, Soutine, só diz isso baixinho, e para um único interlocutor: ele mesmo.

Enquanto o italiano tira do bolso *A divina comédia* – o livro está sempre com ele – e declama Dante em voz alta para todos os clientes presentes, o lituano espera chegar em casa para ler Baudelaire, e vai sozinho aos concertos da Sala Colonne, onde a música clássica o mergulha no êxtase.

Soutine não dá nada porque não tem nada. Modigliani só tem seus desenhos, mas a metade de Montparnasse também os possui: quando não os troca por uma bebida, oferece-os. Também os vende por alguns trocados cada um. Sua generosidade é legendária. André Salmon conta que a primeira vez em que o italiano encontrou Picasso, num café da rua Godot-de-Mauroy, deu a ele o pouco dinheiro que possuía.

Modigliani usa roupas extremamente surradas, mas usa-as como se fosse um príncipe. Está sempre barbeado. Ele se lava, mesmo se a água estiver fria. Soutine é sujo. Certo dia, um médico descobre um ninho de carrapatos na sua orelha direita.

Ele não agrada às mulheres. Não sabe como abordá-las. É tímido. Em Wilno, uma jovem judia burguesa enamorou-se dele. Convidou-o para ir à casa dos seus pais. Soutine foi grosseiro, como sempre. Espirrou molho de tomate nas paredes e gema de ovo no tapete. Todos o desculparam: os artistas têm outros talentos, que não os da etiqueta.

Esperaram que ele fizesse o pedido. Ele procurava as palavras, os gestos, mas não encontrava. Desajeitado e assustado. Davam-lhe as deixas, mas ele não entendia. Para facilitar as coisas, os pais compraram um apartamento destinado ao futuro jovem casal. Levaram-no para visitá-lo. Soutine achou bonito. Talvez tivesse mijado na lareira. Mas não abriu a boca. De volta ao térreo, a jovem resolveu escolher um outro marido.

Mais tarde, Soutine venceu a timidez. Foi num quarto de hotel, com uma camareira. Teve a coragem de tomar-lhe a mão. Teve a coragem de passar seu polegar sobre a palma. Encantado, com os olhos deslumbrados, ousou fazer um elogio: "Suas mãos são suaves como pratos!".

Em Paris vai ao bordel. Senta-se sobre o veludo vermelho da banqueta. Quando a dona do estabelecimento bate palmas, seis mulheres entram, fazendo caras e bocas. Soutine não olha as mais belas, as mais desejáveis. Leva para os quartos aquelas que mais se parecem com sua pintura: as que têm os traços deformados, a pele avermelhada pelo álcool e pelos fracassos.

Modigliani seduz as mulheres. Elas são atraídas por seu vigor, sua beleza, o porte aristocrático que todos reconhecem nele. Ele teve um filho (sempre negou), nascido de seus amores passageiros, com uma jovem estudante canadense, Simone Thiroux. Ela ainda o ama, e lhe manda cartas extraordinariamente tocantes:

> Meu mais doce pensamento é para você por ocasião deste novo ano que eu gostaria fosse o ano da reconciliação moral entre nós [...] Juro pelo meu filho, que para mim é tudo, que nenhum pensamento ruim passa pelo meu espírito. Não, mas eu o amei tanto e sofro tanto que peço isso como uma última súplica [...] Eu lhe suplico que me olhe com carinho. Console-me um pouco, eu estou muito infeliz e peço uma pequena parcela de afeição que me faria tanto bem.[1]

Mas Modigliani está apaixonado por uma poetisa inglesa, correspondente em Paris de um jornal britânico, *The New Age.* Beatrice Hastings. Bela e elegante. Está quase sempre com um vestido preto desenhado de cima a baixo pelo amante. Tem os olhos verdes e usa chapéus incríveis. É exuberante, rica e culta. Toca piano. É amiga de Katherine Mansfield e, para a época, uma audaciosa militante: defende o aborto.

Ela leva o amante para Montmartre, onde vive. Fazem amor e se agridem, trocam insultos em público, representam o amor louco, a paixão devastadora. Modigliani é de índole ciumenta. No Dôme, no Baty, no Rosalie ou no La Rotonde, todos fazem a contagem durante as lutas. Os socos do pintor são sonoros e públicos. Principalmente quando estimulados pelos *môminettes* ou pelos *Picon-curaçao.** Aí, ele se torna violento. Ou então canta com toda a força pelas ruas, aborda os passantes, faz piruetas pelas calçadas. Às vezes, dorme numa lata de lixo, de onde os lixeiros o tiram pela manhã. Soutine precisa de uns dez copos para se soltar um pouco, concordar em se levantar e esboçar alguns passos de uma dança mal enjambrada que acompanha com duas frases em iídiche. Depois do que, senta-se novamente e chora.

Amedeo perde o ânimo com facilidade: seu riso, um riso de criança, se quebra, se apaga, ele se torna amargo e se perde no silêncio e na nostalgia.

* Aperitivos. (N.T.)

Um pouco mais tarde, se Amedeo pede a Soutine para cantar de novo, este responde que não sabe.

"Diz então algumas palavras em iídiche."

"Não sei."

"Mas ontem..."

"Você não ouviu direito."

"E teu nome? Chaïm, não quer dizer vida?"

"Esqueci."

Ele esqueceu tudo. Jura que não fala iídiche. Jura também que sua vida anterior não lhe interessa. Despreza a família e o *shtetl* que, ao contrário de Chagall e Mané Katz, ele não retrata, embora o fascínio pelo sangue dos animais venha talvez dos rituais da sua infância.

Modigliani é do Sul. O sol da Itália é menos opressivo do que a lua da Rússia, e os sefardins são mais afeitos às belezas do mundo. Amedeo é judeu, e quer que todos saibam. Fecha às vezes o punho contra os antissemitas. Também é italiano, e não esquecerá nunca. Em Paris, está sempre com saudades da sua terra; em Livorno, só pensa em voltar para a França. Está sempre repetindo que recobra suas forças na Itália, mas que só pode pintar se estiver atormentado. O tormento é Montparnasse.

A família sempre esteve ao lado dele. Quando decidiu abandonar os estudos para se dedicar ao desenho, ninguém o impediu. Em 1902, inscreveu-se na Escola Livre do Nu de Florença e depois, no ano seguinte, na Escola de Belas-Artes de Veneza. Em 1906, veio para Paris com o apoio dos pais e algum dinheiro oferecido pela mãe. Voltará a Livorno por várias vezes. Modigliani nunca pintou nem esculpiu contra a vontade da família.

Soutine viveu num gueto de Smilovitchi, perto de Minsk. Filho de um remendão muito pobre que batia nele quando o surpreendia desenhando. Seus irmãos mais velhos faziam a mesma coisa, zombando e condenando seu desejo de pintar. A vontade do pai era que Chaïm se tornasse sapateiro. Aos dezesseis anos ele transgrediu a lei, ao fazer o retrato do rabino da aldeia. A punição foi imediata: foi trancado pelo açougueiro de Smilovitchi no frigorífico da loja, e depois violentamente espancado. Para evitar o escândalo, o comerciante aceitou dar uma soma de 25 rublos à família, e graças a isso Soutine pôde partir para Minsk, onde teve aulas de desenho ao mesmo tempo em que trabalhava no retoque de fotografias, num laboratório. Depois, foi à Academia de Belas-Artes de Wilno, onde o jovem Chaïm encontrou Kikoïne e Krémègne. Graças à generosidade de um médico da cidade, pôde ir para Paris. Na época, ele não havia lido muita coisa. Modigliani já conhecia Mallarmé e Lautréamont. Descobrira Nietzsche, D'Annunzio, Bergson, Kropotkine e muitos outros autores, na biblioteca da família. O irmão era um militante socialista que esteve na prisão antes de ser eleito deputado. Na família de Soutine, ninguém se envolvia em política.

Até a chegada de Barnes, em 1922, Soutine viverá numa pobreza deprimente. Graças à ajuda da família, Modigliani viveu alguns momentos de menos privação.

Quando chegou em Paris, em 1906, instalou-se imediatamente num hotel burguês da Madeleine. Teve aulas na Academia Colarossi e, em seguida, alugou um ateliê em Montmartre. Passou de um quarto de hotel a outro, morou por algum tempo no Bateau-Lavoir, encontrou um puxadinho no final da rua Lepic. E foi parar em Montparnasse, em 1909. Já tinha gastado o dinheiro que a mãe lhe mandara da Itália. Nunca se arrependeu. O importante era ser livre e dedicar-se à sua arte.

Modigliani é corajoso. Quando a Guerra foi declarada, quis se alistar. Foi recusado. Ficou desesperado, o que não o impediu de expressar em alto e bom tom sua verve antimilitarista: levou uma surra por ter insultado soldados sérvios que passavam por Montparnasse.

Soutine tem medo de tudo. Até dos funcionários administrativos, que lembram a ele os funcionários antissemitas do seu país. Só vai às repartições oficiais em caso de necessidade, sempre acompanhado de alguém para protegê-lo.

Tem poucos amigos. Nasceu na mesma cidade de Kikoïne. Os dois estudaram pintura em Minsk. Viajaram juntos de Wilno para Paris. Moraram nos mesmos cortiços de artistas. Mas não se falam. Chaïm amua-se com os compatriotas: Kikoïne e Krémègne, que se vangloria de ser seu grande rival.

Todos conhecem Modigliani. Em 1907, um ano depois da sua chegada a Paris, ele conheceu o doutor Paul Alexandre, que foi seu primeiro mecenas, e um de seus primeiros fornecedores de haxixe. O doutor alugara uma casa na rua Delta, frequentada pelos artistas pobres, entre os quais Gleizes, Le Fauconnier, o escultor Drouard e Brancusi. Modigliani deixava lá seus quadros. Paul Alexandre comprou uma grande quantidade das suas obras e convenceu-o a expor no Salão dos Independentes de 1908.

Apollinaire ajudou-o a vender alguns quadros. Paul Guillaume, que foi seu primeiro marchand, lhe foi apresentado por um outro amigo: Max Jacob. Com este último Modigliani fala de religião e judaísmo. Ofereceu a ele seu retrato com a seguinte dedicatória: "Ao meu irmão, com afeto".

Também foi muito ligado a Frank Haviland, que lhe ofereceu sua casa, para que pudesse pintar.

Guiou Anna Akhmátova através de Paris, com quem recitava versos de Verlaine.

Protegeu Utrillo, seu grande amigo da Butte, de quem se sente mais próximo do que de Picasso.

É também amigo de Soutine. Colocou-o debaixo da sua asa. Ensinou-o a mastigar de boca fechada, a não enfiar o garfo no prato dos vizinhos, a não roncar quando adormece nos restaurantes. Para Chaïm, Amedeo é seu irmão, a quem devota infinito reconhecimento.

Os dois homens são profundamente diferentes, mas alguns sólidos vínculos os unem. Modigliani também destrói, como Soutine. Tanto telas quanto esculturas. Em Livorno, jogou vários mármores de Carrara no canal da cidade.

Um e outro partilham o mesmo desejo de independência. Não pertencem a nenhum grupo. Não estão ligados aos grandes do Bateau-Lavoir, nem aos futuristas italianos, aos quais Modigliani recusou apoio. Não são cubistas nem *fauves*, não frequentaram a academia Matisse, vão raramente à casa dos Stein, na rua de Fleurus. Querem ser livres, independentes de qualquer escola.

Os dois têm que lutar contra um inimigo que os corrói por dentro. Modigliani sofre de uma lesão pulmonar que adquiriu na infância e que o álcool e as drogas transformaram em tuberculose. Soutine é corroído por uma solitária e por dores estomacais que, agravadas pela má nutrição, se transformarão em úlcera. O italiano tem acessos de tosse terríveis que o abatem. O russo engole quantidades impressionantes de bismuto que só fazem agravar as dores. Enfim, cada um carrega um drama consigo. O de Chaïm todos conhecem: sua infância. Basta vê-lo andando pelas ruas, curvado, as mãos enfiadas nos bolsos do casacão surrado para compreender o quanto pesa a sua história.

Amedeo disfarça o seu sob a exuberância. Talvez o afogue nas drogas e no álcool. Mas nem a quinquina, os *marcs*, as *stout*, os *mandarin-citron*, nem o haxixe, nem a cocaína podem enganar Soutine. Ele sabe da dor profunda que Amedeo tenta superar. Das lágrimas que ele sufoca nos braços das mulheres ou nos balcões dos bistrôs. Sabe, porque moraram juntos na Cité Falguière, em 1910. Na época em que Modigliani lutava contra si mesmo, contra as crises da doença, para tentar realizar o único grande sonho que lhe importava. Não era a pintura. Era a escultura. Apenas a escultura.

A Villa Rose

> Survage: Por que você me fez com um olho só, no meu retrato?
> Modigliani: Porque você olha o mundo com um: com o outro, você olha dentro de você mesmo.

No pátio da Cité Falguière, Foujita, Brancusi, Soutine e o escultor Lipchitz observam Modigliani trabalhando a pedra. Com o malho e o buril nas mãos, o italiano bate nos blocos alongados que se tornarão cabeças e cariátides. Estas são para ele "colunas de ternura" destinadas a um "templo da Beleza". À sua volta, nenhuma garrafa, nenhum copo: três anos depois de sua chegada a Paris, Amedeo bebe pouco. Ele ainda não atribui ao haxixe as virtudes que descobrirá mais tarde: permitir conceber conjuntos particulares de cores. Visto que, nessa época, pintar não é seu objetivo.

O italiano observa o sol. Está forte. Da pedra desprende-se um véu de poeira que lhe aperta a garganta e desce até os pulmões. Tosse. Bate na pedra. Para, enche um regador e molha o trabalho. Bate. Tosse. Deixa cair os instrumentos, dobra-se ao meio, leva a mão à boca e desiste.

Como não tem dinheiro para comprar a pedra de que precisa, vai buscar calcário junto aos pedreiros italianos que constroem o Montparnasse moderno. Quando eles não podem lhe fornecer o material, convoca alguns amigos, espera a noite chegar e empurra seu carrinho até os canteiros de obras desertos, onde rouba o material necessário. Às vezes, o pequeno grupo desce até o metrô, então em construção, e rouba algumas vigas, logo levadas para a Villa Rose.

De noite, Modigliani e Brancusi falam mal de Rodin. Criticam sua modelagem excessiva e a lama que ele utiliza. Para eles, o talho direto é mais natural. E Rodin é por demais acadêmico. Preferem as liberdades e as invenções da arte negra. O trabalho de Modigliani, seus rostos alongados e deformados traem essa influência: pode-se ver nisso uma inspiração próxima das peças expostas no Museu de Etnologia do Trocadéro, que Matisse, Picasso, Vlaminck e Derain já descobriram.

Paul Guillaume, que vai se tornar o marchand do italiano em 1914, expõe na sua galeria da rua Miromesnil obras primitivas que os inquilinos da Cité Falguière com certeza conhecem. Georges Charensol conta que, certo dia em que estava na sua loja em companhia de Francis Carco, viu o marchand pegar uma estatueta do Congo, abaixar-se e esfregá-la na poeira do chão. Carco pediu a Paul Guillaume que lhe explicasse o objetivo desse gesto.

"É simples", respondeu o marchand sem nenhum constrangimento. "Estou acrescentando a ela alguns anos."

Entre 1909 e 1914, Modigliani trabalha a pedra. Brancusi o ajuda. O romeno chegou a Paris em 1904. Veio a pé de Bucareste. É filho de um casal de camponeses pobres, que ele deixou quando tinha nove anos. Aprendeu a ler e a escrever sozinho. Empresta seus instrumentos e seu ateliê. Para ele, assim como para Foujita, Zadkine ou Lipchitz, Amedeo é apenas um escultor. Conhecem seus vários desenhos feitos com lápis-lazúli, mas não sabem que ele maneja os pincéis. Em 1914, em *The New Age*, Beatrice Hastings publica alguns artigos dedicados a seu amante. Nem uma só vez ela faz alusão à sua pintura. Para todos eles, Modigliani não é pintor. É escultor. Sua filha, Jeanne, confirma:

> A primeira vocação do jovem Dedo, mal saído da infância e nascido para a arte [...] era justamente a escultura.[1]

Daí vem a tragédia de Modigliani: pouco antes da Guerra, ele renuncia a essa vocação. A pedra custa muito caro. Os compradores são poucos. Ele recusa as encomendas que lhe permitiriam continuar. Acima de tudo, a poeira resultante do talho direto realiza um doloroso caminho até os pulmões. Modigliani bate. Tosse. Certa vez, os amigos o encontraram desmaiado ao pé das esculturas. As temporadas ao sol, em Livorno, ou em outros lugares, nada mudarão: sua saúde não lhe permite tornar-se o escultor que ele sonha ser.

Será então pintor. Suas obras que datam da Guerra e as que virão depois trazem a marca desse desejo frustrado: os rostos e os bustos alongados, o estiramento dos braços, do pescoço, dos corpos, lembram estranhamente as cabeças esculpidas entre 1906 e 1913.

Naquele ano, Modigliani deixa a Cité Falguière e vai para o bulevar Raspail. Encontrou um ateliê, num pátio: uma construção de vidro por cujas frestas passam o frio, o vento e a chuva. É lá que ele vive, pinta e declama Dante. Quando o frio o paralisa, busca refúgio junto a artistas mais ricos, dos quais faz o retrato: desse modo pode dispor ao mesmo tempo de um teto e do material que lhe falta. É assim que ele pinta Frank Haviland, Léon Indenbaum e Jacques Lipchitz ao lado da mulher. Pinta esse último de uma só vez, como costuma fazer. Lipchitz, porém, insiste: a seu ver, o retrato está inacabado. Amedeo objeta que, se continuar, vai estragar tudo. Lipchitz não cede: não para obrigá-lo a trabalhar mais, mas sim para pagar-lhe mais. Finalmente Modigliani se curva à vontade do freguês. O retrato de Lipchitz e sua mulher é um dos raros que ele não fez num só movimento.

Ao sair dessas sessões de trabalho ele vai beber. Passa do haxixe à cocaína. Um dia, em que os amigos lhe deram algum dinheiro para que ele comprasse uma dose para todos, ele volta "eufórico e fungando, tendo aspirado tudo sozinho".[2] É exaltado e impetuoso. Mas tem um grande coração. Vlaminck, geralmente implacável, diz o seguinte:

> Conheci bem Modigliani! Conheci-o quando tinha fome. Pude vê-lo embriagado. Pude vê-lo com algum dinheiro. Mas sempre generoso e cheio de grandeza. Nunca percebi nele o menor sentimento mesquinho; mas pude vê-lo irascível, irritado por constatar que o poder do dinheiro que ele tanto desprezava contrariava às vezes sua vontade e seu orgulho.[3]

Rosalie foi a primeira a desencadear as destemperanças do artista. Essa italiana é uma antiga modelo de Montparnasse. Abriu um bistrô na rua Campagne-Première. Cabem 25, se apertar bem. Antes da Guerra, Rosalie servia macarrão à bolonhesa aos fregueses da casa: pedreiros que trabalhavam nas construções do bairro, pintores sem um tostão, ratos vindos das antigas cavalariças vizinhas. A clientela permaneceu fiel. Se os ratos incomodam, o preço é o mesmo, e, se o preço não agrada, que procurem outro lugar. Rosalie é teimosa e só faz o que quer. Atenta, atrás do fogão, falando alto, Rosalie toma conta das quatro mesas da antiga leiteria que ela chama de restaurante. Quando batem à porta, ela abre. Se o recém-chegado incomoda, fecha. Aceita todos os que não têm dinheiro: quando não lhes oferece uma tigela de sopa, vende fiado. Recusa os avarentos que vêm só porque é barato e os esnobes disfarçados de americanos.

Entre os fregueses habituais, tem um carinho particular por um quadrúpede vindo de Arcueil. Conheceu o cachorro ao mesmo tempo que o dono: puxava a carroça que o empalhador empurrava. Este reformou as cadeiras do botequim. O trabalho durou quatro dias. O animal aproveitou. Foi embora de barriga cheia. Quando a esvaziou, era preciso enchê-la novamente. O cachorro teve uma ideia: fez o trajeto de Arcueil até Paris. Sozinho, pelo faro. Depois voltou. Isso durou doze anos. Era certamente o freguês mais fiel de Rosalie.

Ele e Modigliani.

A taberneira e o artista devotam um ao outro uma amizade particular: eles se adoram e se provocam o tempo todo. Ela o acusa de beber demais, ele quer mais vinho. Para grande alegria dos clientes, eles se insultam aos gritos. Tudo passa voando, menos os pratos. Quando é tomado pela raiva, o pintor arranca um dos seus inúmeros desenhos pendurados nas paredes e rasga-o. Quando volta, no dia seguinte, arrependido, traz um outro. Que logo será destruído. Entre eles, isso é quase um jogo. Que azeda quando Utrillo também aparece. Não é raro que os passeios dos dois bêbados terminem na delegacia da rua Delambre. Nesses momentos extremos, faz-se necessária a intervenção do delegado Zamaron.

Responsável pelos estrangeiros da chefatura de polícia de Paris, Zamaron é amigo dos artistas. As paredes da sua sala são recobertas de obras de arte: Suzanne Valadon, Modigliani, Soutine, Kikoïne e, principalmente, Utrillo, de quem particularmente ele gosta.

Se um pintor fica na pior, Zamaron o ajuda. Quando não está de serviço, vai do Dôme ao La Rotonde encontrar os amigos. Frequentemente, toma o partido deles contra Descaves, o outro policial de Paris que também gosta de arte. Descaves não facilita a vida dos jovens pintores de Vavin. Troca serviços por telas, às vezes compra algumas, faz um pequeno adiantamento e pede ao artista que vá buscar o restante na chefatura, onde, é claro, ninguém vai.

Quando sai da delegacia, Modigliani vai para a casa de uns, de outros, ao Dôme, ao La Rotonde ou ao bistrô de Rosalie. Algumas vezes, caminha ao longo do cemitério de Montparnasse, chega ao bulevar Raspail na altura de Edgard-Quinet e pega a rua Schoelcher, à direita. Caminha ladeando os altos muros do cemitério até um pequeno prédio cujas escadas sobe rapidamente. Bate a uma porta. Uma jovem mulher abre: é Eva Gouel. Ela esconde a palidez do rosto sob uma espessa camada de maquiagem. Está doente. Fala-se de tuberculose. Ela tentou dissimular a doença para o amante, que entra em pânico diante do espetáculo do sofrimento. Calou-se durante muito tempo: tinha medo que ele a abandonasse. Mas Picasso permaneceu fiel. Acompanha-a aos médicos e às clínicas onde Eva vai regularmente.

O casal passou os primeiros meses da Guerra no Sul. Agora, saem muito pouco da rua Schoelcher: nos cafés, Picasso é frequentemente insultado pelos soldados em licença, que não entendem por que esse homem tão bem acompanhado não está no front.

A janela do ateliê dá para os túmulos do cemitério de Montparnasse. O cômodo, bastante amplo, está entulhado de tubos, palhetas, pincéis. Temendo a falta de material, o pintor constituiu reservas consideráveis. Cerca de quatrocentas ou quinhentas telas estão alinhadas ao longo das paredes. O chão desapareceu sob os papéis que Picasso usa para suas colagens. Ele não parou de pintar: não apenas telas, que a partir de agora estão mais próximas de Ingres do que do cubismo, mas também os objetos, as cadeiras, as paredes... Ele não suporta os espaços vazios.

Está de costas para a janela, de short. As mãos estão tensas. Parece preocupado. Não é por causa da guerra, da qual não fala, a não ser para saber notícias dos amigos: é por causa de Eva. Está atormentado.

Quando Modigliani chega, ele está olhando para um envelope que o carteiro acabou de entregar. Lança ao visitante um olhar faiscante com aqueles olhos negros que tanto impressionam. O italiano não se comove. Conta sua noite. Picasso o ouve distraidamente. Eva fugiu para os fundos do apartamento.

Os dois pintores trocam notícias: Kahnweiler está na Suíça; os irmãos Rosenberg estão comprando cubistas; Gertrude Stein e Alice Toklas chegaram da Inglaterra e foram para Palma; Vlaminck está fazendo obuses numa fábrica de armamentos e, à noite, escreve romances medianos.

"Max Jacob se pergunta como podemos ser antimilitaristas e dar nosso suor aos militares", observa Picasso.

"Ele foi convocado", objeta Modigliani.

A conversa acaba aí. Amedeo não sabe que sua exuberância incomoda o espanhol. Este, que está quase erguendo voo em direção à opulência da alta sociedade, esqueceu as roupas miseráveis da época do Bateau-Lavoir. Amedeo nunca saberá que alguns meses mais tarde, por ocasião de um bombardeio, Picasso, tomado pela inspiração e sem tela, recobrirá uma obra do pintor italiano, uma natureza-morta feita com a espátula.

Dez minutos depois da chegada do visitante, os dois homens não têm mais nada a dizer um ao outro. Modigliani gira sobre os calcanhares, deixa o ateliê, desce as escadas e desaparece na escuridão da rua Schoelcher.

Picasso se volta para o envelope que encontrara antes da chegada do italiano. É um envelope usado. Bem ao jeito econômico do amigo que escreve. Mas é um amigo dos mais fiéis. E Picasso não pode deixar de sorrir ao imaginar o poeta, tão refinado, tão sutil, vaidoso, distinto, melífluo como um padre, ingênuo como uma criança, hoje com os pés no gelo e as mãos na lama!

Abre o envelope e mergulha na leitura das últimas bravatas militares e amorosas de Guillaume Apollinaire.

As damas e o artilheiro

Se eu morresse lá longe no front. Você
choraria por um dia, ó minha amada Lou.
Guillaume Apollinaire

Apollinaire foi para o Exército. Um poeta na guerra. Um pouco mais empertigado do que os outros, porque, para preservar seu lugar no quadro de honra dos apátridas, ele precisava apagar a lembrança de uma foto: aquela que fora publicada pelos jornais no outono de 1911, que o mostrava algemado, sendo conduzido para a prisão da Santé. Uma enorme vergonha para um homem que tinha entre suas maiores esperanças a de ser definitivamente reconhecido pelo país que o acolhera.

Não partiu tão depressa quanto esperava. Sua boa vontade chocou-se com a papelada: quando se nasce em Roma, filho de mãe de origem polonesa e de um pai incerto demais para reconhecê-lo, a situação exige reflexão. Quanto à Legião, eram tantos os voluntários que muitos eram recusados.

Enquanto aguardava a decisão das autoridades, Apollinaire foi ao encontro de alguns amigos em Nice.

Três semanas após sua chegada, está almoçando num restaurante da cidade velha. Na mesa ao lado, uma mulher de trinta anos chama a atenção. Num instante, o poeta esquece Marie Laurencin, a musa que o traiu e que acaba de ir para a Espanha com seu novo marido de seis semanas, Otto von Waetgen, "melhor na gravura do que na pintura", segundo André Salmon.[1]

Aquela que inflama seu coração é morena, bela e vivaz. Sua voz e seus gestos volteiam por entre os convidados e os copos de cristal. É ao mesmo tempo "imprudente e ousada, frívola e descontrolada".[2] Os olhos parecem um vulcão, não sabe o que fazer com tanta energia, a infância foi contida pelas rédeas da genuflexão, casou-se aos 23 anos, divorciou-se logo em seguida, tem um nome com uma partícula que cheira a aventura: Louise de Coligny-Châtillon.* Por um lado, se diz enfermeira voluntária. Por outro, age como uma mundana frívola e totalmente liberada. Apollinaire fica emocionado.

No dia seguinte ao primeiro encontro, declara a ela seu ardor e seu amor. Cinco dias depois, envia-lhe todos os seus livros. Promete que vai escrever um para ela, só para ela. Direto e rasteiro, convida-a para passear com ele. Sozinha, de preferência. Já é "seu escravo para toda a vida".[3]

Logo em seguida, encontram-se novamente numa casa onde se fuma ópio. Depois, em restaurantes, à beira-mar, nas praias desertas. Em todos os lugares, menos no hotel. Todas as vezes que Apollinaire tenta avançar um pouco, Louise murmura que são amigos e que devem continuar assim. Quando ela está relaxada, com o cachimbo na boca, oferece-lhe a mão e algumas promessas. O artilheiro vai se lembrar disto:

> Je voudrais que nous soyons seuls dans mon petit
> Bureau près de la terrasse couchés sur le lit de fumerie
> Pour que tu m'aimes.**[4]

Quando passa o efeito das drogas, andam de braços dados, talvez mais do que isso, mas de qualquer forma ainda não é o bastante. Principalmente quando a jovem confessa a seu pretendente, quase em êxtase, que seu coração já pertence a um certo "Toutou", soldado da artilharia.

"Que importância tem isso?", pergunta Apollinaire.

"Nenhuma. Posso oferecer a outro."

"Então venha."

"Não."

Dois meses depois dessa dieta, Apollinaire desiste. Apressa as formalidades do alistamento e se prepara para

---

* Nos sobrenomes franceses, a partícula "de" indica ascendência nobre. (N.T.)

** Gostaria que ficássemos a sós no meu pequeno escritório/ Próximos ao terraço, deitados para fumar/ Para que possas me amar. (N.T.)

partir. É então que Louise cede. E não é pouco nem muito, mas enlouquecidamente. A ponto de, no espaço de alguns dias, Apollinaire já quase lamentar por ter se alistado. Quando a Guerra fora declarada, alguns amigos lhe propuseram uma fuga para a Suíça. Ele recusou. Agora, está lotado em Nîmes e bem que gostaria de mudar de opinião.

Mas é hora de partir. Com o coração a tiracolo.

No dia seguinte, Louise está na porta do quartel. Pergunta por Guillaume Kostrowitzky, segundo canhoneiro-condutor do 38º Regimento de Artilharia, 78ª Bateria.

Ele vem ao encontro dela.

Vão para o hotel.

Passam ali nove noites.

Depois, Apollinaire vai fazer seu treinamento.

Descobre o prazer das manobras, de preparar as sopas, e das chamadas. Aprende a montar a cavalo. Dói-lhe o traseiro, tem dor de barriga. Não tem dinheiro, fica profundamente angustiado. Usa bigode, é obrigatório. Nas cartas, não omite nenhum detalhe sobre a sua condição de soldado raso para a bem-amada, a quem faz declarações apaixonadas. Procura tranquilizá-la: a guerra vai durar no máximo um ano. Talvez menos, segundo Picabia: este havia previsto o conflito cinco meses antes da mobilização, e acha que termina em fevereiro. Apollinaire está confiante e patriota: "O valor e a força dos franceses vencerão. Somos viris. Os outros não valem quase nada".[5]

Quando Lou demora a responder às suas cartas, três dias para ele é o limite, o canhoneiro se desespera, se queixa, e lembra a ela suas noites de amor. Esses momentos o fazem recordar que eles têm outras práticas. Ameaça-a com o chicote, com o açoite, toma-se pelo ponta de lança da masculinidade nacional, pronto a se introduzir ferozmente nas suas trincheiras pessoais para cumprir seu dever de homem valente.

Como resposta, ela escreve dizendo que "se masturba" lendo as cartas dele.

Ele se contém. Manda para ela seu retrato feito por Picasso. No dia 1º de janeiro de 1915, obtém uma licença de dois dias e vai encontrá-la em Nice. Passam a maior parte do tempo na cama. No trem de volta, entre Nice e Marselha, Apollinaire viaja em companhia de uma desconhecida. Professora de letras no colégio de meninas de Oran. Chama-se Madeleine Pagès. Ainda vão se rever.

Cinco dias depois de seu retorno a Nîmes, para seu grande orgulho, Apollinaire entra para o pelotão dos aspirantes a oficial. Cavalga cada vez mais e tem aulas de artilharia. Por que é artilheiro? Porque é artista, responde.

Sua condição de aprendiz militar não lhe causa nenhum problema. Recebe presentes enviados por Sonia Delaunay, um agasalho oferecido pela mulher de Archipenko, cem trocados de Paul Léautaud, uma carta de Blaise Cendrars. Este escreve o seguinte: "*Je ne peux pas dire où nous SOMME*".* Guillaume exulta: a censura obriga a tantos engenhos! Mas ele sente vergonha de sua inação e se sente culpado por ainda não estar no front. Pelo menos esse lento passar do tempo lhe proporciona o prazer de trocar com a amante uma correspondência com as mais explícitas fantasias. Como não pode ver, ele imagina. Sonha com sua bunda. Imagina o dedo dela "se masturbando" junto com os dele. Lembra a ela seus 69 e outras figuras geométricas. Ela é a mulher da sua vida. Perto dela, Annie Playden, Marie Laurencin, o conjunto de suas amantes, que ele descreve como sendo todas magníficas e incansáveis na cama, não são nada: "são m...a".

Quando ela descreve para ele o menu de seus arrebatamentos com outros, ele mal consegue dissimular o ciúme. Dois, vá lá. Três, eventualmente. Mais do que isso, é vício. Um dia em que ela lhe fala muito sobre a Itália nas cartas, ele lhe pergunta poeticamente: "Haveria por acaso um italiano num vaso de flores, naquela hora?". Ele, artilheiro casto, levando uma vida ascética, se compara a ela, que abre seu coração e sua cama como se fossem prostíbulos. Saca-

* "Não posso dizer onde estamos." A frase da carta traz um erro assinalado pelas maiúsculas: SOMME (cuja grafia correta deveria ser *sommes*). Isso permite a Apollinaire saber onde está o amigo: no departamento (ou no rio) do Somme, no norte da França. (N.T.)

nagem por sacanagem, aconselha a ela que fique atenta, pois as marcas da volúpia já fizeram murchar seu rosto.

Quando se zanga, não se dirige mais à sua Lou adorada, à sua querida Lou, a seu coraçãozinho, mas à "cara amiga", à "velha coirmã". Não mais assina "Gui", mas "Guillaume Apollinaire". Mostra-se gentil, demonstra uma pura amizade, tenta suscitar ciúmes, que o deixariam mais seguro, descrevendo garotas que passam diante dele e que bem poderia levar para o hotel... Quando lhe parece que o amor entre eles está indo por água abaixo, apresenta-se não mais como um amante, mas como um homem de posses. Envia-lhe dinheiro. Quando ela vai para Paris, empresta-lhe seu apartamento do bulevar Saint-Germain. Assume-se como poeta. Ela deve guardar suas cartas e seus versos, pois conta publicá-los depois da Guerra. Mostra-se previdente: escreverá, a partir de então, na parte da frente das páginas para que possam ser impressas rapidamente, e enviará à parte os trechos mais pessoais. Já escolheu o título da obra: será *Ombre de mon amour.*

No dia de Páscoa, Guillaume Apollinaire vai para o front. É um dos raros momentos da sua vida em que se lembrará que ainda não é francês, e seu país continua sendo a Polônia. Lamenta que sua pátria tenha sofrido tanto com a Guerra. Vê seu povo como o mais nobre e o mais infeliz de todos. Se parte, é também para defendê-lo.

No dia 9 de abril, redige um testamento em favor de Lou. Diz a ela que deve fechar um contrato com o *Mercure de France* sobre seu livro *Alcools*, que, segundo ele, deve render algum dinheiro. Faz um balanço da sua produção literária, dos contratos que foram assinados, dos que não foram, dos adiantamentos e das porcentagens que ela pode reivindicar se, por infelicidade, ele próprio não puder fazê-lo. Enquanto espera, ela deve se comportar corretamente no apartamento do bulevar Saint-Germain. Por um lado, porque no mesmo prédio mora um senador; por outro, porque ele está dispensado do aluguel enquanto durar a Guerra, e pretende preservar esse direito; finalmente, ele acha que farrear em Paris, enquanto outros estão lutando em Verdun, não é de bom-tom.

Quando Lou se queixa de anemia, responde ora como o marido viril que gostaria de ser: "vacine-se"; ora como o amante atencioso que já não é mais: "deixe a água do banho esquentar por vinte minutos"; ora como o ciumento furioso que não consegue esconder suas agruras: "se você não beijasse na boca esses portadores de tifo, não estaria doente...".

Tirando o último conselho, dirige-se a ela com tanta autoridade quanto sua própria mãe, a Kostrowitzka, que exige que ele lhe escreva, que lhe diga onde dorme, que quer saber quem é essa "condessa" de Coligny – é jovem, velha, viúva? Suas reprimendas mostram bem o quanto ela desconhece da situação do filho – o que faz pensar que, no fundo, isso não lhe interessa, imperiosa egoísta que é, devotada primeiramente, e antes de tudo, a ela mesma. No mesmo tom que empregava dez anos antes, pede ao filho (de 34 anos!) que preste atenção ao cavalgar despreocupadamente pelos bosques, para não se chocar com os obuses, os quais, parece, fazem enormes buracos, "e seria horrível se você caísse lá dentro com o cavalo! E mesmo sem cavalo".[6] O pior, segundo a Kostrowitzka, são os obuses que explodem nas florestas. Porque derrubam as árvores. Daí o duplo conselho materno: "Presta atenção para não ser atingido por uma árvore"; "Pede todos os dias à Virgem Maria que te proteja".

No dia 11 de abril, o poeta se torna um verdadeiro soldado. Para seu grande orgulho, é nomeado agente de ligação. Monta a cavalo ao ar livre, é o camarada dos seus camaradas, escreve à luz tênue de um lampião alimentado por gordura de boi. A Guerra até que não parece má.

Torna-se íntimo de Toutou, o outro amante artilheiro. Quando encontra Lou, pede-lhe que transmita a ele suas saudações. Através dela, dirige-se ao rival como a um confrade: conta-lhe seus progressos em relação ao tiro, pergunta-lhe se não tem um medidor de campo sobrando... Quando não recebe notícias, não hesita em empregar outros meios: envia cartas registradas para Toutou, solicitando-lhe novidades da bem-amada comum... Lembra a esta, de maneira um pouco seca, que se alistou para defender a pátria dela.

A bela, infelizmente, parece distante. A carne se apaziguou. O poeta está sempre "erguido como um canhão 75", mas a artilharia da frente não responde mais. Ou muito pouco. Continuam a se tratar de "meu Gui", ou "minha Lou querida". As gentilezas também continuam. Apollinaire manda dinheiro sem reclamar. Num desses anéis que os *poilus** confeccionam com as cápsulas dos obuses, ele grava palavras de amor. Do alto da autoridade que se atribui, lembra à moça que ela lhe pertence. Pelo menos em um domínio: "Lou só fala quando está na cama".

Sugere a ela que procure na sua biblioteca *Les onze mille verges*, ordena-lhe que não comente com ninguém, mas que se deleite. Também pode se divertir com o *Nouveau chatouilleur des dames*, incluído em um dos tomos de *L'enfer de la bibliothèque nationale*, iniciado por ele.

Quando ela responde irregularmente às suas cartas, ele lhe passa um sabão. E fica irritado quando ela lhe envia chá em tabletes, pois deveria saber que os tabletes só derretem na água fervendo, e que água fervendo na guerra não existe... Essas exasperações que se alternam com as declarações de amor mais ardentes traduzem a dor do poeta. Mais uma vez ele é o mal-amado da história. Lou se afasta, como se afastaram Annie Playden e Marie Laurencin. Ela concorda em ser sua amiga, sua correspondente, talvez sua amante, mas é exatamente esse talvez que desespera o artilheiro: ele quer tudo. O homem é o senhor, a mulher se submete, ficam juntos por toda a vida, o amor tem que ser correspondido.

Senão, é melhor ir procurar em outro lugar.

O outro lugar pode ser o colo de uma amiga da irmã de um amigo que, desde 1915, escreve regularmente ao poeta. Chama-se Jeanne Burgues-Brun, escreveu um romance e alguns versos sob o pseudônimo de Yves Blanc. No começo, e também no fim, ela é sua madrinha de guerra. O artilheiro tentou sutilmente arrastá-la para perto do seu coração, mas a jovem recusou categoricamente: "nada de flerte entre nós". Nem mesmo uma foto. Apesar da insistência do soldado, ela

* Termo que designa o soldado francês da Primeira Guerra. (N.T.)

nunca lhe enviou um retrato, e seus contatos serão apenas literários. Só se encontrarão uma vez, no final da Guerra, nos jardins do Luxembourg.

Azar o dela.

De qualquer maneira, há uma outra.

É a moça que ele encontrou no trem, em janeiro de 1915. Era muito jovem: não teria mais de vinte anos. Tinha longos cílios. Viera passar o Natal com o irmão, que morava em Nice, e estava voltando para Oran. Ele beijara Lou, no corredor. Quando o trem partiu, Guillaume sentou-se em frente da desconhecida. Conversaram um pouco. Sobre Nice, sobre Villon, sobre *Alcools*, lançado dois anos antes... Em Marselha, ele a ajudou a descer e levou sua mala. Depois, nunca se sabe, pediu o endereço dela.

Quem não arrisca não petisca. Em abril, Apollinaire dá de ombros para Lou, que não escreve há três dias. Manda um cartão-postal para a desconhecida, seus respeitos e beija-lhe a mão. Cuida das frases. Duas semanas mais tarde, na rede do pescador há um peixe para ele: um maço de cigarros enviado de Oran. É mais do que ele esperava. Isso merece uma resposta. Escreve com cuidado. Mistura um pouco de guerra, considerações gerais, alguns versos, um elogio: "que maravilhosa lembrança daquela viagem de trem! Respeitosamente, Guillaume Apollinaire".

Passam-se seis dias. Chega um cartão. É o bastante para que o "senhorita" do começo vire "pequena fada", mais doce, menos impessoal, um passo à frente. Mas Guillaume gosta de avançar mais rápido. Lança uma isca: fala de Goethe, de Scott, de Nerval e, no meio de uma frase, de Laclos e de seus vícios em letras maiúsculas; ora, vejam só como o acaso é estranho: esse Laclos também não era artilheiro?

Chegamos às mãos: Apollinaire se propõe a fazer e oferecer-lhe um anel. Será que ela poderia lhe mandar a medida de um dedo? Não, o indicador não! Nem o dedo médio! O anular, é claro. E também, já que falamos nisso, uma pequena fotografia. Ele a colocaria ao lado do sabre e do revólver, que é também, que coincidência, o lado do coração.

Ele deve ter se precipitado. A resposta é menos espontânea do que as anteriores. Gentil, amável, mas sem calor. Por sorte, esse comedimento não dura muito. A moça envia-lhe chocolates. O soldado responde com pétalas de rosa e um outro anel, com pedra de couro, e um "M" gravado, de Madeleine.

Ele reclama que ela assina suas cartas com um MP frio, ao que ele contrapõe, cinco semanas depois do início da correspondência entre eles, um "Minha pequena fada adorável". Que se torna "Minha pequena fada muito querida" alguns dias depois. E, no dia 10 de julho de 1915, com um suspiro de êxtase o artilheiro vai direto ao alvo: "Fiquei apaixonado desde que a vi".[7]

No dia seguinte ele manda um "Minha querida Lou" à senhorita que está na casa dele no bulevar Saint-Germain. Mas se o coração ainda estremece, o tom é outro...

Entre a França e a Argélia, chovem os obuses-presentes: o artilheiro recebe água-de-colônia, manda um porta-caneta feito por ele mesmo com "duas balas boches". Madeleine responde com lenços, cordões de seda, cigarros *nougats*, balas de mel crocantes como beijos. Ele lhe envia lápis, tinteiros feitos com cápsulas de balas, abridores de carta forjados com martelo, corações recortados dos cinturões dos inimigos, carregadores, seu quepe, asas de borboleta, livros e poemas que, com a prudência habitual, ele lhe pede que guarde, em vista de publicações futuras.

Muitos desses poemas já foram recebidos por Lou ou pela madrinha, mas pouco importa: vale a intenção, e a intenção não é a mesma. Com Lou era apaixonado, passional, físico, violento. Não se pode ir tão depressa assim com Madeleine, que é tímida, mal conhece os homens, mas certamente conhece os procedimentos. Apollinaire retira a pele carnal para colocar as luvas de poeta. À exceção de um beijo depositado mais tarde nos seios da moça, ele é literário, comportado, delicado, ao mesmo tempo doce e autoritário, como ele mesmo reconhece. Não fala mais de chicotes, de açoites, de surras, mas evoca um quadro de Fragonard, *La correction conjugale.* Assim como quem não quer nada.

É tão sincero com Madeleine quanto havia sido pretensioso com Lou. Pois não precisa mais desfilar ao som de cornamusas amorosas e eróticas. Numa carta de julho de 1915, abre seu coração. Ele admirava – e ainda admira – o talento de Marie Laurencin, inspiradora de *Pont Mirabeau* e de *Zone*. Acreditou que amava Lou, que, finalmente, era só uma mulher cheia de encantos que o ajudou a esquecer a dor causada pelo rompimento com Marie; tem pena dela, que é um brinquedo nas mãos dos homens; ligou-se carnalmente a ela, mas seu espírito sempre ficou distante.

Madeleine? A ela pôde dizer tudo de bom que pensa sobre Gogol, e todo o mal que deseja a Henry Bordeaux. A literatura é um dos principais assuntos da correspondência entre eles. O resto gira em torno da guerra (é evidente), e do seu amor. Propõe que tenham vários filhos. Depois, que fiquem noivos. No dia 10 de agosto de 1915, pede sua mão à mãe dela. Depois disso, se comporta como genro: afirma que gosta muito da mamãe da sua noiva, que no entanto ele nunca viu. Promete que vai pedir uma licença para visitá-la. Escreve-lhe. Beija-a como um filho...

Os pombinhos já se tratam com intimidade. Madeleine manda fotos. Ele busca por suas curvas, para além das linhas cor de sépia. Seus quadris, os seios. Poderá, em seguida, solicitar-lhe que seja menos pudica. Pedir-lhe, por exemplo, que contribua para o prazer do seu olfato – do qual se gaba – colocando nas cartas o perfume dos seus cabelos. Para agradecer a ela a boa vontade, envia-lhe uma reunião de poesias, *Case d'armons* (é assim que ele chama a caixa que transporta o canhão 75), escrito e poligrafado sobre folhas gelatinosas com a ajuda de seus companheiros artilheiros e cuja capa foi ornamentada com a seguinte menção simbólica: "AOS EXÉRCITOS DA REPÚBLICA". Manda-o também para Lou, assim como recibos de venda. "Tenta vender alguns."[8] O dinheiro arrecadado será para ela: "Se você vender apenas vinte a vinte francos, já dá para pagar teu dentista...".

No dia 25 de agosto, o sargento Apollinaire, recentemente promovido, dá a notícia à família da noiva. Fica muito orgulhoso. E muito contente, um mês depois, por usar o novo capacete cinza, que não brilha mais ao sol, e o uniforme azul, que de longe muda de cor confundindo o inimigo. Aliás, o que interessa a Apollinaire é menos esse quesito de segurança do que a qualidade sedosa do tecido, que agrada à sua vaidade.

Mas não será por muito tempo.

Em novembro, se oferece como voluntário para a infantaria. É nomeado subtenente no 96º regimento da linha de frente. A guerra de chinelos acabou. Ele conhece as trincheiras e a miséria dos *poilus*.

O poeta se torna soldado.

Até então, tinha mantido uma correspondência coerente com umas e outras sem esquecer os amigos parisienses. Enviara artigos ao *Mercure de France*, ou a outro jornal, e se preocupara com a publicação e a repercussão. O barulho dos obuses, miando como gatos, o alegrara. Os tiros da artilharia eram como fogos de artifício. Dormia em cabanas cobertas com lona de tenda. Olhava com satisfação para as cobras que se enroscavam nos seus pés, os ratos fugindo por entre suas pernas, as moscas cujo nariz parecia o dos buldogues, as aranhas, tão engraçadinhas. Só se queixava do tédio. Enquanto seus amigos de Montmartre e de Montparnasse se preocupavam, querendo saber como o seu gosto pelo conforto estava se arranjando com os rigores à sua volta, ele mesmo não se incomodava.

"COMO A GUERRA É BONITA!" Essa inscrição, que ele gravara no seu tubo de creme dental, em 1915 (e que lembra "Ah, meu deus! como é bonita a guerra", de *Calligrammes*), vai ficar brevemente parecendo coisa do passado – mesmo se os primeiros barulhos dos dispares dos canhões lhe parecem, no início, "surpreendentes".

O front é outra coisa. De forma brutal, o subtenente Kostrowitzky descobre os sinalizadores, as metralhadoras, os *Marie-Louise*, as *caixas de merda*, os *baldes de carvão* caídos do céu, os canhões, o horror da vida na trincheira. O boche diante deles, a menos de dois metros. A terra aberta, revirada pelo tiroteio. Ele está na linha de frente, deitado na terra coberta de sangue, com a cara no canhão. Dorme na lama, e às vezes nem dorme. Treme de frio. Lava-se quando pode, sofre o ataque das armas e dos gases. O arame farpado espeta, e há os vermes e os piolhos. Protege-se atrás de sacos de areia ou de montes de cadáveres. Aprende a cavar, a construir, de noite, como um troglodita da escuridão. Em alguns meses seu regimento já perdeu milhares de homens. Os companheiros vão tombando um após o outro. Do front, Apollinaire envia uma carta a Madeleine na qual suplica-lhe que o espere se for feito prisioneiro. Faz dela sua herdeira, em substituição a Lou, a quem tinha legado sua fortuna em março.

Claro que ele pensa na morte. Mas nem por isso tem medo. Nunca se queixa, a não ser das autoridades militares que convocam conselhos de guerra por tudo e por nada. Se for preciso lutar, ele é o primeiro a sair das trincheiras. Demonstra uma coragem extraordinária. Seus homens gostam dele porque ele os protege, certifica-se de que têm o que comer, divide sua munição e seus presentes com eles, e também suas cobertas, quando estão menos molhadas. "Kostrowitzky" é muito complicado: eles o chamam de "Kostro *l'exquis*" ou "Cointreau-whisky".

Mergulhado no tumulto da guerra, "Cointreau-whisky" luta. Quando dispõe de um segundo, escreve para Madeleine. A violência e a raiva que o dominam vencem sua costumeira moderação. Em dezembro, envia-lhe uma carta impetuosamente erótica. A única. No seu pensamento, no âmago das suas esperanças, ela certamente lhe abre as portas para a licença que ele vem pedindo há meses.

A licença virá no Natal. Será seu melhor presente. O subtenente parte do front e vai diretamente para Marselha. Sem mesmo passar por Paris, onde estão os amigos. Depois de meses de assídua troca epistolar, ele só tem uma premência: chegar a Laumur, na Argélia, e descobrir finalmente essa jovem de 22 anos cuja mão ele pediu, e que só viu por algumas horas, num trem, um ano antes. Quando o artilheiro ainda não era hussardo...

O escritor da mão cortada

A primeira qualidade de um romancista
é ser mentiroso.

Blaise Cendrars

"Mando-te notícias de um dos meus amigos, um dos melhores poetas da atualidade: Blaise Cendrars. Teve o braço amputado."[1]

No dia 6 de novembro de 1915, Guillaume Apollinaire anunciava a Madeleine o ferimento de Frédéric Sauser, vulgo Blaise Cendrars, cidadão suíço, coautor, junto com o italiano Ricciotto Canudo, do apelo aos estrangeiros para defenderem a França.

Cendrars era um furão. Com menos de trinta anos, passou e repassou pelo mundo inteiro. Fugiu de casa aos quinze e saiu por aí, de país em país, Alemanha, Inglaterra, Rússia, Índia, China, América, Canadá – antes de arriar as malas em Paris, uma primeira vez em 1907; a segunda, dois anos antes da declaração de guerra.

Exerceu mil profissões. Foi se aperfeiçoando ao contato com todas as populações e todas as classes sociais. Defendeu em alto e bom tom concepções libertárias e anarquistas. Também é poeta. Poeta viajante.

Em Nova York, em 1912, no dia de Páscoa, sufocado pela miséria, entrou numa igreja presbiteriana. Queria se aquecer, sentar, ouvir alguns compassos de *A criação*, de Haydn. Quando voltou para o quarto, sentou-se à mesa e começou a escrever um poema. Adormeceu. Despertou algumas horas depois e continuou seu trabalho. Foi assim durante a noite toda. Pela manhã, com a cabeça mais descansada, releu. Essa obra, nascida da tristeza, chamou-se *Les Pâques à New York.*

Três meses mais tarde, Cendrars está em Paris. Vive de pequenos expedientes e de ousadias. Junto com alguns amigos anarquistas funda uma revista, *Les Hommes Nouveaux*. Financia o primeiro número vendendo entradas para um espetáculo organizado por ele no Palais Royal. Mora com outro poeta, num quarto de hotel, na rua Sainte-Étienne-du-Mont. A miséria é a mesma de sempre. Anda pelo Dantzig, perto da Ruche. Bebe vinho branco no Cinq Coins. Mal consegue ganhar a vida colaborando para revistas e vendendo edições originais, compradas alguns anos antes. Na Ruche, encontra Modigliani, Chagall e Fernand Léger. Durante uma conferência sobre o anarquismo, cruza com Victor Serge, que traduzirá para o russo seu primeiro romance, *L'or*.

Mas seu maior desejo seria conhecer Guillaume Apollinaire. Por quê? Porque ele defende as vanguardas. Porque um sujeito suspeito de roubar a *Mona Lisa* é certamente um aventureiro.

Quando voltou das Américas, Cendrars tinha enviado seu poema *Les Pâques à New York* a Apollinaire. Não obteve nenhuma resposta. Certo dia de setembro de 1912, o poeta errante passa pela livraria das edições Stock. Descobre *L'hérésiarque & Cie*. Começa a ler. Como não tem dinheiro, coloca disfarçadamente o volume no bolso e vai embora. Mas se deu mal: um policial que estava passando o viu. Blaise é preso e levado para uma cela na delegacia. Que faz ele? Escreve para o autor de *L'hérésiarque*, pede-lhe que pague às edições Stock e que interceda para que seja liberado. Mas as portas da prisão se abrem antes que tenha tido tempo de enviar a carta.

Alguns meses depois, Cendrars encontra Apollinaire no Flore (essa é a versão defendida por Miriam Cendrars; outros afirmam que Apollinaire escreveu para Cendrars depois de ter recebido *Les Pâques à New York*, pedindo-lhe que fosse vê-lo).

Apollinaire é sete anos mais velho do que o autor de *Pâques*. Está na companhia de Robert e Sonia Delaunay. Segundo Salmon, Delaunay ficou conhecido ao pintar peixes vermelhos de azul. Era totalmente desprovido de humor e nunca sorria. Apollinaire, por sua vez, o considerava como o grande mestre do orfismo, e elogiava a maneira como ele e a mulher se vestiam: Sonia de *tailleur* violeta, corpete feito de retalhos, tafetá e tule rosa, azul e escarlate; Robert de sobretudo vermelho com gola azul, sapatos bicolores, paletó verde, colete azul, gravata vermelha. Isso foi antes da Guerra. Em agosto de 1914, o casal se mandou para a Espanha...

Blaise ligou-se primeiramente a Sonia Delaunay, com quem fala em russo. Ela o convida para ir ao seu ateliê, na rua Grands-Augustins. Lá, diante de vários convidados, entre os quais – afirmam alguns – Guillaume Apollinaire, Cendrars lê *Les Pâques à New York*:

> Seigneur, c'est aujourd'hui le jour de votre Nom,
> J'ai lu dans un vieux livre la geste de votre Passion,
> Et votre angoisse et vos efforts et vos bonnes paroles
> Qui pleurent dans le livre, doucement monotones...*

Todos ficaram encantados. Uma liberdade total na métrica dos versos, uma aproximação sem floreios do mundo moderno, das cidades, das ruas, dos transeuntes... uma oposição definitiva ao antigo simbolismo.

Apollinaire ficou extremamente impressionado (mas se essa sessão de leitura realmente aconteceu, ele já o estava: Cendrars, como vimos, tinha lhe enviado o poema). Naquele momento, ele está trabalhando numa nova coletânea de poemas que o *Mercure de France* publicará em abril: é *Alcools,* que ainda se chama *Eau de vie.* Apollinaire reúne as obras compostas desde 1898, classifica-as em ordem cronológica e então decide bruscamente suprimir toda a pontuação: considera que o ritmo dos versos é o bastante (Pierre Reverdy utilizará, por sua vez, espaços brancos dispostos entre as palavras e os versos, procedimento que Jean Cocteau também vai usar em *Le Cap de Bonne-Espérance*).

---

* Senhor, hoje é o dia do Vosso Nome,/ Num velho livro li a gesta da Vossa Paixão/ E Vossa angústia e Vossos esforços e Vossas palavras bondosas/ Que choram no livro, numa doce monotonia... (N.T.)

Quando está corrigindo as provas, decide começar o livro por um novo poema, composto provavelmente durante o verão, lido na casa de Gabrielle Buffet e Picabia, no Jura. Foi nesse momento que ele encontrou o título para essa obra, *Zone*[2], publicada pela primeira vez em dezembro no *Les soirées de Paris*:

À la fin tu es las de ce monde ancien

Bergère ô tour Eiffel le troupeau des ponts bêle ce matin

Tu en as assez de vivre dans l'antiquité grecque et romaine

Ici même les automobiles ont l'air d'être anciennes
La religion seule est restée toute neuve la religion
Est restée simple comme les hangars de Port-Aviation*

Mesma modernidade de Cendrars, versos sem métrica (não é novidade em Apollinaire), a cidade, a rua, e também a religião...

Quando *Alcools* sai nas livrarias, Cendrars elogia Apollinaire. Mas, por outro lado, está magoado: *Zone* se parece demais com *Pâques*. Sabe por meio de terceiros que Guillaume ficou zangado porque ele não escreveu nada sobre *Alcools*. Então, envia ao mais velho uma carta curta, na qual faz-lhe uma crítica velada por não lhe ter dedicado *Zone*. A questão da anterioridade de uma das duas obras sobre a outra pesa de verdade no relacionamento entre os dois homens. Isso explica a frieza que Cendrars manifesta em relação a Apollinaire, com este tentando, em vão, obter uma explicação que o poeta suíço se recusa a dar.

---

* Ao final estás cansado desse antigo mundo/ Ó torre Eiffel pastora o rebanho das pontes bale esta manhã/ Estás cansado de viver na antiguidade grega e romana/ Aqui até os automóveis parecem antigos/ Só a religião permaneceu bem nova a religião/ Permaneceu simples como os hangares de Port-Aviation. (N.T.)

A discussão, porém, termina por aí: ninguém pode provar nada, nem irá provar. Nem mesmo Tristan Tzara, que, segundo Jacques Roubaud, mostrava às vezes uma cópia das provas de *Alcools* corrigidas segundo a *Prose do transsibérien*, e comentava maldosamente: "Vocês todos acreditam que foi Apollinaire que fez tudo! Mas há também algo de Cendrars!".[3]

Com um detalhe: os poemas de *Alcools* são anteriores ao *Transsibérien*, obra na qual, aliás, o autor presta homenagem a Apollinaire:

> "Perdoem-me por não mais seguir a antiga disposição dos versos", como diz Guillaume Apollinaire.[4]

A esse pequeno exercício, poder-se-ia acrescentar que alguns *Sonnets dénaturés,* escritos em 1916, fazem pensar em *Calligrammes*. Ou que os poemas não pontuados de Cendrars foram compostos depois de *Alcools*... Mas Apollinaire não é Picasso e Cendrars não é Braque. Entre eles não há nenhuma cordada em comum. As fontes de inspiração dos dois poetas são próprias de cada um, mesmo se elas se cruzam e encontram outras: a modernidade dessa época já havia se expressado na pintura através do cubismo e do futurismo... Apollinaire não precisava, evidentemente, de Cendrars para escrever, e Cendrars não desejaria se tornar um inimigo de Apollinaire. De qualquer modo, Blaise terá sua revanche, se é que ele a procurava, mais tarde: ele vai afirmar que o título de *Alcools*, que substituiu *Eau de vie*, era invenção sua.

Talvez sim, talvez não. Cendrars, e isso fazia parte das suas infinitas características, adorava confundir... Segundo Hemingway, "um bom companheiro, quando não bebia demais e, naquela época, era bem mais interessante ouvir suas mentiras do que escutar as histórias verídicas contadas por outros...".[5]

Será que Cendrars acredita sinceramente que, além de Apollinaire, teria também inspirado Charles Chaplin, o qual, segundo ele, lhe teria roubado o personagem de Bikoff, camuflado de tronco de árvore em *La main coupée*, e que aparece igualmente em *Charlot soldat?**[6]

Será que foi ele que copiou na Biblioteca Mazarine, a mando de Apollinaire, que por sua vez agia a mando de outro, os *Romans de la Table Ronde* que as edições Payot publicaram depois?

É possível.

Teria ele escrito, como afirmou, para serem publicados em nome de Apollinaire, livros eróticos ou alguns capítulos de obras históricas romanceadas das quais René Dalize, Maurice Raynal e André Billy redigiam outros fragmentos?

Talvez sim, talvez não.

Será que ele inventou totalmente o enterro de Whitman, tal como Apollinaire o descreveu em um dos números do *Mercure de France*, de 1913, o que valeu ao pai de *Alcools* a ira de Stuart Merril e de numerosos leitores dessa revista tão comportada?

Com certeza...

Walt Whitman era um dos maiores poetas americanos do século XIX. Na França, sua única coleção de poemas, *Folhas da relva*, sempre acrescida ao longo dos anos, tinha notadamente influenciado os poetas de *Vers et Prose.* Sua existência certamente fascinava o jovem Cendrars, que partilhava com Whitman o gosto pelas viagens, pela mais diversificada fauna e pela liberdade. Ele descreveu para Apollinaire o enterro do poeta, morto vinte anos antes. A partir dessas informações, que lhe pareceram verdadeiras, Apollinaire se abandonou a um lirismo dos mais elaborados. Como o artigo foi publicado no dia 1º de abril no *Mercure*, era possível pensar que se tratasse de uma brincadeira. Aliás, com certeza era. Mas só para Blaise Cendrars.

* *Charlot soldat* (*Shoulder Arms*), curta-metragem mudo de Chaplin, de 1918. O romance de Cendras *La main coupée* só foi lançado em 1946, mas ele e Chaplin dividiram um quarto de hotel em Londres antes da Guerra. (N.T.)

Segundo o cronista do *Mercure de France*, Whitman tinha organizado seu próprio enterro. Não como uma simples ida para debaixo da terra, mas como uma excelente ocasião para um festim. Tinha então previsto banda de música, comida, cerveja e uísque... A multidão era composta de festeiros alcoólatras aos quais se misturavam jornalistas, políticos, fazendeiros, pescadores de ostras, jovens imberbes, pederastas em quantidade... Todos haviam acompanhado o cortejo fúnebre dando socos no caixão. O enterro terminou com uma monstruosa orgia. A polícia foi chamada e efetuou cinquenta prisões.

Apollinaire se esmerou. Os leitores também. Foi uma gritaria geral: como uma revista tão séria quanto o *Mercure de France* podia tolerar artigos como esse que faziam de Walt Whitman um homossexual depravado e alcoólatra?

Oito meses depois, Apollinaire teve de responder. Assumiu total responsabilidade pelo artigo. Lembrou que o havia escrito a partir da narrativa de uma testemunha. Recusou-se a dizer o nome, contentando-se apenas em precisar que a história lhe havia sido contada "na presença de um jovem poeta de talento, o senhor Blaise Cendrars".[7] Desta vez, o jardineiro* não se molhou, mas teve que se comportar.

Finalmente, teria Cendras também inventado totalmente a narrativa da morte e do enterro de Apollinaire, narrativa onírica, é verdade, mas inverossímil do princípio ao fim?

Com certeza. Sobretudo porque ninguém o viu na cabeceira do poeta, onde ele dizia ter estado.

Apollinaire sempre admirou Cendrars e nunca escondeu isso. Cendrars também admirou Apollinaire, mesmo que nas suas palavras apareçam, algumas vezes, certas sutilezas que alguns poderiam explicar como sendo uma ponta de inveja.

Apollinaire 1900-1911
Durante doze anos o único poeta da França

---

* Ver nota a respeito na página 173. (N.E.)

escreve Cendrars em *Hamac*.[8] Por que doze anos? Porque depois chega Cendrars...

Depois da Guerra, os dois homens dissiparão rapidamente as brumas que havia entre eles. Em 1918, as edições Sirene, onde Cendrars será diretor literário, publicarão *Le flâneur des deux rives*, de Apollinaire. Mais tarde, na sua correspondência, Blaise retomará uma expressão que pertence a Apollinaire, e isso soa como uma homenagem definitiva ao amigo poeta: precedendo sua assinatura, ele recorrerá a essa fórmula que todos os companheiros de Apollinaire conhecem: *Com minha mão amiga...*

No dia 3 de agosto de 1914, dia seguinte à declaração de guerra da Alemanha à França, Blaise Cendrars alista-se. Um mês depois, ele se casa. Mais alguns dias e ele se junta ao 1º regimento de estrangeiros de Paris.

Um ano de guerra por sua pátria adotiva. No início, como Apollinaire, como Cocteau, Cendrars descobre um mundo que fascina sua imaginação de poeta. Mas isso não dura. Até porque ele não abdica daquele anarquismo que o torna mais insolente, mais livre, mais crítico em relação aos militares. Seu olhar se torna zombeteiro desde os primeiros dias. Sob sua pena, o espetáculo é surpreendente: a tropa atravessa Chantilly, onde Joffre e seus tocadores de pífaro se debruçam sobre os mapas do Estado-Maior. O grande general não quer ser incomodado pelo barulho das botas da infantaria batendo no solo em cadência. Para assegurar o silêncio necessário à reunião estratégica desses neurônios "branco, azul e vermelho"*, Joffre manda cobrir as ruas da cidade com palha.

Cendrars zomba ainda mais quando seu regimento é encarregado de chegar até o Mar do Norte. É preciso andar rápido para bloquear a passagem do inimigo. Mas como também é preciso treinar para chegar preparado ao combate, os oficiais têm uma ideia genial. O gênio militar nunca se comparou ao civil. Dessa vez, a tropa será escoltada pelos trens que deviam transportá-las! Equipamento nas costas,

---

* *Bleu blanc rouge* (as cores da França): franceses. (N.T.)

os soldados se esfalfam ao longo da via férrea sob o olhar cheio de carvão, vazio e descansado de uma locomotiva vagarosa. Arte maior.

Blaise suporta tudo: os trotes dos veteranos, as tarefas pesadas, o front, o corpo a corpo. Ele aguenta porque a seu lado, sempre, estava um homenzinho ainda desconhecido que ele iria transformar em grande personagem: Moravagine. Foi seu melhor companheiro dos tempos de guerra e, principalmente, o mais fiel: os demais morriam uns atrás dos outros.

No dia 28 de setembro de 1915, na Champagne, um obus cortou a mão amiga do escritor. Blaise Cendrars perdeu o braço direito.

Em maio, em Carency, quando combatiam no mesmo regimento, Braque foi ferido na cabeça e Kisling recebeu um golpe de baioneta. Esses ferimentos fizeram com que os três fossem reformados. E recebessem ainda um prêmio de consolação, que não podia ser desprezado: a cruz de guerra com as folhas de palma. E, principalmente, a promessa de uma recompensa à qual aspiravam Kisling, Cendrars e todos os artistas estrangeiros que combatiam nas trincheiras: a nacionalidade francesa.

O príncipe frívolo

> ...Antes dele, nos cafés do bulevar Montparnasse, só ecoavam as grandes discussões entre pessoas e escolas; depois dele, todos se perderão, de um jeito mais bonito, em muitas voltas e volteios, como se ele tivesse, de brincadeira e sem dizer nada, transmitido a cada um sua arte pessoal da "enrolação".
>
> André Salmon

Paris desconcerta aqueles que voltam. Depois de aproveitar quinze dias de licença nos braços da noiva oficial, Apollinaire passa algumas horas em Paris. A cidade está em guerra, mas não é o front, longe disso. É verdade que os zepelins atacam quase todas as noites. Precedidos pelas sirenes de alerta, eles evoluem, cinzentos e oblongos, a 150 metros de altura. Os canhões se esforçam para alcançá-los. No rastro de luz dos projetores, os parisienses mais curiosos conseguem ver, às vezes, o lançador de bombas com os braços erguidos acima da nave, e o projétil assassino nas mãos. Os espectadores, entretanto, não são numerosos. As famílias se amontoam nos porões, aguardando o final dos alertas.

É verdade também que muitos sofrem com a fome. E o frio é glacial naquele inverno. Mas quantos deixaram de ser mobilizados! Segundo Jean Hugo, Léon-Paul Fargue aproveita a amizade de um suboficial do Val-de-Grâce para ajudar os amigos a se reformarem. Apollinaire atira algumas flechas na direção dos companheiros poupados pelo trabalho nas usinas. Cendrars também não perdoa aqueles que se mandaram para a Espanha ou para os Estados Unidos. Em 1915, Derain está temporariamente zangado com Vlaminck, a quem discretamente recrimina por ter ficado para trás.

O que estão fazendo os outros, aqueles que a Guerra não quis, aqueles que ela rejeitou depois de tê-los maltratado nas trincheiras?

Estão tomando *cafés-crème* no La Rotonde. Esperando que aquilo acabe. Ou, então, esperando que chegue. Como os revolucionários russos, principalmente.

Em Paris, eles são alguns milhares aguardando a eclosão da grande noite. Refugiados, longe de seus países, espreitam os saltos e sobressaltos de uma possível revolução. Escolheram Montmartre como local de abrigo.

Lenin mora na rua Marie-Rose, para os lados de Alésia. Martov, Ilya Ehrenbourg (que ganha a vida fazendo traduções e guiando turistas russos na capital) e Trotski também estão lá. Este último aceitou a oferta de um jornal de Kiev, o *Kievskaya Mysl*, que lhe propôs ser correspondente na França.

Trotski chegou em Montparnasse no final de novembro de 1914. Primeiro ficou num quarto de hotel na rua Odessa; depois, quando a mulher e os filhos se juntaram a ele, mudou-se para a rua do Amiral-Mouchez, nos confins de Montsouris. Além do trabalho no *Kievskaya Mysl*, ele é responsável pela publicação de um jornal criado há pouco pelos imigrantes russos. Ficou dois anos na França antes que as autoridades francesas o expulsassem.

Trotski ia frequentemente ao La Rotonde, e também ao Baty, na esquina de Raspail com Montparnasse (diz a lenda que ele deixou de pagar uma conta nesse restaurante, que Apollinaire elogiava pela qualidade dos vinhos e era frequentado por elegantes um pouco mais afortunados).

Alguns anos mais tarde, a presença dos dois revolucionários russos será fortemente contestada. Mas as testemunhas da época permanecem irredutíveis.[1] Mesmo se exageram na caricatura, como Vlaminck, que ao encontrar Trotski um dia no La Rotonde, teria ouvido dele:

> Gosto muito da sua pintura [...] Mas você deveria pintar mineiros, pedreiros, Trabalhadores! Exaltar o trabalho, fazer a apologia do trabalho![2]

E mesmo se também concordam em reconhecer que não é porque Trotski já era amigo de Diego Rivera (irá encontrá-lo no México bem depois) que ele e seus camaradas bolcheviques teriam tempo a perder com atividades artísticas...

Certos encontros são mesmo difíceis de conceber. Imaginar Lenin, Trotski, Martov, um punhado de mencheviques e bolcheviques no meio da fumaça do La Rotonde, de vapores de éter e carreiras de cocaína, é puro delírio. Ainda mais com Modigliani, à direita, gritando slogans antimilitaristas; Soutine, à esquerda, resmungando, nu, enrolado no casacão; Derain, mais adiante, em licença naquele dia, fazendo aviõezinhos de papel lançados com precisão nas xícaras desses senhores...

A presença de Max Jacob nesses lugares por onde circulam os artistas é muito mais concreta.

Certo dia, em 1916, o poeta empurra a porta do La Rotonde. Conta como foram suas "aulas" na companhia: serviu durante um mês em Enghien como motorista de ambulância civil; como os feridos ainda eram raros, passou um mês num jardim estival, em meio a mães e esposas aos prantos, organizando seus poemas e seus manuscritos para o caso de uma publicação póstuma de suas obras.

Em seguida, naturalmente, fala de Picasso. E o amaldiçoa. Em voz baixa, pois o pintor está de luto: Eva não suportou a tuberculose que a corroía havia meses. Foram poucos, entre os quais Juan Gris, os que o acompanharam até o cemitério. Tudo isso era tão triste que Max precisava de algo para reconfortá-lo. Vinho, apenas vinho. O que o faz contar histórias picantes. Tornou-se amigo íntimo do cocheiro da funerária. Alguém o critica por não saber se comportar.

Depois disso, Picasso se irrita. E Max fica amuado. Depois de tudo o que fez por ele! Tudo o que deu a ele!

Na outra extremidade da sala, um jovem está escutando. Quando ouve o nome de Picasso fica de orelha em pé.

Está sentado no balcão, na frente de Libion. Sacode a botina de aviador, amarrada até o tornozelo. A calça vermelha cai impecavelmente sobre os pequenos ilhoses de couro amarelo. A túnica preta faz um ótimo efeito, e mais ainda o capacete pintado de malva (as más línguas dirão que é a última criação de Paul Poiret), que o poeta balança despreocupadamente na ponta de um punho de rendas brancas.

Está voltando da Guerra. Primeiro, foi enviado à intendência, em Paris; depois obteve sua transferência para uma unidade de ambulâncias, comandada pelo conde Étienne de Beaumont. Achou ótimo. Lindo. Nada como ter, pela manhã, o barulho do canhão como despertador. E nenhuma paisagem é tão magnífica quanto o céu azul onde se vê uma revoada de *schrapnells* caindo em volta dos aviões.

O soldado, muito chique, evolui sua pequena figura, ao ritmo de um pensamento vivo e delicado, que flui sem esforço, como uma fonte, sobre as pequenas flores à sua volta, pelas quais, a fraqueza obriga, ele gostaria de ser amado.

"A admiração me deixa frio", murmura. "Minha obra exige amor; eu o recolho."[3]

Um pouco não basta, e muito é só mais um pouco. Ele precisa do apaixonadamente. Muitas vezes, não colhe nada.

Vlaminck, que acaba de empurrar a porta do La Rotonde, passa longe: acaba de perceber as asas móveis e graciosas de Cocteau, o zéfiro.

Vai ao encontro de Salmon e Carco, que, sentados lado a lado, riem observando o soldado *gentleman.*

"Ele é o filho espiritual de Picasso e de Max Jacob", Vlaminck: fala entre dentes. "Mas que foi criado na casa de Anna de Noailles."[4]

Salmon ergue o copo.

"Ao Ariel dos salões!"[5]

Carco bate sua xícara:

"À coqueluche das velhas senhoras."

E especifica:

"Ao costureiro das Artes."

E acrescenta:

"Ao teórico perfumado."[6]

"Ao príncipe frívolo", conclui Vlaminck.

Esse é o título de um livro que Cocteau publicara em 1910, cinco anos antes. Na margem esquerda, essa obra não é apreciada pelos pintores e poetas, que detestam tudo aquilo que o dândi do outro lado representa. Mesmo que um lado flerte com o outro, mesmo que, mais tarde, virem a casaca, mesmo que o próprio Cocteau, depois de ter forçado um círculo que não o queria, acabe fazendo ali um ninho confortável, tornando-se íntimo de quase todos, a realidade dos primeiros anos persiste: seu comportamento era o de um estranho.

Francis Carco reconhece nele um mérito: "Sem Jean Cocteau, quem poderia pensar que o cubismo fosse encantar os esnobes?"[7] Segundo Philippe Soupault, Apollinaire não gostava muito dele: "Desconfiem de Cocteau [...] É um farsante e um camaleão"[8] Reverdy o considerava "o antipoeta", dublê de "exibicionista, imitador, maníaco pelo sucesso, falso, especialista em enrolar os outros". Sob a pena de André Salmon, encontramos este depoimento, aliás tão severo quanto os outros: Vindo da margem direita, para a qual iria voltar o mais rapidamente possível – Táxi! – e não aparecer mais, o poeta [...] foi embora, depois de terem se submetido a inesperados refinamentos dialéticos os larápios do *café-crème*.[9]

Max Jacob não é o último a retocar sua reputação. Ao que Cocteau responde com boas alfinetadas: o autor do *Cornet à dés* é um "emergente do cristianismo. Tipo faz-tudo sujo e gentil"[10]; ou ainda: "um Jean-Jacques Rousseau de WC, um dançarino de sacristia". O que não impedirá que os dois homens se tornem os melhores amigos do mundo. Cocteau, como vimos, vai intervir, mais tarde, para tentar salvar Max Jacob, preso em Drancy.

Vai intervir também por ele mesmo, em 1942, junto às autoridades de Vichy, o que lhe valerá a sólida inimizade de Philippe Soupault. Este conta que, em 1983, por ocasião de um leilão de cartas e manuscritos originais, durante o qual foi oferecido o texto de *Champs magnétiques*, ele descobriu duas cartas de Cocteau datadas de 1942 e dirigidas a

Pétain. Depois que Jean Marais e ele próprio tinham estado na mira da Milícia e da imprensa colaboracionista, o autor pedia ao marechal que interviesse para que a peça *Renaud et Armide*, que acabara de ser proibida, fosse, apesar disso, encenada pela Comédie-Française. Soupault cita alguns trechos dessas cartas:

> Eu tinha decidido, junto com os atores, escrever para a Comédie Française uma grande peça lírica exaltando o que a vossa nobreza nos ensina [...] Minha vida é impecável. Minha obra, impoluta. Sou primo do almirante Darlan. Mas é à vossa excelência, senhor Marechal, que me dirijo, porque o admiro e o amo.[11]

Bem antes dessa data, os surrealistas já desprezavam Jean Cocteau. Em *Pas perdus*,[12] André Breton chega a pedir desculpas por ter que escrever o nome dele. Critica-o por aquilo que os poetas e os pintores de Montmartre já haviam percebido, antes e durante a Primeira Guerra Mundial: seu arrivismo marcante, seu mundanismo, a atenção que ele dedicava à princesa Bibesco, à princesa de Polignac, à imperatriz Eugénie, a Liane de Pougy, esposa do príncipe romeno Georges Ghika, e a artistas que, como ele também, admiravam os dourados e os salões: o músico Reynaldo Hahn e o pintor Jacques-Émile Blanche.

Jean Cocteau brilhava, e brilhava por toda a parte. Quando chegou a Montparnasse, sua maior riqueza, aquela que, com razão, mais gostava de exibir, era a reluzente vestimenta dos Balés Russos.

O grupo Mir Iskustva tinha sido fundado em São Petersburgo em 1898. Sob a direção do coreógrafo Fokine, reunia pintores e músicos. Em 1909, instalaram-se no Teatro do Châtelet, em Paris. Fokine e Serge Diaghilev compreenderam que, se quisessem romper com o balé clássico, teriam que incluir na equipe os pilares da arte contemporânea. Desse ponto de vista, eles são os fundadores do balé moderno. Voltando as costas para as músicas pomposas, encomendaram suas obras a compositores totalmente novos: Auric, De Falla, Milhaud, Prokofiev, Satie, Stravinski. Depois de Bakst, os cenários foram assinados por Derain, Braque e Picasso.

Nijinski e Karsavina provocavam o delírio... ou a ira. Foi assim com o *Prelude à l'après-midi d'un faune*, de Claude Debussy, e, principalmente, com o *Le Sacre du printemps*, de Igor Stravinski, cuja estreia aconteceu em maio de 1913, no Teatro Champs-Élysées. Foi um escândalo, digno da estreia de *Hernani.** A sala veio abaixo sob pérolas e peles. Todos os representantes das artes e das letras estavam presentes: Debussy, Ravel, Gide, Proust, Claudel, Sarah Bernhardt, Réjane [atriz], Isadora Duncan... e Jean Cocteau, é claro.

Assim que a cortina se abriu, o tumulto começou. A sala se dividiu entre os que defendiam Stravinski e a coreografia de Nijinski, e todos os outros. De um lado aplaudiam, do outro vaiavam. Insultos e bengalas em riste. Ninguém ouvia mais a música. No palco, imperturbáveis, os dançarinos evoluíam. Passando por entre as fileiras, de cartola, com suas luvas cor de manteiga** e roupa de gala, Apollinaire beijava as mãos das elegantes – quando elas não desviavam o olhar. O escândalo do *Sacre* foi comparado àquele provocado pela exposição dos pintores cubistas no Salão dos Independentes, alguns meses antes.

Como uma abelha de flor em flor, Jean Cocteau recolheu seu mel.

Ele conhecia Diaghilev havia alguns anos e encontrara Stravinski em 1911. Um ano depois, escreveu um balé musicado por Reynaldo Hahn: *Le diable bleu* será encenado em maio de 1912 pelos Balés Russos.

A partir daí, a grande proposta de Cocteau foi a de unir as vanguardas. Trazer para Diaghilev aquilo que ainda lhe

---

* Peça de Victor Hugo de 1830 que suscitou intensa discussão entre clássicos e românticos. (N.T.)

** No original, *gants beurre frais*: luvas tradicionais de cor clara para homens, às quais se atribui uma conotação irônica de solenidade pequeno-burguesa. (N.T.)

faltava: a colaboração dos pintores que, do mesmo modo que a trupe de São Petersburgo, provocavam a ira do público. Ele queria orquestrar a nova arte, a arte total.

Aproximou-se do cubismo depois de tê-lo ridicularizado muito. Para isso foi preciso um encontro com Albert Gleizes, que o levou até os artistas da Section d'Or. Era um começo. Mas não era o bastante.

Quando chegou em Montparnasse, Cocteau logo compreendeu – ele escreveu isso – que, como seus pares haviam partido para o front, "era preciso tomar Paris".

Paris era Picasso. Imediatamente, Cocteau avaliou que, se o pintor arrastava atrás de si pessoas tão ilustres como Max Jacob, Pierre Reverdy ou Guillaume Apollinaire, não havia razão para que ele próprio, Jean Cocteau, também não segurasse uma pontinha dessa cauda. Tratou de se empenhar nisso. Sempre que podia, o rapaz (tinha 26 anos) oferecia pequenos presentes àquele que ele queria apanhar na sua rede dourada. Enviava-lhe tabaco. Escrevia-lhe cartas de uma trágica limpidez: "Meu caro Picasso, pinte logo meu retrato, porque vou morrer".[13]

Algumas semanas antes da morte de Eva, conseguiu, sem muita dificuldade, entrar no ateliê da rua Schoelcher. Edgar Varèse serviu de chave. O poeta ficou encantado: "Acho que sou uma das poucas pessoas aptas a entrar instantaneamente no teu reino, e digna de traduzi-lo na minha língua, de forma que minha sintaxe obedeça aos mesmos imperativos que a tua".[14]

Em suma, uma revelação.

Depois dessa primeira visita, Cocteau só tem um sonho: voltar. Porque, assim como aconteceu com Max Jacob, ele já sabe que Picasso é o grande encontro da sua vida. E pouco importa que, para atingir seu objetivo, tenha que passar pelo La Rotonde, esbarrar naqueles cubistas que ele não entende muito, um bando de aprendizes malvestidos, ocupados com conversas estéreis, que avaliam a elegância e o bom gosto com os botões da braguilha. Ele sonha em se ver numa tela assinada pelo pintor espanhol.

Em janeiro de 1915, Picasso tinha feito um retrato a grafite de Max Jacob. Pelo estilo, esse retrato se parece estranhamente com o de Ambroise Vollard, traçado no mesmo ano. No microcosmo do cruzamento Vavin, essas duas obras tiveram o efeito de uma bomba: será que o pintor ia abandonar o cubismo por um realismo mais clássico, que lembra Ingres? Até Beatrice Hastings falou sobre isso em *The New Age*.

"Se ele fez Max Jacob, por que não eu?", pergunta-se Cocteau.

Mas como obter esse imenso favor? Há uma maneira... A bem da verdade, não se trata de uma novidade. Foi ao ver *Arlequin*, pintado pelo artista na última fase da doença de Eva, que a ideia começou a germinar no sutil espírito do poeta. Léonce Rosenberg, que comprou a obra, confirmou-lhe o interesse de Picasso pelas figuras de circo.

Cocteau deixa uma moeda no balcão, sorri para Libion e desce elegantemente da banqueta. Examina a dobra da calça vermelha, segura o capacete pela tira com o polegar direito e, depois de ter gentilmente cumprimentado a plateia, sai para pôr em prática o plano elaborado por seu cérebro nobre.

O GALO E O ARLEQUIM

> Voltei. Chove muito e perdi em dois dias o bronzeado que levei dois meses para conseguir.
>
> JEAN COCTEAU

Ele mora na rua d'Anjou, número 10. Gosta de receber os amigos. Foi lá que Jean Hugo, bisneto de Victor Hugo, o conheceu.

> O poeta estava de pé, no meio de um círculo de admiradores e admiradoras, segurando com uma das mãos o receptor telefônico, deslumbrado, imaginando os meandros que faziam suas palavras ao longo do fio que serpenteava sobre o tapete.[1]

Foi lá também que leu para um seleto grupo de visitantes seu poema *Le Cap de Bonne-Espérance*, dedicado ao aviador Roland Garros, que o fez descobrir os prazeres da navegação aérea:

> donc
> cet ange ailleurs distrait
>
> cela peut
> chez nous
> apparaitre
>
> L'adorable géant ra len ri se se condense*

---

* então/ esse anjo distante distraído/ isso pode/ para nós/ aparecer/o adorável gigante ra len ri se se condensa. (N.T.)

O poeta ficava atrás de uma estante de livros decorado de flores pintadas. Usava um terno preto e uma gravata branca. Na lapela, prendera uma daquelas gardênias que garantia receber diariamente, não de Paris: muito banal. De Londres.

Quando terminou a leitura, foi perguntar a opinião dos convidados. Misia Sert (filha do escultor polonês Cyprien Godebski, e grande amiga de Diaghilev) aplaudia, ao lado do comediante Roland Bertin e da pintora Valentine Grosz, futura mulher de Jean Hugo, que havia introduzido o dono da casa no círculo de Montparnasse. André Breton, pouco à vontade no seu uniforme de médico militar, não dizia uma palavra. No final da apresentação, ele desapareceu.

Isso foi antes do encontro com Picasso. A partir de então, algumas gotas de água passaram por debaixo das pontes.

Cocteau abre as portas do guarda-roupa. Escolhe o que lhe parece mais adequado para um balé que está preparando para Diaghilev. Calça e camisa estampadas, cores vivas em losangos: um traje de arlequim.

Veste-se. Na hora de sair, dá-se conta de que andar por Paris, em plena guerra, vestido daquela maneira poderia causar-lhe alguns problemas. Disfarça então a fantasia sob um casacão bem comprido. Fica esquisito nos calcanhares, mas, se alguém perguntar algo, dirá que é uma roupa de camuflagem...

Cocteau chama um táxi e vai até a rua Schoelcher. Sobe a escada com o coração disparado. Como será que Picasso vai receber o belo convidado? Será que a viuvez vai impedi-lo de pintar tão doce perfil?

O poeta toca a campainha. O pintor abre a porta. O poeta tira o casacão negligentemente e surge como está, ramagem, plumagem, espírito: todo colorido. Mas o pintor não diz nada. Não coloca nenhuma tela à luz da janela que dá para o cemitério de Montparnasse, não pega tintas nem pincéis. Cocteau se desespera. Vai se consolar quando reescrever a história:

> Em 1916, ele [Picasso] queria fazer meu retrato vestido de arlequim. Esse retrato terminou sendo um quadro cubista.[2]

Quando Cocteau vai à casa de Picasso, este está se recuperando da tristeza causada pela morte de Eva. Consola-se com Gaby, uma jovem de Montparnasse que será substituída por Irène Lagut, que por sua vez deixará os braços de Serge Férat pelos do espanhol, o qual abrirá depois seu coração para Pâquerette, manequim de Poiret, e posteriormente para Olga, sua primeira mulher.

Cocteau aguarda. Como por ora os pincéis de Picasso estão ocupados com outras coisas, posa para os de Modigliani e de Kisling.

Assim como Cendrars, Moïse Kisling foi reformado depois da Batalha de Carency. Sobrevive graças à ajuda de um escritor polonês, Adolphe Basler (grande admirador de Manolo), que vende as telas do artista no seu apartamento.

Kisling anda por Montparnasse, alegre e festeiro, vestido com um macacão rasgado e sandálias que participaram de várias batalhas pelas calçadas. As roupas que trazia quando chegou de Cracóvia são apenas uma lembrança. Adotou os trajes e os hábitos dos novos amigos. É intrépido. Já era antes da Guerra. Em 1914, lutou em duelo contra outro pintor polonês, Leopold Gottlieb. Ninguém jamais soube a razão desse combate fratricida. O combate aconteceu no Parc des Princes, perto de uma pista onde os ciclistas treinavam. André Salmon era o padrinho de Kisling, e Diego Rivera, o de Gottlieb. Os dois combatentes se enfrentaram, primeiro com pistola, dois tiros a 25 metros, depois se lincharam com o sabre. Kisling nunca tinha usado uma arma branca. As lâminas voavam, os ciclistas interromperam suas voltas para aplaudir, os espectadores estavam encantados, os padrinhos pediram uma pausa para tratar dos ferimentos. Os dois poloneses recusaram. Lutaram ferozmente durante uma hora, com uma garra que lhes valeu um merecido lote de lanhos. O cessar-fogo foi obtido depois que o sabre de Gottlieb tirou um pedaço do nariz do compatriota, que, com o rosto cheio de sangue, mas feliz, voltou-se para a assistência exclamando:

"É a quarta divisão da Polônia!"

Era a quinta. Seis semanas mais tarde, o Império Austro-Húngaro declarava guerra à Sérvia.

Enquanto aguarda que Picasso lhe abra o coração, Cocteau está, certo dia, na rua Joseph-Bara, no ateliê de Kisling. Modigliani está presente. Os dois pintores devem fazer o retrato do poeta. Esse último trouxe uma garrafa de gim e dois limões: ele gostaria de posar diante de uma natureza-morta.

"Impossível!", declara Amedeo. Ele não gosta de naturezas-mortas. "... Mas adoro o *gim-fizz*!"

Pega a garrafa de gim, espreme os limões, abre uma garrafa de água de Seltz e toma um copo. Depois dois. Depois três. Depois a garrafa.

Kisling fica louco de raiva.

Cocteau continua esperando.

Algumas semanas mais tarde, finalmente, ele exulta: Picasso começa a fazer seu retrato. Será que o pintor já sabe que logo irá mudar de mundo e de universo, levado pelo esfuziante rapaz? Que o Bateau-Lavoir, já tão distante, vai desaparecer para sempre quando, de braços dados, Cocteau e Picasso irromperem juntos nas altas rodas?

Provavelmente ele não o ignora. Nem ele nem os outros. É a tese de Maurice Sachs, que explica por que os antigos amigos de Montmartre, Max Jacob e Picasso, em primeiro lugar, se renderam às artimanhas de Cocteau: eles precisavam de um "bom agente de publicidade".[3] Em troca da sua esperteza, ofereceram a ele a novidade e a vanguarda que ele queria. O jovem poeta foi um maravilhoso "animador", e eles se serviram dele como tal. Entre eles, tratava-se, porém, de "uma amizade de fachada que encobria, na realidade, rivalidades profundas e muito desprezo".[4]

Parece exagero, mas existe alguma verdade nisso. Logo virá *Parade*. Cocteau e Picasso ainda trabalharão juntos para os Balés Russos. Mas, em seguida, o pintor se distanciará do poeta. Gertrude Stein conta sobre isso uma história que parece significativa.[5] Picasso estava um dia em Barcelona. Foi entrevistado por um jornal catalão. A conversa recaiu sobre Jean Cocteau. Picasso declarou que este era tão famoso em Paris que todos os cabeleireiros chiques colocavam poemas dele sobre as mesas.

A entrevista foi publicada na imprensa francesa, e Cocteau leu. Tentou encontrar Picasso para pedir explicações. Este se fez de morto. Para apagar o incêndio que ameaçava sua reputação, Cocteau disse a um jornal francês que não fora seu amigo Picasso quem havia falado dele daquela maneira, mas sim... Picabia. Para azar dele, este desmentiu. Cocteau tentou outra vez falar com Picasso. Suplicou ao pintor que contradissesse Picabia. O outro continuou calado.

Pouco depois, Picasso e a mulher (provavelmente Olga) foram ao teatro. Passaram pela mãe de Cocteau. Esta pediu ao pintor que lhe confirmasse que não era ele o autor das calúnias lançadas da Espanha contra seu filho. Picasso não reagiu. Foi a mulher dele que, sensibilizada por ver sofrer uma outra mãe, respondeu que, na verdade, Picasso jamais falaria nesses termos sobre Jean Cocteau.

Assim, o poeta se acalmou: não havia nenhuma sombra entre eles.

Novas nuvens, no entanto, não tardariam a aparecer, quando, nos anos 1920, Picasso se aproximou dos surrealistas, que detestavam "o viúvo no telhado".* Caiu uma chuva fina. Esta virou granizo quando, durante e depois da guerra da Espanha, Picasso se posicionou claramente à esquerda do tabuleiro político. A tempestade veio com a Guerra: Cocteau, que escapou por milagre da depuração**,

---

* Por ocasião da morte de Raymond Radiguet, escritor, poeta, discípulo e companheiro de Cocteau, em 1923, este ficou inconsolável. Os dadaístas o chamaram então de *le veuf sur le toit* numa alusão ao balé encenado em 1920, cujo roteiro era uma farsa de Cocteau, musicado por Darius Milhaud: *Le Boeuf sur le toit*. (N.T.)

** Assim foi chamada a repressão aos "colaboradores", no final da Segunda Guerra. (N.T.)

tinha realmente exagerado. Deve-se a ele, sobretudo, uma homenagem pública a Arno Breker...*

Apesar de perdoá-lo, muito mais tarde, e de abrir novamente suas portas para ele, em 1960, Picasso não esqueceu. E não foi o único. Françoise Gilot conta que, quando ele estava em Saint-Tropez com Paul Eluard (cujo nome verdadeiro era Eugene-Émile-Paul Grindel), um iate atracou diante da casa de Senéquié. Cocteau desceu da cabine como um ludião. Eluard, que não gostava dele, recebeu-o com frieza. O outro insistiu tanto que acabou recebendo um aperto de mão... gelado. Melhor do que nada. Isso permitia a Cocteau escrever que Eluard era "um grande amigo"...[6] Picasso também não foi caloroso. Mas mudou um pouco de atitude depois da morte de Eluard, em 1952.[7]

Resta uma pergunta à qual ninguém jamais saberá responder.

Em Montparnasse, durante os anos em que Cocteau brilhava, havia um outro poeta que brilhava tanto quanto ele, com uma chama diferente, mas provavelmente mais duradoura; que havia igualmente escrito poemas, romances, peças de teatro, cujo talento era proteiforme e que, embora também soubesse beijar a mão das senhoras nos salões, não fizera nenhum esforço para penetrar no mundo das vanguardas e dos gênios da época pela simples razão de que já era um deles. Esse poeta era Guillaume Apollinaire.

Os dois homens se conheciam desde o final de 1916. No início, a relação entre eles era cheia de dúvidas e desconfianças. Escrevendo a Picasso, na primavera de 1917, Apollinaire dizia que a situação entre ele e Cocteau havia se esclarecido um pouco. Teria sido depois de uma carta datada do mês de março, na qual o mais jovem foi claro e direto?

> Juro que trabalharemos juntos e que tinha certeza quanto ao nosso entrosamento. Desculpe-me por ter insistido um pouco, arriscando parecer "o jovem que

* Escultor que viveu na França por algum tempo, e trabalhou depois para Hitler. (N.T.)

> procura se passar por bem-vindo". Agi assim com coragem e seriedade pela causa comum e fiquei até contente com a sua desconfiança, como a do pedreiro que se disfarça para testar um outro e constatar suas habilidades.[8]

Ou foi porque Picasso, segundo Cocteau, havia insistido muito para que os dois poetas se vissem e se encontrassem?

> Alegro-me com esse nosso encontro tão importante e que Picasso tanto deseja. "Tomara que você se dê bem com Apollinaire", ele diz sempre.[9]

Eles se deram bem, com altos e baixos. Cocteau se queixava de que Apollinaire o julgava "suspeito"; Apollinaire, segundo Vauxcelles, rejeitava Cocteau porque este tentou tomar o lugar que ele mesmo tirara de Max Jacob, ao lado de Picasso. Enfim, as fofocas, as histórias, as maledicências mundanas não paravam de multiplicar as sombras entre eles.

Quando, com o passar do tempo, Cocteau proclamou que Paris durante a Guerra era uma cidade a ser tomada, pensava certamente num lugar e não na cidade. Exatamente o lugar que Apollinaire tinha deixado. Daí a pergunta que permanecerá sem resposta: qual teria sido o destino de Cocteau se Apollinaire tivesse sobrevivido?

O ferimento do poeta

A guerra é o retorno legitimado ao estado de selvageria.

Paul Léautaud

Exército, 17 de março de 1916
Setor 139

Diante de Berry-au-Bac, no Bois des Buttes, Guillaume Apollinaire ajeita seu canto na trincheira. Estende uma lona por sobre o parapeito: ilusória proteção contra os *shrapnells* que caem à sua volta. Coloca o capacete e senta-se na lama. Depois da licença passada em Lamur, com Madeleine e a mãe, retornou para a sua unidade em janeiro. Durante dois meses, efetuou um treinamento intensivo. Comandou sua companhia. No dia 14 de março, voltou para a linha de frente. Quando partiu, escreveu para Madeleine, fazendo-a novamente herdeira de todos os seus bens. Uma carta entre outras.

Eles se escrevem quase todos os dias. Ele promete a ela um amor eterno, jura que assim que tiver tempo tratará das formalidades do casamento. Existe ternura, mas não entusiasmo. Quando a jovem parece ficar preocupada, ele se mostra tranquilizador, explica por meias palavras que a censura impede as declarações intempestivas. Às vezes, parece irritado com a insistência dela. Pede-lhe que seja "boazinha", que adote um registro mais literário, que eleve o pensamento. Aconselha-a a aperfeiçoar seu inglês, a não comer peixe, recomenda-lhe que se distraia, que cuide dos pés doentes: "Massageia-os delicadamente até a ponta dos dedos, cada um, durante dois minutos à noite, e passa *philopode*".[1]

Tudo muito sensato. Essa correspondência é a imagem do comportamento burguês que rege a história deles: noivado, pedido de casamento feito à mãe, atenções afetuosas e reconfortantes... Será que é isso mesmo que Guillaume quer?

Ele não escreve mais para Lou. Os louros foram cortados. Sua última carta data do mês de janeiro: pedia a ela que lhe enviasse um recibo da caixa de penhores de Nice para que ele pudesse recuperar um relógio que tinha colocado no prego. Por outro lado, escreve de vez em quando para Marie Laurencin, num tom afetuoso. E para os amigos de Paris, Picasso principalmente, a quem ofereceu um anel feito por ele.

Escreve poemas. Envia algumas páginas ao *Mercure de France*, as *Anecdotiques* que falam da guerra, do futurismo, de Stendhal ou de Joana d'Arc. Aconteça o que acontecer, ele tem sempre um livro no bolso, que pega sempre que a luta no front dá uma trégua.

Ele não se queixa, mas está deprimido. É tomado por uma "grande melancolia". Menos, ao que parece, pela distância que o separa de Madeleine do que pela própria guerra. Acostumou-se com a chuva, com a lama, com a vida no quartel, com as marchas e com as manobras sob a neve, com os gases asfixiantes. Mas não se conforma com a estupidez do Estado-maior. Teve que fazer um relatório para explicar por que os homens da sua companhia usavam capacete, enquanto os da companhia vizinha usavam quepe. Provavelmente, ele também está a par dos rigores disciplinares impostos a todas as tropas. É hora dos conselhos de guerra. As mutilações voluntárias são punidas com a pena de morte. Todo soldado ferido nas mãos, portador de vestígios escurecidos em volta da ferida, corre o risco de ser executado: esses vestígios poderiam ser de pólvora, o que provaria que o tiro fora dado de perto e, logo, não poderia ter sido disparado pelo inimigo. Muitos soldados foram fuzilados por causa de estilhaços de obuses que atingiram suas mãos.

Da mesma forma, a desobediência é cruelmente punida. Em março de 1915, perto de Souain, a 2ª companhia do 336º batalhão de infantaria recebe ordem de atacar as trincheiras inimigas. Os homens recusam-se a se mexer: estão cansados

dos ataques e contra-ataques; além do mais, eles têm que atravessar uma zona de 150 metros coberta de arame farpado e tomada pelas metralhadoras alemãs: um suicídio.

Constatada a indisciplina, o general comandante da divisão pensa primeiro em atirar nas trincheiras francesas. O coronel comandante da artilharia intervém energicamente, e ele muda de tática. Exige que seis sargentos e dezoito homens sejam escolhidos entre os mais jovens. Os reféns são enviados ao conselho de guerra e imediatamente condenados à morte.

Às vezes, os reféns não são escolhidos por seus oficiais ou suboficiais, mas sorteados. Depois, são fuzilados no lugar daqueles que se recusaram a revidar o ataque das baterias ou a atravessar os campos, patinhando entre os cadáveres e jogando-se sobre eles para escapar dos obuses alemães.

O subtenente Apollinaire certamente não ficou insensível ao caso de um outro subtenente. Chapelant. Tinha vinte anos, era oficial de metralhadora do 98º batalhão de infantaria. Em outubro de 1914, foi atacado no Bois de Loges. Os alemães os cercaram; ele, suas duas metralhadoras e seus quatro ajudantes. Foram capturados. Em seguida, Chapelant foi ferido diante das linhas alemãs. Ficou dois dias no meio do arame farpado. Foi recolhido pelos enfermeiros e levado à presença de seu coronel. Foi acusado diante do conselho de guerra. Por quê? Por ter passado para o lado do inimigo.

Chapelant estava deitado na maca quando ouviu a sentença: pena de morte. E não foi uma morte qualquer: foi amarrado à maca, esta foi erguida na vertical, e ele recebeu doze tiros no corpo.

Fatos como esse baixam o moral das tropas. Apollinaire não é menos sensível do que os outros. Do que Derain, por exemplo, que escreve à sua mãe:

> Milhares de vidas são sacrificadas em vão como se não valessem nada, e por nada que seja grave ou previsível. Certas pessoas se atribuíram todos os poderes e dispõem dos outros como se estes fossem instrumentos

fora de uso e incansáveis, pedindo a eles constantemente que renovem seus esforços mais penosos. A inconsciência daqueles que dão ordens mete medo.[2]

Algumas semanas antes de tomar posição no Berry-au-Bac, Apollinaire obteve uma licença e partiu. Por dois dias. Voltou decepcionado; como a Guerra é suave em Paris! Max Jacob ministrou-lhe o veneno: prevê um conflito de trinta anos. Certamente é um exagero. Mas Guillaume não acredita que a paz possa ser assinada antes do final de 1917, quem sabe no inverno de 1918.

A única boa notícia, a melhor dos últimos tempos, vem numa carta oficial recebida alguns dias antes. Essa carta, enviada pelo Ministério da Justiça, departamento de estrangeiros, concede a Guillaume Kostrowitzky, dito Guillaume Apollinaire, a nacionalidade francesa. Até que enfim!

A carta está no bolso do poeta. Junto a um número do *Mercure de France*. Apollinaire toca-o com a mão e pega-o. Abre-o. À sua volta, o bombardeio continua. Mas não há nada a fazer, além de se proteger.

São quatro horas da tarde daquele 17 de março de 1916.

Apollinaire mergulha na leitura do índice. Vira algumas páginas. De repente, ao mesmo tempo em que uma explosão se produz a cerca de quarenta metros, um choque ressoa no seu capacete. Um choque leve, do lado direito, na altura da têmpora. Apollinaire leva a mão à cabeça. Há um buraco no capacete. E um calor que desce pelo rosto. É sangue.

Grita por ajuda. É retirado e levado ao posto de atendimento médico. Um estilhaço de obus 150 alojou-se na têmpora direita. O médico chefe do 246º regimento faz-lhe um curativo na cabeça. Trazem-lhe sua maleta pessoal e fazem-no dormir. No dia seguinte, às duas horas da manhã, uma ambulância o leva ao hospital de Château-Thierry: alguns fragmentos são extraídos. No dia 18 de março, ele escreve a Madeleine, para colocá-la a par do seu estado: o ferimento é leve, ele só precisa descansar.

No dia 22, faz uma radiografia. Sente dores. Mas isso não o impede de relatar na agenda as circunstâncias do ferimento. Nem mesmo de escrever a Madeleine, a Yves Blanc e a Max Jacob.

No dia 25, tem que ser retirado de Château-Thierry, mas a febre o deixa na cama até o dia 28. No dia 29, chega ao Val-de-Grâce, em Paris. Os amigos vêm vê-lo. Está perfeitamente lúcido. Aparentemente, o ferimento está curado e a ferida, se fechando.

Apollinaire se queixa, no entanto, de dores de cabeça e de vertigens. Os médicos notam que ele está cansado. O braço esquerdo se torna pesado. No dia 9 de abril, Serge Férat, que está servindo como enfermeiro no hospital da embaixada italiana, faz a transferência dele para esse hospital, no Quai d'Orsay. Os dias se passam, e uma paralisia se desenvolve, acompanhada de perdas de consciência. No dia 9 de maio, na Villa Molière (um anexo do Val-de-Grâce, situado no bulevar de Montmorency, em Auteuil), Apollinaire é trepanado e operado de um abscesso craniano. No dia 11, ele manda um telegrama para Madeleine: a operação foi bem-sucedida.

Em bilhetes, quase sempre breves, ele a mantém informada sobre as transferências e a evolução da doença. Em agosto, quando ela manifesta o desejo de ir ao encontro dele, suplica-lhe que não faça nada. Pede-lhe que escreva cartas alegres, e não mais de uma por semana. Pedirá, finalmente, que lhe devolva seu manual de artilheiro, assim como um anel que havia lhe dado. E um exemplar de *Case d'armons.* E duas aquarelas de Marie Laurencin. Fará com ela como fez com Lou: retomará o que lhe pertence e que havia sido dado.

Logo será a vez de Madeleine deixar a vida de Guillaume Apollinaire. Será porque uma outra mulher, Jacqueline, que veio vê-lo na Villa Molière, logo tomará seu lugar? Ou porque, como ele mesmo reconhece na última carta enviada à Argélia, ficou "muito irritadiço"? Seja lá o que for, quando voltar para a vida civil ostentando um magnífico uniforme sobre o qual está pendurada a cruz de guerra recebida em junho, e com a cabeça enfaixada por uma tira de couro que substitui a atadura das primeiras semanas, Guillaume Apollinaire não será mais o mesmo. Não está apenas irritadiço. Demonstra um patriotismo excessivo que surpreende os amigos. Torna-se inquieto, menos alegre, decepcionado com o egoísmo dos homens que o cercam e com essa vida parisiense tão distante das misérias do front.

Entretanto, ele ainda vai retornar a essa vida. Vai voltar ao Flore e ao seu apartamento do bulevar Saint-Germain. Vai frequentar novamente festas e banquetes. Isso vai durar o tempo da Guerra: 27 meses.

Vinte e sete meses. É também o tempo que lhe resta de vida.

A ARTE DO FALSO

> A camuflagem de guerra foi obra dos cubistas: também podemos dizer que foi sua revanche.
>
> JEAN PAULHAN

Em fevereiro de 1916, Apollinaire escrevera a Madeleine para dar-lhe uma boa notícia: tinha um novo uniforme. Ele vivia lamentando que o azul, recentemente adotado em substituição aos paletós e calças de cores vivas, não fosse como o cáqui, reservado ao exército do Oriente. Ou, melhor dizendo, que as tonalidades não fossem "arlequinizadas" para que se fundissem na natureza e, desse modo, desaparecessem sob o olhar do inimigo. Essa ideia lhe tinha sido soprada por Picasso. Um ano antes, este havia escrito ao amigo poeta para explicar a ele um ponto de vista estratégico: mesmo pintados de cinza, os canhões podiam ser facilmente percebidos; para dissimulá-los era preciso também jogar com as formas, usando cores vivas, encaixadas como as peças do traje do arlequim.

Em *Le poète assassiné*, Apollinaire escreve que o Oiseau du Bénin (Picasso) camufla peças de artilharia pesada. O mesmo Oiseau du Bénin, segundo Gertrude Stein, teria exclamado, certo dia em que um comboio militar passava pelo bulevar Saint-Germain: "Fomos nós que fizemos isso!".

Nós: os cubistas.

A experiência começou bem no início da Guerra, na França, perto de Toul. Um decorador teve a ideia de dissimular um canhão e os atiradores sob uma lona pintada com as cores do solo. O Estado-maior enviou um avião para sobrevoar o dispositivo de camuflagem. O aviador só percebeu as árvores.

Alguns meses mais tarde, em Pont-à-Mousson, um telefonista da tropa é encarregado de transmitir a ordem de atirar. Assim faz. Mal o canhão dispara, um obus inimigo o atinge fazendo-o explodir. O telefonista se pergunta: não seria possível inventar e desenvolver um sistema de proteção eficaz que permitisse confundir com a natureza os homens e as peças de artilharia?

O telefonista é pintor. Imagina que esse objetivo poderia ser alcançado misturando-se formas e cores. Dá a sugestão ao Estado-maior. Em fevereiro de 1915, o Ministério da Guerra aceita constituir uma equipe que trabalhará sob seu comando. É assim que Lucien Guirand de Scevola (de quem Apollinaire tinha falado antes da Guerra, nas suas crônicas artisticas[1]) funda a primeira unidade de camuflagem da história militar. Trinta voluntários no começo, mais de 3 mil especialistas e 8 mil fabricantes três anos mais tarde. E um símbolo facilmente identificável: um camaleão dourado bordado sobre um fundo vermelho.

Quem Scevola convoca? Pessoas que não têm nenhuma experiência em assuntos militares, estratégia, nem qualquer tipo de combate: os pintores cubistas. Jean Paulhan escreve:

> Os únicos quadros que a opinião pública obstinadamente acusou de não parecerem com nada tornaram-se, na hora do perigo, os únicos que poderiam se parecer com tudo.[2]

Melhor do que qualquer um, os pintores cubistas sabem jogar com as formas e os planos, oferecendo à superfície de suas telas objetos sem corpo, representados porém sob todas as facetas. Eles reconstituem o objeto na sua totalidade, e não apenas segundo o ponto de vista de quem os olha. É isso que eles farão, e também o contrário. Camuflarão objetos fazendo com que seu volume desapareça. Outros surgirão, criados inteiramente a partir de um só plano que representará uma totalidade. É o princípio da ilusão: o olho do aviador inimigo que sobrevoa um falso canhão, pintado em uma superfície plana e em *trompe l'oeil*, deve acreditar que esse canhão é real, qualquer que seja o ângulo pelo qual examine. E, se as baterias existem de verdade, dissimuladas sob falsos arbustos, o olho do aviador inimigo deve acreditar que a folhagem é real, qualquer que seja o ângulo pelo qual examine. As próprias fotografias aéreas não devem mostrar nada daquilo que se quer esconder. Não se trata apenas de dissimular as estruturas e o armamento. É preciso também induzir o inimigo ao erro.

Sob o comando do capitão Guirand de Scevola, os cubistas puseram mãos à obra. Existe nisso algo de surpreendente: todos aqueles pintores tão vilipendiados antes da Guerra, aqueles que eram considerados os grandes defensores da "arte boche", os artistas vendidos em liquidação por Khanweiler, Uhde e outros Tannhauser, todos estão trabalhando em defesa da pátria francesa! Pintores, escultores, cenógrafos, desenhistas e arquitetos: Bouchard, Boussingault, Camoin, Dufresne, Dunoyer de Segonzac (que dirige o ateliê de camuflagem de Amiens), Forain, Roger de la Fresnaye, Marcoussis, André Mare, Luc-Albert Moreau, Jaques Villon... Braque também vai se juntar a eles, por alguns meses, em 1916. Mas, apesar da insistência de Scevola, Derain e Léger são recusados.

Enquanto durar a Guerra esses artistas vão desenhar aquarelas com falsas árvores que serão fabricadas na retaguarda, nos circos ou nas escolas de belas-artes, equipadas com uma escada interna que permita ao observador ver as trincheiras inimigas (daí veio a ideia do Bikoff de Cendrars, no qual Charles Chaplin teria se inspirado). Essas folhagens pintadas com as cores da natureza serão colocadas sobre capacetes e canhões, quebrarão os ângulos das máquinas recobrindo-as de tonalidades vivas ou de redes de ráfia, esconderão os pontos de ataque e de observação em falsas ruínas, paredes fictícias, moinhos de papelão, chaminés, montes de palha, cadáveres de homens ou de animais feitos a pincel... Sobre telas gigantes, serão desenhadas falsas florestas abrigando metralhadoras de verdade, estradas de ferro, placas. Cidades inteiras serão dissimuladas, trincheiras, pontes... Serão feitas cabeças de soldados cobertas de gravetos, que os *poilus* exibirão no fundo das trincheiras para atrair o fogo inimigo. Em 1917, na província de Messina, centenas de soldados se erguerão da terra, bem desenhados sobre telas estendidas para despistar os alemães.

A camuflagem será utilizada por todos os exércitos do mundo. Os cubistas franceses ajudarão os ingleses e os italianos. Os alemães também a utilizarão, em 1917. De volta da Guerra, muitos desses pintores estarão desgostosos com uma arte da qual perceberam toda a sórdida realidade: árvores arrancadas, cidades viradas de pernas para o ar, monumentos destruídos, cadáveres com os membros arrancados e espalhados... E alguns farão então uma pergunta bem legítima: o cubismo, que tão bem ilustrava a Guerra, não a teria também antecipado?

Para os lados da América

Objeto-dardo*
Marcel Duchamp

Em 1914, Georges Braque estava no 224º regimento de infantaria. Promovido de sargento a subtenente, foi para a linha de frente. Em maio de 1915, foi gravemente ferido na cabeça, na Batalha de Carency. Foi trepanado e em seguida dispensado, em 1916.

Léger esteve em Argonne e Verdun. Vítima dos gases, foi reformado alguns meses antes do final da Guerra.

Em setembro de 1915, Derain foi para o 82º regimento de artilharia. Participou das hecatombes de Verdun e do Chemin des Dames. Com a paz, retornou à vida civil.

Roger de la Fresnaye ficou na infantaria até que a tuberculose o prendeu a um leito de hospital, em 1918.

Kisling foi ferido durante uma luta corpo a corpo. Cendrars perdeu um braço na Champagne. Apollinaire voltou para Paris, depois do Bois des Buttes... Todos criticaram os amigos de antes da Guerra que, aqui ou ali, tinham continuado a trabalhar e a vender suas obras. Não aqueles que o exército recusou, como Modigliani ou Ortiz de Zarate, mas os que tinham saído de fininho. Delaunay para a Espanha, Picabia e Cravan para a América.

A América era uma história que tinha começado antes da Guerra. Mas que voltaria a Montparnasse alguns meses depois do armistício.

No dia 17 de fevereiro de 1913, em Nova York, foi aberta a International Exhibition of Modern Art, evento mais

---

* Embora a tradução corrente em português do *ready-made* de Duchamp seja "objeto-dardo", o sentido de "objeto-ferrão" certamente não desagradaria aos dadaístas, enriquecendo ainda mais a sua simbologia fálica. (N.T.)

conhecido como Armory Show. Era a primeira exposição americana de arte contemporânea internacional e, segundo Hélène Seckel, o "relançamento – senão o nascimento – do mercado da arte".[1] Essa exposição iria ter repercussões consideráveis, pois foi ali que se efetuaram os primeiros encontros entre os artistas europeus e os colecionadores que virão para Paris nos anos 1920.

As obras do Armory Show estavam reunidas numa antiga sala de armas ("Armory"), perto de Greenwich Village. Um dos promotores do evento era um advogado americano, John Quinn, que depois de muitas batalhas conseguiu que as obras de vanguarda não fossem taxadas como importados. Ele recorreu aos serviços de Henri-Pierre Roché (futuro autor do romance *Jules et Jim*) para adquirir um certo número de peças na França. Walter Pach, tradutor de Elie Faure para a língua inglesa, reuniu também alguns quadros para a exposição – principalmente os pintores cubistas da Section d'Or.

O Armory Show expôs cerca de 1.600 obras de artistas europeus, entre os quais Cézanne (foi nessa ocasião que o Metropolitan Museum de Nova York adquiriu seu primeiro quadro), Braque, Gauguin, Gleizes, Kandinski, Léger, Marcoussis, Picasso, Duchamp e Picabia.

Em 1913, apenas Picabia tinha recursos para fazer a travessia do Atlântico. Ele foi o único artista francês presente no Armory Show. A imprensa americana dedicou colunas inteiras a esse pintor, nascido de pai cubano e de mãe francesa, que era a própria imagem da vanguarda.

Picabia tinha sido impressionista na sua juventude, pontilhista um pouco mais tarde, *fauve* pela margem, vagamente cubista, orfista, segundo Apollinaire. A América deu a ele o gosto pela mecânica e pela tecnologia. Descobriu os carros velozes, os dispositivos de partida elétricos, as preciosidades da modernidade. Ele iniciou uma nova fase fundada no gosto pelas máquinas. Picabia ficou fascinado por Nova York. Para ele, a cidade americana era a cidade do futuro, a cidade do cubismo.

De volta à França, esse festeiro alegre e rico recebeu a convocação com um desgosto não dissimulado. Como era esperto, conseguiu dar um jeito de ser motorista de um oficial. Em Paris, o que era melhor do que em Verdun. Mas, quando foi chamado para servir em Bordeaux, Picabia pediu a ajuda do pai. Por meio da embaixada de Cuba em Paris, este conseguiu que o filho fosse enviado para Havana, encarregado de uma missão comercial oficial.

Havana não era a América. Picabia só foi para lá instigado pela mulher, Gabrielle Buffet. Ficou dois meses. Depois, voltou para a América. De lá, passou para Madri, visitou a Suíça, esteve outra vez em Nova York, e de novo na Espanha.

Na Espanha, onde, durante o verão de 1914, iriam chegar Delaunay, a mulher e o poeta boxeador Arthur Cravan.

Cendrars não perdoou esses três. Eram amigos. Tinham participado de festas desregradas, regadas a álcool. Puderam ser vistos dançando tango no Bal Bullier, com roupas extravagantes, rasgadas, notáveis sob todos os aspectos. Cravan fazia furor com suas calças que pareciam ter sido mergulhadas na paleta de um pintor, e suas camisas cheias de buracos, que deixavam entrever tatuagens e obscenidades.

O juízo tinha vindo com a declaração de guerra. Os antigos festeiros se encontraram todos em Lisboa. Que deixaram rapidamente, quando Portugal, por sua vez, declarou guerra à Alemanha. Foram aportar em Madri. Onde as fronteiras não tinham segurança.

Cravan decidiu ir para a América. Para financiar a travessia, teve a ideia de organizar uma luta, na qual disputaria seu título com o campeão mundial dos pesos pesados, Jack Johnson. Os dois homens tinham se encontrado em salas de treinamento, em Berlim e em Paris. Segundo Cendrars, Johnson era boxeador em tempo integral e gigolô nas horas vagas.

Os dois homens fizeram um acordo. A luta teve lugar num ringue de Madri (em Barcelona, segundo Cendrars). Foi anunciado por intermédio de cartazes e anúncios na imprensa: uma verdadeira tourada. Na véspera do torneio,

Cravan tinha reservado um lugar num transatlântico que ia para Nova York. Sabendo que não iria vencer o adversário, pediu a este que não batesse com muita força, e que não o pusesse a nocaute, pelo menos durante alguns assaltos.

Foi mais rápido do que se esperava. A versão sustentada por Cendrars, atribuída a uma "testemunha ocular" (assim como no enterro de Whitman), mostra um Cravan petrificado de medo, encolhido, imóvel no ringue, curvado sob as vaias da multidão diante de um Johnson primeiro sorridente, depois dando-lhe pontapés no traseiro para fazê-lo se mexer um pouco e, finalmente, acertando-lhe um direto em cheio que derrubou de vez o sobrinho de Oscar Wilde.

"Um, dois, três", contou o árbitro.

Cravan já tinha caído fora. Enquanto o público e os organizadores da luta procuravam por ele, junto com Johnson, que queria sua pele, o combatente cuidava dos ferimentos na cabine do navio.

Em Nova York, Cravan provocou escândalo. Quando Duchamp e Picabia souberam que senhoras da alta sociedade tinham organizado uma conferência para ouvir falar de arte moderna, decidiram enviar a esse público de gente esnobe e inculta o mais exaltado dentre eles. Cravan foi então escolhido para falar. Mandaram-no almoçar antes da palestra. Ele comeu pouco, mas bebeu muito. Apresentou-se no horário, na sala onde era esperado por um regimento de saias rodadas, pasmas de admiração e prestes a desmaiar. O conferencista virou-lhes as costas, tirou primeiro o paletó, depois os suspensórios, a camisa, as calças, voltou-se, insultou as filas da frente, depois as outras, e foi, finalmente, levado pela polícia. Os amigos pagaram a fiança.

Cravan foi para o Canadá de onde fugiu vestido de mulher, se engajou como médico num barco de pesca que ia para a Terra Nova, abriu uma academia de boxe no México e desapareceu no mar ao largo da costa do México, depois de ter se casado com a escritora americana Mina Loy.

Quanto a Jack Johnson, nunca mais foi visto num ringue.

Cendrars sempre reconheceu o "imenso" talento poético de Arthur Cravan. Mas nunca o perdoou por ter deixado a França nas vésperas da Guerra. Como também não perdoou seus amigos de Nova York, "uns medrosos da pior espécie, que a tormenta que assolava a Europa" tinha jogado para lá; uma mistura "de desertores europeus, de internacionalistas, de pacifistas, de neutros".[2]

Entre eles, um expoente essencial da arte moderna, talvez neutro, certamente pacifista, mas de forma alguma desertor: Marcel Duchamp.

Que fazia ele na América?

Escândalo.

Chegou a Nova York em 1915, precedido por uma turbulenta reputação. Dois anos antes, tinha sido a estrela europeia do Armory Show. Seu *Nu descendant un escalier* tinha provocado muita gritaria, entusiasmo, desgosto, veneração... A imprensa o tinha incensado, zombado dele, desejado-lhe tanto o fogo do inferno quanto as delícias de todos os paraísos.

Não era a primeira vez. Já em 1912, por ocasião do Salão dos Independentes, seus amigos cubistas tinham lhe pedido que retirasse seus quadros. Gleizes e Le Fauconnier tinham enviado seus dois irmãos, Jacques Villon e Raymond Duchamp-Villon, para tentar evitar que ele expusesse esse *Nu descendant un escalier*, por demais ousado, na concepção do movimento, para ser suportado pela crítica.

Duchamp aquiesceu. Uma vez, mas duas não: no ano seguinte, seu *Nu* foi exibido nas paredes da Section d'Or. Em seguida, partiu para a América.

Duchamp vendeu para o Armory Show as quatro obras que expôs e, graças a isso, conseguiu dinheiro suficiente para deixar a Europa em chamas e ir para Nova York. Tinha sido reformado por insuficiência cardíaca. Isso não lhe causou nenhuma frustração: segundo ele próprio confessou, não tinha o patriotismo necessário para a moral daquela época; e quando lhe pareceu imperioso fazer algo, depois que os Estados Unidos entraram na Guerra, alistou-se na missão militar francesa como secretário. Duração das aulas: seis meses.

Quando chegou a Nova York, Duchamp admitiu suas influências: um pouco de impressionismo, um pouco de *fauvisme*, um pouco de cubismo; nenhuma admiração particular por Cézanne, mas um grande amor por Monet, um profundo respeito por Matisse e um choque diante da exposição de Braque, em 1910, na galeria de Kahnweiler.

No entanto, sua influência mais marcante não foi um pintor. Foi um escritor: Raymond Roussel. Duchamp sempre reconheceu que havia começado *La mariée mise à nu par ses célibataires, même*, depois de ter visto a representação de *Impressions d'Afrique* no Teatro Antoine, em 1912. Estava acompanhado por Guillaume Apollinaire.

Raymond Roussel representava então o arquétipo do jovem rico que frequentava as altas rodas da Belle Époque. Lembrava a Philippe Soupault, o Proust de Cabourg: mesma elegância, mesmos gostos pelo refinamento, mesmas exigências literárias.

Depois do fracasso da primeira obra, *La doublure*, Roussel foi vítima de "uma terrível doença"[3] da qual sofreu durante muito tempo. Mais tarde, entrou em desespero, jogando-se ao chão, porque não mais atingiu o sublime na criação literária.

Ele costumava passear num trailer de vários compartimentos, equipado de banheiro e cozinha. Roussel escrevia com as persianas fechadas para que o espetáculo da vida não o distraísse do trabalho. Da mesma forma, em casa, pagava um jardineiro para cuidar das flores que ele nem olhava. Gastava sua fortuna editando livros que não vendiam, produzindo peças de teatro que provocavam total indiferença ou, exatamente o contrário, barulho, furor e anátema. Foi assim com *Impressions d'Afrique.*

Teve a ideia de adaptar seu livro para o palco a fim de conquistar um público que nunca o pedia nas livrarias. Só Edmond Rostand foi benevolente. O público se enfureceu. A revolta foi justamente contra aquilo que fascinou Marcel Duchamp: a novidade da linguagem, a modernidade do espetáculo, as máquinas apresentadas no palco, principalmente as máquinas humanas, uma das quais representava um esgrimista. Roussel buscava suas fontes na vanguarda: na revolução das técnicas, no movimento, na velocidade, no cinematógrafo...

Tanto o pintor quanto o escritor iriam abandonar sua arte enquanto ainda eram jovens. Um e outro se dedicaram ao jogo de xadrez, do qual foram os mais brilhantes expoentes da sua época (Roussel foi principalmente o inventor de um xeque-mate do bispo e do cavalo, utilizado por Tartakower). Nenhum dos dois nunca pertenceu a uma escola.

Duchamp tinha uma razão mais forte para se recusar a fazer parte de um grupo: o fato de seu *Nu* ter sido retirado da Section d'Or por seus pares deixara-o desgostoso em relação à noção de coletividade. Tanto na América quanto na França, ele ficará, portanto, sozinho. Principalmente quando os cubistas Survage, Gleizes e Archipenko excluírem os pintores e os escritores dadaístas da Section d'Or.

Em Nova York, como um jovem complacente, Duchamp passeia seu cachimbo e seus charutos em meio aos seus admiradores. Passa de um salão a outro, rindo silenciosamente de se ver assim como objeto de culto ou de escândalo. É o comendador de todas as vanguardas. Dá aulas de francês, muito vagas, a belas jovens a quem ensina as palavras mais grosseiras da língua. Descobre o jazz, joga xadrez, fuma, bebe e dança em companhia de Man Ray, do músico Edgar Varése, de Francis Picabia, Arthur Cravan e Mina Loy. As mulheres passam, desaparecem, voltam.

Dinheiro? Nenhum problema. Precisa do que precisa, só isso. O pai sempre sustentou os três filhos artistas. Os mecenas americanos o sucederam. Duchamp vive na casa de Louise e Walter Arensberg, que lhe pagam pelas obras adquiridas, não em dinheiro, mas em meses de aluguel. Nas paredes da casa estão penduradas obras de Cézanne, Matisse, Picasso, Braque... Os Arensberg são decididamente modernos e fervorosos defensores das vanguardas.

É com eles, e com o amigo Man Ray, que Duchamp funda a Sociedade dos Artistas Independentes. O princípio é o mesmo dos Independentes de Paris: expõem aqueles que quiserem, sem censura.

É o que ele faz. Envia aos Artistas Independentes um sanitário para homens, *Fontaine*; data e assina com o nome de um vendedor de sanitários: R. Mutt. Novo escândalo. O sanitário não é retirado da exposição, mas é colocado atrás de uma tapeçaria. Duchamp se desliga do grupo.

Para além da provocação, imediatamente visível, o que é que ele procura? Inventar novas formas, experimentar uma arte que romperia com limitações dentro das quais desfalecem as telas, os pincéis, as paletas – os instrumentos habituais da pintura. Ele também pensou na quarta dimensão, invisível ao olhar. Seu vaso sanitário responde às preocupações inerentes à sua busca, que abrirá caminho para outras vocações artísticas: como observa Pierre Cabanne, "o exemplo de Duchamp suscitou a maior mutação artística da segunda metade do século XX, a síntese neodadá que levou à arte pop".[4]

Fontaine não é o primeiro *ready-made* proposto por Duchamp. A ideia desses objetos, mais ou menos deslocados, lhe veio em Paris, certo dia em 1913: ele havia fixado uma roda de bicicleta sobre um tamborete. Tinha também comprado um secador. Esses objetos tinham ficado jogados pela casa, sem que tivesse pensado em atribuir a eles um valor ou um papel qualquer.

Em Nova York, antes do vaso sanitário, ele comprara uma pá de neve de madeira e ferro, que pendurara no teto do ateliê. Título da obra: *In advance of the broken arm* (Antes do braço quebrado). Logo se seguirão *À bruit secret*, novelo de linha imprensado entre duas placas de latão, *Pliant de voyage*, constituído por uma capa de máquina de escrever Underwood, *L.H.O.O.Q.**, Mona Lisa enriquecida de cavanhaque e bigode. Depois, Duchamp escreverá à irmã, pedindo a ela que inscreva um texto curto (que foi perdido)

---

* A sonoridade das letras em francês forma a frase: *elle a chié au cul* (ela cagou na bunda). (N.T.)

e sua assinatura embaixo do secador, transformado, a partir daí, em *ready-made.*

A partir dos anos 1920, os *ready-mades* vão ficar mais complicados. O artista não mais se contentará em assinar objetos existentes; vai reuni-los. São assim, *Why not sneeze* (Por que não espirrar, 1920), constituído de cubos de mármore, de um termômetro e uma siba de lula dentro de uma gaiola; *Fresh widow* (Viúva alegre, 1920), redução de uma janela de dois batentes, assinado com um pseudônimo feminino que Duchamp vai utilizar muito e que iremos encontrar na poesia de Robert Desnos: Rrose Sélavy.

Duchamp explicou a origem desse nome. Ele queria mudar de identidade e tinha inicialmente pensado num nome judeu. Afinal, preferiu fazer a inversão dos sexos. A ideia de Rrose Sélavy surgiu quando Picabia pediu a ele que acrescentasse sua assinatura às dos amigos (Metzinger, Segonzac, Jean Hugo, Milhaud, Auric, Péret, Tzara, Dorgèles...), cujas rubricas estavam em volta de *L'oeil cacodylate* (1921):

> *Acho que tinha colocado* Pi Qu'habilla Rrose – arrose *pede dois R, então fui atraído pelo segundo R que acrescentei* –, Pi Qu'habilla Rrose Sélavy.

E conclui:

> Isso tudo eram jogos de palavras.[5]

As palavras apaixonam Duchamp. Sobre os *ready--mades*, ele geralmente acrescenta uma frase curta "destinada a levar o espírito do espectador até outras regiões mais verbais".[6] O título da obra na qual ele trabalha entre 1915 e 1923, *La mariée mise à nu par ses célibataires, même (Le grand verre)* (óleo, fio de prumo sobre vidro), recebe esse advérbio, *même*, que não corresponde a nada, é um *nonsense*, mas um *nonsense* voluntário – admirado por Breton, que considerava Duchamp o homem mais inteligente do século XX.

Duchamp também deve essas palavras a Raymond Roussel. Nisso, os dois homens também têm algo em comum.

O sentido das viravoltas, das manipulações, do jogo. A *Rrose Sélavy* do pintor não é estranha ao "Napoleão premier empereur" de Roussel, disfarçado em "Nappe ollé ombre miettes hampe air heure" do escritor.

E essas palavras, essas máquinas, essa modernidade são encontradas igualmente em Francis Picabia, o grande amigo nova-iorquino de Duchamp: também para ele a América representa uma espécie de laboratório do futuro.

Os dois homens andam juntos pelas calçadas das cidades americanas. Um magro e o outro gordo. Picabia tem a aparência de um garoto gorducho, e compensa a baixa estatura com sapatos de solas grossas; Duchamp é um grande pássaro como Roger Vailland. Os dois esperam com mais ou menos impaciência o final da Guerra na Europa. Encontram-se frequentemente no número 291 da 5ª Avenida, na galeria de um fotógrafo americano de origem austríaca, Alfred Stieglitz, frequentada por toda a vanguarda artística dos dois continentes. Stieglitz expõe artistas a quem sempre dá o valor integral da venda das obras. Ele ganha a vida graças à fotografia, e é o bastante.

A galeria tem um jornal, o *291*, no qual Picabia vai se inspirar ao criar a *391*, em Barcelona, em janeiro de 1917 (a revista chegará a Paris em 1924). Pois a guerra não impede nem os encontros nem as viagens. Picabia divide seus prazeres e suas depressões entre Barcelona, Nova York e a Suíça, Cravan, Gleizes, Roché, Varèse, Duchamp, Marie Laurencin e Isadora Duncan. Ele pinta, escreve, visita os filhos, que estão em Gstaad, trata-se com um neurologista de Lausanne e encontra em Zurique um homenzinho de monóculo que está se preparando para que falem dele: Tristan Tzara.

Para Cendrars, o franco-cubano é "o embusteiro da arte pela arte".[7] Quanto ao romeno, "o grande mufti Tristan Tzara", este é apenas uma coluna de bar atrás da qual se reúnem os espiões, os estetas, os pacifistas de todo tipo, refugiados na Suíça.

Duchamp é praticamente o único que escapa das gemônias do homem do braço cortado. No entanto, ele é como todos os outros, e os outros não são, ou não são apenas, medrosos, fracos, civis assustados com o choque dos obuses na terra. O ponto comum entre o Cabaret Voltaire de Zurique – onde os dadaístas se reúnem em torno de Tristan Tzara –, os salões nova-iorquinos – frequentados por Cravan, Duchamp e Picabia –, os surrealistas – que vão reverenciar os três –, consiste em que, tanto uns quanto outros reivindicam em alto e bom tom uma opinião da qual a época não quer nem ouvir falar: eles são em primeiro lugar, e antes de qualquer outra coisa, os primeiros inimigos da Guerra.

Dadá & Cia.

...Sou contra a ação; a favor da contínua contradição, a favor da afirmação, também, não sou nem contra nem a favor e não explico, porque odeio o bom senso.

Tristan Tzara

Do outro lado do Atlântico, longe de Nova York, isolados na Europa em guerra, dois homens jogam xadrez. Um deles tem 45 anos. Tem a testa alta, desguarnecida, bigode e cavanhaque. O outro usa um monóculo. Tem apenas vinte anos. Uma longa mecha de cabelo preto lhe cai sobre a testa. Tem a pele amarelada. É míope.

O mais velho é russo. O mais novo, romeno. Estão em Zurique, no Cabaret Voltaire, na rua Spieglegasse, 1. Nessa mesma cidade estão também Romain Rolland, James Joyce e Jorge Luis Borges.

Os dois homens não têm muita coisa em comum, a não ser o gosto pelo xadrez, uma grande desconfiança em relação à Guerra, que está deixando o continente em chamas, e o uso de pseudônimos. Vladimir Ilitch Oulianov. Samuel Rosenstock.

O revolucionário e o poeta.

Lenin e Tzara.

Um deles foi a Zimmerwald. Em setembro de 1915, os delegados socialistas, reunidos nessa aldeia perto de Berna, publicaram um manifesto no qual condenavam a guerra imperialista travada pelas grandes potências. O que não significa, longe disso, uma garantia de pacifismo.

O outro é visceralmente contra a Guerra. Esta e qualquer outra. No entanto, assim como Duchamp em Nova York, Breton ou Aragon em Paris, ele também não se ligou a nenhum grupo ou partido que lutasse pela paz. A política não interessa a Tristan Tzara. E, pelo menos por enquanto, também não aos outros. Na época do Cabaret Voltaire, Tzara é um jovem talvez um pouco indisciplinado, que gosta de Villon, Sade, Lautréamont e Max Jacob. Mas ele não veio a Zurique para revolucionar o mundo. Veio para continuar seus estudos.

Dadá nasceu no dia 8 de fevereiro de 1916, às dezoito horas. A palavra não significa nada, e por isso mesmo foi escolhida. Graças ao acaso de um cortador de papel que estava dentro de um dicionário. Essa desejada ausência de qualquer sentido traduz o desejo dos fundadores de expressar o absurdo e o grotesco. Hugo Ball, Christian Schad e Richard Huelsenbeck – alemães –, o poeta e escultor Jean Arp – alsaciano-alemão –, Marcel Janco e Tristan Tzara – romenos – estão revoltados não apenas contra a Guerra, mas também contra a civilização que a produziu. Eles preconizam a busca de um absoluto total que vá ao encontro de uma moral de peso, fundamentada em bases ancestrais: Trabalho, Família, Pátria, Religião.

O grupo se reúne no Cabaret Voltaire, fundado por Hugo Ball. Ali vão poetas, escritores, pintores, estudantes, a maior parte deles imigrantes, antimilitaristas, muitas vezes revolucionários: além de Lenin, frequentaram o Cabaret Karl Radek e Willy Münzenberg.

Hugo Ball organiza espetáculos de um novo tipo, onde se misturam música, pintura, poesia, dança, máscaras, percussão. A expressão deve ser espontânea. A poesia não é mais apenas ligada à escrita. Trata-se de ultrapassar Baudelaire, Rimbaud, Jarry e Lautréamont. As palavras podem ser inventadas, clamadas em vez de declamadas. Os artistas acompanham-se uns aos outros gritando, batendo em caixotes ou caixas cheias de objetos variados. Dançam. Brincam com o público. Ao acrescentar à poesia sons, pedaços de frases, fragmentos de textos e cantos africanos, Tzara estabelece um paralelo com as pesquisas picturais de Picasso, Matisse e Derain, assim como com as colagens de Arp, que estão expostas na galeria Dada.

Em junho, nasce a revista *Cabaret Voltaire.* Com uma edição de cinco mil exemplares, ela traz ilustrações de Max Oppenheimer, de Picasso, Modigliani, Arp, Janco, um poema de Apollinaire, outro do futurista italiano Marinetti, e a primeira realização para o teatro de um poema simultâneo assinado, cantado e dito em alemão, em francês e em inglês por Huelsenbeck, Janko e Tzara: *L'amiral cherche une maison à louer.* Assinando o editorial, Hugo Ball anuncia o lançamento de uma revista internacional: *Dada.*

No dia 14 de julho, acontece a primeira noite dadá. No programa: cantos africanos, concerto e danças dadá, poemas *movimentistas* e simultâneos, danças cubistas.

Alguns dias depois, no Cabaret Voltaire, Tristan Tzara lê *Le manifeste de monsieur Antipyrine*, incluído em *La première aventure céleste de monsieur Antipyrine*, que será encenada em Paris, em 1920. A obra é publicada na coleção dadá, com xilogravuras de Marcel Janco. Tzara envia alguns exemplares para Nova York, introduzindo assim o movimento dadá nos Estados Unidos. A antipirina é um medicamento muito usado pelo autor para acalmar suas nevralgias, e a aventura celeste em questão permite a Tzara expressar o *Primeiro Manifesto Dadá*:

> Dadá é nossa intensidade; que ergue as baionetas sem consequência a cabeça sumatral do bebê alemão; dadá é a arte sem chinelos nem paralelo [...] Sabemos sabiamente que nossos cérebros tornar-se-ão almofadas confortáveis que nosso antidogmatismo é tão exclusivista quanto o funcionário e que nós não somos livres e que gritamos liberdade Necessidade rigorosa sem disciplina nem moral e cuspimos na humanidade. Dadá permanece no quadro europeu das fraquezas, é apesar de tudo uma merda, mas queremos a partir de agora cagar em diversas cores, para enfeitar o jardim zoológico da arte, com todas as bandeiras dos consulados do do bong hibo aho hiho aho.[1]

Em julho de 1917, com um ano de atraso, surge *Dada* 1, coletânea literária e artística. Depois vêm *Dada* 2 e *Dada* 3. Logo depois, estimulado pelo apoio de Picabia, cuja energia vai compensar a dos fundadores do Cabaret Voltaire, que se afastarão, Tristan Tzara publicará o *Manifesto Dadá 1918* (os dois homens já trocam muitas cartas antes de se encontrarem em janeiro de 1919).

Esse texto terá repercussão considerável em toda a Europa, principalmente na França, onde os futuros surrealistas aplaudirão a violência, a audácia, a justeza dessa tábua rasa do passado.

Tzara vilipendia aqueles que procuram razões, causas, explicações para tudo – começando pela palavra dadá, que significa um cavalinho de madeira para uns, uma ama de leite para outros, duas vezes sim para russos e romenos, rabo de uma vaca sagrada para os negros Krou... e mais o que cada um queira imaginar.

Tzara declara que a obra de arte não é beleza, pois esta, se for o caso de defini-la "por decreto, objetivamente para todos", já morreu. A crítica é, portanto, inútil, pois é própria de cada um. O homem é um caos que nada pode organizar. Amar o próximo é hipocrisia, conhecer-se a si mesmo, uma utopia. A psicanálise, "uma doença perigosa, adormece as tendências antirreais do homem e sistematiza a burguesia". A dialética conduz a opiniões que, em todo caso, pertencem aos outros e que o indivíduo teria descoberto sem ela. Cada um fala por si, Tzara antes de todos, sem se preocupar em convencer nem encorajar ninguém a segui-lo. "Assim nasceu *DADÁ*, de uma necessidade de independência, de desconfiança em relação ao que é comum a todos."[2]

Nada de grupos. Nada de teorias. Abaixo os cubistas e os futuristas: não passam de "laboratórios de ideias formais". Cézanne via de baixo a xícara que ia pintar; os cubistas, de cima; os futuristas viam a mesma xícara em movimento. "O novo artista protesta: ele não pinta mais." Os cérebros têm gavetas que é melhor destruir, assim como aquelas da organização social. A única coisa que conta é o ribombar pessoal. A ciência especulativa e a harmonia, que organiza, são sistemas inúteis, como todos os sistemas. A moral atrofia. "Há um grande trabalho destrutivo, negativo a ser feito. Varrer, limpar."

As palavras de Tzara têm a força de balas, mas não matam ninguém. O *Manifesto Dadá 1918* é uma declaração de guerra à Guerra. Ou ao Velho Mundo. Um texto de força nunca vista que apregoa uma nova humanidade depois da carnificina. Ele vai aparecer como ponta de lança do movimento dadá, cristalizador de diferentes sensibilidades que os surrealistas logo irão pegar com mão de ferro. E não serão os únicos. Em Nova York, Marcel Duchamp verá nele numerosos pontos comuns com suas próprias preocupações:

> Dadá foi o auge do protesto contra o aspecto físico da pintura. Era uma atitude metafísica. Estava íntima e conscientemente ligado à "literatura". Era uma espécie de niilismo [...] Uma maneira de sair de um estado de espírito – de evitar ser influenciado pelo seu meio imediato, ou pelo passado: de se afastar dos clichês – de se libertar. A força de vacuidade de dadá foi muito salutar. Dadá diz a você: "Não esqueça que você não é tão vazio quanto pensa!"[3]

Uma linguagem que não será compartilhada, longe disso, pelos representantes dos pontos de vista oficiais – mesmo que sejam literários. Em setembro de 1919, quando a *NRF* é relançada, a redação – num artigo não assinado – vai estigmatizar esse novo meio de expressão vindo de longe:

> É verdadeiramente irritante que Paris pareça acolher disparates desse tipo, vindos diretamente de Berlim. Durante o último verão, a imprensa alemã ocupou-se, por diversas vezes, com o movimento dadá e as ladainhas nas quais os fiéis da nova escola repetiam ao infinito as sílabas místicas: "Dada dadada dada da".[4]

Um pouco mais tarde, André Gide vai aprimorar a

crítica, tomando, em relação ao dadá, uma distância mais objetiva: ele o opõe ao cubismo – "uma escola" – e verá nele "uma empresa de demolição", ao mesmo tempo em que admite que, depois da Guerra, que viu proliferarem as ruínas, parece normal "que o espírito não fique defasado em relação à matéria; ele também tem direito à ruína. Dadá vai se encarregar disso".[5]

Existem, pois, *Dada* na Suíça, mas também a *391* na Europa e em outros lugares (os quatro primeiros números foram publicados na Espanha, os três seguintes na América, o número 8 em Zurique, os onze últimos em Paris), a *SIC* e a *Nord-Sud* em Paris. Essas revistas tentam compensar o vazio cultural dos jornais, cujas páginas magras são dedicadas quase exclusivamente aos assuntos da Guerra. Elas preenchem igualmente o espaço deixado pelo desaparecimento das publicações comportadas: subsiste apenas o *Mercure de France*, clássico demais sob o ponto de vista dos agitadores da nova arte. De qualquer maneira, as grandes damas da literatura só podem mesmo ficar ofuscadas por esses poetas mais jovens, de sangue novo. Novos nomes, penas desconhecidas, que vão alçar voo a partir dessas folhas subestimadas para se tornarem, alguns anos depois, os Hugo, os Zola, os Flaubert do século XX.

SIC (Som, Ideias, Cores, Formas) dá seguimento à revista de Ozenfant, *L'Élan*, que tinha sido lançada em 1915 e 1916. Ela é obra de um só homem: Pierre Albert-Birot. Antes da Guerra, ele era poeta e escultor. Depois, montou um pequeno comércio de cartões-postais que imprimia à sua custa e vendia aos soldados e suas famílias, para facilitar a correspondência entre eles. Desejoso de editar seus próprios poemas e os dos amigos, Pierre Albert-Birot decidiu criar uma nova revista. Inscreveu-se para obter o seguro-desemprego e financiou o projeto graças ao dinheiro recebido. A *SIC*, oito páginas, 150 exemplares, sessenta cêntimos, saiu em janeiro de 1916. Sua sede, rua da Tombe-Issoire, 37, era a residência de seu diretor, igualmente autor de todos os artigos e poemas do primeiro número. Este começava com estas palavras:

> Nossa vontade:
> Agir. Tomar iniciativas, não esperar que elas nos venham de Ultra Reno.

Já que era para agir, Pierre Albert-Birot agiu. Quando inaugurou a revista, ele não conhecia nenhum poeta. Está sozinho e entende pouco do assunto. Mas ousou e logo irá colher os frutos da sua coragem: encontra Severini, que o apresenta a Apollinaire, o qual aceita dar-lhe alguns poemas. É o bastante para lançar a *SIC*.

A *Nord-Sud* não tem o caráter excessivo e inflamado de suas duas concorrentes. Seu título é inspirado na linha de metrô que atravessava Paris de Montmartre a Montparnasse. Quando surge o primeiro número, em março de 1917, a reputação de Reverdy é restrita a um pequeno círculo. Era corretor, católico, alistou-se e foi reformado no final de 1914. Não tem mais dinheiro do que Albert-Birot, mas sabe se virar melhor. Um poeta chileno de recursos dá-lhe o empurrãozinho necessário. Jacques Doucet também dá uma ajuda, assim como Paul Guillaume (reformado por motivo de saúde), cuja publicidade regular da sua galeria traz alguns francos para a nova publicação mensal. Juan Gris contribui para o projeto da capa. A elegância da revista contrasta com as cores e o estilo da *SIC*, cujos efeitos tipográficos parecem às vezes exageradas piruetas.

A *Nord-Sud* não parece uma revista de vanguarda. Mas é. Pierre Reverdy, Max Jacob, a baronesa d'Oettingen (que usa dois pseudônimos: Roch Grey e Léonard Pieux) e Guillaume Apollinaire o demonstram ao longo das páginas até o último número, em maio de 1918. O rompimento foi causado por um desentendimento entre Reverdy e Apollinaire (o primeiro acusando o segundo de excesso de atividades jornalísticas), e outro entre Max Jacob e o mesmo Reverdy (que não aceitava que o autor do *Cornet à dés* se proclamasse o inventor do poema em prosa, cuja invenção ele reivindicava para si).

Em junho de 1917, Cocteau faz uma pequena incursão como eventual colaborador. Sua assinatura não vai mais aparecer: Reverdy desconfiava do autor de *Parade*. Como desconfiava também dos futuristas italianos, sistematicamente recusados pela *Nord-Sud* (mas bem-vindos na *SIC*), com exceção de Marinetti, provavelmente porque, no número 2, ele emite algumas reservas em relação aos excessos desse movimento que ele contribuiu para lançar (o que não o impedirá, alguns anos depois, de tornar-se amigo do Duce).

Para compensar, novos colaboradores, e não sem importância, fazem sua aparição na revista: André Breton, em maio de 1917; Tristan Tzara, no mês seguinte; Philippe Soupault, em agosto; Louis Aragon, em março de 1918 (ele publica seu primeiro poema, "Soifs de l'Ouest"): Jean Paulhan, em maio.

Esses mesmos vão aparecer ao lado de Tristan Tzara: Reverdy em *Dada* 3; Aragon, Breton, Soupault em *Dada* 4 e 5, onde também escreve Georges Ribemont-Dessaignes. Enfim, todos esses autores colaboram também na *SIC* de Pierre Albert-Birot, onde aparecem também os nomes de Raymond Radiguet e Pierre Drieu la Rochelle.

Por que obra do acaso essas assinaturas se encontraram nessas três revistas, uma publicada em Zurique e as duas outras em Paris, todas ligadas aos movimentos de vanguarda literária e artística que inflamam a Europa em guerra?

Elas estão aí graças a uma mesma pessoa. Aquela que, no primeiro editorial do primeiro número, *Nord-Sud* aponta como sendo o homem que "traçou novas estradas, abriu novos horizontes", e a quem a revista declara todo o seu fervor e toda a sua admiração: Guillaume Apollinaire.

Ele, mais uma vez.

Os companheiros do Val-de-Grâce

> É nos nossos primeiros encontros com Soupault e Aragon que reside o esboço dessa atividade que, a partir de março de 1919, iria fazer o reconhecimento do terreno em *Littérature*, explodir rapidamente em *Dada* e ter que se recarregar inteiramente para chegar ao surrealismo.
>
> André Breton

Ele foi trepanado, mas está passando bem. Um pouco nervoso, quase sempre cansado, mas em condições de receber os amigos. No quarto do hospital, conserva o uniforme, está com a cabeça enfaixada e o cabelo raspado. É volúvel. E generoso.

Pierre Albert-Birot, que descobriu seus escritos há pouco tempo, vem pedir a ele que colabore com a sua revista. Do front, Apollinaire já tinha enviado um poema que a *SIC* publicara no número 4: "L'avenir". Promete a Albert-Birot que vai fazer isso de novo, muitas vezes. E cumpre a promessa: durante mais de um ano, envia a ele cópias de seus poemas. Juntos, os dois homens vão montar *Les mamelles de Tirésias.* Apollinaire vai redigir um prefácio para os *Trente et un poèmes de poche*, que serão publicados pelas edições *SIC.* E, quando deixar o Val-de-Grâce, o poeta irá pontualmente às reuniões que o diretor do jornal faz na sua casa, todos os sábados, na rua da Tombe-Issoire. Levará com ele os amigos Serge Férat, Pierre Reverdy, Max Jacob, Blaise Cendrars, Roch Grey. E outros. Dessa forma, a revista vai se enriquecer com novos nomes que contribuirão para sua expansão. Apollinaire permanecerá um amigo fiel, apesar das criancices de Pierre Albert-Birot, que ele não levava mesmo muito a sério. É o caso da teoria do "nunismo" desenvolvida ao longo de páginas e colunas pelo senhor diretor; tratava-se de uma arte do instante que pretendia ser mundial, universal e poderia ser aplicada à poesia, à pintura e ao teatro... e não convencia muita gente.

Com Tzara as relações são mais complicadas.

De Zurique, o pai de *Dada* enviou publicações para vários lugares. Descobriu a *SIC* e mandou suas obras para Pierre Albert-Birot, e também não ignorou o nascimento da *Nord-Sud*. Colocando sua energia a serviço da causa que defende, contatou todos os artistas de vanguarda da Europa em guerra para propor a eles espaço no seu jornal. Cendrars, Reverdy, Max Jacob tiveram direito às suas cartas. E Apollinaire também, é claro. Mas o convalescente não responde logo. Em junho de 1916, o *Cabaret Voltaire* publicou um poema dele sem solicitar sua autorização. Ele não se aborrece. Mas fica preocupado: seria conveniente assinar alguma coisa num jornal impresso na Suíça, país cuja neutralidade poderia ser maculada porque lá se fala alemão?

Ele hesita. Tzara insiste. Apollinaire acaba respondendo. Em duas cartas, uma datada de dezembro de 1916, a outra de janeiro de 1917, ele o censura por não defender a França com mais vigor diante da Alemanha. Critica "a disparidade das nacionalidades" da redação de *Cabaret Voltaire*, "das quais algumas têm uma clara tendência germanófila". Conclui com as seguintes palavras: "Viva o cubismo francês! Viva a França! Viva a Romênia!".[1]

Como Tzara faz um retrato apologético dele em *Dada 2,* Apollinaire agradece, reconhece e assina embaixo:

> Acredito que poderia ser comprometedor para mim, principalmente no ponto em que nos encontramos dessa Guerra multiforme, colaborar com uma revista, por melhor que pareça ser seu espírito, que tem alemães como colaboradores, por mais defensores da concórdia que eles sejam.[2]

Independentemente de seus sentimentos ultrapatrióticos, será que Apollinaire teme a ação da censura, encarregada de abrir e de ler a correspondência vinda ou destinada aos países estrangeiros?

Seja lá o que for, essa germanofobia torna-se fonte de conflito entre ele e Reverdy. É que esse último logo pediu a participação de Tzara em *Nord-Sud*. Ora, espalhou-se um infeliz boato sobre o poeta romeno: desconfia-se que ele está na "lista negra" dos espiões alemães. O que fica ainda mais complicado, quando se sabe que Tzara foi interrogado pela polícia suíça por ter frequentado elementos suspeitos germano-bolcheviques...

Mesmo desconfiando de dadá, é ainda Apollinaire, uma vez mais, que vai fazer a ligação (mesmo que seja indireta) entre o grupo do *Cabaret Voltaire* e os futuros surrealistas. André Breton, na verdade, descobre os dois primeiros números da revista no bulevar Saint-Germain, 202, residência de Apollinaire.

Os dois homens se encontram pela primeira vez no dia 10 de maio de 1916, no Val-de-Grâce, onde Apollinaire acaba de ser trepanado. O mais velho tem 36 anos. O mais jovem, exatamente vinte. É bonito: tem olhos verdes, rosto forte e bem desenhado... Um ano antes, ele escreveu a esse "grande personagem" que admira. Aproveitou uma licença para ir visitá-lo.

Breton foi convocado em fevereiro de 1915. Depois de passar três meses no 17º regimento de artilharia de Pontivy, seu diploma de PCN (preparação em medicina) conduziu-o a Nantes, onde foi designado como enfermeiro militar. Não escolheu a medicina por vocação, mas "por eliminação", e porque lhe pareceu que a "profissão médica era aquela que tolerava melhor ao lado dela o exercício de outras atividades do espírito".[3]

Foi no Hospital Militar de Nantes que Breton encontrou Jacques Vaché, um meteoro que iria exercer sobre ele uma influência considerável. Que ninguém saberá verdadeiramente quem foi, e que morrerá de uma overdose de ópio, em 1919, aos 22 anos. Breton ficou fascinado por ele por causa da sua conduta totalmente livre naqueles tempos terríveis, pelo arrojo de sua aparência e de suas palavras, por sua total insubordinação. Ele nunca estendia a mão a ninguém. Andava pelas ruas de Nantes de uniformes variados – ora hussardo, ora aviador. Quando cruzava com um conhecido, estendia o braço na direção de Breton e dizia: "Apresento-lhe André Salmon". Porque Salmon tinha uma notoriedade que o outro não tinha.

Vaché só tinha um ponto em comum com Apollinaire: ele admirava Jarry. De resto, tudo os separava. O próprio Breton, muito próximo desse amigo de Nantes, só podia se irritar com as palavras chauvinistas do artilheiro-poeta. Depois de passar três semanas no front do Meuse, em meio à carnificina geral, ele considerava essa Guerra como a pior das monstruosidades. Assim como Louis Aragon, Paul Eluard, Benjamin Péret e Phillipe Soupault – as lâminas afiadas do surrealismo, que está por vir –, ele odiou ter passado a juventude sob as bandeiras do Exército. Deixara os campos de batalha com uma constatação, partilhada pelos outros quatro: só uma revolução total, abrangendo todos os domínios, poderia limpar a civilização dessa barbárie. É nisso que dadá devia parecer a eles como uma das poucas vias de salvação possíveis. Essa via estava mais próxima de Vaché do que de Apollinaire. Aliás, Breton reconhecerá que transferiu para Tristan Tzara as esperanças que tinha depositado no amigo de Nantes.[4]

Mas quando ele encontra Guillaume Apollinaire as divergências se apagam diante da estatura do grande homem. Elas só virão à tona em junho de 1917, durante a representação de *Mamelles de Tirésias.* Vaché, que estava presente, abrirá os olhos de Breton, que vai medir de maneira definitiva o abismo profundo que separa as duas figuras que o cercam. Escolherá seu campo. E se afastará de Apollinaire.

Por ora, este continua sendo o grande poeta de seu tempo. Breton, o homem dos arrebatamentos ora definitivos, ora provisórios, ficara deslumbrado com o Valéry de *Monsieur Teste,* com Rimbaud, Lautréamont, Mallarmé. Ele sucumbe ao charme de Apollinaire. O homem o cativa por seu brilho, sua imensa cultura, o espírito novo que ele ainda encarna a seus olhos. Conhecê-lo é "um raro privilégio".[5]

> O que [...] me impressionava em Apollinaire é que ele ia colher seu material na rua, que ele conseguia dignificar, mesmo que não percebesse que os reunia em poemas, até mesmo trechos de conversas.[6]

Foi Apollinaire quem apresentou a Breton um outro dos seus admiradores, do qual ele ajudou a publicar um poema na revista *SIC:* Philippe Soupault. Os dois homens logo descobrem vários pontos em comum. Soupault é filho de médico. É um burguês elegante e dândi. Foi convocado, mas não foi para as trincheiras: serviu de cobaia, como muitos outros (que morreram): foi vacinado contra o tifo, antes de partir para o front. Intoxicado, ficou hospitalizado durante vários meses.

Ele também sente um ódio incomensurável por essa Guerra que não acaba. Com que arma exprime essa violência? Com a pena. Escreve com raiva. A inspiração lhe vem como um acesso repentino. Está num café, pede uma caneta ao garçom, fecha-se sobre si mesmo e compõe um poema. Será o grande iniciador da escritura automática e o coautor, junto com Breton, de *Champs magnétiques*.

O terceiro mosqueteiro dos surrealistas é igualmente um estudante de medicina. Tem um bigode fino, um ano a mais do que Breton e, como ele, faz estágio no hospital do Val-de-Grâce. O pai chama-se Louis Andrieux. É advogado, foi deputado, secretário de Segurança, embaixador, senador. O filho não tem seu sobrenome. Aliás, nada prova que seja seu filho. Pelo menos no que diz respeito à certidão de nascimento. Pois quando a amante de Louis Andrieux, Margueritte Toucas-Massillon (33 anos a menos do que ele), teve a criança, o senhor chefe de polícia registrou-o com o nome de Louis Aragon, filho de pais desconhecidos. Por que Aragon? Porque o pai, diziam, teve uma namorada espanhola que se chamava assim.

Era uma falta tão grave que era preciso escondê-la duplamente. Tanto a certidão quanto as adjacências. Então, fizeram com que o jovem Aragon acreditasse que a avó (materna) era sua mãe e, como três precauções valem mais do que duas, disseram que era sua mãe adotiva. O pai verdadeiro foi apresentado ora como padrinho, ora como tutor, e a mãe verdadeira tornou-se sua irmã. Troca de papéis e passes de mágica: a moral aparente estava salva. Isso permitiu que o jovem Louis frequentasse boas escolas em Neuilly e se inscrevesse no PCN. Em 1917, o senhor chefe de polícia exigiu que a mãe confessasse ao filho que não era sua irmã e que o padrinho era o pai: se o rapaz ia morrer na Guerra, era melhor que soubesse de que conjugação de sementes ele derivava...

Aragon lutou na Guerra sem morrer, e com bravura suficiente para obter uma medalha. Quando encontrou André Breton, os dois homens estavam numa situação idêntica: alternavam os períodos militares e os ciclos de estudos médicos.

Companheiros de dormitório no Val-de-Grâce, descobriram afinidades e gostos comuns. Falavam de Picasso, de Derain, de Matisse, de Max Jacob, de Alfred Jarry, de Mallarmé e de Rimbaud, de Lautréamont, o primeiro de todos, que Aragon tinha descoberto num catálogo de empréstimos de uma livraria que se tornaria famosa, na rua do Odéon, número 7.

O estudante de medicina impressionava Breton por sua cultura. Tinha lido tudo. Era brilhante. Seu desejo de agradar era visível tanto na riqueza das palavras quanto das roupas. Estava sempre elegantemente vestido. Essa procura era também perceptível nas suas maneiras, na construção das suas frases, no olhar ora irônico, ora caloroso que lançava sobre aqueles que queria seduzir – e que seduzia.

Quando não estavam no Val-de-Grâce, entre antigos soldados enlouquecidos pela Guerra, Aragon e Breton se encontravam na livraria da rua do Odéon. Lá, podia-se comprar livros, mas também pegar emprestado. Podia-se igualmente vir escutar autores lerem suas obras e folhear as revistas de vanguarda, *SIC*, *Nord-Sud* e *Dada*, nas quais colaboravam, a partir de então, os escritores e os poetas da nova geração. Na quarta capa da *Nord-Sud* estavam indicados dois endereços para as assinaturas: a residência de Pierre Reverdy (rua Cortot, número 12) e a livraria da rua do Odéon. Essa Maison des Amis des Livres*, aberta em 1915, teve papel considerável na difusão da cultura dos vinte anos que estavam por vir. Era dirigida por uma simpática mulher, baixinha, de bochechas rosadas, cabelos claros, um pouco gordinha: Adrienne Monnier.

---

* Casa dos Amigos dos Livros. (N.T.)

NA CASA DOS AMIGOS DOS LIVROS

> Uma loja, um pequeno comércio, uma barraca de feira, um templo, um iglu, os bastidores de um teatro, um museu de cera e de sonhos, uma sala de leitura e, às vezes, uma modesta livraria com livros para vender ou alugar, e clientes, os amigos dos livros, que vinham para folheá-los, comprá-los, levá-los. E lê-los.
>
> JACQUES PRÉVERT

Quando abriram a livraria, certa manhã de inverno, Adrienne e sua ajudante colocaram uma banca na calçada. Em seguida, entraram e ficaram escondidas dentro da loja, temerosas, emocionadas, intimidadas pelos transeuntes que paravam, uns atrás dos outros, para olhar o conteúdo das caixas. Havia velhos volumes vindos de bibliotecas particulares, revistas literárias e artísticas, obras de literatura moderna. A livreira não tinha meios para comprar todas as obras das quais gostava. Por isso, a especialidade da Maison des Amis des Livres veio de uma escolha ditada, antes de mais nada, pelas necessidades econômicas. Quando a livraria de Adrienne Monnier foi inaugurada, a clientela podia encontrar ali todos os livros do *Mercure de France* e da *Nouvelle Revue Française*, cujo acervo ela comprara. Mais tarde, adquiriu toda a coleção de *Vers et Prose*: Paul Fort cedeu os exemplares que não tinham sido vendidos – 6.676, pagáveis em várias vezes.

Os números da revista eram apreciados de maneiras diferentes: alguns nunca eram pedidos, enquanto outros só ficavam algumas horas na banca. Como o tomo IV.

O primeiro a comprá-lo foi André Breton. Ele deixou a livreira intimidada:

> Breton não sorria, mas, às vezes, ria com um riso curto e sardônico que surgia em meio ao discurso sem alterar os traços do rosto, como nas mulheres grávidas preocupadas com a beleza [...] O lábio inferior, desenvolvido de forma quase anormal, revelava, segundo os parâmetros da fisionomia clássica, uma forte sensualidade governada pelo elemento sexual [...] Ele tinha realmente aquilo que Freud chamaria de poder libidinoso do chefe.[1]

Ele voltou, comprou novamente o tomo IV da revista *Vers et Prose*. Depois outra vez, e ainda outra vez...

Pouco depois, apareceu um rapaz de bigode, chapéu e luvas claras. Era muito elegante. No bolso direito trazia um volume de Verlaine e no esquerdo, uma coletânea de Laforgue. Aproximou-se da livreira e, da maneira mais amável possível, pediu o tomo IV de *Vers et Prose*.

Adrienne Monnier remexeu nas caixas que continham a revista de Paul Fort e estendeu a ele o tomo IV.

"O que é que ele tem de tão extraordinário?", ela perguntou.

"Abra na página 69."

A livreira encontrou ali o texto que tanto fascinava André Breton: *La soirée avec monsieur Teste*, de Paul Valéry.

Ela também iria rever Louis Aragon diversas vezes. Ele chegava na livraria, começava a falar com um e com outro, e isso durava três horas: todos se deixavam envolver pela sua arte da conversação. Ali, ele podia se livrar do desmando que era obrigado a suportar no Val-de-Grâce, onde a grosseria das palavras proferidas pelos companheiros feria sua delicadeza natural.

Aragon, assim como Breton e Soupault, escrevia nas revistas que Adrienne vendia: *SIC*, e também *Dada*. Quando um dos clientes mais fiéis perguntou um dia à livreira se ela poderia emprestar os dois primeiros números da publicação de Zurique, ouviu a seguinte resposta:

"Tudo bem, mas com uma condição... Não corte as páginas, para que eu possa devolver essa coisa horrível para a Suíça..."

O cliente era Jean Paulhan.

De uma outra vez, a porta se abriu e entrou um homem com a cabeça em forma de pera, que tinha examinado cuidadosamente a vitrine antes de entrar. Procurou pela livreira com o olhar. Quando a encontrou, apontou-lhe um dedo acusador exclamando:

"É inacreditável que não haja um só livro de um combatente nessa vitrine!"

Era Guillaume Apollinaire.

Ele ainda exercia uma influência muito forte sobre Breton. Este tinha falado muito do poeta para Adrienne Monnier, antes que ela o conhecesse: tinha com ele "uma ligação fanática". Era seu discípulo.

> Lembro-me de uma ou duas cenas realmente inesquecíveis: Apollinaire sentado na minha frente, conversando familiarmente, e Breton de pé, encostado na parede, o olhar fixo e amedrontado, vendo não o homem que estava presente, mas o Invisível, o deus negro, ao qual era preciso obedecer.[2]

Apollinaire não era o único poeta vivo que Breton admirava. Havia também Pierre Reverdy, o fundador da *Nord-Sud*. Apreciava nele uma "magia verbal" incomparável, um gosto acentuado pela teoria, mas reprovava sua exaltação nas discussões e uma tendência por demais evidente a defender "uma expressão poética relacionada ao cubismo".[3]

Essas queixas não eram nada se comparadas às injúrias que Breton lançou ou permitiu que fossem lançadas contra o infeliz poeta que, certo dia de 1917, cismou de fazer a leitura de uma das suas obras na presença de André Gide.

O imprudente foi procurar Adrienne Monnier e disse a ela:

"Querida Adrienne, o senhor Gide faz absoluta questão de ouvir meus versos aqui. Você poderia ceder sua livraria?"

Adrienne concordou, pois organizava com frequência reuniões dessa natureza; convidava os amigos, Léon Fargue, Paul Léautaud, Max Jacob, Erik Satie... Depois que os escritores liam as obras, os participantes eram convidados para um coquetel, no qual um Porto acompanhava sanduíches e doces...

Animado com o consentimento da livreira, o poeta foi à casa de André Gide:

"Caro mestre, a senhorita Monnier pediu-me para lhe dizer que ela adoraria que eu lesse *Le Cap* na livraria, na sua presença."

"Está bem", respondeu Gide.

Le Cap era *Le Cap de Bonne-Espérance*. E o poeta...

Em maio de 1917, no décimo sétimo número da *SIC*, Jean Cocteau mandou publicar um poema: *Restaurant de nuit*. Esse texto provocou certa reação, menos pela qualidade literária do que pelo acróstico que ele formava: a primeira letra de cada verso era um insulto ao diretor da revista. Podia-se ler: "*Pauvres Birots*".* Cocteau negou ter escrito o poema. Metzinger, Warnod e alguns outros foram acusados. O autor da brincadeira era Théodore Fraenkel, grande amigo de André Breton.

Adrienne Monnier não era apenas livreira, bibliotecária e organizadora das sessões de leitura, mas também editora. Publicou alguns livros, entre os quais uma obra-prima: *Ulisses*, de James Joyce. Ela se encarregou da tradução francesa. O texto original, em inglês, foi publicado, pela primeira vez, pela amiga de Adrienne: Sylvia Beach.

Sylvia era americana, filha de um pastor, e amava a França. Descobriu a livraria graças a um anúncio de jornal que elogiava a revista *Vers et Prose*. Foi até a rua do Odéon para comprá-la. Em 1919, a conselho e com a ajuda de Adrienne Monnier, Sylvia Beach abriu sua própria livraria: Shakespeare & Cia, na rua Dupuytren. Dois anos depois, mudou-se para a rua do Odéon, número 12, em frente da Maison des Amis des Livres.

---

* Pobres Birots. Referência irônica a Pierre Albert-Birot. (N.T.)

Todos os escritores americanos que vieram para Paris depois da Guerra escolheram como referência o endereço de Sylvia Beach. A livraria serviu de ponto de encontro, endereço para correspondência, e era o primeiro lugar visitado pelos literatos vindos do outro lado do Atlântico. Entre eles Hemingway, a quem ela ofereceu crédito inúmeras vezes e emprestava as obras que ele queria ler. E também Ezra Pound, que convenceu James Joyce a ir para Paris.

Em 1918, em Nova York, *The Little Review* tinha começado a publicar *Ulisses*. Em 1920, por causa de uma queixa da Sociedade em prol da supressão do vício, a publicação foi interrompida (foi preciso esperar até 1933 para que a justiça americana autorizasse a publicação do livro, o que seria feito pela Random House). No ano seguinte, Joyce terminou sua obra. Sylvia Beach propôs a ele publicar a versão inglesa na França. Joyce aceitou. O livro foi publicado em 2 de fevereiro de 1922, dia em que ele fez quarenta anos.

Valery Larbaud tinha descoberto *Ulisses* na *The Little Review*. A obra fascinou esse filho de farmacêutico, que ficou rico com as borbulhas da família: o pai era proprietário da fonte de água mineral de Saint-Yorre, em Vichy. Ele escreveu a Sylvia Beach para lhe dizer que estava "totalmente louco por *Ulisses*" [4] e que se propunha a traduzir alguns episódios para a *NRF*.

Em dezembro de 1921, Larbaud fez uma conferência sobre James Joyce na livraria de Adrienne Monnier. Ela e Joyce pediram a ele que traduzisse *Ulisses* na íntegra. Depois de muitas idas e vindas, o autor do livro *Les poésies de A.*O. *Barnabooth* encarregou-se da última parte da obra, *Pénélope*. O restante foi traduzido por um jovem, Auguste Morel, e por um magistrado britânico, Stuart Guilbert. Larbaud e Joyce participaram da revisão final.

Em fevereiro de 1929, a versão francesa de *Ulisses* aparece na Maison des Amis des Livres. Adrienne Monnier enviou-a a Paul Claudel, cliente assíduo da livraria, então embaixador da França em Washington. Claudel respondeu nos seguintes termos:

> Perdoe-me se lhe devolvo o livro que possui, acho eu, um certo valor comercial e que para mim não tem o menor interesse. Algum tempo atrás, perdi algumas horas lendo o *Retrato do artista quando jovem*, do mesmo autor, e já foi o bastante.[5]

Dois anos depois, Adrienne Monnier escreveu novamente a Paul Claudel. Soubera-se na França que uma edição clandestina de *Ulisses*, copiada com quase todas as letras da edição de Sylvia Beach, circulava nos Estados Unidos. A livreira pedia ao ilustríssimo senhor embaixador que interviesse junto às autoridades americanas para procurar o responsável. Sob vários pretextos, Claudel recusou. Com essa fineza de argumento:

> O *Ulisses*, assim como o *Retrato*, está cheio de blasfêmias imundas, nas quais sente-se todo o ódio de um renegado – acometido, aliás, por uma ausência de talento simplesmente diabólica.[6]

Paul Claudel foi incapaz de saborear a substanciosa essência modernista de *Ulisses*. Ele detestava Joyce, e foi odiado pelos mosqueteiros do surrealismo, Breton, Aragon, Soupault, Fraenkel, todos eles amigos de Adrienne Monnier, naqueles tempos em que a defesa de *Ulisses* era uma verdadeira causa literária.

Muito antes do aparecimento da obra, *SIC*, *Nord-Sud* e *Dada* já tinham deixado a arena havia muito tempo. Cederam lugar à revista *Littérature*, arma de André Breton e de seus pares, que não iria se furtar a crucificar Paul Claudel e os "autores de poemas patrióticos infames, de profissões de fé católicas e nauseabundas".[7] Adrienne Monnier, que tinha desculpado tudo – e mais ainda –, não perdoará André Breton por ter atacado sua excelência o embaixador: *Littérature* não será mais vendida na rua do Odéon...

Mas isso é uma história para depois da Guerra...

Dias de festa em Paris

> Minha consciência é uma roupa suja e amanhã é dia de lavanderia.
>
> Max Jacob

O front estava a cem quilômetros de Paris, e a Guerra ia crescendo. Ela manifestava acessos de febre e de urticária que eram erradicados trocando-se de médico, ora Joffre, ora Lyautey*, ou administrando remédios poderosos, isto é, mortíferos: lança-chamas e gases clorídricos. Falava-se em usar a aviação como arma de ataque. Dizia-se que os americanos iriam se juntar às Forças da Tríplice Aliança. Temia-se que os russos, às voltas com turbulências ainda não muito claras, recuassem. Os cadáveres amontoavam-se nas trincheiras. Os feridos voltavam para casa.

Em Montparnasse, tudo estava indo bem. Matava-se a fome e a sede como fosse possível – no La Rotonde, no bistrô de Marie Vassilieff, na padaria da Samaritaine, onde os *croissants* voltaram a aparecer. À noite, driblando o toque de recolher, pintores e artistas atravessavam a cidade sob a luz sombria dos lampadários para aportar em um luxuoso apartamento de Auteuil ou de Passy, onde um bem-vestido felizardo oferecia bebidas, só pelo prazer de embriagar-se na companhia dos artistas. Em outras noites, um ateliê abria suas portas; durante toda a madrugada, apesar da proibição de andar nas ruas, chegavam desconhecidos que esvaziavam os bolsos e distribuíam alguns pedaços de pão ou de queijo como se fossem oferendas.

Cendrars talvez dividisse suas noites e pesadelos com um braço cortado, Kisling, com a coronhada que lhe destruíra o peito, Braque e Apollinaire, com as lâminas, serras e martelos que lhes tinham desamassado o crânio. Mas as

---

* Comandantes do Exército francês. (N.T.)

feridas encontravam bálsamos nas alegrias e nos prazeres. Era preciso esquecer a guerra.

Em julho de 1916, numa galeria contígua aos salões do costureiro Paul Poiret, realizou-se o Salão d'Antin. Não era a primeira manifestação artística desde o começo da Guerra (Germaine Bongard, irmã de Poiret, já havia organizado algumas exposições), mas foi incontestavelmente a mais importante. Obra de André Salmon, que quis misturar artistas franceses e estrangeiros para lembrar a solidariedade destes para com a França. Krémègne estava ao lado de Matisse, que era vizinho de Severini, que estava exposto não longe de Léger, De Chirico, Kisling, Van Dongen, Zarate... Max Jacob também estava presente: francês, porém bretão – ele fizera questão de precisar.

A mansão de Paul Poiret ficava na avenida d'Antin (hoje avenida Franklin D. Roosevelt), no número 26, na extremidade de uma aleia suntuosa que cortava os jardins, lembrando Versalhes. A exposição era numa galeria de pequenas dimensões. Uma parede inteira estava ocupada por uma obra havia muito tempo acabada, mas que o público ainda não tinha visto, pois seu criador tinha, até então, se recusado a mostrá-la: *Les Demoiselles d'Avignon.*

Os jardins externos foram oferecidos aos poetas. Max Jacob leu *Le Christ à Montparnasse.* Cendrars, sem o braço, e Guillaume Apollinaire, ainda com a bandagem da trepanação, foram aclamados.

À noite houve um concerto. Debussy, Stravinski, Satie, interpretados por Georges Auric, Arthur Honegger, Darius Milhaud e alguns outros. Foi aí, em meio a seus amigos músicos, que Cocteau compreendeu definitivamente como fazer para atrair Picasso.

Alguns dias mais tarde, foi propor a ele que colaborasse com um balé realista que estava escrevendo, junto com Erik Satie, para Serge Diaghilev e os Balés Russos. O espetáculo mostrava atores de circo apresentando seus números para incitar os curiosos a entrar na lona.

Parece que foi a presença de Picasso que levou Diaghilev, que não ligava a mínima para *Parade*, à decisão final.

Ele encontrou o pintor, Satie e Cocteau no outono, e acabou concordando. Imediatamente, o músico e o autor do libreto puseram-se a trabalhar. Quanto a Picasso, trocou o ateliê da rua Schoelcher por uma casa em Montrouge. Não ficaria ali por muito tempo.

No final de 1916, surgiram outros lugares onde os artistas podiam se encontrar. O primeiro deles ficava na rua Huyghens, número 6, nos fundos de um pátio. Ali, um pintor suíço, Émile Lejeune, colocara seu ateliê à disposição de pintores, poetas e músicos desejosos de expor suas obras, lê-las ou representá-las.

Blaise Cendrars, Jean Cocteau e Ortiz de Zarate fundaram a Associação Lyre et Palette, cujas manifestações acolheram um público dos mais variados: os habituais frequentadores do cruzamento Vavin, de pulôveres e calças surradas, lado a lado com as peles e os colares dos requintados moradores da margem direita, levados por Jean Cocteau. Em uma sala ora abafada, ora gelada, esses dois mundos travavam conhecimento. Do lado de fora, as limusines de cromos dourados estavam ao lado dos carrinhos que transportavam as obras expostas pelos pintores, ou das cadeiras emprestadas por uma noite pela responsável do Luxembourg.

No dia 19 de novembro, dia da abertura da primeira exposição da Lyre et Palette, Kisling, Matisse, Modigliani, Picasso e Ortiz de Zarate penduraram juntos suas obras. Paul Guillaume havia cedido significativas estatuetas da arte negra. À noite, Erik Satie, vindo de Arcueil, a pé, sentou-se ao piano para executar obras cujos títulos eram efetivamente dadá: *Airs à faire fuir*, *Danses de travers*, *Versets laïques et somptueux*, *Véritables préludes flasques pour un chien*.*

No dia seguinte, e nos dias subsequentes, aqueles que eram chamados de Novos Jovens e que vão se tornar o grupo dos Seis – Arthur Honegger, Darius Milhaud, Francis

* Árias para espantar, Danças enviesadas, Versículos laicos e suntuosos, Verdadeiros prelúdios flácidos para um cachorro. (N.T.)

Poulenc, Georges Auric, Louis Durey, Germaine Tailleferre – foram se sucedendo.

No dia 26 de novembro, Cendrars, Max Jacob, Reverdy e Salmon leram suas obras. Cocteau recitou uma poesia de Apollinaire, que estava muito fraco para fazê-lo ele mesmo. Ficou um pouco afastado, ostentando um esplêndido uniforme de oficial, comprado na véspera na Belle Jardinière, e botas de couro selvagem imaculadas. Sacudia a poeira da túnica azul, punha a mão orgulhosamente na bandagem preta em torno da cabeça. Uma jovem dava-lhe o braço. O nome dela era Jacqueline, mas ele a chamava de Ruby, por causa da cor dos seus cabelos. Ela não conhecia muita gente. Ele a reencontrara por acaso, depois de tê-la visto várias vezes, em outros tempos, na companhia do noivo, o poeta Jules-Gérard Jordens. Este tinha morrido no Bois des Buttes, em 1916, no mesmo lugar onde Apollinaire fora ferido.

No dia 31 de dezembro de 1916, para festejar o lançamento do *Poète assassiné*, coletânea de contos e novelas, os amigos de Guillaume decidiram organizar um almoço íntimo – duzentas pessoas – num lugar tranquilo – o Palácio de Orléans, na avenida do Maine. O menu foi bem sutilmente redigido por Max Jacob e pelo próprio Apollinaire:

Entradas cubistas, orfistas, futuristas etc.
Peixe do amigo Méritarte
Zone de contrafilé à Croniamantal
Arétin de capão à Hérésiarque
Salada de Méditations esthétiques
Queijos em Cortêge d'Orphée
Frutas do Festin d'Ésope
Biscoitos do Brigadier masqué

Vinho branco do Enchanteur
Vinho tinto da Case d'Armons
Champanhe dos Artilleurs
Café das Soirées de Paris
Alcools

Foi um sucesso. O almoço terminou com uma batalha de miolo de pão, tendo de um lado, em uma das mesas, Rachilde, Paul Fort, André Gide e algumas outras grandes figuras das Letras e das Artes, e do outro, artistas mais jovens, barulhentos e extremamente mal-educados – para grande alegria de todos.

Duas semanas depois, a mesa foi posta novamente. Dessa vez no bistrô de Marie Vassilieff, e em homenagem a Braque, que retornava, também trepanado, à vida civil. O comitê organizador, que incluía Apollinaire, Gris, Max Jacob, Reverdy, Metzinger, Matisse, Picasso e alguns outros, convidava os amigos, mediante uma contribuição de seis francos, a virem participar da ágape. (André Salmon afirma que Picasso não escrevera nem uma só vez a Braque durante a Guerra.)

O sucesso não foi total. Porque, para infelicidade sua, Marie Vassilieff tinha convidado Beatrice Hastings, que se separara de Modigliani. Ela veio; mas não veio sozinha: Alfredo Pina, escultor e amante da vez, a acompanhava. Haviam pedido a Modigliani que fosse comer em outro lugar. Mesmo assim ele apareceu. Pagou seus seis francos de entrada, cumprimentou uns e outros e, considerando que o preço valia o espetáculo, aproximou-se de Beatrice e pôs-se a recitar Dante e Rimbaud ao seu ouvido. Quando o escultor quis se intrometer, ou seja, dizer alguma coisa, Amedeo tentou mandá-lo plantar batatas. Ao que o outro replicou sacando uma Browning. Todos tomaram um susto. Que virou uma grande confusão. Max Jacob bancou o árbitro. Apollinaire fez a contagem. Juan Gris observava, espantado, aqueles energúmenos de todos os jeitos e feitios que se sacudiam como galos raivosos. Imperturbável, atrás da barba e dos óculos, Matisse tentava acalmar os ânimos. Finalmente, Modigliani, desprestigiado, foi jogado na rua.

Em um canto, Picasso sussurrava ao ouvido de Pâquerette, sua manequim preferida da Maison Poiret. O idílio, entretanto, não iria durar muito.

Um mês depois, o pintor levantava voo nas asas ligeiras de Cocteau, o zéfiro. Foi visitar Nápoles e Pompeia, encontrou

Diaghilev em Roma, caiu nos braços de Olga, e voltou no dia 18 de maio de 1917, no palco do teatro do Châtelet.

Ali, apresentaram *Parade*, balé em um ato, argumento de Jean Cocteau, música de Erik Satie, figurinos e cenários de Pablo Picasso.

Foi como *Hernani.* Versão moderna. Os representantes da nobreza, vindos naquela noite arejar o espírito junto aos aromas duvidosos da arte cubista, defendida por Cocteau no programa, levaram pequenos sustos. No início, *La Marseillaise* estava perfeita. A cortina tricolor* com arlequins, cavalos e atrações dos parques de diversão era passável. Mas a moça de chapéu pontudo! O empregado negro! A égua com asas! O caubói carregando um arranhacéus nas costas! E a música! Não há notas, é só barulho!

A princesa Eugène Murat não conseguia se acalmar. Ela estava usando um diadema. Distribuía vários "*Mon cher*" ao acompanhante do dia e pancadas com o leque nos vizinhos, que sopravam, a todo pulmão, apitos que tinham aprendido a usar naquela tarde, em caso de necessidade. Havia tumulto por todos os lados. A condessa de Chabrillan e a marquesa de Ouessan gritavam: "Metecos! Covardes! Vermelhos!". Era loucamente excitante! As senhoras da alta sociedade procuravam os artistas grosseiros para atacá-los com os grandes alfinetes dos chapéus. Algumas, de vestido de gala, davam o braço a cavalheiros cujos fraques e uniformes rufavam de condecorações e ornamentos militares. Outras, como a princesa de Polignac, estavam vestidas de enfermeira para lembrar a Guillaume Apollinaire que ele não era o único que tinha se alistado. Porque Guillaume defendia os seus, de uniforme militar. A bandagem que ele usava em volta da cabeça impressionava muita gente. Perto dele, Cocteau dava pulinhos para verificar se na sala estava o público que ele escolhera e que estaria sempre ao lado dele: os artistas finos e esmerados. Com a manga, ele esbarra num senhor que dizia ao vizinho: "Se eu soubesse que seria tão estúpido, teria trazido as crianças!".

---

* Com as cores da bandeira da França. (N.T.)

No dia seguinte, a crítica foi implacável. *Parade* foi considerado uma manifestação da melhor arte boche. Os cronistas atiravam para todos os lados com suas máquinas de escrever, seus dínamos e sirenes. Crucificaram Diaghilev, que, algumas semanas antes, havia tido a infelicidade de incendiar as dobras da bandeira vermelha dos bolcheviques com seu *L'oiseau de feu*.*

Erik Satie, o primeiro a ser visado pelas flechas dos jornalistas, iria responder com estas palavras ao cronista do *Carnet de la Semaine*, que o acusara ao mesmo tempo de ultrajar o gosto francês e de falta de talento, de imaginação e de profissionalismo:

> Caro senhor e amigo,
> Você é só uma bunda, mas uma bunda sem música.

O outro abriu um processo contra ele por injúria e difamação. Satie foi condenado a uma pena, com direito a *sursis*. Ele ficou tão perturbado quanto Picasso no dia em que compareceu diante do juiz, no caso das estatuetas ibéricas. Passou a ter antecedentes criminais, ficou arruinado pela suspensão dos direitos autorais, proibido de viajar (ele que só saía de Paris para ir a Arcueil** e voltar!). Ele não tinha dinheiro para pagar um advogado nem para bancar uma apelação da sentença. Os amigos, Gris, Cocteau e Max Jacob na frente, procuraram conhecidos influentes para ajudar o músico.

Enquanto isso, nesse mesmo mês de maio de 1917, o presidente Poincaré nomeava Philippe Pétain comandante em chefe do Exército. Pois lá para cima, nas planícies do Norte, os batalhões dizimados estavam deixando as trincheiras para pedir o fim da carnificina.

Pétain mandou fuzilar quatrocentos rebeldes para servir de exemplo. Quatrocentos soldados que foram se juntar aos quarenta mil exterminados no Chemin des Dames.

---

* O pássaro de fogo: uma das mais importantes produções dos Balés Russos, dirigida por Diaghilev e musicada por Stravinski. (N.T.)

** Subúrbio de Paris. (N.T.)

Amor à primeira vista

> Ele estava sozinho, tinha uma espessa franja castanha na testa, óculos de tartaruga, uma camisa de algodão xadrez vermelha e branca, um pequeno bigode em forma de M, e usava um terno de um belo tecido inglês...
>
> Youki Desnos

No seu posto atrás do balcão do La Rotonde, o bigode atento, Libion está em estado de alerta. Blaise Cendrars acaba de empurrar a porta, com a mala na mão: está mais uma vez mudando de hotel... Aproxima-se de Max Jacob, que está recopiando um dos seus manuscritos para o costureiro Doucet. Ele poderia estar vestido assim como descreve Léautaud: escarpins de saltos gastos, grossas meias de lã, calça xadrez desbotada e muito curta, jaqueta minúscula e apertada, chapéu empoeirado.

Cendrars senta-se. Max conta a ele a briga entre Reverdy e Diego Rivera a propósito do cubismo. O pintor e o poeta partiram para a agressão física. Tudo começou na casa de Lapérouse, durante um jantar oferecido por Léonce Rosenberg, e foi terminar na casa de Lhote, em meio aos bibelôs Louis Philippe. Reverdy defendeu o cubismo de Braque, Gris e Picasso, sem poupar os artistas que lá estavam. Ofendido, Rivera deu-lhe uma bofetada. Reverdy puxou-lhe os cabelos. Foi preciso pô-lo para fora...

Libion não ouve tudo o que vem da sala. Está observando uma meia dúzia de policiais de bicicleta que cercam o café, descem e se reúnem não muito longe da entrada.

"Batida!", diz com voz forte.

O aviso não assusta ninguém: a clientela está acostumada. Desde que os revolucionários russos e os pacifistas de todas as tendências escolheram o La Rotonde como quartel-general, esses senhores da chefatura de polícia fazem batidas regulares. Todos aqueles que são contra a Guerra são considerados derrotistas. Palavra que não é francesa, segundo o marechal Joffre. Mas que obriga a tomar certas precauções. Por isso, durante algumas semanas, Libion colou nas paredes cartazes patrióticos, esperando que servissem de provas testemunhais. Não foi o suficiente para acalmar os denunciantes, os delatores e outros policiais à paisana que, desde o início do ano, estão de olho nos estabelecimentos considerados suspeitos: o La Rotonde em primeiro lugar, seguido de perto pelo Dôme e pela Closerie des Lilas. O restaurante Baty, em frente, é menos visado: as toalhas brancas e o cardápio – bastante caro – depõem a favor daqueles que almoçam ali.

Um grupo de homens afetados aparece de repente na entrada. Passam pelas mesas, verificando os documentos dos clientes. Ninguém pode escapar: seria imediatamente barrado pelos policiais à bicicleta parados na calçada. Mas desta vez a sorte está do lado dos presentes: o controle das identidades é efetuado ali mesmo, e não na delegacia.

Os agentes da lei cercam um japonês baixinho, de vestido cor de ameixa. Em volta do seu pescoço brilha um colar. Brincos completam a aparência bizarra.

"Mulher?"

"Homem", responde o japonês.

"Prove."

"Casei uma primeira vez, e a segunda não vai demorar muito", responde o japonês com um sorriso de enlevo.

Mostra uma jovem que está um pouco afastada conversando com outra, sem prestar a mínima atenção naquele que olha para ela.

"Amor à primeira vista, senhores."

"Documentos."

Ele os mostra. Os policiais se curvam para ler melhor: Fujita Tsuguharu, dito Foujita, nascido em Tóquio, no Japão.

"Profissão do pai?"

"General do exército imperial."

"Desde quando está na França?"

"1913... Mas estive em Londres."

"Fazendo o quê?"

Foujita lança um olhar penetrante na direção da desconhecida, que ainda não o percebeu. Volta-se para os policiais.

"Eu trabalhava para um pintor. Fazíamos quadros juntos, ele os assinava, vendia, e não me pagava."

"Então por que continuava fazendo isso?"

"Para ganhar a vida."

A autoridade franze a sobrancelha.

"Ele me enrolou, se é isso que quer saber..."

"Queremos saber tudo, e com detalhes."

"Esse pintor possuía uma propriedade e uma estrebaria", explica pausadamente Foujita. "O problema é que ele sabia pintar tudo, menos os cavalos. Então, eu os fazia, e ele se encarregava do resto: a relva, o sol ora nascendo, ora se pondo, as delicadas porteiras, o charme bucólico. E, é claro, a assinatura... Um dia, ele saiu para vender o nosso trabalho. Nunca mais o vi."

"Foi então que você veio para a França?"

"Depois de ter sido modelista em Londres, para Sir Gordon Selfridge. Lá, vendem-se *tailleurs* idealizados por mim."

Os policiais olham para o vestido cor de ameixa.

"E isso? É obra sua?"

"Feito à mão... Uma saiazinha da mesma cor interessaria a um dos senhores?"

A chefatura de polícia faz rapidamente meia-volta em direção à saída. Com uma paradinha no bar, onde está Libion, com as mãos nos quadris. Avisam a ele que, se persistirem as denúncias contra o estabelecimento, este será fechado.

Novamente sozinho, Foujita procura o olhar da moça sentada três mesas adiante. Ela tem 25 anos, o olhar vivo, cabelo curto, nariz arrebitado, sotaque parisiense. Virou-se uma vez para ele e não pareceu chocada com o vestido cor de ameixa. O que não surpreende o japonês baixinho: quando ele chegou à França, costumava passear em companhia de Isadora Duncan e de seu irmão, que professavam então o retorno aos ideais gregos. Ele usava uma faixa na cabeça, uma clâmide presa no ombro, um colar de pedras grandes, uma bolsa de mulher e andava descalço. Essa indumentária não impedia que as jovens caíssem a seus pés.

Feitas as contas, Foujita reconhece tudo o que deve a elas: Marcelle ensinou-lhe a tomar sopa sem fazer barulho e a não lamber a colher da sobremesa; Marguerite, a arte do beijo; a Renée deve a maneira de entrar no cinema sem pagar; a Margot, um grande repertório de insultos de origem animal; a Yvonne, ter aprendido a ir até o penhor para colocar o relógio no prego, deixando-o lá pelo tempo de algumas prises de cocaína; a Gaby, estar agora sempre usando vestidos ou calças impecáveis, que deixa sob o colchão durante a noite... Mas, aquela ali, o que ela lhe poderia ensinar? E, antes de mais nada, como se chama?

Foujita se levanta e se aproxima da moça. Inclina-se cerimoniosamente diante dela. Trocam algumas breves palavras. Em seguida, o japonês se retira.

No dia seguinte, ele vem de novo ao La Rotonde. Entra, sorrindo, com cara de conquistador. Pendurada no braço, sua última conquista: a jovem da qual já sabe o nome – Fernande – e onde mora – rua Delambre. Ela parece perdidamente apaixonada por esse diabo de japonês que a conquistou graças a uma simples blusa: um corpete azul que ela está usando com tanto orgulho como se fosse um vestido de princesa. Foujita, que é capaz de fazer uma túnica em menos de uma hora, passou a noite toda costurando esse presente. Levou-o para ela pela manhã, tendo conseguido, na véspera, o endereço do quarto que sua futura namorada ocupa perto do Dôme. E como Fernande Barrey não queria ficar devendo favores, depois que ele lhe ofereceu esse presente feito à mão, e como ele se queixasse do frio que reinava no pequeno cômodo, pegou um machado e transformou em lenha a única cadeira que possuía.

Treze dias depois, casaram-se na sede do XIV arrondissement. Foujita pediu os seis francos necessários para a publicação dos proclamas a um garçom do La Rotonde, a quem pagou fazendo o retrato da sua mulher. Escolheram uma testemunha, e, como era preciso duas, optaram por um profissional desse tipo de coisa que fazia ponto diante da repartição.

Algumas semanas mais tarde, a senhora Foujita saiu de sua casa, que tinha sido transformada em domicílio conjugal. Com uma pasta de desenhos embaixo do braço, foi até a margem direita, onde está a maioria dos marchands. Conta a lenda que, tendo sido surpreendida pela chuva, entrou na loja de Chéron, trocou duas aquarelas por um guarda-chuva, e voltou para Montparnasse sem vender nada.

Mas conquistou Chéron. Porque depois de observar por muito tempo as aquarelas, o comerciante atravessou o Sena, foi até a rua Delambre e, sem mesmo olhar para as esteiras no chão, as lâmpadas enfeitadas com ideogramas, as mesas de pés serrados e, luxo inusitado, uma banheira de verdade, perguntou quem era o artista e onde ele guardava suas obras. Comprou tudo, garantindo não só o pão, mas também o caviar: sete francos e cinquenta por aquarela no mínimo, 450 francos por mês.

Para festejar a boa notícia, Foujita ofereceu uma gaiola e um canário à mulher. Depois, misturando a arte tradicional japonesa com a vanguarda europeia, aventurou-se por um caminho pelo qual ninguém poderia segui-lo. Antes, por falta de meios, ele pintava animais e flores a guache ou pastel. A partir desse momento, vai poder comprar as tintas e os pincéis de que precisava. Sentado no chão de uma antiga estrebaria da rua Delambre transformada em ateliê, cercado de tintas, Foujita pinta serenamente as telas que Paris inteira logo irá disputar. Depois de Van Dongen, e ao mesmo tempo que Picasso, ele vai descobrir as alegrias da opulência. O dinheiro bate à sua porta. A fama também.

Um pintor e seu marchand

No fundo, são os grandes pintores que criam os grandes marchands.

Daniel-Henry Kahnweiler

Quem vai ao ar perde o lugar. Cidadão alemão refugiado na Suíça, com seus bens (em seguida, suas telas) sequestrados pela Justiça, Kahnweiler acaba gastando suas reservas: não consegue mais sustentar seus artistas. A partir daí, a cadeira ficou vazia. Logo foi ocupada.

Venceu o mais rápido: Léonce Rosenberg. Seguindo os conselhos de André Level e Max Jacob, ele comprou as obras de Gris, de Braque, de Léger e de Picasso. Tornou-se o marchand titular dos cubistas, apesar de não entender nada do assunto, segundo ele próprio confessou. E não foi só isso: alguns anos depois do final da Guerra, aconselhou Miró a recortar a tela *La ferme* para poder vendê-la a clientes... que moravam em apartamentos. Finalmente, foi Hemingway quem o venceu no jogo de dados...

Léonce Rosenberg pagava relativamente mal aos seus pintores – mas, às vezes, melhor do que Kahnweiler. No entanto, a maior parte dos artistas não reclamava, pois não sabia a quem recorrer. E também porque, como observa Max Jacob, "sem ele, inúmeros pintores seriam motoristas ou operários de fábrica".[1]

Picasso era o único que esbravejava. Acabou trocando Léon por seu irmão, Paul Rosenberg, que tinha um discernimento mais sutil; ele será seu principal marchand no período entre guerras.

Modigliani também mudará de barco. Troca Paul Guillaume por Léopold Zborowski. Aquele era um grande defensor da arte contemporânea, um dos primeiros a publicar os catálogos das suas exposições. Este era um poeta polonês que a Guerra surpreendeu em Paris, quando estudava na Sorbonne. Sob aparente elegância, escondia uma pobreza que não ficava nada a dever à do seu cliente. Mas tinha um coração de ouro. E uma palavra de platina. "Você vale duas vezes mais do que Picasso!", ele disse a Amedeo, quando o encontrou pela primeira vez.

"Você pode provar?"

"Vamos discutir."

Isso foi durante uma exposição de Lyre et Palette. Kisling tinha se encarregado das apresentações.

O artista e seu futuro marchand dirigiram-se ao bar do Petit Napolitain. Modigliani acabara de ganhar duas notas por uma dupla sessão de pose. Deixou a primeira no bulevar, no chapéu de Ortiz de Zarate, que havia organizado uma exposição ambulante em benefício dos artistas vítimas da Guerra.

Sentaram-se e começaram comportadamente por dois *cafés-crème*. Ofereceram um terceiro a um jovem pintor pobre como eles. O homem usava um sobretudo rasgado, uma camisa que não valia nada e sapatos que também não iam lá muito longe. Tossia com rouquidão. Modigliani levou a mão ao bolso e, discretamente, deixou cair a segunda e última nota.

Em seguida, abaixou-se, pegou o dinheiro e sacudiu-o sobre a mesa.

"Olhem! Dez paus!"

Colocou a nota na frente do jovem pintor.

"É para você... Estava embaixo da sua cadeira."

O outro quis dividir.

"Nem pensar!", exclamou o italiano. "Acabo de ganhar uma fortuna!"

A segunda sessão de pose acabava de desaparecer em prol da felicidade de outro.

O jovem pintor ofereceu uma rodada e foi embora.

Zborowski era um jovem estranho. Muito elegante, o paletó bem talhado, a barba impecavelmente cortada, um sotaque parecido com o de Soutine, um imenso desejo de se ligar a Amedeo... Propôs a ele quinze francos por dia, com direito a modelo e material.

Para Picasso seria uma esmola; para Modigliani era uma fortuna...

O italiano olhava, desconcertado, para aquele indivíduo que lhe propunha um maná quase divino, diário, pois sua cota valia apenas um *marc* no balcão. Um tipo do qual não era difícil afastar a gravata para ver que faltavam botões, a camisa estava cerzida, o peito era encavado, e compreender que tinha tanta fome quanto ele mesmo. Quinze francos por dia!

"Também tenho amigos talentosos", disse o italiano de Livorno.

Estava falando de Chaïm Soutine. Depois, como ele começou a enumerar o resto do catálogo dos amigos na miséria, o marchand interrompeu-o com um gesto.

"Tenho que lhe explicar. Com muita franqueza..."

Expôs a situação: não tinha nada. A Guerra o surpreendera em Paris, onde estudava literatura francesa na Sorbonne. Tinha se tornado intermediário em obras de arte, livros e gravuras, porque sabia que falava bem e tinha alguma facilidade para negociar. Não tinha tido vocação. Continuava não tendo. Mas Lyre et Palette revelara a ele a genialidade de Modigliani. Queria se dedicar a ela e defendê-la.

Sim ou não?

Amedeo tinha colocado seu bloco sobre a mesa do bistrô. Fixava agora o olhar numa americana que estava sozinha numa mesa ao lado. Desenhava seu rosto. Talvez estivesse pensando em um outro encontro com um outro marchand. Foi antes que Paul Guillaume assinasse contrato com ele. O sujeito tinha negociado um lote de desenhos por um preço muito baixo, muito, muito baixo, cada vez mais baixo. Quando Modigliani considerou que o nível do mar havia sido alcançado, pegou os desenhos, furou-os, passou um barbante pelo buraco, e foi até o banheiro, onde pendurou as obras na caixa da descarga. Quando voltou, colocou-se na frente do marchand, e disse apenas:

"São seus. Limpe-se com eles."

Modigliani arrancou do bloco a folha que acabara de rabiscar.

"Sim ou não?", perguntou outra vez Léopold Zborowski.

Modi estendeu o retrato à americana. Ela pegou o desenho, observou com desconfiança, interesse, bondade, alegria, contentamento, encantamento, gratidão, felicidade, e quando o êxtase santificou seu rosto, Amedeo disse:

"São três *stout.*"

Que foram imediatamente servidas.

"Quero a assinatura!", pediu a americana.

"Os santos nem sempre são anjos", observou Zborowski.

Modigliani retomou o desenho que a mulher lhe estendia.

"Por que precisa de uma assinatura?"

"Pelo valor!", proferiu a simpática mulher. "Talvez um dia você seja conhecido!"

Em dez letras perfeitas, sobre toda a diagonal da folha, Modigliani recobriu o retrato com seu nome. E devolveu-o à americana, que o pegou mergulhada em êxtase, olhou-o com gratidão, interesse, desconfiança e rasgou-o com raiva.

Modigliani voltou-se para Zborowski. Bateu seu copo contra o dele e disse:

"A resposta é sim."

Todos os dias, o marchand passava pelas galerias. Amedeo nunca lhe pedia contas, só adiantamentos. Para pagar os copos, os pratos, os buquês de flores... E Zborowski dava o que podia. Quando não podia, colocava as joias da mulher no prego, jogava pôquer no La Rotonde, negociava com outros marchands, pedia emprestado aos comerciantes. Às vezes o encontravam sentado numa mesa do La Rotonde sem comer nada havia dois dias. Sua sina não era mais invejável do que a de Max Jacob, que passava de mesa em mesa para vender suas obras publicadas por ele mesmo, ou do que a daqueles que iam se lavar nos banheiros, porque não tinham água em casa. Provavelmente o marchand fazia como os outros, que roubavam as pontas do pão que ficavam para fora do balcão. Quando um interessado se apresentava, ele empurrava as obras de Modigliani, vendendo por uma miséria aquilo que valeria cem vezes mais, cinco anos depois.

Zborowski era totalmente devotado a Amedeo. Sacrificava-se por ele, privava-se de tabaco, de carvão, de comida, dava tudo ao outro para que a miséria fosse menos rude. Fazia isso tanto por afeição quanto por admiração. Lutava ao longo do dia para defender esse pintor no qual ninguém acreditava, a não ser alguns colecionadores suíços, certo dia atraídos por um artigo escrito em um jornal de Genebra por Francis Carco. Eles adquiriram alguns nus por um preço irrisório.

Zborowski procurava a clientela por toda a parte. Até mesmo entre os comerciantes do cruzamento Vavin. Quando não havia outro jeito, o próprio Modigliani tratava diretamente com eles. Francis Carco conta que, certo dia em que o marchand estava no Sul, Amedeo passou pela mulher dele, Hanka, e pediu a ela que posasse para ele: precisava vender duas telas para um cabeleireiro. Ela aceitou, em troca de uma terceira para ela mesma. No final da sessão de pose, como a última tela ainda não estava seca, Hanka Zborowski decidiu vir buscá-la no dia seguinte. Quando chegou ao ateliê, as três obras tinham desaparecido: duas estavam com o cabeleireiro; a outra tinha sido vendida a um comprador que aparecera inesperadamente.

Hanka posou muito para Modigliani. E também Lunia, amiga do casal. Quando dispunha dos cinco francos necessários para o pagamento, Zborowski se encarregava de procurar modelos profissionais. Assim como o material necessário – trinchas, tintas, paletas, telas, sem esquecer a costumeira garrafa.

Amedeo pintava no hotel. Depois passou a vir à casa do marchand, na rua Joseph-Bara. As condições em que trabalhava não se pareciam em nada com aquelas que lhe impunha o marchand Chéron, que, antes da Guerra, trancava o artista no porão da sua galeria, na rua La Boétie, com uma garrafa de conhaque na mão, só liberando-o quando a tela estava terminada.

Na casa dos Zbo, Modi chegava depois do almoço. Precisava de uma sessão de algumas horas para terminar uma tela. Nunca fazia a menor crítica a seus modelos. Quando acabava, o casal repartia com ele o feijão que Hanka comprava no armazém ao lado. Depois, ia embora. Às vezes, voltava à noite para pedir um adiantamento de alguns francos. No apartamento, apagavam as luzes e fingiam estar dormindo.

Modi levava os amigos à casa dos Zborowski. Soutine principalmente. Ele insistia sempre com o marchand para que cuidasse dele. Mas o polonês não estava convencido. Provavelmente porque Hanka também não estivesse: os modos de Soutine a assustavam. Ela adorava Modigliani, mas não quando estava com o amigo. Durante muito tempo ela não o perdoou por ter um dia se levantado da mesa, observado Soutine por um instante e ter exclamado: "Vou te pintar!".

O que fez logo em seguida. Usando como tela a porta da sala de jantar.

Frequentemente, Modigliani vinha com a jovem que, desde a primavera de 1917, substituíra Beatrice Hastings. Puseram-lhe o apelido de "Noix de Coco" por causa do contraste formado por uma cabeleira escura, com reflexos ruivos, e uma pele muito clara, diáfana.

Jeanne Hébuterne tinha tido aulas de desenho no ateliê Colarossi. Era tão doce e tímida quanto Beatrice Hastings era agressiva e extravagante. Um olhar verde, muito puro, como a água de uma fonte. Era bela e frágil, ausente, impenetrável, expressando apenas uma infinita tristeza que encobria como um véu o olhar profundo e magnífico. Era como um bicho do mato, buscando um cantinho no mundo dos adultos. Seus pais, Eudoxie e Achille Casimir, católicos praticantes, severos e rigorosos, não tinham aprovado a ligação da filha com um artista judeu, italiano, sem um tostão e muito mais velho do que ela. Tinha dezenove anos. Modigliani, 35. Estavam apaixonados.

Zborowski encontrou para eles um pequeno ateliê na rua da Grande-Chaumière, em frente daquele que tinha sido ocupado por Paul Gauguin em outra época. Ele continuou a tomar conta do seu protegido. À sua maneira, que não era a mesma dos marchands estabelecidos.

Mais tarde, alguns irão reprovar nele o amadorismo, a falta de credibilidade, incontestável, e algumas outras leviandades, das quais Daniel-Henry Kahnweiler, principalmente, vai se queixar. Essas críticas não pesam diante do essencial. O essencial continua a ser a pintura. Entre 1916 e 1920, isto é, durante os anos Zborowski, Modigliani vai realizar a quase-totalidade da sua pintura. Principalmente sua extraordinária série de nus. Por absoluta falta de sorte, ou por um sinistro jogo do destino, quando morrer, doze anos depois de Modigliani, o marchand estará arruinado e tão pobre quanto estava Modigliani quando, na manhã de sua morte, Jeanne Hébuterne voltou para a casa dos pais, na rua Amyot, número 8B.

Rua Joseph-Bara, número 3

Zeladora? Sim, mas de um prédio de artistas...
André Salmon

As moças estavam se emancipando. Amores fugidios nasciam numa noite e morriam ao amanhecer. Cendrars dizia que a guerra esvaziava as casas: os homens estavam no front, as mulheres procuravam substitutos para ocupar as camas despovoadas... As almas eram consumidas pelas paixões amorosas como fogo de palha.

Kisling enamorou-se de Renée-Jean, loura, vinte anos, a franja cortada rente às sobrancelhas, viva e passional, que usava calças compridas e meias desemparelhadas – como os futuristas italianos.

Como recebera uma herança de um escultor americano, companheiro de farras antes de 1914, o noivo pôde organizar um casamento grandioso, a mais bela festa do bairro naqueles tempos de guerra. Todo o Montparnasse foi convidado. O cortejo saiu da casa de Kisling, na rua Joseph-Bara. Cheia de alegria e de vinho, a pequena tropa resolveu ir a pé até a repartição municipal, com pausa no La Rotonde e, depois, no Dôme, onde Cambom, o proprietário, ofereceu algo para reanimá-los. O público foi crescendo de copo em copo, de café em bistrô, até o "sim", mais ou menos nítido, que Kisling trocou com Renée-Jean, diante do ilustríssimo funcionário que nunca tinha visto aquilo, um bando de desengonçados ao qual se misturavam soldados em licença uniformizados que estalavam os sapatos na sala dos casamentos. Além disso, a noiva tratava o novo esposo de "polonesinho sacana", enquanto este, que estava se casando com a filha de um comandante da guarda republicana, estava desesperado: logo ele, cujas convicções antimilitaristas tinham sido largamente testadas, ia ter um sogro oficial! Uma vergonha! Uma calamidade!

Depois de um almoço regado a muita bebida, a tropa deu um giro pelos bordéis do bulevar Saint-Germain e voltou para o ateliê de Kisling, onde Max Jacob representou seu melhor papel, imitando Jules Laforgue. Modigliani corria atrás dele, suplicando que o deixasse recitar Dante, Rimbaud, Baudelaire, qualquer coisa, contanto que ele também participasse da representação. Foi até o pequeno quarto contíguo ao ateliê e voltou enrolado nos lençóis dos recém-casados. Subiu num tamborete, imitou o fantasma, declamou *Macbeth* e depois *Hamlet*, tudo isso sob os gritos enfurecidos de Renée-Jean, que não admitia que usassem os lençóis das núpcias, mesmo que fosse para recitar Shakespeare. Seguiu-se um tropel pelas escadas, uma gritaria infernal, na qual os inquilinos respondiam aos gritinhos de Amedeo e aos impropérios da senhora Salomon.

A senhora Salomon era a zeladora. Uma bretã teimosa, minúscula, que se vestia como uma feiticeira, mas era dedicada e atenta a todos esses pequenos artistas que povoavam seu universo. Ela os defendia junto às outras zeladoras da rua.

No verão, passava as noites deitada na porta do seu apartamento. No inverno, voltava para dentro e, como o Douanier Rousseau, dormia toda vestida. Era impossível escapar à sua vigilância. Ao primeiro passo, ela saía de casa. Noite e dia, chocava sua ninhada com um olhar ora severo, ora atento.

Tinha um carinho especial por Kisling. Quando ele voltou ferido da Guerra, ela o encorajou a tomar leite para aliviar a tosse que o maltratava. Cada vez que ele saía ou entrava, ela surgia do seu posto de observação, ajustava com precisão o pincenê e perguntava:

"E o leite?"

"Amanhã, amanhã!"

Ele beijava seus cabelos despenteados. Ela resmungava, só para constar.

Acolhera Renée-Jean como um passarinho que caiu do ninho. Esperava que a vida em comum estancasse a sede festiva de Kisling, que, antes do alistamento, voltava quase sempre de madrugada, sempre bêbado e raramente sozinho.

Desiludiu-se rapidamente: a vida conjugal não trouxe as boas maneiras para o seu protegido. A porta do ateliê continuava sempre aberta: de manhã, a partir das nove horas, para as modelos que se sucediam por trás das telas; de tarde, para os amigos; de noite, para todos os prazeres. E a pobre senhora Salomon tinha sempre que suportar os horrores sonoros do fonógrafo, ligado na casa de Kisling.

"Isso arranha meus ouvidos! Deforma meus gostos!"

Ela detestava Fréhel* e os tangos argentinos.

Quando não era a música, era o barulho da plataforma de rodinhas sobre a qual o pintor colocava suas modelos. Ele puxava, empurrava, virava, ia e vinha em função da luz do sol e, quando finalmente descobria o melhor ângulo, tomava fôlego e cantava uma canção que parecia um rugido, e que ele acompanhava com uma dança *sioux* das mais sonoras e trepidantes.

Isso era no último andar. Havia também os outros. Pois Kisling não era o único morador artista do número 3 da rua Joseph-Bara. André Salmon também morou ali, antes de mudar de calçada e ir para o número 6. Todas as noites, um transeunte que levava seus cachorros dizia a ele (involuntariamente) que estava na hora de ir dormir. Às onze horas, como num ritual, esse homem pronunciava uma palavra, uma só e sempre a mesma: "Velhaco!". É que os animais aproveitavam a hora do passeio para morder ou incomodar uma pessoa qualquer, que então insultava o dono dos cachorros, que por sua vez replicava com essa injúria bem literária e servida na hora certa.

Não se sabe o nome dos animais. O proprietário morava perto da rua Stanislas e trabalhava no *Mercure de France*. Chamava-se Paul Léautaud.

Rembrandt Bugatti, escultor de animais e irmão de Ettore (o construtor de automóveis), morou no térreo do

* Fréhel (1891-1951): nascida Marguerite Boulc'h, em Paris, foi cantora e atriz de cinema. O nome Fréhel é uma homenagem a sua origem bretã. (N.E.)

número 3. Foi ali que ele se suicidou, em 1915. No ano anterior, Jules Pascin deixara o último andar para voltar para Montmartre.

Os atuais moradores causavam bastante embaraço à senhora Salomon. Principalmente o mais novo deles: Leopold Zborowski, marchand. Ele morava no primeiro andar, num apartamento de dois cômodos que dividia com muita gente. Havia a mulher, Hanka Zborowska – o que era normal; uma amiga, Lunia Czechowska, mulher de um polonês que foi para o front – era estranho; Amedeo Modigliani, que não morava lá, mas pintava no outro cômodo do apartamento – o que era generoso da parte do polonês, mas barulhento para os outros moradores do prédio.

Entre os andares, havia um vaivém permanente. Modigliani ia buscar tintas na casa de Kisling, que descia para recuperá-las, cruzava com Salmon que subia, Apollinaire que empurrava uma porta, uma modelo que procurava o andar, Renée-Jean acordando, Lunia perguntando a um e a outro se havia ambiguidade entre Amedeo e ela, Hanka resmungando porque Soutine ia chegar, Soutine subindo até o apartamento de Zbo, e Zbo descendo com os últimos desenhos de Modigliani embaixo do braço...

A senhora Salomon acompanhava e tomava conta das idas e vindas dos seus inquilinos. Quando estavam particularmente barulhentos e agitados, consolava-se pensando na tristeza que sentiria se um deles não tivesse voltado da Guerra. Quando se deitava na cama, à noite, depois de um pesado dia de trabalho, apurava o ouvido, temendo um outro barulho mais perigoso do que os gritos e as risadas de uma meia dúzia de pintores e de poetas: o ronco dos zepelins, a explosão dos Gothas.

Les mamelles de Tirésias

...Ainda estou muito nervoso, irascível demais, ainda preciso de um ano, parece, para ficar curado do traumatismo capital que quase me matou.

GUILLAUME APOLLINAIRE

O amor atingiu Kisling, Foujita, Modigliani e Apollinaire. Picasso também não escapou. Fernande está longe, Eva enterrada, Gaby, Pâquerette e as outras, esquecidas. Sobre a tela, grande, esplendorosa, soberana, surge Olga Khokhlova. Tem 25 anos, é russa, filha de um coronel do exército do czar, bailarina dos Balés Russos. Picasso a encontrou em Roma, junto a Diaghilev. Seguiu-a até Nápoles e Florença, encontraram-se novamente em Paris, foram juntos a Barcelona com a trupe dos bailarinos.

Picasso não é mais o mesmo. Usa terno, gravata, lencinho no bolso de cima e corrente de relógio. Seus amigos espanhóis não o reconhecem mais. A glória dos Balés Russos lhe trouxe um prestígio que a pintura ainda não lhe havia dado.

Ainda o amor... Em março de 1917, Ruby anuncia a Apollinaire que está grávida. A criança não nascerá. Coincidência ou não, nessa época Apollinaire está preparando uma peça cujo tema central gira em torno do repovoamento da França: *Les mamelles de Tirésias**, A obra é apresentada no dia 24 de junho de 1917, no Teatro Renée-Maubel, de Montmartre. O programa, distribuído ao público, traz a marca de Picasso: um de seus desenhos está na capa. A obra obtém sucesso considerável. Mais ainda do que *Parade*, ela constitui "o grande acontecimento da vanguarda em 1917".[1]

* As mamas de Tirésias. (N.T.)

A ideia de produzir *Les mamelles de Tirésias* vem de Pierre Albert-Birot. Numa noite de novembro de 1916, ele estava na rua da Tombe-Issoire, na sede da sua revista, em companhia de Apollinaire. Birot gostaria que a *SIC* não se contentasse apenas em publicar a poesia moderna: queria também um teatro moderno. Apollinaire propôs a ele então um drama que havia escrito em 1903: a história de Thérèse, que se tornou Tirésias, que, assim como o oráculo de Tebas, muda de sexo e toma o poder dos homens (a obra não deixa de lembrar *A assembleia de mulheres*, de Aristófanes).

Birot concorda. Apollinaire trabalhou de novo a peça, talvez profundamente. Acrescentou principalmente um prólogo, o qual não existia na primeira versão, que exprime as intenções profundas do autor:

> Eu lhes trago uma peça cujo objetivo é reformar os costumes...

Ele recusa o passado:

> A arte teatral sem grandeza sem virtude
> Que matava o tempo nas longas noites de antes da guerra

Reivindica para as mulheres um papel comparável ao dos homens:

> Também quero ser deputada advogada senadora
> Ministra presidente da coisa pública*

Mostra-se totalmente antimilitarista:

> Eles apagam as estrelas com tiros de canhão.

Tudo isso numa profusão de atores representando o sexo oposto, efeitos sonoros e ousadias que podem parecer

---

* Em francês (à exceção de *deputés*, essas profissões não têm uma forma para o gênero feminino. (N.T.)

provocações. Não apenas porque o pacifismo (novidade em Apollinaire) é uma forma de derrotismo, mas também porque, nesses tempos de carnificina, se por um lado é bem--visto encorajar a procriação para aumentar a natalidade, por outro não é aconselhável mostrar num palco de teatro uma mulher abrindo o corpete para deixar escapar uma grande quantidade de balões.

Os ensaios começaram. Não foi bem uma direção, mas, segundo Pierre Albert-Birot, um "bate-boca".*[2] Os atores não eram profissionais (Apollinaire chegou a cogitar ficar com um papel para si), os cenários, assinados por Serge Férat, foram feitos em cima da hora, e a partitura musical, que deveria ser interpretada por uma orquestra completa, foi tocada por uma pianista que substituiu os instrumentistas, difíceis de serem encontrados naqueles tempos de guerra. O coro foi dirigido por Max Jacob. A música foi composta por Germaine Albert-Birot.

Apollinaire nunca foi apaixonado por música. Em 1917, por ocasião de um concerto na Sala Gaveau, ele ficou compondo versos enquanto a orquestra tocava uma obra de César Frank. Durante o intervalo, ele aproveitou para sair discretamente... Durante os ensaios de *Mamelles*, ele aplaudia entusiasticamente a pianista que interpretava a obra, menos pela qualidade da sua interpretação do que pela circunferência da sua cintura. Ele gostava de Satie, antes de tudo porque era seu amigo. Mas seu interesse por *Mamelles* era porque se tratava de defender a vanguarda.

Quando o programa ficou pronto, Birot perguntou ao poeta o que deveria ser escrito na capa. Apollinaire sugeriu o título: *Les mamelles de Tirésias*. Birot achou que não bastava. Era preciso também caracterizar a peça.

"Drama", propôs Apollinaire.

"Curto demais. E o público corre o risco de pensar que se trata de um drama cubista."

Apollinaire refletiu um instante e disse:

* No original, um jogo de palavras: a *mise-en-scène* (direção) foi uma *mise-en--engueulade* (um bate-boca). (N.T.)

"Vamos colocar drama sobrenaturalista."

"Não dá", retorquiu Birot. "Estamos tão distantes do naturalismo quanto do sobrenatural."

"Então vamos colocar apenas *Les mamelles de Tirésias*, drama surrealista."*

A palavra estava lançada. Será retomada por André Breton e Philippe Soupault, em homenagem a Guillaume Apollinaire.

Quando *Mamelles* foi apresentada, Breton estava presente. Ele não gostou nem da obra nem da atuação dos atores. No final do primeiro ato, notou um espectador agitado na plateia. Era Jacques Vaché, de uniforme de oficial inglês. Tinha puxado o revólver e ameaçava usá-lo. Breton conseguiu acalmá-lo. Os dois homens continuaram a assistir ao espetáculo sem entusiasmo. Vaché, principalmente, ficou irritado tanto "com o lirismo barato da peça quanto [pela] repetição cubista dos cenários e dos figurinos".[3]

Uma balbúrdia. De certa forma, foi o primeiro da longa série de escândalos que iriam balizar o caminho do surrealismo. A imprensa não poupou críticas, o público também não. Apesar da prudência demonstrada por Pierre Albert-Birot, a obra foi taxada de cubista, Apollinaire foi arrasado, e Picasso, por conta do desenho da capa, crucificado no altar da arte nacional. O cubismo, sempre considerado de inspiração "boche", não era mais bem-visto do que por volta de 1914.

No entanto, os pintores que se consideravam os sustentáculos do cubismo puro e ortodoxo reivindicavam insistentemente sua participação nessa escola. A ponto de dirigirem um protesto aos jornais, depois da apresentação de *Mamelles de Tirésias*, explicando que não existia nenhuma relação entre suas obras e "certas fantasias literárias e teatrais". Analisem o ponto de vista deles. Visando em primeiro

* No original, drame surréaliste. O prefixo sur, em francês, forma inúmeras palavras indicando sempre: "para além de", "excessivamente". A criação da palavra por Apollinaire segue a lógica da língua. Em português, seriam os prefixos "sobre" ou "super" os equivalentes. A palavra surrealismo vem diretamente do francês. (N.T.)

lugar a Picasso, a acusação foi assinada por Gris, Hayden, Kisling, Lipchitz, Lhote, Metzinger, Rivera e Severini.[4]

Isso afetou Apollinaire. Ele também achou que Blaise Cendrars não era indiferente ao ataque.

No dia seguinte da apresentação de *Mamelles de Tirésias* no Teatro Renée-Maubel, Apollinaire foi designado para o gabinete de imprensa do Ministério da Guerra: a Censura. Naquela época, ele escrevia para *Excelsior*, *L'Information*, *Nord-Sud*, a revista de Pierre Reverdy, e para a *SIC*, de Pierre Albert-Birot. Anteriormente, havia trabalhado com André Billy no *Paris-Midi*. Não tinha perdido aquele espírito de afrontamento que fazia a alegria dos amigos. No *Paris-Midi*, por exemplo, ele enviava notícias falsas vindas de Londres, Tóquio ou de Nova York... Retomando a tradição de Paul Fort, ele reunia os amigos todas as terças-feiras no café de Flore, entre cinco e sete horas – Max Jacob chamava esses encontros de "as terças-feiras de Paul Flore", e Pierre Reverdy falava da "fauna do Flore".*

Ele encontrou Lou, uma só vez, por acaso, na praça da Opéra. Mas a paixão tinha definitivamente acabado. Apollinaire estava vivendo com Jacqueline, no seu apartamento do bulevar Saint-Germain. Ficava no último andar, e era preciso subir várias escadas. Por trás da porta, no final das escadas, o morador havia mandado instalar uma minúscula abertura que lhe permitia ver, do interior, quem era o visitante. Se fosse um oficial de Justiça, ele não abria. Do lado de fora estava pendurado um pequeno cartaz: "Pede-se não chatear as pessoas".[5]

O apartamento era atravessado por corredores sinuosos entulhados de livros, de estatuetas e mil fetiches recolhidos aqui e ali. Era um lugar muito estranho, uma sucessão de cômodos apertados nos quais, por obra e graça de um instalador mágico, fora possível colocar móveis pesados e maciços. Havia quadros pendurados nas paredes; outros estavam no

---

* O nome do café era devido a uma pequena estátua de Flora (do latim, deusa das flores) que ficava do outro lado da rua. (N.T.)

chão, encostados, esperando por uma ajuda amiga: Apollinaire era completamente desajeitado, incapaz de pregar um prego sem machucar três dedos.

O cômodo preferido do poeta era a sala de jantar: escura, minúscula, tinha cadeiras instáveis e uma mesa sobre a qual se colocavam os pratos trincados. No inverno, havia fogo na lareira. Havia também uma cozinha, e um escritório com uma mesa de trabalho diante de uma janela estreita. Uma escada interna conduzia ao quarto. Através de uma porta de vidro era possível ter acesso a um minúsculo terraço de onde se podia ver os telhados de Paris.

Era ali que Apollinaire se restabelecia do ferimento. Tinha crises de enfisema. O desaparecimento do amigo de infância, René Dalize, a quem dedicara *Calligrammes*, morto na Guerra, tinha-o afetado profundamente. Dalize, o companheiro de todas as festas, com seu eterno guarda-chuva debaixo do braço, que se plantava diante do espelho e dizia a si mesmo: "Que bela sabotagem da existência!" .

Apollinaire estava então nos píncaros da glória: reconhecido em todo lugar, sempre solicitado, cheio de mil novos projetos. Tinha, entretanto, deixado alguns fragmentos da sua alegria de viver no front. O futuro o preocupava. Estava cada vez mais irascível. Quando os amigos vinham jantar com ele, tinham cuidado para não desarrumar nada, a fim de não ferir sua susceptibilidade. Olhavam, um pouco inquietos, para o capacete perfurado do artilheiro, colocado sobre uma mesa, na entrada.

Em janeiro de 1918, uma congestão pulmonar levou o poeta para o hospital. Saiu logo depois. A guerra, então, tinha mudado de cara.

Paris-Nice

> Na sobremesa o champanhe estourou a 120 quilômetros de Paris, ou melhor, acima de Paris, naquela noite. Toda a companhia foi exibir seus talentos nos porões.
>
> Max Jacob

Na primavera de 1918, Paris tinha fome, frio, mas não tinha sono. As barrigas estavam vazias, o que não impedia de se ir ao concerto, ao teatro, ao cinema. Max Jacob escrevia seus poemas em papel de embrulho, mas encontrava charutos para Picasso. À noite, os notívagos surrupiavam todas as garrafas que podiam e depois, a pé ou de táxi, iam procurar lugares onde pudessem enxaguar a secura da sua miséria. Os carros andavam devagar, até que um ultrapassava os outros porque seus ocupantes tinham tido uma ideia para onde ir. Todos se encontravam aqui e ali, numa padaria da rua da Gaîté, ou na sala dos fundos de uma loja da margem direita, onde comes e bebes eram compartilhados.

Em março, entretanto, depois de dois anos de estratégia defensiva, os alemães atacaram com energia as linhas francesas e inglesas. O front foi derrotado. Por mais que Foch dissesse que o país não perderia nem mais um metro de solo, e Clemenceau exortasse os soldados a não cederem de forma alguma, a Guerra já metia o focinho a setenta quilômetros de Paris. À noite, o Grande Bertha troava. Metia medo e era assustador: canhões Krupp de trinta metros puxados sobre trilhos, capazes de atirar projéteis a trinta quilômetros de altura e cem quilômetros de distância. Os alemães os chamavam de Pariser Kanonen. As balas atingiram Grenelle, Vaugirard, a igreja de Saint Gervais e o Champ-de-Mars.*

---

* No XIII arrondissement, nas proximidades da Torre Eiffel. (N.T.)

Uma delas alcançou a rua Liancourt. Outra explodiu em Port-Royal, numa sala da maternidade Baudelocque, provocando a morte de várias crianças e de suas mães. Meio milhão de parisienses fugiram da capital e foram para o Sul da França. Entre eles, Soutine, Foujita, Cendrars, Kisling, Modigliani, Jeanne, Zborowski e a mulher.

Esses últimos partiam para se proteger dos bombardeios, mas também porque esperavam que o sol de Nice fizesse bem a Amedeo, cuja tuberculose tinha se agravado, e a Jeanne, que estava grávida. Assim que soube da notícia, Eudoxie Hébuterne decidiu viajar também: de jeito nenhum ela iria abandonar a filha nas mãos daquele artista judeu, grosseiro, inconsequente e sem talento.

Foram para a mesma cidade – Nice –, mas os ânimos esquentaram tanto que o futuro pai teve que ir para o hotel, enquanto Jeanne e a mãe instalavam-se num apartamento na rua Masséna.

Modigliani ficou quase dois anos no Sul. Além do fato de que o sol aliviava suas dores, ele não pôde voltar antes porque seus documentos foram roubados. Pintava muito, mas de maneira descontrolada, em companhia de numerosos amigos que encontrou por lá: Survage, o escultor Archipenko, Paul Guillaume e o pintor Osterlind.

Este levou-o um dia à casa de Renoir. O pintor, que sofria de reumatismo, não saía da cadeira de rodas. Pintava com pincéis amarrados nas mãos. Graças a um sistema de pesos, fazia subir e descer a tela. Trabalhava sem parar para poder doar a obras de caridade o máximo possível de quadros antes de morrer. Pintava também para ajudar crianças pobres das redondezas. Fugia dos marchands. Recebia ainda alguns amigos como Monet, que viajou para encontrá-lo pela última vez. Nessa ocasião, paralisado na cadeira, fumando um cigarro que tinha que lhe ser colocado na boca, incapaz de se mover, a não ser com a ajuda de alguém, recebeu o companheiro octogenário com as seguintes palavras:

"E então, Monet? Está enxergando mal?"

Renoir também abria as portas para os jovens artistas. Foi por isso que recebeu Modigliani. Tentou conversar com ele, mas o italiano não abria a boca.

"Vão ver meus últimos nus", propôs Renoir.

Amedeo e Osterlind foram até o ateliê. O italiano observou as telas sem fazer o menor comentário. Na volta, continuou calado.

"E então?"

Então nada. Osterlind fez um comentário. Por razões inexplicáveis, Amedeo continuava mudo.

"Observou a cor da pele?" Silêncio.

"O contorno dos seios?" Nada.

"E as coxas?... Quando pinto coxas, tenho a impressão de tocá-las..."

De repente Modigliani levantou-se, olhou para o velho pintor e declarou secamente:

"Não gosto de coxas."

Depois foi embora, deixando Renoir desconcertado e Osterlind morto de vergonha.

Foi ao encontro de Zborowski. Este passava os dias tentando vender algumas telas nos hotéis de luxo. Quando compreendeu que Modigliani não fazia mais sucesso ali do que em outro lugar, e que os ricos boas-vidas do Sul não compravam mais do que os marchands parisienses, voltou para a capital.

Em Paris, Apollinaire tinha saído do hospital. Trocara o gabinete da Censura pelo Ministério das Colônias. No dia 2 de maio, casou-se com Jacqueline Kolb. Uma cerimônia religiosa foi realizada na igreja de Santo Tomás de Aquino. Os padrinhos da noiva foram Ambroise Vollard e Gabrielle Buffet-Picabia. Os do noivo eram o escritor Lucien Descaves e Pablo Picasso.

Dois meses mais tarde, este último, por sua vez, também passava diante do ilustríssimo senhor prefeito. Picasso fora recusado por Gaby e Irene Lagut. Olga Khokhlova aceitou. Diaghliev o tinha prevenido: "Com uma russa, a gente se casa". Não foi tão fácil, por causa da situação da moça: seus documentos não estavam em ordem e não foi fácil regularizá-los, por causa da Revolução Russa. Apollinaire interveio junto ao irmão de Lucien Descaves, que trabalhava na chefatura de polícia. O casamento foi marcado para 12 de julho de 1918, na sede do VII arrondissement. Quando Max Jacob recebeu a carta de Picasso convidando-o para padrinho, pensou que ia morrer de alegria; sobretudo porque a data do casamento era a mesma do seu aniversário... Correu até o Hotel Lutetia, onde a noiva estava hospedada. Não a encontrou. Se fosse até Montrouge, onde Picasso estava morando, também corria o risco de não encontrar o noivo. Então enviou um telegrama, em êxtase:

> Caro afilhado,
> Só a morte me impediria de estar no VII arrondissement, sexta-feira, às onze horas; e mesmo morto ficaria desolado por não ter ido.

Ele foi. Às onze horas da manhã, Pablo Diego José Francisco de Paula Juan Nepomuceno Cipriano de la Santíssima Trinidad Ruiz y Picasso, nascido em Málaga (Espanha), em 25 de outubro de 1881, artista plástico, casava-se com Olga Khokhlova, nascida em Niegine (Ucrânia), em 17 de junho de 1890, sem profissão, na presença das testemunhas: Guillaume Apollinaire, 37 anos, escritor condecorado com a cruz de guerra; Max Jacob, 42 anos, escritor; Valerin Irtchenko Svetloff, 54 anos, capitão de cavalaria; Jean Cocteau, 27 anos, escritor.

O casamento religioso aconteceu na igreja russa da rua Daru, em meio a incensos e cantos ortodoxos.

Algumas semanas depois, Picasso mudava-se da sua casa em Montrouge para o Hotel Lutetia.

É lá que ele se encontrava na noite de 9 de novembro de 1918. A Guerra estava acabando. Durante a tarde, ele estava passando pelas arcadas da rua de Rivoli quando cruzou com uma viúva de guerra. Um pé de vento jogou a fita do luto sobre o rosto dela. De volta ao hotel, Picasso se olhou no espelho e ficou observando seu rosto por muito tempo. O encontro da tarde mexera com ele. Parecia um funesto presságio. Pegou um lápis e desenhou o rosto que o espelho mostrava. Foi então que o telefone tocou. Deixou de lado o desenho e foi atender. Por muito tempo permaneceu imóvel depois de ter desligado. Em seguida retornou ao autorretrato.

Ele acabara de receber a notícia da morte de Guillaume Apollinaire.

Final de jogo

Não iremos mais ao bosque, os louros foram cortados
Os amantes vão morrer e mentem as amantes.

GUILLAUME APOLLINAIRE

No dia 3 de novembro de 1918, Guillaume Apollinaire desce do apartamento em companhia de Vlaminck e a mulher, que ele convidara para almoçar. No bulevar Saint-Germain, os dois homens discutem a última peça do poeta, *Couleurs du temps*, que a companhia Art et Liberté vai encenar quinze dias depois: Vlaminck está fazendo os cenários. Quando se separam, Apollinaire dirige-se ao jornal *Excelsior*, para o qual colabora regularmente.

À noite, tem um acesso de febre. Deita-se no quarto, sob o quadro de Marie Laurencin, onde ele está ao lado de Max Jacob e de Picasso. Sente-se mal, mas não é como das outras vezes. Como sempre, ele não quer ir ao hospital: passou várias temporadas lá desde que foi ferido na cabeça.

A febre continua subindo. Guillaume transpira. Jacqueline começa a ficar preocupada. Mas não chama o médico. Esperam.

No dia seguinte, Max Jacob vai vê-lo. Depois, Picasso. Voltam. Foram à casa de Jean Cocteau, na rua d'Anjou, pedir a ele que chame o doutor Capmas. Talvez seja uma congestão pulmonar. Talvez outra coisa. Não se sabe.

É a gripe espanhola. Dizem que ela foi trazida da Ásia por marinheiros espanhóis. Na verdade, ela vem dos Estados Unidos e contaminou a Europa por meio da força expedicionária. Ela derruba os homens ainda mais rápido do que a guerra. Vinte e cinco milhões de mortos em dois anos. No Chemin-des-Dames, os generais pedem trégua para evacuar os que são atingidos. Em Paris, os carros fúnebres passam uns atrás dos outros na direção dos cemitérios. Um deles levou Edmond Rostand.

Guillaume Apollinaire vê a morte se aproximar. No front, ele esteve todos os dias ao lado dela, mas nunca a temeu. Agora, é tomado pelo pânico. Suplica ao doutor Capmas que o salve. Não quer partir dessa forma. Não entende. Salvou-se de um fragmento de obus na cabeça, não vai morrer por causa de um micróbio!

Os amigos vêm vê-lo. E voltam. Jacqueline Apollinaire, Serge Férat e Max Jacob não saem de perto dele. Há flores na casa. Acima dos telhados paira um céu cinzento. E a morte, no bulevar Saint-Germain, 202, naquele 9 de novembro de 1918, às cinco horas da tarde.

As horas passam lentamente, como passa um enterro.

Guillaume Apollinaire está deitado na cama, vestido com seu uniforme de oficial, com o quepe a seu lado. A Guerra vai terminar. Mais de oito milhões de mortos, vinte milhões de feridos. Um poeta levado sob um baldaquim tricolor até a igreja de Santo Tomás de Aquino, e depois ao cemitério do Père-Lachaise.

Uma seção do 237º regimento territorial* presta as homenagens. A senhora Kostrowitzky está de luto. Picasso está ao lado dela. E Max Jacob, André Salmon, Blaise Cendrars, Pierre Mac Orlan, Paul Fort, Jean Cocteau, Metzinger, Fernand Léger, Jacques Doucet, Paul Léautaud, Alfred Valette, Rachilde, Léon-Paul Fargue, Paul Guillaume... E tantos outros. O armistício fora assinado dois dias antes. Nas ruas, a multidão festeja a vitória gritando "Que morra Guillaume!".

O Cáiser, não o poeta.

Les obus miaulaient un amour à mourir
Les amours qui s'en vont sont plus doux que les autres
Il pleut Bergère il pleut et le sang va tarir

* Regimento do Exército francês até a Primeira Guerra. (N.T.)

Les obus miaulaient Entends chanter les nôtres
Poupre Amour salué par ceux qui vont périr.*

Na tarde do funeral, Pablo Picasso deixa o Hotel Lutetia e vai até sua casa de Montrouge. Pega suas coisas. No dia seguinte, envia uma carta a Gertrude Stein informando que vai se instalar na rua La Boétie. Novamente, ele atravessa o Sena.

---

* Os obuses gemiam um amor mortal/ Os amores que partem são mais doces que os outros/ Está chovendo, Pastora, está chovendo e o sangue vai secar/ Os obuses gemiam Ouve os nossos cantar/ Amor púrpuro que saúdam os que vão morrer. (Trecho do poema *Zone*.) (N.T.)

III

Montparnasse, cidade aberta

Kiki

> Kiki? Ela mereceu ser considerada a rainha de Montparnasse.
>
> André Salmon

Um sol frio brilha sobre Paris em paz. É hora da desmobilização. Os turistas estão chegando. Os primeiros são os americanos do corpo expedicionário. Descobriram a França em tempo de Guerra. Estão de volta, depois de trocar o uniforme pelo terno das alegrias e dos prazeres.

Os bistrôs do bulevar Montparnasse estão cheios. Tanto os antigos quanto os novos, como o café do Parnasse, que concorre com o La Rotonde.

Libion observa, descontente. Não é a concorrência o que mais o incomoda, mas as autoridades. Por várias vezes ele teve de pagar multa ou fechar as portas: antes, porque os desertores, ou aqueles considerados como tal, bebiam no bar; depois, porque os bolcheviques e seus simpatizantes sentavam-se no balcão – como Kikoïne, que foi denunciado devido a suas relações com revolucionários russos –; agora, porque os fumantes consomem demais: Libion comprou cigarros de fumo claro, ao que parece de contrabando, para oferecer algumas tragadas à sua clientela mais pobre. Foi acusado. Ameaça vender (o que acabará fazendo). As coisas vão mal.

Ele avista uma pessoa interessante, a quem já viu na companhia de Soutine, facilmente reconhecível, pois usa um chapéu de homem, uma velha capa remendada e sapatos grandes demais para ela. Uma jovem. Dezoito anos no máximo. Pele branca. Cabelos curtos, muito escuros. De uma beleza peculiar, feita de uma mistura de extroversão, vivacidade, ousadia no falar, nos gestos, na postura, no riso. Naquele dia, porém, ela não responde quando Kisling, voltando-se para Libion, pergunta em voz alta:

"Quem é essa nova puta?"

Ela se contenta em tirar um fósforo do bolso, riscá-o, apaga a chama e escurece delicadamente a sobrancelha esquerda.

"E aí? Quem é essa puta?"

A jovem não responde. Vai esperar que Kisling recomece para enviar-lhe insultos cuidadosamente selecionados, aos quais o polonês responderá em termos como "sarnenta", "rameira", "sifilítica" e outras gracinhas que animarão a sala. Depois do que, fato excepcional para a época, o pintor contratará a jovem como modelo por um período de três meses.

Esse foi o começo de Alice Prin, apelidada de "Kiki", e depois "Kiki de Montparnasse", rainha do bairro, amuleto da sorte de artistas, figura lendária e mundialmente conhecida, que posará para Kisling, Foujita, Man Ray, Per Krogh, Soutine, Derain e muitos outros. Será a queridinha de todos os pintores de Vavin, a primeira figura importante, depois da Guerra, desse Montparnasse cuja fama ela vai ajudar a espalhar até a América, com seus arroubos e sua impetuosidade.

Até então, Kiki não havia tido muita sorte. Sua linha de vida atravessa com mais frequência o vale das lágrimas do que os píncaros da glória. Nasceu na Côte-d'Or, e cresceu tão depressa que, antes mesmo de encontrar um lugar mais confortável e adaptado, já estava metendo o nariz na rua. O pai, vendedor de lenha e carvão, tinha sumido havia muito tempo.

Filha natural: é o primeiro escândalo de Kiki. Que atinge igualmente a mãe, que a moral da província daqueles tempos mandou para Paris, Maternidade Baudelocque, onde a medicina obstetrícia se encarregava de fazer com que as senhoras solteiras desistissem de engravidar novamente.

A pequena Alice viveu então na casa da avó, na companhia de um bando de primos e primas, todos filhos do amor, como ela. Injustiça e pobreza: o avô trabalha na conservação das estradas por um franco e cinquenta por dia; a avó trabalha nas casas dos burgueses da cidade. A mãe manda o que pode. A professora não gosta dos pobres, de modo que Kiki passa as manhãs no fundo da sala, e as tardes, de castigo. De noite, quando não há mais feijão na panela, ela e a prima vão bater à porta das freiras Cornettes. Essa experiência não vai aproximar a menina da cruz nem da água benta...

Aos doze anos, Kiki vai para Paris. A chamado da mãe. A menina conhece menos essa mulher, que ia visitá-la um mês por ano, do que a avó que a criou e que ela adora. No trem que a leva, afoga as lágrimas nas provisões da viagem: salame ao alho e vinho tinto, que fazem a festa da cabine...

Em Paris, a pequena Alice descobre os fiacres. E as avenidas, limpas e retas.

"Mãe, é cera que passam por cima para brilhar assim?"

A mãe, geralmente séria, acha graça. Ela trocou Baudelocque por uma tipografia, onde é linotipista. Desejando que a filha a suceda no trabalho, manda-a para a escola comunal, na rua de Vaugirard. Kiki fica lá o tempo suficiente para se desinteressar para sempre dos estudos. "Tenho treze anos. Acabo de deixar a escola para sempre. Sei ler, contar... chega!"[1]

A adolescente entra para uma tipografia como aprendiz de encadernadora: por cinquenta cêntimos por semana ela encaderna o *Kama Sutra*. Depois, ao seu modo, vai à guerra. Trabalha numa fábrica de calçados que reforma os sapatos dos *poilus*. Eles vêm do front; a pequena Kiki os desinfeta, amacia com óleo e ajeita-os com o martelo. Dos sapatos ela passa para a solda, os balões dirigíveis, os aeroplanos e as granadas. Sempre na maior das misérias. Rói as pedras das sopas de lentilhas populares e usa sapatos de homem tamanho quarenta, encontrados numa lata de lixo.

Aos catorze anos e meio, é alimentada, recebe casa, comida e roupa lavada da dona de uma padaria na praça Saint-Charles, no XV arrondissement. Levanta-se às cinco horas para atender os operários que vão para o trabalho; às sete, faz entregas nas portas dos preguiçosos que ainda dormem; às nove, faz a limpeza, as compras, trabalha na cozinha e ajuda a fazer o pão. O padeiro é um rapagão. Tem só quinze anos, mas está na exuberância da idade.

"Tá a fim?"

"Ainda não."

Mas quando, pela janela do quarto, a pequena Alice vê os namorados se beijando na praça, fica perturbada: "Me senti engraçada! Fiquei rolando na cama e foi muito bom... e depois, fiquei com muito medo".[2]

O medo vai passar...

A garota decide dominar o medo arrastando o vizinho da frente para os fundos da loja. Beijos e carícias a levam ao quinto céu. Mas o sexto ainda a assusta e do sétimo nem se fala. Vamos esperar um pouco...

Kiki se maquia. Na idade dela isso não se faz. Ao surpreendê-la, certo dia, pintando o rosto, a dona da padaria exclama:

"Putinha!"

A palavra não caiu bem. E valeu um soco no estômago da patroa. Depois do que, a boxeadora toma chá de sumiço.

Vai parar no ateliê de um escultor, para quem posa. Nua. A primeira sessão transcorre sem problemas, a segunda termina com uma condenação, sem direito a apelação. Tendo tomado conhecimento, por meio dos vizinhos, de que a filha anda se atracando com um homem bem mais velho, por conta de uma arte que ela desconhece totalmente, a mãe aparece, constata e grita:

"Puta!... Puta sem-vergonha!"

Entre a mãe e a filha, tudo acaba aí. A mais velha volta para junto do futuro esposo, um linotipista meio soldado, mais jovem do que ela; a jovem vai parar na casa de uma cantora da Opéra-Comique.

Torna-se empregada e faz todo o serviço. Mas, como vive pulando a cerca, isso não agrada à artista lírica. Expulsa mais uma vez, Kiki busca refúgio na casa da amiga Eva, que mora num quarto minúsculo em Plaisance. A cama é grande, mas não dá para três. De vez em quando, Eva recebe um operário corso mais velho do que ela. Por dois francos ao dia e um pedaço de salame, ele dispõe da cama e da inquilina.

"Fica olhando", aconselha Eva à amiga. "Assim você vai aprendendo."

Kiki senta-se e acompanha o desenrolar das operações. Espera que passe a febre. Seu interesse não é muito grande. Fica contente porque, segurando a vela, pode comer, tranquila, o salame que o casal esquece. Mas ela se pergunta se é totalmente normal.

"Por quê?", Eva quer saber.

"Ainda sou virgem!"

"Aos quinze anos?"

"Só conheci o quase..."

"Que horror! Vem comigo, vamos resolver esse problema."

As duas fazem *trottoir* no bulevar de Strasbourg. Eva prometeu encontrar um velho para a amiga.

"Na primeira vez, um velho é melhor, dói menos..."

Kiki imagina. Ela conhece os velhos. Uma ou duas vezes, arrastou um para trás da Estação de Montparnasse, não muito longe de um barraco onde vivia. Em troca de dois francos, eles tinham o direito de olhar seus seios. Por cinco francos podiam tocá-los. Não mais do que isso, e nunca mais abaixo. Kiki não é meretriz: só precisa comer.

No primeiro dia, no bulevar de Strasbourg, Eva encontra um cinquentão aceitável. Apresenta-o a Kiki. Ele cheira bem e está de acordo. Oferece *crème* e *croissants*. A cafetina se afasta. Kiki acompanha o felizardo. Ele a leva até em casa, em Ménilmontant. É artista de variedades, mais precisamente, palhaço. Mostra a ela suas roupas, tão bonitas quanto as de Fratellini.* Oferece à convidada um assado de porco e vinho. Depois, ele a lava, veste-lhe uma das suas camisas de dormir e a põe na cama. Kiki está quase se apaixonando. Deixa-se acomodar sob as cobertas, ouve as cantigas de ninar que o palhaço toca para ela ao violão, e adormece depois de algumas coisinhas nada desagradáveis.

Balanço do dia seguinte: a senhorita chegou ao sexto céu, mas não perdeu nada.

---

* Albert Fratellini (1886-1961): membro da família de *clowns* Fratellini, que se apresentava no circo Médrano. Um dos visitantes frequentes de seu camarim era Pablo Picasso. (N.E.)

Ela encontra um pintor. Robert. Ele lhe oferece um chocolate e leva-a para a sua casa. É o primeiro a tirar a roupa. As meias quase estragam tudo: estão rasgadas na ponta. Kiki não consegue parar de rir.

"Não sabia que isso existia, meias-luvas para os pés!"

O outro fica zangado:

"Está na moda."

Tentam. Conseguem alguma coisa. Mas não é o bastante. Não é completamente. Robert tem uma ideia. Certa noite, ele volta para casa com duas mulheres pescadas no Dôme.

"Olha como a gente faz, e vê se aprende."

Kiki olha. Uma vez, duas vezes, três vezes. Mas se por um lado ela é atenta às aulas, por outro não se sai bem no dever de casa. Robert perde a paciência. Manda-a ir à luta no bulevar Sébastopol. Por pouco, e ele explicaria que é a mesma coisa que ir para o front, só que não são boches e sim ianques. Aliados. Kiki não se decide. Ela ainda prefere apanhar do pintor-gigolô, o qual, por sorte, desaparece um dia para nunca mais voltar.

Muda-se para uma pocilga na rua de Vaugirard, e depois para um hangar atrás de Montparnasse... Descobre o La Rotonde, seus pintores e escultores. Como todos os pensionistas de Libion, ela se lava nos banheiros e joga as poucas moedas que possui nos caça-níqueis, esperando ganhar um *croissant* em troca.

Consegue um pouco mais do que isso: Soutine. Ele a hospeda algumas vezes na Cité Falguière, queimando a metade do ateliê para aquecê-la. Apresenta-a a outros artistas, que iniciam a moça nos paraísos artificiais, que a transportam de uma altura a outra, mas, infelizmente, ainda não é o sétimo céu, para ela o mais importante de todos.

Finalmente, é um pintor polonês, Maurice Mendjizky, que se revela o anjo salvador que ela espera há tanto tempo. Tira dela aquilo que a moça não quer mais, e oferece-lhe esse apelido, Kiki, doce declinação de Alice, em grego.[3]

Mendjizky é o primeiro homem da sua vida. Posa para ele antes daqueles que se tornarão seus melhores amigos: Kisling e Foujita.

A primeira vez em que vai à casa do japonês, ele ainda mora no ateliê da rua Delambre. Quando ela entra, está descalça, com um casacão e um vestido vermelho.

"Tire a roupa", pede o pintor.

Ela tira o casacão. Não tem nada por baixo; a ilusão do vestido era obtida por uma tira de pano pregada na abertura do casacão. Foujita olha para a modelo, fascinado por seu púbis sem pelos. Ele se aproxima até encostar o nariz:

"Não tem pelos?"

"Costumam crescer enquanto poso."

Kiki pega um lápis preto que está em cima da mesa e desenha uma pilosidade artificial.

"Gosta?"

"É engraçado!", garante Foujita.

Kiki o afasta do cavalete e toma o lugar dele.

"Não se mexa."

A modelo pega os lápis e, chupando-os e mordendo-os, começa a fazer o retrato daquele que deveria pintá-la. Quando termina, pede:

"O dinheiro da minha pose, por favor."

Estupefato com essa audácia, Foujita paga. Kiki pega seu desenho.

"Até logo, senhor!"

Vai até o Dôme, onde um colecionador americano compra o retrato de Foujita.

No dia seguinte, o pintor japonês a encontra no La Rotonde.

"Você tem que voltar ao meu ateliê e me deixar pintá-la!"

"Feito!", responde Kiki.

Foujita realizou uma grande tela: *Nu couché de Kiki*. Nunca ele tinha feito algo tão imponente. Enviou-o ao Salão de Outono. Toda a imprensa falou nele. Foi felicitado pelos senhores ministros. A obra foi comprada por oito mil francos, o que era inusitado. O pintor convidou sua modelo para festejar o acontecimento. Durante a sobremesa, ofereceu a ela algumas notas. Imediatamente, Kiki saiu da mesa. Quando voltou ao ateliê da rua Delambre, algumas horas mais tarde, usava um chapéu, um vestido e um casacão novos, e sapatos brilhando como vidro.

“Quero pintar você com essa roupa!”, exclamou Foujita.

“Não”, respondeu Kiki, “tenho um encontro com um outro.”

“Um pintor?”

“Kisling.”

Naquela época, Montparnasse tinha três Kikis: Kiki van Dongen, Kiki Kisling e Kiki Kiki.

Foujita nada podia fazer, a não ser se curvar diante da força da homonímia.

A morte em Montparnasse

> Era filho das estrelas e a realidade não existia para ele.
>
> Leopold Zborowski

Kiki Kisling sempre esperava por Kiki batendo pé firme. Quando ele dizia nove horas eram nove horas. Para ele. Para ela, eram quarenta minutos mais tarde. Isso dava lugar a interpelações severas e sonoras, das quais se queixava a senhora Salomon, que tinha ouvidos frágeis. Os dois Kikis duelavam com as armas dos insultos, que ambos manejavam com perfeição.

Amavam-se, porém, de forma carinhosa. Quando a senhora Kiki estava triste, o senhor Kiki se empenhava em fazê-la rir. Cantava e dançava para ela, arrastando-a atrás de si para que fizesse o mesmo. Também faziam concursos de barulho. Mas calavam-se quando chegavam os vizinhos. Às vezes era Zborowski, outras vezes, um *voyeur* que vinha espiar.

Modigliani também vinha. Tinha voltado de Nice, em maio de 1919, seguido de Jeanne, que veio ao encontro dele três semanas depois. Em novembro do ano anterior, havia nascido uma menina, Jeanne. Tiveram que contratar uma ama, pois, segundo conta a primeira mulher de Blaise Cendrars, nem o pai, nem a mãe, nem a avó sabiam cuidar dela.

Quando reencontrou o pai de sua filha em Paris, Jeanne estava outra vez grávida. No dia 7 de julho de 1919, Modigliani se comprometeu por escrito a casar-se com ela assim que recebesse os papéis necessários para as providências administrativas. Esse compromisso estava assinado também pela própria Jeanne, por Zborowski e por Lunia Czechowska. Muitos anos mais tarde, Lunia confessará à filha de Modigliani que tomava conta dela com frequência, no apartamento dos Zbo, na rua Joseph Bara.

Às vezes, Modigliani tocava a campainha tarde da noite, completamente embriagado, para saber notícias da filha. Lunia gritava pela janela que ele não fizesse barulho, ele se calava, sentava-se um pouco nos degraus, depois ia embora.[1]

Ele continua bebendo. Bebe demais. Não para de tossir. Descobre Isidore Ducasse, vulgo conde de Lautréamont, que lê, em companhia de André Breton, num banco da avenida do Observatoire: o fundador de *Littérature* publicou as poesias no número 2 da sua revista, depois de tê-las copiado na Biblioteca Nacional.

Recebe as modelos no seu ateliê da rua da Grande-Chaumière, esboça alguns traços, toma um gole de rum, arrasta os pés pelo chão escurecido de carvão. Quando sai, é para ir aos cafés. Troca copos de bebida por retratos, distribui as moedas que consegue aos mais pobres do que ele, engole um sanduíche, tosse, bebe, segue um grupo de amigos, tropeça no átrio da igreja de Alésia, cai no chão e adormece sob a chuva.

Procura Zborowski para pedir-lhe algum dinheiro emprestado, esquecendo que Zborowski está em Londres para uma exposição consagrada a seu cliente e amigo. Atravessa o Sena e sobe até Montmartre, beija Utrillo e Suzanne Valadon, canta para eles o *kadish*, volta para a margem esquerda, escreve rapidamente para a mãe, nos cartões selados que ela lhe mandou.

Está doente. Ninguém o ouve se queixar da tuberculose que o corrói. Nem mesmo Jeanne Hébuterne, cuja fragilidade diáfana ele protege com um silêncio de chumbo. Há meses, Zbo tenta convencê-lo a ir se tratar num sanatório, na Suíça. Todas as vezes, Amedeo responde com as mesmas palavras:

"Para de ser moralista."

Entretanto, a morte o está rondando, e provavelmente ele sabe disso. Bebe para afastar o sofrimento, as dores, as misérias que tomam conta dele há tanto tempo. Lá fora, a Guerra já acabou há mais de um ano. Dentro dele, ela cavou suas trincheiras e prepara o terreno para o ataque final.

Numa noite de janeiro de 1920, Amedeo deixa o La Rotonde na companhia de amigos. Chove forte. Ele vai para os lados da rua Tombe-Issoire, espera duas horas no frio, segue até Denfert, e senta-se debaixo do Lion de Belfort. Tosse. Mas não tem mais forças para beber. Volta cambaleando pela calçada, apoiando-se nas paredes, até a rua da Grande-Chaumière. Sobe a escada a pique que vai dar no ateliê. Joga-se na cama, ao lado de Jeanne. Cospe sangue.

No dia 22 de janeiro, o pintor Ortiz de Zarate, que mora no prédio, bate à porta. Está de volta a Paris depois de uma semana de ausência. Não tem notícias de Modigliani. Nem ele, nem Zborowski, que também está acamado, nem ninguém. Ortiz bate, e bate outra vez. Não ouve nenhum ruído. O chileno espera alguns minutos, depois respira fundo e arromba a porta.

Amedeo está na cama. Nos braços de Jeanne. Respira com dificuldade. Chama pela Itália: "Cara Italia". O aquecedor está apagado. Uma fina camada de gelo recobre as latas de sardinha jogadas no chão, as garrafas vazias, o silêncio lúgubre do começo da manhã.

Ortiz de Zarate desce a escada de quatro em quatro degraus, e vai chamar um médico. Este ordena a imediata transferência do doente para o hospital da Charité, na rua Jacob.

Dois dias depois, 24 de janeiro de 1920, a meningite tuberculosa sai vitoriosa. São 20h45. A notícia se espalha por Montmartre e Montparnasse. Os amigos vêm de toda parte. Formam uma cerca diante do hospital. Pintores, poetas, marchands, modelos: todos estão lá, incrédulos, horrorizados. Modigliani morreu. Modigliani morreu.

Do outro lado dos muros, em uma sala que é como um cadafalso, Kisling se curva sobre o rosto do amigo. Suas mãos estão cheias de gesso. Ajudado pelo pintor suíço Conrad Moricand, ele faz o molde da máscara mortuária. Esta se desfaz, arrancando pedaços de carne. Chamam Lipchitz para ajudar. Ele junta os fragmentos. A máscara será feita em bronze.

No dia seguinte, muito cedo, outros amigos cercam uma sombra hierática que vem atravessando a multidão, pelas calçadas. Tem a pele clara, é magra, minúscula. Segura o ventre com as mãos. Anda balançando os ombros, como fazem as mulheres grávidas. Jeanne Hébuterne. Ela não dormiu na rua da Grande-Chaumière, e sim no hotel. Quando saiu, a camareira achou um estilete sob o travesseiro.

Ela é conduzida de corredor em corredor até o necrotério, onde exige ficar sozinha. Fica lá por muito tempo. Corta uma mecha dos seus cabelos e a deposita sobre o ventre do pai de seus dois filhos. Depois vai embora. Ninguém consegue convencê-la a se internar numa clínica, onde já reservaram um quarto para ela. Volta para a casa dos pais, na rua Amyot, número 8. Passa lá o resto do dia e o começo da madrugada. Às três horas, levanta-se, atravessa o apartamento, vai até o salão, abre a janela, sobe na grade e se joga no vazio.

Cinco andares.

No dia seguinte, um operário descobre o corpo despedaçado. Toma-o nos braços e sobe. Não se sabe se é o pai ou o irmão que abre a porta. Não se sabe por que aquele que abre pede ao homem que leve o cadáver para a rua da Grande-Chaumière, número 8, onde mora aquela pessoa. Só se pode imaginar o horror, o horror indizível, o espanto dos dois homens face a face.

O operário desce. Coloca o corpo no seu carrinho de mão e empurra. Rua Lhomond. Rua Claude-Bernard. Rua das Feuillantines. Rua do Val-de-Grâce. Bulevar Montparnasse. Rua da Grande-Chaumière. No número 8, a zeladora não deixa entrar: é preciso um papel da polícia. O homem retoma seu carrinho, com Jeanne nele. Vai até a delegacia da rua Delambre. Ou a da rua Campagne-Première. Consegue o papel. Atravessa novamente o bulevar Montparnasse. Até a rua da Grande-Chaumière.

Os amigos foram avisados. Jeanne Léger estende o corpo sobre um lençol russo oferecido por Marie Vassilieff. Chega Salmon. Depois Kisling. Depois Carco. Montmartre em peso, Montparnasse em peso. No dia seguinte, Jeanne fica sozinha. Modigliani está sendo enterrado. Foi Kisling quem pagou o funeral e avisou a família. Emanuele, o irmão de

Amedeo, deputado socialista, escreveu: "ENTERREM-NO COMO UM PRÍNCIPE".

Assim será feito. E mais ainda. Os pintores, os poetas, os modelos cotizaram-se para comprar as flores. Os artistas reuniram seus quadros: vão vendê-los para que viva a pequena Jeanne Modigliani, órfã de pai e mãe, que ficará sob os cuidados da família paterna. Todos pensam nessa criança que não está lá, enquanto uma multidão considerável, densa e silenciosa, acompanha seu pai na última viagem.

Nos cruzamentos, os guardas fazem continência enquanto passam os carros do cortejo, as flores e as coroas. Os marchands começam a sentir o cheiro dos bons negócios. Naquela multidão tristemente reunida, procuram por aqueles que possuem obras de Modigliani. Um deles se aproxima de Francis Carco, que segue junto aos outros. Propõe comprar os quadros que ele possui do falecido pintor. A fortuna bate finalmente à porta. À porta de um túmulo.

Modigliani foi enterrado no Père-Lachaise. Jeanne Hébuterne irá para Bagneux.

Mas só no dia seguinte. Muito cedo, às oito horas, para evitar tumulto e desordem. Um coche miserável na porta da rua da Grande-Chaumière. Um caixão estreito, a família acompanhando rápida e furtivamente, antes que a notícia se espalhe.

Mas a notícia já chegou. No final da rua da Grande-Chaumière, dois táxis e um carro particular estão estacionados. Salmon, Zborowski, Kisling, suas mulheres e flores brancas.

Dez anos mais tarde, a família de Modigliani conseguirá o consentimento da família Hébuterne para que Jeanne se junte a Amedeo no Père-Lachaise: então, ele já não era mais um artista judeu maldito e desconhecido.

No Père-Lachaise já repousava também outro morto querido, o pintor das palavras, que tantas vezes ofereceu sua pena ao poeta das formas e das cores: Guillaume Apollinaire.

Montmartre sem um, Montparnasse sem o outro... Não era só a Guerra que havia terminado. Era também uma certa juventude. E uma história.

Pugilato na casa Drouot

Eu gostaria de viver como um pobre, com muito dinheiro.

Pablo Picasso

Houve o Montmartre do Chat Noir, de Toulouse-Lautrec, de Depaquit, Poulbot, Valadon e Utrillo; a Butte do Bateau-Lavoir, dos macacões, dos tiros insolentes e das festas do Lapin Agile. Tinha-se atravessado o Sena para apertar a mão dos poetas, Alfred Jarry, Paul Fort e Blaise Cendrars. A Guerra havia dispersado os grupos como os pedaços de metal em uma explosão. Montparnasse conhecera o rigor dos tempos de penúria, as festas clandestinas, os encontros por ocasião de exposições pacíficas. Mas iria colher aquilo que Montmartre tinha plantado. A vida retomava um curso mais alegre. O armistício fora assinado, e todos tratavam de esquecer a Guerra. A morte de Modigliani foi a última tragédia daqueles tempos. Ele fora como a pele da origem, e essa pele estava se transformando. Era tempo de muda em Montparnasse. O ontem era apenas uma lembrança. Os surrealistas estavam chegando. A exemplo de muitos outros, pintores e poetas desciam de viaturas puxadas a cavalo para subir em automóveis barulhentos que corriam diretamente para o futuro.

Os moradores do Bateau-Lavoir, os *fauves*, os cubistas, tinham sido uma espécie de pioneiros. Mas Picasso tinha desertado. Max Jacob estava se retirando para a beira do Loire. Van Dongen usava paletós de couro e camisas imaculadas que lhe caíam como uma luva; ele andava como os homens da alta sociedade pelas Planches de Deauville*, de braços dados com condessas e marquesas que, em seguida, corriam para o ateliê do artista, em Denfert-Rochereau, para

* "Calçadão" na praia de Deauville, balneário elegante no norte da França. (N.T.)

posar com todas as suas joias ou baixar o nível, à noite, no meio das festas extravagantes que o holandês oferecia generosamente.

Derain tenta levar uma vida mais regrada, esportiva, com sua coleção de Bugatti, e imobiliária, vivendo alternada ou simultaneamente em uma mansão na rua Douanier-Rousseau, um apartamento na rua d'Assas, outro na rua de Varennes, um ateliê na rua Bonaparte e uma casa em Chambourcy. Até que o embaixador Abetz tivesse tido a infeliz ideia de reuni-los, durante uma viagem sinistra pela Alemanha nazista, os dois grandes *fauves* de Chatou não se viam mais.

Em Tourillière, entre a Beauce e a Perche, Vlaminck espreitava os inimigos (ele tinha vários), com o fuzil de caça na mão. Num terno de *tweed*, o olhar perdido sobre as suas propriedades, ele vilipendiava Picasso, Derain, Kisling e a metade do mundo. Quando a raiva aumentava, subia no seu Chenard e acalmava os nervos nas estradas do campo, pondo as galinhas para correr.

Juan Gris mantinha a distância que sempre tivera em relação aos outros. Ia frequentemente para o Sul cuidar de crises de asma, que os médicos achavam estarem ligadas à tuberculose. Talvez estivessem, mas se revelaram menos mortais do que a leucemia que o levou, em 1927.

Braque, vizinho de Derain na rua Douanier-Rousseau, tinha se afastado de Picasso. E de todos os outros também.

Quinze anos tinham se passado desde o Zut e o Austin Fox. O dinheiro tilintava nos cofrinhos. No entanto, apesar das casas, das propriedades, dos carros magníficos, ele não iria transformar a cabeça daquelas pessoas em máquinas registradoras ou em pés de meia. Talvez eles tenham se tornado burgueses; mas não foram, de forma alguma, pequeno-burgueses. Daniel-Henry Kahnweiler, que os conheceu a todos no começo e a maioria por muito tempo depois, disse e repetiu:

> Nenhum deles, nem mesmo Derain e principalmente Picasso, mudou profundamente seu modo de vida [...].

> O que sabemos da vida, não da vida privada, mas da vida doméstica desses pintores é que, no fundo, eles precisam de muito pouca coisa. Eles não se tornaram burgueses no que diz respeito à vida cotidiana.[1]

Mas eles já não gostam mais uns dos outros e não cultivam mais os pretextos para os encontros. Um acontecimento, no entanto, vai reuni-los: a venda da coleção de quadros de Kahnweiler, marchand preferido dos cubistas antes de 1914.

Seus bens, assim como os de Uhde e outros de origem alemã, tinham ficado em poder da Justiça durante os cinco anos de Guerra. Depois de assinado o Tratado de Versalhes, e com a Alemanha atrasando o pagamento dos ressarcimentos aos quais estava obrigada, falava-se em indenizar os credores vendendo os bens tomados do inimigo. Em relação à pintura, uns eram contra – Kahnweiler, é claro –, outros a favor, liderados por Léonce Rosenberg. Esse último fez uma avaliação ao mesmo tempo boa e má. Ele achava que preservaria sua posição de primeiro defensor dos cubistas, impedindo o marchand alemão de recuperar as centenas de obras que compunham seu acervo – o que, moral à parte, era admissível –; e acreditava que o valor das telas cubistas dispararia – o que se revelou uma tolice, pois o mercado ficou rapidamente saturado pela oferta de cerca de oitocentos quadros.

Léonce Rosenberg era apoiado por todos aqueles que cerca de quinze anos depois de o Salão dos Independentes ter recusado Braque, em 1908 – pensavam, esperavam, sonhavam que esse último golpe dado no cubismo o abateria para valer. Quando a esperança dá a mão à imbecilidade, e o braço ao obscurantismo...

Kahnweiler voltou para Paris em fevereiro de 1920 (um mês depois da morte de Modigliani). Associou-se a um amigo de infância, o que lhe permitiu contornar o problema da nacionalidade e abrir a galeria Simon, na rua d'Astorg. Feito isso, dedicou-se a um duplo combate: reatar com os pintores que lhe haviam escapado durante a Guerra; isolar a ameaça da venda das obras sob sequestro.

Tinha perdido Picasso e não o reencontrou logo. Havia um duplo cadáver entre eles: o espanhol recriminava o alemão por não ter se naturalizado, como ele o aconselhara – o que teria evitado o sequestro, prejudicial ao artista –; o marchand devia vinte mil francos ao pintor, soma da qual não dispunha.

Os dois homens só iriam se rever depois do pagamento da dívida, por volta de 1925. Picasso, porém, não vai abandonar Paul Rosenberg, que sucedera o irmão Léonce.

Os outros pintores, principalmente Gris, mantiveram-se fiéis. Alguns o foram durante apenas alguns anos: Vlaminck, Derain, Braque e Léger acabarão passando para o lado de Rosenberg.

Kahnweiler não pôde impedir a venda das obras confiscadas pelo Estado francês. Nem ele nem seus amigos. Só conseguiu comprar novamente, por baixo dos panos, as telas mais importantes para ele (entre elas, nenhuma assinada por Picasso: a briga durava e perdurava...). Como sua nacionalidade o impedia de agir abertamente, ele criou uma associação com alguns amigos e membros da família que agiram em nome dele.

Tiveram então lugar, na casa de leilões Drouot, entre 1921 e 1923, as cinco vendas da coleção adquirida antes da Guerra por Daniel-Henry Kahnweiler (quatro relativas à sua galeria, uma compreendendo obras pessoais). Foi um desastre. Sob todos os pontos de vista. Robert Desnos, que comprou um desenho a carvão apresentado como sendo de Braque, mas que era de Picasso, ficou por várias razões escandalizado:

> Os quadros estavam empilhados de qualquer maneira, havia desenhos enrolados e dobrados em pastas, outros estavam lacrados cuidadosamente em rolos, para que não fossem vistos; outros ainda estavam fechados em cestas ou escondidos atrás do estrado. Tudo estava incrivelmente sujo e desorganizado, o que justificaria as piores represálias da parte dos pintores

em questão: os senhores Braque, Derain, Vlaminck, Gris, Léger, Manolo, Picasso. A maneira pela qual alguns estavam pendurados, sobretudo, demonstrava uma incompetência ou uma subserviência comercial dignas de injúrias.[2]

Por ocasião da primeira venda, no dia 13 de junho de 1921, Braque abriu fogo. Segundo Gertrude Stein, ele tinha sido mais ou menos instruído por seus pares para disparar sobre Léon Rosenberg, promovido a *expert.* Não poderiam ter sido Gris nem Picasso, espanhóis, nem Marie Laurencin, alemã desde seu casamento, nem o escultor Lipchitz, russo. Vlaminck, que não tinha as qualidades requeridas, ficou na retaguarda. Poderiam ter enviado Derain ou Léger. Mas foi Braque, francês, oficial condecorado com a cruz de guerra e a legião de honra e, além disso, gravemente ferido no front.

Ele se desincumbiu corajosamente da tarefa que lhe fora confiada. Atacou Léonce Rosenberg violentamente, acusando-o de trair os cubistas, de ser um canalha e um covarde. O outro revidou, chamando o agressor de "porco normando", o que lhe valeu uma ida ao chão, e depois à delegacia, para onde os dois pugilistas foram levados pelos policiais que vieram acabar com a briga. Matisse, que chegou no meio da contenda, tomou a defesa do representante dos pintores cubistas, depois que Gertrude Stein lhe explicou do que se tratava:

"Braque tem razão, esse homem roubou a França!"

Quando as feridas foram tratadas – mas não cicatrizadas –, o leiloeiro ficou frente a frente com os marchands: Bernheim Jeune, Durand-Ruel, Paul Guillaume, Léopold Zborowski e inúmeros estrangeiros. Havia também banqueiros, pintores, mecenas e escritores. Sem esquecer os curadores dos museus franceses, que ergueram tão pouco a mão que a maioria das obras de vanguarda lhes escapou. Triste balanço.

Os marchands compraram pouco. Léonce Rosenberg porque não tinha mais dinheiro, seu irmão Paul porque achava que já havia adquirido Picassos suficientes desde a Guerra, os estrangeiros porque, fora Picasso e Derain, não conheciam os artistas cujas telas eram leiloadas. Em nenhum momento o valor das obras aumentou.

A associação de Kahnweiler pôde comprar a maioria das obras de Gris e de Braque. Derain ficou bem colocado, seguido de perto por Vlaminck. Ao longo dos dias e das sessões, o cálculo de Léonce se mostrou errado. Os preços caíam. O mercado não tinha condições de absorver a totalidade das obras. Os que mais aproveitaram não foram, portanto, os profissionais da arte, mas os amadores esclarecidos que agiam geralmente a mando de alguém. Foi o caso do pintor suíço Charles-Édouard Jeanneret, que ainda não se chamava Le Corbusier e que comprou inúmeros Picassos para um industrial, Raoul La Roche. Foi assim também com Louis Aragon, que, por 240 francos, comprou *La baigneuse*, de Braque. E ainda Tristan Tzara e Paul Eluard. E principalmente André Breton, que adquiriu obras de Léger, Picasso, Vlaminck, Braque e Van Dongen.

Os poetas estavam, portanto, presentes, mas não eram os mesmos. Aqueles de antes da Guerra tinham desaparecido ou estavam apagados. Outros estavam tomando o lugar deles. Iriam adquirir as obras dos pintores do Bateau-Lavoir e tornar-se os intermediários entre os antigos aprendizes de macacão e os novos mecenas. Ao ocupar o terreno abandonado pelas penas de ontem, esses poetas iriam contribuir para mudar a cara de Montparnasse. Os surrealistas estavam na casa de leilões Drouot, no início dos anos 1920. Agora, era a vez de eles jogarem.

Cenas surrealistas

> ...Foi nessa época que André Breton e eu descobrimos esse procedimento (naquele momento, aos nossos olhos, era apenas um procedimento) a que chamamos, em memória de Apollinaire, de "surrealismos".
>
> Philippe Soupault

Em 1919, no quarto miserável que ocupava no Hôtel des Grands Hommes, na praça do Panthéon, André Breton recebera a visita dos pais, que vieram lhe ordenar que parasse de bancar o dadá ao lado de palhaços pouco recomendáveis. Se ele não retomasse os estudos de medicina, cortariam a mesada.

Assim fizeram. Do Val-de-Grâce, Breton passou então para a rua Sébastien-Bottin, onde as edições Gallimard empregaram o jovem em tarefas condizentes com a sua idade: envio da *Nouvelle Revue Française* aos assinantes; correção das provas do livro de Marcel Proust, *No caminho de Guermantes.* Mas seu trabalho mais importante naquela época foi a redação de *Les champs magnétiques*, empreendida junto com Philippe Soupault.

> Em 1919, minha atenção havia se fixado nas frases mais ou menos parciais que, em plena solidão, quando o sono se aproxima, tornam-se perceptíveis para o espírito, sem que seja possível achar para elas uma determinação prévia. Essas frases, extraordinariamente cheias de imagens e de uma sintaxe perfeitamente correta, me pareceram elementos poéticos de primeira ordem.[1]

Todas as manhãs, durante quinze dias, Breton e Soupault escreviam no café La Source, no bulevar Saint-Michel e no Hôtel des Grands Hommes. Respeitando o princípio que nega a lógica em benefício das imagens e, em consequência disso, ignora a censura a fim de promover uma espécie de inspiração, os dois homens modificavam o ritmo da escritura de acordo com os dias, impedindo-se de riscar ou corrigir, trabalhando ora separadamente, ora em conjunto, ora um depois do outro (segundo o procedimento que ficará conhecido como *cadavre exquis*), parando no final do dia e recomeçando no dia seguinte. Foi assim que eles escreveram essa obra fundamentada sobre uma revelação que havia perturbado Breton, e que constitui uma espécie de pedra angular do movimento: sonhos, sono hipnótico, médiuns, escritura automática.

Segundo os autores, *Les champs magnétiques* deveriam constituir o ato de nascimento do surrealismo, numa época em que este ainda não tinha esse nome. Porque até então tudo era ainda dadá.

Dadá e escândalos.

As coisas tinham começado seriamente em janeiro de 1920, apenas alguns dias depois da chegada de Tzara a Paris. A equipe de *Littérature*, chefiada por Breton e Aragon, tinha lido poemas no Palais des Fêtes, na rua Saint-Denis. O público, que esperava uma conferência de André Salmon sobre *A crise do câmbio* (era o que anunciavam os cartazes e os jornais), encontrou um bando de gaiatos declamando versos de Soupault, de Tzara, de Albert-Birot e alguns outros que tinham tanto que ver com a crise do câmbio quanto as obras de Picabia exibidas diante de uma plateia de curiosos, cujo número foi diminuindo com o passar dos minutos.

Alguns dias mais tarde, os futuros surrealistas organizaram a segunda manifestação pública dadá. Foi no Grand Palais, no dia 5 de fevereiro de 1920.

A questão era simples: como atrair o público? A resposta foi rapidamente encontrada: enviando comunicados à imprensa anunciando que Charles Chaplin estava em Paris, e que viria ao Grand Palais ver seus amigos dadaístas, na verdade seus pares, pois, assim como Gabriele D'Annunzio, Henri Bergson e o príncipe de Mônaco, Chaplin acabara de aderir ao movimento.

Charlie Chaplin não veio, nem Bergson, nem D'Annunzio.

Mas foi diante de uma sala repleta que Tzara, Breton e Aragon leram seus manifestos. As explicações devidas ao auditório foram rigorosas e animadas.

No dia 27 de março de 1920, houve nova provocação, dessa vez na Maison de l'Oeuvre, onde, 25 anos antes, *Ubu roi* já havia causado escândalo. Sob pretexto de demonstrar o absurdo das regras do teatro clássico, os "atores" se excederam. Ribemont-Dessaignes feriu as orelhas da plateia ao tocar *Le pas de la chicorée frisée*, obra para piano composta a partir de notas colocadas na pauta ao puro acaso. André Breton, protegido por um escudo de papelão onde estava desenhado um alvo, leu o *Manifeste cannibale,* de Francis Picabia, que terminava com essas palavras:

> Dadá não sente nada, ele não é nada, nada, nada.
> Ele é como as esperanças de vocês: nada.
> Como os paraísos de vocês: nada.
> Como os ídolos de vocês: nada.
> Como os políticos de vocês: nada.
> Como os heróis de vocês: nada.
> Como os artistas de vocês: nada.[2]

No dia 26 de maio de 1920, na Sala Gaveau, tem lugar o Festival Dadá. A imprensa e os homens-sanduíche que percorreram as ruas da capital anunciavam o que ia acontecer: todos os dadás vão tosar os cabelos publicamente. O espetáculo acontecerá tanto no palco (graças aos senhores Aragon, Breton, Eluard, Fraenkel, Ribemont-Dessaignes, Soupault, Tzara...) quanto na plateia, que se esperava numerosa e vindicativa.

Tzara abre o espetáculo exibindo *O sexo de dadá*, enorme falo de papelão colocado sobre balões. Em seguida, "o famoso ilusionista" Philippe Soupault apresenta-se todo pintado de preto, de roupão, armado com um facão; ele libera cinco balões nos quais estão inscritas as identidades daqueles que sobem para serem estourados: um papa – Benedito XV –, um homem de guerra – Pétain –, um homem de Estado – Clemenceau –, uma mulher de letras – a senhora Rachilde –, um Cocteau – que é o primeiro a morrer, atravessado pela lâmina do poeta surrealista.

Na sala, começa o tumulto. Se Gide, Dorgèles, Jules Romains, Brancusi, Léger, Metzinger não se mexem, os outros se agitam: tomates, cenouras, nabos, laranjas voam por sobre a plateia até o palco, onde Ribemont-Dessaignes, fantasiado de barrica, é o primeiro a ser atingido. Aqui, canta-se *La Madelon.** Ali, alguém tenta entoar uma *Marseillaise* vingativa. Um espectador chama Picabia de lado e o intima a se explicar num duelo. Mais adiante, um homem jovem e atarracado levanta-se e grita:

"Viva a França e as batatas fritas!"

É Benjamim Péret. Ele logo deixará a plateia para subir, por sua vez, ao palco do surrealismo.

Dadaísmo ou surrealismo? Por hora, é um e outro, ou um no outro, sem que ninguém ainda saiba. Mas Breton se cansa. Tzara o decepcionou. Ele respeita o poeta, mas não tanto o agitador. Aquilo que era bom em Zurique não é necessariamente bom em Paris. Os gritos não bastam. É preciso agir. Menos esterilidade, mais eficiência. Dadá é libertário, e Breton concorda: "Dadá é um estado de espírito [...]. Dadá é o livre-pensamento artístico".[3] Mas se o coração de Tzara está mais para libertário, o de Breton se inclina para o lado de Lenin. Melhor dizendo, já sobre as questões de método, bem próximo às margens stalinistas.

No dia 13 de maio de 1921, a partir das 20h30, na Salle des Sociétes Savantes, na rua Danton, começa o "processo Barrès". Trata-se de uma encenação da acusação e do julgamento do escritor Maurice Barrès. Por quem? Oficialmente pelo grupo dadá; na realidade, por André Breton. Por quê? Porque Barrès representa aquilo que a equipe de *Littérature* (assim como uma certa esquerda e numerosos intelectuais

* Canção de 1914 muito popular entre os soldados. (N.T.)

de todas as tendências) mais execra: o patriotismo, o nacionalismo, o conservadorismo.

Tristan Tzara é contra a realização do processo. Ele acha que dadá não está habilitado a julgar quem quer que seja. É exatamente essa opinião que Breton reprova, e é para desafiá-la que ele emprega toda a sua energia para que haja o processo. Trata-se de julgar tanto Barrès quanto Tzara. Nesse ponto, o libelo acusatório exprime o duplo sentido dado ao caso pelo próprio Breton:

> Dadá, tendo avaliado que já é tempo de colocar a serviço de seu espírito de negação um poder executivo e decidido, antes de mais nada, a exercê-la contra aqueles que possam impedir sua ditadura, toma, a partir de hoje, medidas para abater essa resistência.

A resistência é, pois, a de Maurice Barrès, acusado de "crime contra a firmeza do espírito".

O tribunal é composto por um presidente, André Breton, e dois assistentes: Pierre Deval e Théodore Fraenkel. Na acusação: Georges Ribemont-Dessaignes. Na defesa: Louis Aragon e Philippe Soupault.

As testemunhas são numerosas. Entre elas estão tanto dadaístas quanto personalidades visadas, escolhidas por razões não muito claras: Benjamim Péret, Drieu la Rochelle, Tristan Tzara (contra sua vontade), Rachilde, o poeta simbolista Louis de Gonzaque-Frick...

O acusado não comparece. Convidado a apresentar-se diante da Corte, ele deixa Paris precipitadamente. É então substituído por um manequim de pano colocado sob uma bandeirola indicando que "NINGUÉM PODE IGNORAR DADÁ". O tribunal, no seu conjunto, usa gorros brancos e o jaleco dos estudantes de medicina.

Breton lê a acusação, redigida por ele mesmo. O libelo se mostra inconsistente e consagra dadá mais do que condena Barrès (Ribemont-Dessaignes fazia seu papel a contragosto); a defesa ataca onde o presidente já esperava. Quanto às testemunhas... testemunham.

O “soldado desconhecido” é chamado à barra do tribunal. Está de uniforme, usa uma máscara contra gases e anda como um ganso. Sua irrupção no palco provoca as vaias habituais, a habitual *Marseillaise* e a habitual retirada de Picabia, que não aprecia as brigas.

Benjamim Péret, que se saiu bem no seu papel, vai para os bastidores e tira a máscara contra os gases. Tristan Tzara se apresenta. É a testemunha mais esperada. Toma seu lugar diante de Breton. Entre os dois homens o que está em jogo é muito mais do que a paródia de um processo: é Zurique contra Paris, o passado diante do futuro, dadá e o surrealismo.

Tzara lança os dados:

> Não confio na justiça, mesmo que essa justiça seja feita por dadá. O senhor há de concordar comigo, senhor presidente, que somos apenas um bando de salafrários e que, portanto, as pequenas diferenças, salafrários maiores ou menores, não têm a menor importância [...]
> Breton: O senhor sabe por que lhe pediram para testemunhar?
> Tzara: Certamente é porque sou Tristan Tzara. Embora ainda não esteja totalmente convencido disso.
> Soupault: A defesa, certa de que a testemunha inveja a sorte do acusado, pergunta se a testemunha ousa confessá-lo.
> Tzara: A testemunha diz “merda” para a defesa [...]
> Breton: Além de Maurice Barrès, o senhor pode citar ainda outros grandes patifes?
> Tzara: Sim, André Breton, Theodore Praenkel, Pierre Deual, Georges Ribemont-Dessaignes, Louis Aragon, Philippe Soupault, Jacques Rigaut, Pierre Drieu la Rochelle, Benjamim Péret, Serge Charchoune.
> Breton: A testemunha quer insinuar que Maurice Barrès lhe é tão simpático quanto todos os patifes que são seus amigos e que ele acaba de enumerar [...] A testemunha insiste em se passar por um perfeito imbecil ou está querendo ser internado?

Tzara: É isso mesmo, insisto em me fazer passar por um perfeito imbecil, mas não estou querendo fugir do asilo em que passo minha vida.

Provavelmente André Breton esperava que Maurice Barrès fosse condenado à pena capital. O júri, composto de doze espectadores, decide outra coisa: o escritor terá de cumprir vinte anos de trabalhos forçados. Assim que o veredicto é entregue, Breton prepara a segunda edição.

Um ano depois do Processo Barrès, embora Picabia tenha se distanciado do grupo de *Littérature* da mesma forma que dos amigos de Tzara, ele convoca um "Congresso Internacional para a Determinação das Diretrizes e a Defesa do Espírito Moderno". Esse congresso deve reunir os diretores das principais revistas do momento e alguns artistas independentes: Paulhan (*Nouvelle Revue Française*), Ozenfant (*L'Esprit Nouveau*), Vitrac (*Aventure*), Breton (*Littérature*), Auric, Delaunay, Léger.

Por considerar que as modalidades desse congresso (chamado de Congresso de Paris) não correspondem ao espírito de liberdade próprio dos dadaístas, Tzara se recusa finalmente a participar. Breton, então, comete uma indelicadeza que ele mesmo vai reconhecer em seguida: considerando que Tzara faz obstrução sistemática ao projeto dele, publica um comunicado de imprensa assinado pelos membros do comitê do congresso (o único a não assinar é Paulhan) no qual Tzara é vilipendiado como "o promotor de um movimento" vindo de Zurique, que não vale a pena chamar de outra coisa e "que hoje não responde mais a nenhuma realidade".[4] Para que ninguém tenha dúvidas sobre a realidade das coisas, o comitê acusa Tzara de ser "um impostor atrás de notoriedade".

É demais. É um exagero. Em resposta às palavras xenófobas de Breton, Tzara, acompanhado por Eluard, Ribemont-Dessaignes e Erik Satie, promove no La Closerie des Lilas uma reunião de todo o movimento, de seus simpatizantes e dos artistas convocados para o Congresso de Paris. Breton se apresenta. Man Ray, Zadkine, Eluard, Metzinger, Roch Grey, Survage, Zborowski, Charchoune, Brancusi, Férat e muitos outros responderam ao apelo de Tzara. A maioria dos presentes condena Breton pela indelicadeza dos seus atos: não somente ele é o único responsável por um comunicado que foi apresentado como sendo coletivo, como também insultou uma personalidade no intuito de ofendê-la. Os artistas retiram o voto de confiança que depositaram nele para organizar o Congresso de Paris. Este vai por água abaixo.

E Breton se vinga. Alguns dias depois, *Comoedia* publica um texto no qual acusa Tristan Tzara de se ter atribuído a invenção da palavra "dadá", de ter tido pouca participação na redação do *Manifesto Dadá* de 1918, de exercer influência pouco importante, já que antes dele houve Vaché, Duchamp e Picabia...

Por fim, deixando as baixarias de lado, Breton se empenha em consolidar novamente a equipe de *Littérature*. O jornal, fundado em 1919, tinha acolhido aqueles que Breton considerava os sobreviventes do simbolismo (Gide, Valéry, Fargue), os poetas da família de Apollinaire (Salmon, Jacob, Reverdy e Cendrars), Morand, Giraudoux, Drieu la Rochelle. Depois tinham surgido Vaché, Eluard, Tzara, que tinham ofuscado Valéry e Gide. Reverdy também havia se afastado, católico demais para acreditar no surrealismo.

Depois do fracasso do Congresso de Paris, o jornal torna-se a máquina de guerra do movimento. Breton abandona temporariamente as escaramuças contra dadá. Faz uma arrumação e coloca suas tropas em ordem de ataque: Aragon, Péret, Limbour, Vitrac... A esses ele acrescenta um novo recrutado, que é imediatamente colocado nos postos da frente do seu pequeno exército: Robert Desnos.

O ADORMECIDO DESPERTO

> *Surrealismo, n. m.* Automatismo psíquico puro através do qual nos propomos a exprimir, seja oralmente, seja por escrito, seja de qualquer outra maneira, o funcionamento real do pensamento. Ditado do pensamento, sem qualquer controle exercido pela razão, fora de qualquer preocupação estética ou moral.
>
> ANDRÉ BRETON

Quando Desnos é liberado de suas obrigações militares, ele está com 22 anos e Breton, com 26. O mais velho fica admirado com a "grande força de oposição e de ataque" do mais jovem.[1] Quanto a isso, Desnos é realmente um fenômeno. Baixo, moreno, uma mecha caindo nos olhos, os olhos violeta, cor de ostra, cercados de olheiras, o terno desleixado. Arrebatado, impetuoso, gostando loucamente das coisas ou odiando-as, inimigo do meio-termo. Amigo dos anarquistas do bando de Bonnot. Sempre com os punhos cerrados, erguidos à frente. Como não sabe lutar, uma de suas amigas lhe deu algumas aulas de boxe. O que não o impede de colecionar equimoses e arranhões: quando chove chumbo grosso, ele é o primeiro a ir para o front.

É tão pródigo em golpes e ferimentos quanto em rabiscos audaciosos. Desnos é o mágico dos acrósticos, dos anagramas, das inversões silábicas de todos os tipos. As liberdades que ele toma nesse campo, quebrando a lógica e as regras gramaticais, estão de acordo com as preocupações surrealistas. Breton não vai se enganar.

Na imprensa, onde trabalha, escreve sobre qualquer assunto – mas com enorme talento. Começou traduzindo prospectos publicitários de línguas das quais não conhecia nenhuma palavra. Continuou com artigos sobre a filoxera, a navegação a vela, a cultura da batata-doce, os cachorros atropelados, reportagens falsas e falsificadas de todo jeito e feitio.

Ele é amigo de Eugène Merle, um sujeito um pouco desonesto, coração de ouro, fundador do *Paris-Sair* (que Jean Prouvost comprará em 1930) e do *Merle Blanc**, "o jornal que canta e graceja todos os sábados", desde 1919. Oitocentos mil exemplares de galhofas, fofocas, afrontas, temperadas pelos alegres anarquistas. Foi Merle que, ao lançar em 1927 um novo jornal, *Paris-Matin*, chamará para ajudá-lo um dos redatores mais prolixos do *Merle Blanc*, um jovem de 24 anos que já tinha alguns trabalhos literários no currículo: Georges Simenon. Juntos, sob o olhar divertido e cúmplice de Desnos, os dois rapazes vão montar uma farsa em dois tempos. Assinarão um contrato estipulando que o escritor se compromete a escrever em três dias e três noites um romance que *Paris-Matin* vai publicar ao longo dos números. Para tornar o exercício mais difícil, fica entendido que Simenon usará personagens e uma intriga escolhidos pelo público. Este assistirá ao nascimento da obra. Pois não se trata de ficar trancado num quarto, mas, pelo contrário, de se expor o máximo possível. Como? Escrevendo numa cabine de vidro que será instalada diante do Moulin Rouge.

A cabine será fabricada. Georges Simenon receberá um adiantamento de 25 mil francos sobre os 100 mil aos quais terá direito ao término do exercício. Um exercício que ficará para a posteridade, e é saudado com todas as honras por mil testemunhas da época, arranjadas pelos espertinhos.[2] Youki Desnos descreveu, André Warnod felicitou. Florent Fels admirou, Louis Martin-Chauffier delirou... e Merle se divertiu muito: pois nunca houve nem cabine de vidro, nem romance escrito em três dias, nem público fascinado. Só Simenon era de verdade. No último instante, a operação tinha sido anulada...

Robert Desnos também brinca. Mas seus jogos não se parecem com os do patrão. Breton o chama de "adormecido

---

* Melro Branco. (N.T.)

desperto". Pois, mais do qualquer outro, ele adere aos grandes sonos surrealistas.

Foi René Crevel, em 1922, quem introduziu o sono hipnótico no círculo. No ano anterior, uma vidente espírita o tinha felicitado por seus talentos mediúnicos.

O sono hipnótico, assim como todos os fenômenos saídos do sonho ou de atividades psíquicas não controladas, está em perfeita sintonia com o surrealismo, "que nada desejará tanto quanto apagar a fronteira entre sonho e realidade, inconsciente e consciente" e que "se constitui como um fenômeno de fronteira, a relação entre o inconsciente que fornece e a consciência que recebe e explora".[3]

Logo depois, todos aderem à prática. É uma espécie de transe coletivo. Crevel é o primeiro a ficar à deriva. De mãos dadas com Max Morise, Robert Desnos e André Breton, numa sala mergulhada na penumbra e isolada do barulho, ele adormece e, durante o sono, declama, canta, suspira, conta histórias de dar sono... Quando acorda, não se lembra de nada.

Em seguida, é a vez de Desnos. Em plena inconsciência, ele arranha a mesa. Segundo Crevel, isso traduz um desejo de escritura. Colocam uma folha de papel diante do adormecido, um lápis nas suas mãos. Milagre, ele escreve. Crevel observa. Ele, que Soupault admirava pela rapidez com a qual produzia seus livros, estimulado por uma extraordinária ebulição (Aragon é talvez o único a possuir uma idêntica facilidade de escrever), não acredita no entanto na escritura automática: os dois termos lhe parecem contraditórios. Ele não diz nada.

Apesar de todos os esforços, Ernst, Eluard e Morise não adormecem. Soupault fica de fora, e Aragon também. Quanto a Desnos, vive caindo nos braços de Morfeu. Fala, escreve, sonha... Adormece por tudo e por nada, quase sempre na casa de Breton.

Certa noite, como não conseguem acordar o poeta, o dono da casa vai chamar um médico, que é recebido com gritos e insultos. De outra feita, Desnos entra em contato telepático com Marcel Duchamp, que, de Nova York e por intermédio de Rrose Sélavy, dita-lhe frases. De resto, ele lhe prestará uma homenagem:

> Rrose Sélavy conhece bem o vendedor do sal.[4]

Ele se supera diante de Crevel, que, um dia em que todos adormeciam juntos, propõe a eles que se pendurem no porta-casacos. Desnos prefere perseguir Eluard pelo jardim, com uma faca de cozinha na mão; é preciso toda a força de Breton para evitar o homicídio. E toda a persuasão do chefe para interromper a experiência:

> Durante anos, Robert Desnos abandonou-se de *Corps et biens* (Corpo e Bens, título de um de seus livros) ao automatismo surrealista. De minha parte, tentei dissuadi-lo, quando temi que sua estrutura individual não fosse resistir. Sim, eu continuo a acreditar que nesse caminho, quando se passa de um certo limite, existe a ameaça de desintegração.[5]

Tudo bem. Mas resta uma pergunta: durante essas sessões de espiritismo, que reuniam os adeptos do gesto e da palavra automáticos, será que Desnos fingia estar dormindo?

De todo modo, ele é muito ágil quando acorda. Não só com as palavras, mas também, como vimos, com os punhos.

Depois de tê-lo introduzido na equipe de *Littérature*, Breton faz dele um dos pivôs dos futuros combates. Ele não esqueceu o essencial, seu objetivo principal: dadá está sempre na linha de mira. Mas, antes de dar o golpe final, é bom treinar um pouco. O fracasso do Congresso de Paris data de abril de 1922. Oito meses depois, recomeçam as escaramuças.

No dia 11 de dezembro, duas obras estão em cartaz no teatro Antoine: *Locus solus*, de Raymond Roussel, e uma peça patriota, *La guerre en pantoufles*.

É ainda sob o rótulo dadá, e não sob o do surrealismo, que Breton e os seus apoiam Roussel. Aragon, Desnos, Breton e alguns outros se espalham pela sala. Durante toda a encenação de *Locus solus*, eles aplaudem, felicitam o autor em voz alta e inteligível, respondem-se uns aos outros por cima dos insultos dos espectadores mais calmos. As provocações se multiplicam, simultaneamente, durante *La guerre en pantoufles*.

"Viva a Alemanha!", grita Aragon, de um vão entre as pilastras.

"Abaixo a França!", replica Desnos, do outro extremo.

"E então?", pergunta um ator, sem nada que ver com o que acontecia, de acordo com seu texto.

"Então, 'merda'!", urra Breton, do alto do balcão.

O tumulto é intenso. Para a grande alegria de Raymond Roussel:

> A história deu o que falar, e fiquei conhecido da noite para o dia [...] Um resultado fora obtido daquele momento em diante: o título de uma das minhas obras ficara famoso.[6]

A ponto de dar origem a duas revistas teatrais encenadas no mesmo ano: *Cocus solus* e *Blocus solus ou les bâtons dans les Ruhrs*.

Dezoito meses depois, os surrealistas defendem *L'étoile au front,* do mesmo Roussel. O escândalo foi tamanho que é preciso baixar a cortina no terceiro ato. A um espectador que grita furioso: "Você é a claque!", Robert Desnos responde: "Sou o tapa e você é a cara!".* Pá! O tapa é sonoro e bem dado.

O próximo golpe é dado por André Breton no teatro Michel, na rua dos Mathurins, no dia 6 de julho de 1923. Dessa vez, é dadá que é visado, unicamente ele.

Naquele dia, Tzara reuniu os amigos para um espetáculo tranquilo, mas estranhamente heterogêneo, *La soirée du coeur à barbe*, que propõe ao público obras de Stravinski, do Groupe des Six, poemas de Cocteau, Soupault, Eluard

---

* Em francês, claque significa tanto "grupo de espectadores encarregados de aplaudir" como "bofetada". Daí o trocadilho. (N.T.)

e Apollinaire, danças, filmes inéditos e a representação de *Coeur à gaz*, peça em três atos de Tristan Tzara.

O problema é que nem Soupault nem Eluard foram consultados, e nenhum dos dois aceita que suas obras possam ser lidas paralelamente às de Cocteau. Então, eles estão na sala, na companhia dos habituais reforços.

Num primeiro tempo, o espetáculo se desenrola sem problemas. Mas, depois da parte musical, um jovem dadaísta, Pierre de Massot, sobe ao palco e começa a ler um texto condenando, como "mortos no campo de honra", Gide, Picabia, Duchamp e Picasso... Picasso está assistindo ao espetáculo. Breton também. Tomando a defesa do pintor, ele sobe ao palco. Desnos e Péret juntam-se a ele. Imobilizam o orador. Breton ergue a bengala e desce-a no braço dele. Há fratura. A sala vaia os agressores e se volta contra Breton. Tzara, que observa de longe, chama a polícia. Breton, Desnos e Péret são expulsos. A calma retorna. Mas não por muito tempo. Mal a peça de Tzara começa, um jovem alto, louro e distinto, com um olhar quase sonhador, levanta-se e interpela o autor, exigindo uma explicação: por que ele mandou expulsar Breton?

Mas os policiais ainda estão no recinto. Precipitam-se sobre Paul Eluard, que é imediatamente cercado pelos amigos e protetores. Poetas e policiais travam uma briga. É quando Tzara aparece no palco. No mesmo instante, mudando de alvo, Eluard se joga sobre ele e o esbofeteia. Depois é Crevel, que estava chegando. Logo a briga se estende do público aos maquinistas, e prossegue do lado de fora. No dia seguinte, o diretor do teatro se recusa a ceder a sala para uma nova apresentação: a arte, sim. O boxe, não.

Só muito mais tarde Breton perdoará Tzara por ter chamado a polícia para colocá-lo para fora do teatro Michel. Por conta disso, ele vai dedicar seu *Les pas perdus* ao pai do dadá: "A Tristan Tzara, ao romancista de 1924, ao grande safado, ao papagaio velho, ao informante da polícia". *Les pas perdus* incluía um texto, *Lâchez tout*, que soava como um adeus definitivo a dadá:

> Deixem tudo.
> Deixem dadá.
> Deixem sua mulher, deixem sua amante.
> Deixem suas esperanças num canto da mata.
> Deixem a presa pela sombra.
> Deixem se for preciso a vida de conforto, aquilo que lhe oferecem para o futuro.
> Partam pelas estradas.[7]

Os dois homens, no entanto, vão se reencontrar. Mas para isso será preciso esperar pela publicação do *Segundo manifesto do Surrealismo*.

O ano de 1924 marca a grande virada do movimento. Na verdade, Breton não se contenta em publicar *Les pas perdus*. Ele edita igualmente o *Manifesto do Surrealismo*. Ao mesmo tempo, Aragon publica *Le libertinage*, Péret, *Immortelle maladie*, Eluard, *Mourir de ne pas mourir*, e Artaud (que Breton conhece naquele ano), *L'ombilic des limbes*.

Além das publicações que lhe conferem existência no mundo das letras, o grupo dispõe de um endereço na rua de Grenelle, número 15, sede do Bureau des Recherches Surrealistes, aberto todos os dias das quatro e meia às seis e meia. Logo vão inaugurar uma galeria, na rua Jacques-Callot, dirigida por Roland Tual, esse gênio do imaginário, que, infelizmente, nunca escreveu. Ele vai lançar principalmente *La révolution surrealiste*, cujo primeiro número aparecerá em dezembro sob a égide de Pierre Naville e Benjamin Péret, seus diretores.

Finalmente, 1924 marca uma mudança importante na vida de André Breton. Essa mudança está ligada à morte de Anatole France e ao escândalo que os surrealistas provocaram a propósito desse acontecimento.

Breton detestava o escritor:

> Éramos totalmente insensíveis à pretensa limpidez do seu estilo, e principalmente seu muito famoso ceticismo nos repugnava [...] No plano humano, considerávamos suas atitudes como as mais falsas e desprezíveis

> de todas: ele usou de todos os meios para conciliar o apoio da direita e da esquerda. Era podre de honras e de presunção.[8]

Durante o funeral, Aragon, Breton, Eluard, Delteil, Drieu e Soupault publicaram um libelo de rara violência contra Anatole France: *Un cadavre.* Breton, principalmente, não poupou as palavras. Sob o título *Refus d'inhumer*, ele escreveu:

Loti, Barrès, France, vamos assinalar com um belo traço branco o ano em que morreram esses três sinistros homenzinhos: o idiota, o traidor e o policial.

Vocês já esbofetearam um morto?, perguntava Aragon, dando continuidade a Breton:

> Considero todo admirador de Anatole France um ser degradante [...] Execrável histrião do espírito, ele deve ter verdadeiramente respondido à ignomínia francesa para que esse povo obscuro ficasse feliz a ponto de ter-lhe emprestado o nome! Balbuciem, portanto, como bem entenderem sobre essa coisa podre, por esse verso que por sua vez os vermes* vão possuir [...] Houve dias em que sonhei com uma borracha que apagasse a imundície humana.

O panfleto coletivo contra Anatole France custaria caro a André Breton. Esses textos de extrema violência fizeram-no perder o emprego de vários anos, um emprego que o tinha levado a Drouot, por ocasião da venda das coleções de Kahnweiler. Pois naquele momento ele comprava não só para si mesmo, mas também para um homem que o empregara para esta tarefa. Homem que, durante muitos anos, ajudara a maioria dos artistas de Montparnasse a viver, tanto pintores como poetas: o costureiro-mecenas Jacques Doucet.

---

* No original, *vers*, significa ao mesmo tempo "verso" e "verme". (N.T.)

O COSTUREIRO DAS ARTES

> Graças ao senhor Doucet, até o final do mês eu não tinha mais nada a fazer a não ser passear pelo campo, deitar-me na relva, fumar, sonhar...
>
> BLAISE CENDRARS

Em 1924, Jacques Doucet não é muito jovem, e a alta costura não lhe interessa mais. Aliás, ele detesta ser apresentado como um homem da moda. Mas indubitavelmente ele foi – e continua sendo – um dos libertadores da mulher da Belle Époque, aquele que introduziu a leveza nos tecidos, as rendas, os plissados, as transparências, os bordados. Ele decidiu que as mulheres não deviam mais se submeter à tirania das formas artificiais apertadas em corpetes, mas sim aparecer como são, em vestidos de caimento natural, cavados, sem artifícios.

Ele vestiu as grandes mulheres do seu tempo. Seus desfiles são verdadeiras manifestações artísticas. Aos domingos, em Longchamp*, duquesas e condessas aprazem-se em mostrar seus tons pastel, doces e delicados. As artistas são suas amigas; Sarah Bernhardt e Réjane, suas confidentes. Mas ele só tem um desejo: vender sua Maison. Pois, antes de mais nada, ele é um colecionador. Um tipo meio louco, mesmo que não se perceba. Homem bonito, muito elegante, de cabelos grisalhos, barba curta e bem aparada. Usa polainas e, sob elas, sapatos incrivelmente brilhantes: dizem que ele usa um verniz especial e põe os sapatos no forno depois de cada uso.

Ele é muito maçante, e, apesar de sustentar a metade dos escritores e jornalistas de Paris, tem poucos amigos. Mas é um sentimental, um apaixonado, um solitário que

* Um dos hipódromos de Paris. (N.T.)

não teve sorte no amor. Apaixonou-se por uma jovem que o recusou, por outra que morreu antes de aceitar, por uma que era casada, a senhora R., que ele tentou convencer a se divorciar. Como presente de casamento para a futura noiva, ele ofereceu uma mansão que mandou construir na rua Spontini, bem perto do Bois de Boulogne. Quando a bela desejada aceitou finalmente se render a uma razão enlouquecida, Jacques Doucet comprou quadros de La Tour, de Fragonard e de Boucher, porcelanas e bibelôs chineses, que foram se juntar aos Watteau, aos Goya, aos Chardin, aos escultores e às centenas de obras do século XVIII que ele já havia adquirido (em 1906, por ocasião de uma venda na Sala Drouot, o costureiro tinha organizado suas coleções).

A senhora R., infelizmente, nunca veio para esse palácio de sonho: ela morreu alguns dias antes da homologação do divórcio.

Doucet não se recuperou do golpe. Em 1912, vendeu sua coleção. Obteve 7 milhões de francos ouro, que decidiu destinar à formação de uma biblioteca de arte.

Desde 1909, ele havia alugado, em frente da mansão da rua Spontini, um imóvel que abrigava os poucos manuscritos e edições raras comprados por ele mesmo. Depois, contratou um crítico de arte, René-Jean, para prestar-lhe assistência. O acervo inicial foi aumentando, e iria constituir uma das maiores bibliotecas da França. Durante e depois da Guerra, André Suares, André Breton e depois Marie Dormoy cuidarão dela. Jacques Doucet irá finalmente doá-la à Universidade de Paris.

O colecionador sabia se mostrar magnânimo. Certo dia, quando está assistindo a uma sessão de provas na sua Maison, uma das clientes declara:

"Quando ouço *Tristão*, desfaleço, me abandono, e faço tudo o que os outros querem."

"Perfeito!", murmura o costureiro para si mesmo.

A história não diz se ele gostava de Wagner. Mas respeita o bastante a cliente para oferecer-lhe um lauto banquete. Aluga um apartamento, coloca nele móveis refinados e convida a amante da música. Ela vem. Mal a porta do salão se fecha, e a música se faz ouvir do outro lado das paredes.

"Venha ver", propõe Doucet.

E leva sua já Dulcineia até um pequeno cômodo, onde músicos tocam trechos de *Tristão*.

Foi uma espécie de paraíso.

Doucet mostrou a mesma generosidade em relação aos artistas que ele ajudou a sustentar durante e depois da Guerra. E, da mesma forma que fizera com a moça, exigiu deles uma doação: não da pessoa, mas de escritos. Pois ele não queria apenas comprar edições originais ou manuscritos, por mais raros que fossem (Baudelaire, Rimbaud, Chateaubriand, Verlaine, Mallarmé, Flaubert e depois Claudel, Jammes, Gide...); ele queria também que os poetas que ele subvencionava escrevessem para ele.

André Suarès, um dos primeiros a ser solicitado, foi encarregado de escrever uma carta semanal sobre a literatura contemporânea ou um tema da atualidade. Em 1916, Pierre Reverdy recebeu cinquenta francos a cada bilhete escrito que tratasse do movimento artístico da época. Doucet ajudou-o igualmente quando foi criada a revista *Nord-Sud*. Ele o sustentou materialmente e lhe deu numerosos conselhos. Incentivou-o, por exemplo, a afastar Jean Cocteau da redação. O que não impediu esse último de falar de "meu velho amigo Doucet", quando Raymond Radiguet, por sua vez, aproveitou a generosidade do mecenas (cinquenta francos por semana em troca de uma crônica).[1]

André Salmon também foi remunerado por seu ponto de vista sobre a literatura. Max Jacob também. Através dele, Jacques Doucet queria saber novidades das vanguardas. Soube, mas não aquelas que esperava. O poeta contou-lhe com detalhes a briga entre Reverdy e Diego Rivera na casa de Lapérouze: a representação de *Mamelles de Tirésias;* os choques e as desditas de Erik Satie com a crítica... Ofereceu-lhe o leque de seus gostos e desgostos em matéria de literatura e de poesia. Mas recusou categoricamente o pedido do seu mecenas para lhe falar de Picasso:

> Não escrevi nada sobre Picasso. Ele tem horror a que escrevam sobre ele. Tem horror da incompreensão e da indiscrição e tenho tanto respeito por ele e tanta gratidão que não faria nada que pudesse desagradá-lo [...] Certos amigos viveram do nome dele graças a boatos, histórias, fantasia... Enfim... mais tarde... veremos... mas muito mais tarde e, na verdade, nunca, eu acho.[2]

Ele lhe vendeu alguns manuscritos, *Le siège de Jérusalem*, *Le cornet à dés*, *Le Christ à Montparnasse*, alguns originais autênticos, outros recopiados para a ocasião. Aconselhou-o a dirigir-se a Apollinaire e a literatos menos conhecidos, algumas vezes a pintores pobres e ainda anônimos. Quando não tinha dinheiro, não hesitava em lhe pedir um adiantamento, e agradecia oferecendo-lhe alguns guaches.

Blaise Cendrars também foi contatado. Foi na época em que ele não tinha nada para comer. Ele conta que foi ao *Mercure de France* levar um poema. Terá visto Rachilde, Valette ou Léautaud? O fato é que, quando o interlocutor aceitou o poema, Cendrars pediu um adiantamento. O outro quase perdeu a voz:

"Adiantamento de quê?"

"De dinheiro, por favor."

A tensão era grande e o outro ficara vermelho.

"Saiba, cavalheiro, que o *Mercure* não remunera nunca os poemas em verso."

"Não tem importância", respondeu o escritor sacudindo os ombros. "Coloque-os em prosa e me dê uns trocados."

Não conseguiu nada. Não se sabe se ele deixou sua prosa no *Mercure*...

Pouco tempo depois, ele conta que recebeu a visita do secretário de Jacques Doucet, que lhe transmitiu a proposta do patrão: uma carta por mês em troca de uma mensalidade de cem francos. O negócio lhe pareceu ousado:

> O senhor Doucet não era meu amigo, não havia nenhuma razão para que eu lhe escrevesse cartas – e para dizer o quê?... não tendo sequer a honra de conhecê-lo.[3]

A resposta foi, portanto, negativa. Com um presente: a recusa de Cendrars foi notificada por escrito, o que valia uma carta gratuita para o colecionador. Mas, nessa carta, Cendrars fazia uma contraproposta: aceitaria escrever para Doucet, desde que fosse um livro do qual redigiria um capítulo por mês.

O empregado transmitiu o recado à rua Spontini. Na volta, colocou sobre a mesa de Cendrars uma nota de cem francos e uma carta concordando. Na resposta – duas missivas gratuitas! –, o poeta estabelecia os termos do contrato: seria um pequeno livro escrito em doze meses, tantas páginas por mês, tantas linhas por página, tantas palavras por linha e o pagamento seria antecipado no dia primeiro de cada mês, ficando os direitos autorais com o autor. Dessa forma foi redigido *L'eubage.* E Cendrars garante que em nenhuma outra ocasião negociou com Doucet.

André Breton, como tantos outros, também aproveitou as benesses do costureiro-mecenas. Em dezembro de 1920, foi contratado como bibliotecário. Seu trabalho consistia em escolher as obras que lhe pareciam corresponder ao espírito da época. Também tinha como missão esclarecer o patrão setuagenário sobre a arte moderna. Ele o fará comprar *Les Demoiselles d'Avignon* (por 25 mil francos), *La charmeuse de serpents*, do Douanier Rousseau, obras de Derain, De Chirico, Seurat, Picabia, Ernst, Masson, Miró...

Em 1922, Breton se juntou a Aragon para estabelecer um projeto de aumento da biblioteca, que foi proposto a Jacques Doucet. Tratava-se de adquirir obras que a literatura clássica e oficial desconhecia ou ignorava. Além de Lautréamont e Raymond Roussel, já integrados, sugeriram que fossem abertas as portas para Pascal, Kant, Hegel, Fichte, Bergson, Sade, Restif de la Bretonne, Sue, Jarry, dadá... Aconselharam igualmente Doucet a comprar manuscritos de Jean Paulhan, Tristan Tzara, Paul Eluard, Benjamin Péret, Robert Desnos, Jacques Baron, Georges Limbour... A fina flor do surrealismo.

Breton não escondia suas ambições: queria ajudar os amigos. Conseguiu. Doucet se encantou por Aragon, a quem financiou como os outros, conseguindo principalmente que lhe enviasse passagens do *Paysan de Paris* e duas cartas regulares sobre temas literários. Foi assim que o costureiro de Neuilly-Passy contribuiu para sustentar esse bando de jovens literatos, cujas loucuras alimentavam a crônica escandalosa dos bairros chiques.

O idílio, como vimos, terminou em 1924, por ocasião da morte de Anatole France. Diante da violência das sátiras de Breton e Aragon, Jacques Doucet pegou sua borracha de patrão e apagou os contratos que o ligavam aos surrealistas. Isso segundo Breton. Marie Dermoy tem mais nuanças. Ela afirma que Doucet ficou sabendo de palavras debochadas e desrespeitosas sobre ele, ditas por seus jovens amigos. Convocou o grupo surrealista ao seu escritório, prometeu saldar o que lhes devia, mas sua colaboração terminava ali. Exceto com relação a Aragon.

Em 1926, o escritor apaixonou-se por Nancy Cunard, herdeira da companhia marítima Cunard Line, cuja mãe frequentava a corte da Inglaterra. O que era ótimo para os negócios do costureiro. Este dobrou então a mensalidade de Aragon pedindo a ele que lhe desse informações sobre o lazer e as ocupações de um jovem da alta sociedade parisiense... O que fez o rapaz até 1927. Depois de aderir ao partido comunista, ele rompeu definitivamente com Jacques Doucet por razões políticas.

Mais tarde, André Breton, mesmo reconhecendo as qualidades de mecenas e colecionador daquele que tanto o ajudara em diversas circunstâncias da sua vida (quando ele se casou com Simone Kahn, em 1921, Doucet, que já havia lhe oferecido presentes e viagens, dobrou seu salário para tranquilizar a família da jovem), baixou o tom dos elogios:

> Como presumo que isso não seja segredo profissional e que, atualmente, haveria interesse em esclarecer as relações entre o artista e o apreciador, deixem-me dizer que os cordões daquela bolsa não se abriam assim tão facilmente em favor dos jovens pintores.[4]

Pior do que isso: nas histórias contadas por Breton, há lances que lembram Clovis Sagot (aquele marchand que aconselhou Gertrude Stein a cortar os pés de uma obra de Picasso). O escritor teria, por exemplo, convencido o colecionador a adquirir uma tela de Max Ernst exposta no Salão dos Independentes. Essa obra mostrava cinco vasos semelhantes contendo cinco buquês semelhantes. Preço: quinhentos francos.

"Peça ao artista que nos faça dois vasos por duzentos francos", sugeriu Doucet.

É preciso assinalar que Derain ensinou-lhe boas maneiras. Pierre Cabanne conta que, certo dia em que Breton levara o costureiro à casa dele para fazê-lo comprar uma natureza-morta, o artista tirou uma fita métrica do bolso, mediu a tela desejada pelo visitante e disse:

"Se basearmos o preço no centímetro quadrado, isso vai lhe custar quarenta mil francos."

De outra vez, diante de um Masson minúsculo, Doucet teria resmungado:

"Falta alguma coisa nesse quadro..."

E o costureiro se pôs a vasculhar a obra coçando a barba, antes de exclamar, tomado por uma ideia luminosa:

"Vamos pedir ao artista para acrescentar alguma coisa... Um pássaro! É isso! Um pássaro ficará perfeito!"

Aragon também não foi gentil com seu antigo mecenas. Em *Aurélien*, ele o chama de Charles Roussel e o coloca na presença de um pintor chamado Zamora, que não é outro senão Picabia. Não é difícil reconhecer as excentricidades do segundo: mundano, recebe com alegria "jóqueis célebres, duquesas, literatos, homens ricos e sem ocupação, mulheres bonitas de todo tipo, jogadores de xadrez, conhecidos feitos em viagens de transatlântico".[5]

O primeiro é apresentado como um homem chique, "cuidado como um cãozinho de estimação e vestido de uma maneira que beirava o mau gosto pela distinção exagerada". Os traços são talvez grosseiramente forçados. Menos um pouco quando Aragon põe em cena um poeta do grupo de

Ménestrel (Breton), que se faz ouvir durante um escândalo provocado pelos surrealistas. Os agitadores, "que não suportavam Cocteau", queriam perturbar a representação de uma de suas peças. Ao final de uma rápida briga, Ménestrel/ Breton está com o nariz amassado e a gravata suja de sangue. Roussel/ Doucet leva-o até um café e pergunta-lhe, com o olhar brilhando de intensa cobiça:

"Será que você não poderia escrever uma notinha para minha biblioteca sobre essa curiosa noite? Tenho o manuscrito da peça, que comprei de Cocteau... Poderia juntar sua nota com..."[6]

Deboche por deboche, tanto Aragon quanto Breton não tiveram o menor reconhecimento por um homem a quem deveram tanto. Mas todos souberam tirar proveito, de Kisling a Cendrars, passando por André Salmon, Max Jacob e Apollinaire, Radiguet, Cocteau e Desnos, da prodigalidade e da generosidade de um homem para quem a maioria deles escrevia com uma humildade que chegava às raias da prosternação... senão mais.

Cendras também. Pois ele está contando vantagem ao dizer que Doucet o contratou por intermédio do empregado. A verdade é bem diferente. Foi o próprio Cendrars quem escreveu a Doucet em 1917: solicitava uma ajuda de quinhentos francos para terminar seu romance *La fin du monde*. Em troca, oferecia-lhe um manuscrito que foi, no fim das contas, o de *Pâques à New York*, escrito em 1912. Depois disso é que eles fizeram um acordo sobre *L'eubage*. Não houve, portanto, um único negócio entre eles, como afirma Cendrars, mas pelo menos dois. E com certeza não foi o escritor quem ditou as condições, assim também como não fora ele quem ditara os termos do contrato anterior: Cendrars pedia quinhentos francos; Doucet concordou em lhe dar 150.[7] Mesmo tratando-o de "velho assanhado de companhia agradável" em *Lotissement du ciel*, isso não o impediu de agradecer sua generosidade em uma carta, com uma grande reverência. Ninguém fará como ele a descrição da biblioteca de Jacques Doucet: podemos vê-lo acompanhando o patrão no meio de um labirinto de caixas e caixotes contendo cartas, manuscritos recopiados, mas nenhuma obra maior (a não ser *L'eubage*); ele ouve o velhote queixar-se de receber tanta coisa, e conclui com esta exclamação desesperada:

"Eles nunca vão parar de escrever!"

Isso é Cendrars. Não é Doucet.

O costureiro e o fotógrafo

> Como muitos artistas franceses, fiquei encantado com os Balés Russos e admitiria que eles tivessem de certa forma me influenciado.
>
> Paul Poiret

Doucet vendeu sua Maison em 1924. Havia sido destronado por costureiros mais jovens, principalmente Paul Poiret, que tinha introduzido na moda cores mais vivas, verdes, vermelhos, azuis, em substituição aos lilases e rosas de seus predecessores. Ele libertou definitivamente a mulher do corpete, lançou o sutiã, desenvolveu o vestido justo, colado ao corpo.

Paul Poiret, que fora aprendiz de Doucet, também foi um mecenas, mas, comparada à do mais velho, sua obra é apenas um opúsculo.

Ele teve seu primeiro momento de glória ao fazer um casaco de tule negro para Réjane. Foi despedido depois de ter desenhado modelos para sua noiva, que os mandou fazer por uma costureira: Doucet não o perdoou. Livre, Poiret levantou voo rapidamente, comprou uma residência magnífica no *faubourg* Saint-Honoré e começou a vestir as senhoras da alta, muito alta, sociedade.

Não ficou insensível às artes da sua época. Menos ao cubismo do que aos Balés Russos, dos quais admitia ter sofrido a influência. Naturalmente presunçoso, não esquecia, porém, de precisar que sua reputação era anterior à do ilustríssimo senhor Bakst.

Nos melhores anos de Montmartre, ele ia com frequência ao Bateau-Lavoir. Era ele, como vimos, quem enviava sua clientela chique à casa de Max Jacob, onde as mulheres importantes da alta-roda consultavam as cartas. Era ele também quem convidava os artistas pobres para festas grandiosas nas quais expunha suas teorias: segundo ele, a costura era uma arte como as outras; ao que Apollinaire respondia que, se fosse uma arte, seria uma arte inferior.

Os dois homens não se davam muito bem.

Por outro lado, Paul Poiret tinha um carinho particular por Max Jacob. Ele o consultava por tudo e por nada: sobre a cor da gravata, das meias, sobre suas atividades diárias... Propôs que ele apresentasse suas peças de teatro na sua mansão da rua d'Antin, onde Picasso tinha exposto *Les Demoiselles d'Avignon* durante a Guerra. Teceu em torno de Max Jacob aquela rede mundana que lhe permitia ter onde bater quando faltava dinheiro ou estava desesperado.

Fora o caderno de endereços, o poeta não tinha grande estima pelo costureiro. Criticava-o por não gostar dos amigos dele e por ser muito conservador no que dizia respeito à arte. O que não se pode contestar. Curiosamente, apesar de admirar tudo aquilo que via no Bateau-Lavoir, Poiret nunca aderiu ao cubismo:

> Não fui indiferente às pesquisas de Picasso, mas sempre as considerei exercícios de ateliê e especulações do espírito que não deveriam sair de um círculo de artistas, e que o público deveria ter ignorado.[1]

Sua grande força era a mistura dos gêneros.

Era muito ligado à dançarina Isadora Duncan. Depois de perder os dois filhos, ela confidenciou a Poiret um projeto que lhe viera à mente: queria um novo herdeiro, que tivesse seu esplendor físico e o esplendor intelectual de um poeta de talento.

"Maeterlink!", respondeu imediatamente Poiret.

Tinha lido uma de suas obras na véspera.

Isadora foi procurar Maeterlink para pedir a ele que lhe fizesse um filho. O escritor recusou: era casado, e as complicações decorrentes da situação...

Poiret também tinha pensado em Max Jacob. Não chegou nem mesmo a formular seu nome diante da dançarina...

Fernande Olivier, que trabalhou com o costureiro durante algum tempo, depois da ruptura com Picasso, revelou a Paul Léautaud que as lojas dele serviam como casas de *rendez-vous* para encontros diurnos. Ela se queixava de que Poiret era amável externamente, e grosseiro com seus empregados. Único consolo: sua coleção de quadros de vanguarda, uma das mais belas de Paris.

Essa coleção foi igualmente admirada por um fotógrafo que, certo dia de outono de 1921, apresentou-se na entrada principal da Maison Poiret, na avenida d'Antin. Era um jovem americano de estilo tradicional, que trazia uma pasta contendo seus trabalhos. Vinha a mando de Gabrielle Buffet-Picabia.

Deu o nome ao porteiro de libré que guardava a entrada dos jardins. Fizeram-no atravessar as aleias que cortavam os gramados plantados de açafrão. Cadeiras e mesas de cores vivas estavam dispostas aqui e ali, no meio dos canteiros que lembravam Versalhes.

O visitante subiu os degraus do alpendre. Este era ladeado por duas gazelas de bronze trazidas de Herculano, ao pé do Vesúvio. Passou por uma das dez portas que se abriam para o interior, caminhou sobre um tapete de cor groselha iluminado por lustres de cristal que terminavam na beira de uma escada imponente com um corrimão trabalhado.

Um ascensorista acompanhou-o no elevador. Primeiro andar. O jovem americano seguiu por um corredor ladeado por uma série de ateliês de prova. Foi dar numa grande sala repleta de respeitáveis senhoras. Elas acompanhavam com os olhos uma manequim que estava apresentando um novo vestido. O centro era dominado por uma estátua de Brancusi.

O visitante se aproximou de um empregado e perguntou onde poderia encontrar o senhor Poiret: tinha hora marcada.

"Siga-me", ele respondeu.

De sala em corredor, uns atrás dos outros, como pontos de costura, o americano foi conduzido até a porta de um escritório onde estava fixada uma pequena placa:

ATENÇÃO! PERIGO!
ANTES DE ENTRAR PERGUNTE-SE TRÊS VEZES:
"Ê MESMO INDISPENSÁVEL INCOMODÁ-LO?"

Depois de se fazer anunciar, o americano foi introduzido em uma sala onde estava um homem de paletó amarelo-canário e calças listradas. Tinha uma barba pontuda. Era um pouco calvo. O fotógrafo americano colocou a pasta sobre a mesa. O costureiro abriu-a, olhou atentamente, fechou-a e disse:

"Muito bem... Que posso fazer pelo senhor?"

"Não sei."

"Já fez fotos de moda?"

"Nunca... Mas posso tentar... Só que não tenho estúdio."

"Quem trabalha para mim trabalha comigo", respondeu friamente Poiret.

Com um amplo gesto da mão ele indicou o escritório, os jardins, a residência particular que podia ser vista ao longe.

"Os fotógrafos trabalham aqui... O senhor tem o material necessário?"

"Não tenho máquina fotográfica."

"Vamos emprestar-lhe uma."

O fotógrafo foi autorizado a tirar fotos das manequins fora do horário de trabalho.

Ele voltou e realizou sua tarefa. Revelou as fotos no minúsculo quarto do miserável hotel onde estava morando. Depois, voltou para mostrá-las a Poiret.

"Muito bonitas!", exclamou o costureiro.

Aproveitando a ocasião, o fotógrafo americano perguntou se podia receber. Ao que Poiret respondeu com cara de espanto.

"Nunca pago aos fotógrafos... As revistas o fazem."

"Mas eu não conheço ninguém!", replicou o fotógrafo. "Acabo de chegar à França!"

Poiret se mostrou generoso: comprou algumas fotos e pagou duzentos francos.

Nessa época, sua fortuna estava começando a ser dilapidada. Em alguns anos desapareceria: o costureiro não conseguiu se adaptar ao estilo mais sóbrio e menos luxuoso do pós-Guerra. No meio dos anos de 1920, nada mais restava do império Poiret. Vítima dos bancos, dos credores e dos "mecenas socialistas", segundo ele dizia, trocou Paris por uma pequena casa na Île-de-France. Ali, viveu isoladamente, praguejando contra o mundo todo, pensando até em submeter seu caso à Liga dos Direitos do Homem, mas desistindo, finalmente, temendo "que até esse órgão estivesse sob influência do espírito maçônico, e, portanto, incapaz de ser independente".[2]

Conservara um amigo: o médico que cuidava dele. Este veio um dia procurar pelo fotógrafo americano para pedir-lhe que o acompanhasse à casa de campo de Poiret: o costureiro deposto estava escrevendo um livro de memórias que logo seria publicado; iria precisar de uma foto.

Em nome dos duzentos francos, o fotógrafo fez a viagem. Poiret o recebeu com elegância e todo o fausto que lhe restava. Comeram, beberam, caminharam. Quando voltaram para casa, não havia luz suficiente para a foto. Despediram-se com tristeza.

Alguns dias depois, o médico que servira de intermediário voltou a procurar o fotógrafo americano. Este achou que o outro tinha uma certa semelhança com Poiret nos seus tempos de esplendor. Divertiu-se fazendo-o posar.

Quando, cerca de vinte anos mais tarde, o antigo costureiro morreu, mordido de rancores e corroído pela paranoia, um semanário perguntou ao fotógrafo se ele não teria nos seus arquivos uma foto do falecido. O americano enviou o retrato do médico. Este foi publicado. Ilustrou um artigo consagrado a Paul Poiret, sua vida, sua obra. Nunca ninguém descobriu a farsa. Só o médico, é claro. E o fotógrafo americano.

Não se sabe o nome do primeiro. O segundo morava em Montparnasse desde o verão de 1921. Chamava-se Man Ray.

Um americano em Paris

> Conheci um americano que faz lindas fotos [...] Ele me diz: "Kiki! Não me olha assim! Você me 'perturbar'...!".
>
> Kiki de Montparnasse

Quando voltou para o quarto do hotel, naquele dia em que fotografara as manequins de Paul Poiret, Man Ray fechou as cortinas do pequeno cômodo, acendeu uma lâmpada vermelha e começou a revelar suas placas fotográficas. Ele dispunha de muito pouco material: os produtos químicos indispensáveis, duas bacias, papel e alguns acessórios.

Mergulhou as folhas nos banhos de revelação. Por descuido, colocou uma que estava virgem. Quando a tirou da bacia, colocou sobre ela um recipiente de vidro. Depois acendeu a luz.

> Sob meus olhos, uma imagem tomava forma. Não era exatamente uma simples silhueta dos objetos: estes tinham sido deformados e refratados pelos vidros que tinham estado mais ou menos em contato com o papel, e a parte diretamente exposta à luz se destacava, como um relevo, no fundo negro.[1]

Man Ray abandonou por um tempo as fotos feitas na Maison Poiret. Pegou todos os objetos que encontrou à sua volta, chave, lenço, lápis, barbante e colocou-os sobre papel ainda não mergulhado nos banhos. Depois expôs tudo à luz. Revelou. Secou.

No dia seguinte, pendurou os resultados da experiência nas paredes do quarto do hotel. À noite, Tristan Tzara, que tinha chegado a Paris um ano antes, bateu à porta. Man Ray abriu e mostrou a ele o seu trabalho. O jovem romeno ficou entusiasmado. Durante uma parte da noite, os dois homens dispuseram mil e um objetos sobre o papel, revelaram e recomeçaram. Tinha nascido a *raiografia*: ela permitia fotografar sem máquina fotográfica. Um ano mais tarde, Man Ray publicará seu primeiro álbum de *raiografias*, *Les champs délicieux*. O prefácio será assinado por Tristan Tzara.

Antes de ser fotógrafo, Man Ray, filho de um alfaiate judeu do Brooklyn, era pintor. Ele tinha feito o curso Ferrer, assim chamado porque tinha sido criado por simpatizantes da causa anarquista, pela qual morrera Francisco Ferrer (que Picasso, como sabemos, admirava). Ele também tinha frequentado todos os lugares da vanguarda nova-iorquina, na época do Armory Show. Começando pela galeria de Alfred Stieglitz, na 5ª Avenida, 291. Foi lá que ele encontrou Francis Picabia e, principalmente, Marcel Duchamp, a quem ficou muito ligado.

Man Ray possuía uma máquina com a qual fotografava suas próprias obras. Ao longo do seu trabalho, ele descobriu a riqueza das reproduções em preto e branco e acabou por "destruir o original guardando apenas a reprodução".[2] Ele iria considerar a seguir que "a pintura é uma forma de expressão ultrapassada"[3] que a foto destronará um dia, inevitavelmente. Mais tarde, vai reconsiderar essa opinião.

Em Nova York, saiu à procura de modelos. Não mais para pintá-las, mas para fotografá-las. Graças ao retrato da escultora Berenice Abbott, que ele encontrou num bar do Village (em Paris ela será sua assistente durante três anos), ganhou seu primeiro prêmio de fotografia. Em alguns meses, fotografou Edgar Varèse, Marcel Duchamp, as escritoras Djuna Barnes e Mina Loy, Elsa Schiaparelli (que ainda não era costureira)...

Duchamp foi o primeiro a partir para Paris. Assim que reuniu o dinheiro necessário para a viagem, Man Ray colocou suas telas e alguns objetos dadaístas em uma mala, subiu com ela em um transatlântico e juntou-se ao amigo. O pintor tinha reservado para ele um quarto em um pequeno hotel de Passy... onde também estava Tristan Tzara. Foi assim que

Man Ray encontrou os dadaístas e os surrealistas de Paris, com quem fez amizade: Breton, Aragon, Eluard, Fraenkel, Soupault, Desnos e os outros.

Foi Soupault quem teve a ideia de organizar uma exposição das obras que Man Ray trouxera de Nova York. No catálogo, impresso para a ocasião, os dadaístas apresentavam o artista como vendedor de carvão e, ao mesmo tempo, magnata do chiclete, riquíssimo e com muito talento para a pintura... Esses títulos não ajudaram a vender coisa alguma. Man Ray voltou para trás das lentes. Fotografou primeiro as telas de Picabia, e não ignorou Cocteau e seu caderno de endereços. Estava lançado.

Em 1921, encontrou uma jovem que iria tornar-se sua primeira modelo e depois a egéria de Montparnasse durante muitos anos. O fotógrafo estava na companhia de Marie Vassilieff, num café de Vavin primo do Dôme e do La Rotonde. A sala estava apinhada. Lá se encontrava toda a clientela habitual do bairro desde o armistício: pintores menos pobres, escritores americanos, dançarinos suecos, uma frota de modelos, um pele-vermelha com todas as penas chamado Colbert, Granowski, pintor, judeu, polonês, fantasiado de caubói, um poeta da Lapônia, russos – a partir de então brancos –, um búlgaro mudo que usava uma argola de cortina pendurada no nariz, Cocteau e o amigo Radiguet, algumas pessoas fantasiadas que iam a uma festa ou a um baile, homens descalços, um grupo de mulheres pouco vestidas, o pintor Jules Pascin de volta da América, Antonin Artaud, um músico negro tentando tocar um sax baixo, Adamov, ainda bem jovem, de sandálias gregas, roído pela miséria...

Em uma mesa distante, duas jovens falavam alto. Estão maquiadas com todas as cores do arco-íris, e usam bijuterias das orelhas aos punhos. Uma delas é Kiki de Montparnasse. Ela responde atravessado ao garçom que não quer servi-la porque não está de chapéu. Ele fala delicadamente, mas com firmeza, ela responde que um bistrô não é uma igreja, e que cada um vem como quiser.

"Um Chambéry-fraisette, por favor", pede Kiki. "E outro para minha amiga."

O garçom depõe as armas e chama o patrão.

"Sem chapéu", ele diz, "poderiam ser confundidas."

"Com o quê? Com as americanas?"

As americanas podem entrar à vontade nos cafés, mesmo sem chapéu.

"Não é o que eu quis dizer", articula o outro, gaguejando.

"E o que é que o senhor quis dizer?"

"Sem chapéu, poderiam pensar que a senhora é uma..."

"Uma o quê?"

"Uma puta!"

Kiki se levanta de um salto. Com um pé (descalço) sobre uma cadeira e o outro sobre a mesa, com sua voz inimitável, aguda, falando muito alto, ela explica ao garçom de jabô e colarinho que seus charmes não estão à venda, o que não a impede de ser uma bastarda de verdade, nascida em uma verdadeira província francesa, a Borgonha. Depois, jura que nunca mais voltará a pôr os pés ali, nem ela nem seus amigos, e desce da mesa, mostrando, num movimento proposital e esmerado, aquilo que deve e também o que não deve.

"Sem chapéu, sem sapatos e sem calcinha!"

Man Ray levanta a mão na direção do garçom. Marie Vassilieff chama as duas jovens.

"Dois copos para as senhoritas", pede o americano.

"Venham se juntar a nós", propõe a russa.

Kiki senta-se.

"Elas estão com os senhores?", pergunta o garçom.

"Estão", responde Man Ray.

"É porque não posso servir mulheres sozinhas."

"... A não ser que estejam de chapéu", retifica Kiki.

Fazem um brinde. Recomeçam. Saem daquele café e vão para outro. Depois para um restaurante.

"Você é nosso amigo americano", decidem Marie e Kiki.

O jantar é acompanhado de muita bebida.

"Nosso amigo americano rico!"

Vão ao cinema ver *A Dama das Camélias.*

"Muito rico!"

As jovens estão sentadas ao lado do magnata do chiclete. Kiki assiste ao filme encantada como uma criança. Man Ray procura a mão dela. Encontra. Aperta. Ela não retribui, mas também não a retira.

Na saída, ele diz que gostaria de pintá-la, mas que está tomado pela emoção e se julga incapaz de fazê-lo. Ela responde que está acostumada: todos os artistas para os quais ela posa pela primeira vez ficam no mesmo estado.

"Então, sugiro outra coisa. Deixe-me fotografá-la."

"Isso não!", exclama Kiki.

Mas, no dia seguinte, ela vai ao hotel de Man Ray, sobe ao quarto dele e tira a roupa: ele quer fotografá-la nua.

Fazem algumas fotos. Descem e vão até o café. Ele pede a Kiki que volte no dia seguinte para uma nova sessão de fotos. E também para ver as que foram feitas. Ela volta. Juntos, eles olham o trabalho da véspera. Depois Kiki tira a roupa, enquanto Man Ray prepara a máquina. Ele está sentado na cama. Nua, ela vem ao encontro dele. Ele pega sua mão. Ela lhe oferece os lábios. Ficarão juntos durante seis anos.

Uma tampa de radiador assinada por Rodin

> E assim caminhará sobre o palco, como uma bela criança comportada, com gestos comedidos, seguro de si, e os olhos que parecem ver sem olhar, aquele que só desenhou mulheres e gatos.
>
> Roger Vailland

Enquanto Kiki e Man Ray adormecem sobre as primeiras páginas de seu romance, uma jovem de uns vinte anos empurra a porta do apartamento onde mora sozinha, na rua Cardinet. É cheia de corpo, tem o rosto um pouco redondo, os cabelos castanhos, os olhos negros e vivos. Ficou órfã há três anos. Não trabalha: a herança dos pais é o bastante.

Lucie Badoul coloca em cima de uma mesa o monte de livros que acabou de comprar. Entra no banheiro, tira a maquiagem cuidadosamente, pega novamente os livros e vai para o quarto. Uma gatinha ruiva se junta a ela. A moça se mete sob as cobertas e escolhe um dos volumes que comprou só por causa do título: *La femme assise*. Ela não conhece o autor – Guillaume Apollinaire – nem o bairro que ele descreve: Montparnasse. Mas ao término da leitura os cafés parecem tão extraordinários, as pessoas que moram lá, tão livres, a atmosfera, tão diferente daquilo que Lucie Badoul conhece, que ela é tomada por uma espécie de febre.

Levanta-se, veste-se, torna a se maquiar, põe a gata embaixo do braço e deixa a rua Cardinet. Direção: o metrô.

Desce na estação Montparnasse e sobe o bulevar até o incrível bistrô de que fala Apollinaire: La Rotonde. Mas está lotado. O térreo e o primeiro andar também. Decepcionada, a moça está prestes a ir embora quando um grupo de espanhóis libera uma mesa. Ela se senta. Olha em volta. Nunca, em nenhum outro lugar, ela viu tal animação, tal conivência entre os que entram e os que saem, todos eles fregueses habituais do lugar, cúmplices, amigos. Lucie fica fascinada.

Tarde da noite, volta para casa. No dia seguinte, lá está ela de novo no La Rotonde. A sala, desta vez, está mais vazia. Não se veem apenas as silhuetas. Surgem os rostos. Eles vão se destacando.

Aquele homem, por exemplo, que está entrando no café.

Está sozinho. É asiático. Uma franja lhe cobre a testa. Usa óculos de tartaruga. Sob um paletó bem talhado marcado na cintura por uma faixa de tecido, vê-se o xadrez vermelho e branco de uma camisa de algodão. Lucie olha. É como se um véu lhe cobrisse o rosto. Compreende que foi conquistada, que acaba de sucumbir a um amor à primeira vista. Mas o homem dá meia-volta e vai embora. A moça fica, imóvel. Chama o garçom e pede um licor. Depois outro. Um terceiro... Precisa de seis para ter coragem de fazer a pergunta que a atormenta. Levanta-se, posta-se no meio do café e pergunta se alguém conhece o japonês que saiu. Um desconhecido se levanta e diz:

"Venha comigo."

O homem é pintor. Leva a moça até a casa dele. Em um instante, a carvão, ele faz o retrato do asiático.

"É ele?"

"É", responde Lucie.

O pintor enrola o desenho e o estende para ela.

"Chama-se Foujita."

"Você o conhece?"

"Claro!"

"Dê a ele meu endereço", pede Lucie.

Ela o anota em um pedaço de papel, e depois volta para casa. Pendura o retrato de Foujita na parede. Durante oito dias ela não sai. Fica esperando. Mas o homem da sua vida não dá nenhum sinal. Então, Lucie vai de novo a Montparnasse. O pintor que havia desenhado o japonês leva-a até o número 5 da rua Delambre, onde fica o ateliê de Foujita. Este olha para a moça, oferece-lhe um leque e marca um encontro com ela para aquela mesma noite no La Rotonde.

Ela foi. Jantaram juntos. Ele a levou ao hotel. Ficaram lá três dias sem sair. Quando voltaram ao La Rotonde, Lucie não se chamava mais Lucie. Foujita a havia batizado de "Youki", que significa "neve rosa" em japonês (ela ainda conservava o apelido que ele lhe dera quando, em 1931, caiu nos braços de Robert Desnos).

A vida com Foujita? Um sonho. É claro que há Fernande. A esposa oficial não abandona facilmente o terreno, embora já tenha se juntado a alguém, em outro lugar, e há muito tempo. Quando Foujita expõe seu quadro *Youki, déesse de la neige* no Salão de Outono, Fernande agride publicamente a amante do marido. Mas, quando ela desiste, a festa começa.

Nos anos 1920, Montparnasse é um espetáculo de som e luz. Reuniões barulhentas com os amigos, múltiplos encontros, festas extraordinárias. Vinte convidados em volta da mesa, frequentemente duas ou três vezes mais, às vezes mais ainda.

Tudo depende de quem convida.

Se é o conde de Beaumont, na sua mansão da rua Duroc, os salões, os corredores e as escadas ficam cheios. O baile vai de cima a baixo, se espalha por todos os cantos. Quase sempre os convidados vêm fantasiados. Youki nem sempre os reconhece. Marcoussis está de camponesa, Van Dongen, de Netuno, Kisling, de prostituta sulina... As mulheres usam bonés, galões de oficiais; os homens, perucas, há marinheiros, pierrôs, palhaços de cara branca, toureiros... Foujita, o rei das fantasias, vem quase sempre de vestido. Certa noite, ele veio nu por baixo, vestido de porteiro, com uma gaiola nas costas e uma mulher na gaiola... Às vezes usa anéis, às vezes brincos, um turbante, um chapéu com molas. Todo mundo ri, todo mundo dança, os casais se formam e se deformam. Bebem.

Quando não é na rua Duroc, é na casa Watteau, rua Jules-Chaplain, reduto dos escandinavos. Pelo menos uma vez por ano, eles organizam um baile grandioso ao qual comparece todo o bairro de Montmartre. E, se não for lá, é em outro lugar. Em ateliês preparados para a ocasião, sendo que os próprios pintores se encarregam da decoração e dos cartazes que são espalhados pelas ruas. Ou no Bal Bullier, onde a União dos Artistas Russos se reveza com a A.A.A. (Ajuda Amigável aos Artistas), que organiza festas para os artistas necessitados. Também pode-se ir ao baile dos Quat'z'Arts, que começa no pátio da escola de Belas--Artes e vai terminar, tarde da noite – ou de manhã –, com um banho ritual na praça da Concorde ou nos jardins do Luxembourg. Aos sábados ou aos domingos, às vezes em ambos, todos os festeiros se encontram no Bal Negre, na rua Blomet, perto de Vaugirard. Lá, são a biguine*, o ponche, o rum, o tambor e as animadas clarinetas. Uma multidão considerável que dança e se esbalda. Muitos negros, mulatos, soldados da Colonial, cada vez mais artistas...

Pode-se ir também dançar no Moulin de la Galette ou no Bal des Pompiers, rua da Huchette, antes dos encontros em lugares mais calmos, à sombra das festas.

Às vezes, Youki e Foujita param no Camaléon, esquina do bulevar Montparnasse com a rua Campagne--Première. Em outras épocas, era um lugar que ficava vazio durante o dia. Ali, comia-se um chucrute um pouquinho só mais caro do que os espaguetes de Rosalie. Alguns vendedores ambulantes vendiam colchões ou meias de seda aos esparsos fregueses. Mas, desde que Alexandre Mercereau, que se dizia escultor, decidiu animar esse antigo bistrô, o lugar fica cheio da manhã até à noite. Principalmente à noite. O Camaléon foi transformado em universidade aberta de Montparnasse. Músicos e poetas de todos os grupos vêm ter ali. Leem seus versos, representam suas obras, fazem conferências. Aos domingos, vêm em grande número para assistir a espetáculos humorísticos. Até as pessoas da alta sociedade reservam um lugar. Cocteau foi visto lá. E também a condessa de Noailles.

Essa mulher admira Foujita. Menos, talvez, pela qualidade da sua obra do que por um dos temas que ele pinta, também caro a Van Dongen: as mulheres da alta sociedade.

---

* Dança popular das Antilhas. (N.T.)

Ele fez os retratos da condessa de Clermont-Tonnerre, da condessa de Ganay, da condessa de Montbello. Por que não da condessa de Noailles?

Na época, apesar de passarem a maior parte do tempo em Montmartre, Youki e Foujita moram na rua Massenet, em Passy. São vizinhos da condessa de Noailles. Para a primeira sessão de pose é ela que se desloca.

Ela é baixinha, mas usa um enorme colar de pérolas no pescoço. Isso a ajuda a manter-se ereta. Não sente muita admiração pelos artistas que a desenharam antes do pintor japonês, mas tem uma desculpa: só admira a si mesma. Gosta de si mesma sob todos os aspectos, particularmente pela poesia que pratica com assiduidade. É uma grande artista. Uma grande poetisa. Uma bela mulher. Com um olhar magnífico. Uma testa que mostra a inteligência muito sutil que faz toda a força da sua sedução. Um corpo de deusa que é preciso às vezes proteger. "Você entende por que, meu caro Foujita, também é preciso que venha me pintar na minha casa, quando estou na cama, para que minha carne, meus músculos e meu pensamento descansem."

O devotado Foujita vai até lá. Sobe pela escada de serviço, porque os porteiros não querem saber de japoneses malvestidos junto aos ricos. A condessa de Noailles espera por ele. Está recostada sobre os lençóis de seda do baldaquim. Na penumbra. Usa um vestido Poiret. Mexe-se o tempo todo. Tagarela. Foujita pinta. As sessões são intermináveis. Quando finalmente ele faz uma pausa, a condessa de Noailles fica furiosa: ela não encontra a beleza da sua pessoa, o esplendor do seu caráter, a divindade do seu espírito... Mas é assim. O artista assina e vai embora. Nem mesmo terminou a obra.

A vida de Foujita é um sonho porque sua própria carreira se desenvolve como num sonho. Desde que, em 1922, Chéron expôs seus guaches, ele é solicitado a todo instante. Está em toda a Europa, e até nos Estados Unidos. Suas telas são vendidas muito caro. Em alguns meses, ele se tornou um dos principais e mais ricos expoentes de Montparnasse. Quando a noiva (que logo será sua mulher) faz 21 anos, ele decide que ela precisa trocar de motorista. Até então, o mesmo táxi ficava esperando por ela na porta do restaurante ou da boate. O carro era dirigido por um distinto senhor que ainda não tinha "posto a mão na grana", embora já se chamasse Albert Simonin.*

Foujita oferece à sua bem-amada o presente com o qual sonham todos os antigos aprendizes de pintor: um carro. E não é qualquer um. Trata-se de um Ballot amarelo fabricado por Saoutchik, dotado de uma tampa de radiador assinada por Rodin, e dirigido por José Raso, basco, campeão de pelota, promovido a motorista particular.

O visom que acompanha o presente é uma bobagem, a secretária-datilógrafa, a quem Foujita dita a partir de então sua correspondência, é apenas uma gota d'água no oceano dos sinais exteriores de um sucesso que se confirma ao longo dos anos.

Foujita está em Saint-Tropez.

Foujita está em Cannes, na Croisette.

Foujita anda de bicicleta nas Planches de Deauville. Com quem? Com Maurice de Rothschild, Van Dongen, as Dolly Sisters ou Suzy Solidor, a diretora de revista que se exibe de maiô de conchas nacaradas ou então envolta numa rede de pescador, com um tapa-sexo de cortiça. E também Mistinguett, com quem André Salmon cruzou no Tribunal da Justiça do Trabalho de Versalhes, onde a "rainha das plumas" perseguia, com todo seu furor e rompantes, uma camareira que havia roubado um dos seus 172 casacos de pele. Universo surpreendente, cruel, elegante, diabolicamente mundano – embora, é o que todos garantem, Foujita não mude.

A água passou sob todas as pontes, as pontes mudaram de estilo. O ateliê da rua Delambre se perdeu na memória, junto com as mansões da margem direita. A partir de 1927, Youki e Foujita moram na rua do Parque Montsouris, número 3, um térreo, três andares, um terraço. Os amigos ajudaram a

---

* Albert Simonin é autor do romance policial *Touchez pas au grisbi* (literalmente, Não mexam na grana ou Não ponham a mão na grana). (N.T.)

encontrar os móveis. Um jovem escritor em ascensão vendeu um tapete, cadeiras e um bar americano dos mais originais. Ele assina suas obras como Georges Sim, diminutivo de seu sobrenome oficial: Georges Simenon. Ele também é um frequentador habitual das festas sublimes que os Foujita oferecem em sua casa, e que equivalem àquelas, também famosas, de Van Dongen. Ele também vai do Dôme ao La Rotonde, põe haxixe no cachimbo, espera sua vez no andar térreo dos bordéis. Ele também troca um bar por outro, abandona um primeiro prazer por um segundo, um terceiro, um quarto, até que, tarde da noite, as nuvens de fumaça e o álcool o empurrem para o outro lado do Sena, rua Boissy-d'Anglas, número 28, onde Jean Cocteau, realizando a profecia de Maurice Sachs, tornou-se o mais extraordinário dos animadores.

Um coquetel, vários Cocteaus

> ...Radiguet, de monóculo, extremamente distante e até mesmo pretensioso, que se tomava por Radiguet...
>
> Pierre Brasseur

Desde 10 de janeiro de 1922, Cocteau faz a festa no Boeuf sur le toit. Ele frequenta o bar de Louis Moysès com seu grupo. Este reúne tudo o que Paris tem de mais chique, e ainda os músicos do Groupe des Six, Diaghilev, Coco Chanel e alguns outros. O suficiente para fazer desse lugar o centro da margem direita da vanguarda em marcha.

Cocteau garante a animação. Wiener e Doucet tocam piano; Williams, bateria. Ninguém ouve: todos vêm aqui para se mostrar. Ou para beber. Ou para admirar *L'oeil cacodylate*, de Picabia, comprado por Moysès depois que o Salão dos Independentes recusou a obra. Trata-se de um olho que Picabia tinha desenhado quando estava sofrendo de uma doença ocular, tratada com cacodilato (alusão médica que faz lembrar a *Antipyrine,* de Tristan Tzara). Ele pedira aos amigos que acrescentassem ao quadro suas assinaturas e algumas palavras:

> Isadora *(Duncan)* ama Picabia de todo o coração; Eu o acho **Muito** *(Tristan Tzara)*; Não tenho nada a dizer *(Georges Auric)*; Me chamo Dadá desde *1892 (Darius Milhaud):* Gosto de salada *(Francis Poulenc)*; Coroa de melancolia *(Jean Cocteau, com foto)...*

Depois de seus primeiros movimentos em Montparnasse, Cocteau seguiu seu caminho. Não se pode evitá-lo.

Com uma rara intuição tática, o jovem poeta da Danse de Sophocle (25 anos, em 1917) acabou garantindo a submissão daquelas pessoas da alta sociedade das quais

> ele parecia fugir, depois de ter chegado até elas com seu talento de estrategista, e para as quais ele voltaria com as mãos cheias, mas sempre leves, de presentes prontos para deixá-las estupefatas e admiradas.[1]

É Salmon que o diz, e, mesmo que diga com crueldade, diz com exatidão: uns dez anos depois de sua aparição nos meios artísticos de Paris, Cocteau chegou lá, exatamente lá. Todos conhecem a partir de agora as rendas do seu mundanismo, mas admitem-nas. Melhor ainda: procuram-nas. E, para o poeta, encontram desculpas. Ele precisa tanto ser amado! Ele é tão brilhante!

É verdade.

Aliás, ele faz grande sucesso junto à juventude. Quando propuseram ao jovem Pierre Brasseur que fosse ao encontro dele, este não hesita: "Era o desejo de todos os rapazes, em 1923".[2]

O futuro ator vai então à rua d'Anjou e descobre "esse personagem, fio condutor que todos admirávamos". O rapaz fica fascinado. Principalmente pelas mãos do poeta, "mãos que valiam por quatro, que volteavam até para dizer bom-dia e que ele utilizava admiravelmente, desenhando tudo, pontuando tudo com elas – pincéis – brilhos – plumas –, enfim, as mais belas mãos que eu já vira!"

O dono da casa leva o visitante até o banheiro, onde faz a barba sem parar de falar.

> As palavras estavam ao contrário, as ideias esbarravam umas nas outras, e disso resultavam jogos de ideias, jogos de palavras [...] Saíam como se fossem foguetes, sem parar. Bastava dizer-lhe uma palavra, uma ideia, para que ele fizesse uma brincadeira poética e a pusesse de lado, como uma linda imagem dos seus maravilhosos reflexos [...] O cretino não deixava escapar nada.

Na segunda vez, Cocteau leva Brasseur até seu quarto, cujas paredes eram cobertas de números de telefone. Um outro visitante, Georges Charensol, então jornalista do *Paris--Journal*, chamará a atenção para a simplicidade ostentatória desse cômodo em comparação ao luxo burguês da entrada, onde se destaca o retrato do dono da casa feito por Jacques--Émile Blanche. Mas Brasseur ainda é muito jovem para observar esses detalhes. Ainda mais porque, assim que ele entra no quarto, um gigante sai de debaixo da cama. Está com a cara amassada e a língua pastosa: provavelmente é o ópio que os dois homens devem ter usado e abusado durante horas...

Cocteau aponta o atordoado adormecido e diz:

"Essa é a criança que fiz durante a noite."[3]

Joseph Kessel.

Não era à toa que a juventude ficava impressionada.

No dia da inauguração do Boeuf sur le Toit, Picasso conversava com Marie Laurencin, e Brancusi, com um jovem que ele encontrara várias vezes em companhia de Cocteau. Ele não era especialmente bonito. Tinha a pele clara, os olhos sem brilho, era baixo, míope, mal penteado. Enrolava seus cigarros e espalhava tabaco por todos os lados. Usava óculos quebrados que tirava do bolso e colocava nos olhos como se fossem um monóculo.

Foi André Salmon quem, durante a Guerra, introduziu o rapaz no grupo de Cocteau. O poeta* trabalhava então em *L'Intransigeant.* Em 1917, contatara um dos seus velhos amigos desenhistas para encomendar desenhos para a primeira página (Salmon já havia ajudado Foujita dessa maneira). O homem aceitara a proposta: duas ilustrações por semana. Como morava em Saint-Maur (Parque Saint-Maur, na época), encarregara o filho de fazer as entregas.

O filho era um garoto: catorze anos e calças curtas.

> Um rapazinho gentil com um olhar vivaz de adulto ainda ingênuo, mas um bom candidato à crueldade; isso mesmo, um estranho olhar coberto pela sombra

* André Salmon. (N.T.)

de uma mecha marota, pesadamente ondulada, como se fosse a aba de um boné.[4]

Como se chamava?

Raymond Radiguet.

Duas vezes por semana, Raymond Radiguet trazia os desenhos do pai. Depois de algumas vezes, ele disse a André Salmon:

"Sabe, eu também desenho!"

Salmon não se mexeu.

"Quer que eu lhe mostre?"

Sob o olhar surpreso do jornalista, o garoto abriu a pasta de desenhos que continha os trabalhos do pai... e tirou os dele.

"Então?"

André Salmon não disse nada.

"Talvez o senhor pudesse publicar..."

Como não eram de todo ruins – embora um pouco medíocres –, e como o amigo ilustrador precisava de dinheiro, Salmon aceitou. Com uma condição: que o rapaz escolhesse outra assinatura diferente da do pai.

"Nenhum problema", respondeu Raymond Radiguet.

Sob o olhar atônito do redator, pegou uma caneta e assinou: Rajki.

Passou-se uma semana. Na visita seguinte, Raymond Radiguet colocou o desenho do pai sobre a mesa; depois o dele. E acrescentou:

"Eu não lhe disse, mas também escrevo..."

Mostrou-lhe um poema.

"Vá procurar Max Jacob", aconselhou André Salmon.

No dia seguinte, Raymond Radiguet telefonou a Max Jacob. Depois, voltou ao jornal para perguntar a Salmon se ele não queria ajudá-lo a fazer jornalismo. Finalmente, conseguiu ir à casa de Léon Rosenberg, onde estava sendo organizada uma leitura em memória de Guillaume Apollinaire. Leu um poema. Cocteau estava presente. Max Jacob facilitou o contato. Cocteau, muito impressionado, caiu nos braços da juventude.

Na noite da inauguração do Boeuf, compreendendo que nada tinha a fazer naquele lugar, Brancusi convidou o jovem a buscar outras paisagens. Saíram e foram para Montparnasse. De manhã cedo, o escultor propôs que pegassem o trem.

"Está bem, mas para onde?"

"Para o Sul..."

Foram para a estação de trem, pegaram o primeiro que chegou e foram parar na Bretanha. De lá, trocaram de trem e foram para Marselha, na noite seguinte. Ainda estavam com as roupas da festa: smoking e sapatos de verniz.

Como Marselha era triste, foram para Nice. Como Nice estava deserta, embarcaram para Ajácio. Como em Ajácio não havia mulheres, visitaram a ilha. Como a ilha era pequena, voltaram para Paris onze dias depois. "Brancusi deixou Radiguet no Boeuf e não voltou mais", constatou simplesmente Jean Hugo.[5]

A exemplo de Pierre Brasseur, Paul Morand, que cruzou com o jovem pela primeira vez durante um baile de gala na casa de Paul Poiret, achou-o taciturno, altivo e pretensioso. O próprio Cocteau, fascinado, enamorado, em transe, escreverá mais tarde, numa espécie também de autocrítica:

> Provavelmente ele tinha um plano, executava um programa a longo prazo. Um dia, ele teria orquestrado sua obra e até, tenho certeza, feito todo o possível para torná-la visível.[6]

Mas não foi isso o que ele fez? E Cocteau não ajudou?

Quando Raymond Radiguet começa a escrever a história dessa ligação que une, durante a guerra, um rapaz a uma mulher mais velha, o poeta se intromete. Não se sabe até onde. Talvez tenha se contentado, como ele mesmo disse, em trancar seu frangote no quarto para obrigá-lo a dominar a preguiça. Em todo caso, foi ele quem se dirigiu às edições Grasset para ler as primeiras páginas da obra.

Bernard Grasset logo compreendeu que tinha um filão entre as mãos: um autor muito jovem, um cheiro de escândalo, padrinhos e protetores em todos os meios artísticos, literários e mundanos.

Quando *Le diable au corps* foi publicado, em 1923, a estratégia estava traçada. As edições Grasset lançam a obra como um produto. Para a época, a publicidade literária nos jornais, os serviços prestados pela imprensa, os amigos publicando notas (principalmente o próprio Cocteau, na *Nouvelle Revue Française*)... tudo isso era novidade. Resultado: cinquenta mil exemplares vendidos em quinze dias. "Bebê" (como Cocteau chama o garoto) pode ficar contente.

E fica. Durante o ano que lhe resta de vida, usufrui do seu triunfo, fuma ópio e consome tudo o que pode, rapidamente. Vai deixando para trás Marthe, a heroína de *Diable au corps*, que procurava por ele, chorando, nas redações dos jornais; Beatrice Hastings, que o conheceu na casa de Brancusi, tão violenta e apaixonada por Bebê quanto fora por Modigliani; Jean Cocteau, finalmente, que não se conforma em relação a essas, tanto quanto não aceita a última: Bronia Perlmutter, jovem modelo de origem polonesa, muito disputada em Montparnasse, pintada por Nils Dardel e Kisling, que veio ao Boeuf com um vestido Poiret, e que Raymond Radiguet leva para um hotel.

Os jovens dizem que vão se casar. Escondem-se no Hotel Foyot, na rua de Tournon. Fogem daquele que as más línguas logo vão chamar de "viúvo no telhado"*, e que os cronistas singularizam no plural: um coquetel, vários Cocteaus.

Radiguet consome sua extrema juventude nesse Montparnasse entorpecido pelos cantos e pelas danças, iluminado pelas guirlandas das felicidades prateadas, dopado pela cocaína distribuída pelas mulheres que cuidam dos banheiros nos cafés e restaurantes, mergulhado na embriaguez e no álcool que bebem os artistas vindos de todas as partes, os turistas estupefatos, os americanos que

* Ver nota da tradução no capítulo "O galo e o arlequim". (N.T.)

brindam à felicidade de estar ali, naquela cidade livre e magnífica. Mais do que nunca, margem direita, margem esquerda, Paris é um caldeirão, um caldeirão em ebulição.

Mas, apenas alguns meses depois do lançamento de *Diable au corps*, as luzes escurecem bruscamente. No dia 12 de dezembro de 1923, Raymond Radiguet não resiste a um acesso de febre tifoide. Quando é levado do seu quarto no Hotel Foyot para uma clínica do XVI arrondissement, já é tarde demais. O médico chefe, pressionado por um Cocteau fora de si, não soube diagnosticar a doença. Radiguet recebe a extrema-unção e morre em meio a um sofrimento atroz.

Coco Chanel organizou o funeral. O caixão, as flores, os cavalos, os ornamentos... tudo era branco. Cocteau, arrasado pela dor, não assistiu ao enterro. Alguns anos mais tarde, ele escreverá essas linhas admiráveis:

> Radiguet era extremamente livre. Foi ele quem me ensinou a não me apoiar em nada [...] Como era dele também que vinha minha parca lucidez, sua morte me deixou sem diretivas, incapaz de conduzir meu barco, secundar minha obra e sustentá-la.[7]

Raymond Radiguet tinha vinte anos.

US AT HOME

Vocês, jovens que fizeram a Guerra, são todos uma geração perdida.

GERTRUDE STEIN

Na América há a Lei Seca. Na Europa, pode-se beber em paz. Outras vantagens: a vida não é tão cara, e muitos amigos estão lá, prontos para ajudar.

Sylvia Beach, por exemplo. Sua livraria é um ponto de referência. Os viajantes podem mandar para lá sua correspondência. Shakespeare & Cia está à disposição deles. Sylvia organiza reuniões e facilita a interação.

Para aqueles que querem se reunir para beber ao sair da livraria, basta subir a rua do Odéon, atravessar o Luxembourg, rua Vavin, rua Bréa, primeira à direita depois do cruzamento, rua Delambre, número 10. É aí que fica um bistrô recém-comprado por um americano: o Dingo, *American bar and restaurant.* Durante o dia, paga-se relativamente caro. À noite bebe-se com euforia. Flossie Martin, uma bailarina que deu o grande salto para além do Atlântico, dirige o balé dos amigos. Eles bebem muito e falam com sotaque *yankee*: o Dingo é um dos pontos altos da colônia americana. Os escritores, que são algumas centenas em Paris, encontram-se lá depois do jantar: Sherwood Anderson, Thornton Wilder, Eugène Jolas (que mora numa casa, La Boisserie, numa cidadezinha, Colombey-les-deux-Églises*), Sinclair Lewis, Archibald Mac Leish, John Dos Passos, William Seabrook, Djuna Barnes, Mina Loy, Robert Mac Almon (que publicará seus amigos americanos). Estão lá também George Gershwin, que está escrevendo *Um americano em Paris* nos quartos de hotel; Ezra Pound, um dos primeiros a chegar, correspondente em Paris do *The Little Review*, que deixará

* Cidade natal do general De Gaulle. (N.T.)

o país em 1924 para ir à Itália encontrar, infelizmente, seu estimado Duce; Natalie Clifford Barney e sua companheira Romaine Goddard Brooks, que recebem os amigos no hotel da rua Jacob. E ainda Henry Miller, que passará rapidamente, em 1928, e ficará mais tempo dois anos depois, aplicando talvez no Dingo aquele método infalível que lhe permitia comer alguma coisa todos os dias: instalava-se em uma mesa, escrevia doze bilhetes e enviava-os a doze fregueses presentes, pedindo a cada um que o convidasse para jantar uma vez por semana. Miller, que em troca de uma garrafa de champanhe e de um passe livre redigiu os prospectos do maior bordel da margem esquerda, o Sphynx, cujas portas se abririam em 1931 (ele recebia também uma comissão pela clientela masculina que se apresentasse em seu nome).

Havia ainda Sandy Calder, suas esculturas em fio metálico e seu circo. E, principalmente, Scott Fitzgerald, Zelda e a pequena Scotty. *Gatsby* logo será publicado, mas já naquela época, depois do lançamento de *The side of paradise*, em 1920, os jornais americanos disputam as novelas do escritor. O que lhe dá meios de sobra para fazer a festa...

Foi no Dingo que ele encontrou Hemingway. Este veio uma primeira vez a Paris em 1921, e voltou depois por um ano para os Estados Unidos, antes de retornar com a mulher Hadley e o filho. Hemingway conhece todos os anglo-saxões de Paris, principalmente Joyce, com quem bebeu bastante (quando está bêbado, o escritor irlandês canta árias de ópera) e a quem deu aulas de boxe.

A família Hemingway morou primeiro no V arrondissement, depois veio se instalar na rua Notre-Dame-des-Champs. No início da sua estadia, Hemingway ganhava a vida escrevendo artigos esportivos para o *Toronto Star*. Depois de desistir do jornalismo, tenta se virar apostando nas corridas e escrevendo novelas, que os jornais americanos vão recusando uma atrás do outra.

Ele escreve no La Closerie des Lilas, mais calmo do que o Dôme e o Select (o único poeta visto por lá era Blaise Cendrars). Às vezes, o filho Bumby o acompanha: ele balbucia enquanto o pai trabalha. Quando chega a hora do almoço, é preciso sair dali e ir para algum lugar onde não haja tentações alimentares: com que dinheiro se poderia ceder a elas?

Hemingway descobre um trajeto de acordo com sua pobreza. Primeiro é preciso chegar ao Luxembourg: as plantas e as árvores têm um perfume agradável que não evoca os pratos apetitosos. Entre a praça do Observatoire e a rua Vaugirard, os transeuntes famintos não correm nenhum risco: não existem restaurantes.

Se quisermos mudar de paisagem e sair do jardim, Hemingway nos aconselha a descer pela rua Férou até Saint-Sulpice. Não passaremos por nenhuma mesa tentadora. Em seguida podemos ir em direção ao Sena, sabendo que vamos encontrar uma legião de padarias, de confeitarias, de mercearias e outros demônios mastigatórios. O melhor é, portanto, virar à direita, na rua do Odéon, evitando a praça (onde três restaurantes atiçam o freguês), e subir até o número 12. Sylvia Beach nos receberá sempre amavelmente. Sua gentileza chegará mesmo ao ponto de nos emprestar livros. Foi assim que Hemingway leu Tourgueniev, Gogol e Tchékhov.

À noite, o escritor vai geralmente ao Dingo. Na primeira vez em que encontra Scott Fitzgerald, este está esvaziando uma taça de champanhe atrás da outra. No final da noite, é preciso carregá-lo até um táxi.

Alguns dias depois, os dois homens se reveem na Closerie des Lilas. Fitzgerald conta a Hemingway como faz para publicar suas novelas nos jornais americanos: manda uma para o *Post* e, depois da publicação, ele a modifica, encurta e envia para outro lugar. Como Hemingway discorda e chama o compatriota de "filho da puta", este justifica:

"Preciso fazer isso para dispor dos meios para escrever bons livros!"[1]

Depois disso, Fitzgerald pede um favor ao compatriota: será que ele poderia acompanhá-lo a Lyon para recuperar o Renault que Zelda e ele tiveram de deixar lá por causa do mau tempo?

Hemingway aceita. Segue-se uma viagem inenarrável. Scott perde o trem, e Ernst parte sozinho. Quando se reencontram, no dia seguinte, Scott há muito já deu partida na sua dose diária de garrafas. É só um começo. Compram provisões para a viagem, antes de ir até a garagem. O Renault está esperando. O carro não tem capota. Surpreso, Hem pergunta e Scott explica: como a capota amassou em Marselha, Zelda mandou tirá-la. Foi por isso que deixaram o carro em Lyon: a chuva, de certa forma, atrapalhou a viagem.

Os dois homens se instalam, Scott ao volante, Hem ao lado. Logo depois, a chuva os obriga a parar. Partem de novo, param, partem outra vez, param... Em cada parada, ou quase, se abastecem de combustível vinícola. Scott está encantado: nunca bebeu pelo gargalo. Mas, de repente, entre dois goles, começa a tossir. Seria o começo de uma congestão pulmonar?

"Claro que não", responde Hemingway.

"Claro que sim", objeta Fitzgerald.

E é grave. Ele conhece pelo menos duas pessoas que morreram de congestão pulmonar. Não quer que o mesmo aconteça com ele, mas acha que o drama está se delineando.

Em Chalon-sur-Saône, ele para diante de um hotel: está doente, precisa ir para a cama.

No quarto, Scott veste o pijama e se deita. Antes de fechar os olhos, pede a Hemingway que lhe prometa cuidar da filha e da mulher. Hemingway promete com boa vontade, sobretudo porque o pulso do companheiro está tão normal quanto o frescor de sua aparência. Mas é preciso um termômetro. Chamam o camareiro.

"Se eu sair dessa", declara Fitzgerald com seriedade, "pegaremos o trem e irei para o hospital americano de Paris."

O termômetro chega. Scott o põe embaixo do braço. Cinco minutos para um resultado esplêndido: 37,6.

"É muito?", pergunta o doente.

"Não é nada."

"Quanto é que você tem?"

Por dever de amizade, Hem tira sua própria temperatura.

"E aí?", pergunta Scott com ansiedade.

"Trinta e sete e seis."

"E você não está doente?"

"Nem um pouco."

Fitzgerald pula da cama, tira o pijama e veste-se depressa.

"Sempre me curo rápido..."

Alguns dias mais tarde, em Paris, Scott convida o amigo Hem para almoçar. Quer falar com ele sobre um problema muito sério e doloroso: Zelda lhe assegurou que seu pênis era pequeno demais para satisfazer as mulheres. O que se pode fazer?

"Ver", responde Hemingway.

Os dois saem da mesa e se trancam no banheiro. Resultado, estabelecido na volta: normal.

"Não é verdade", responde Scott. "Ele é mesmo muito pequeno."

"É porque você está vendo de cima... De lado, ele é perfeito."

"Tenho que verificar."

"Vamos ao Louvre."

"Fazer o quê?"

"Comparar com as estátuas."

Dois americanos em Paris...

Há uma terceira, que Hemingway ainda não conhece: a mecenas da rua de Fleurus, número 27. Gertrude Stein.

Quando Hemingway vai à casa dela pela primeira vez, está com 23 anos. Ela o acha muito bonito. Segundo ela, ele é também muito respeitoso. Fica encantada. O recém-chegado não só vai substituir Ezra Pound, proibido de voltar depois que quebrou uma cadeira, como também vai substituí-lo com uma grande vantagem: ele se senta e ouve. Melhor ainda: pede conselhos. Pois não é que propôs que ela fosse à casa dele dar uma opinião sobre seus manuscritos?

Ele mostra-lhe poemas, que ela considera aceitáveis, e um fragmento de romance decididamente ruim. Para orientá-lo, ela o faz ler sua última obra, *The making of americans.*

Hemingway fica boquiaberto: é uma obra. Gertrude Stein escreve que Hemingway lhe afirmou "que nada mais restava a ele e à sua geração a não ser consagrar suas vidas à publicação daquela obra".[2]

Aliás, ele se empenha. Recopia o manuscrito, corrige as provas e ajuda na publicação. É um cão de guarda devotado e gentil. Quando Gertrude Stein o aconselha a deixar o jornalismo para se consagrar à escrita, Hemingway jura, de pés juntos, que assim o fará. E assim fez: se ele voltou para os Estados Unidos, foi para seguir os conselhos da boa Gertrude Stein: trabalhar lá para não mais ser jornalista aqui, quando voltasse.

Um bom aluno, portanto. Pelo menos, é o que dizem dele Gertrude Stein e Sherwood Anderson: Hemingway, "que bom aluno!" .

Por que essa qualidade e não outra? Porque, escreve ainda a grande Gertrude, ele tem ótimos professores: o mesmo Anderson, e ela própria, Gertrude Stein. Isso mesmo. Ela considera que juntos eles formaram o menino. O qual, ela reconhece, tem talentos: ele registra sem entender. Ela o compara a Derain: moderno com um cheiro de museu.

A versão de Hemingway não é evidentemente a mesma. Primeiro, quando ele vem à casa de Gertrude, está na maioria das vezes sozinho. A dona da casa não gosta muito das esposas. Para ocupá-las existe Alice Toklas.

Ele gosta dessas visitas: oferecem-lhe aguardente à vontade, e ele pode ver os magníficos quadros pendurados nas paredes. A conversa não é desagradável, embora Miss Stein passe mais tempo falando sobre fofocas ligadas à vida dos criadores do que sobre as obras em questão. Quanto aos cursos de educação sexual que ela ministra a seu visitante, são francamente hilários. Ela tenta convencê-lo de que o homossexualismo masculino é sujo e vicioso, ao contrário da homossexualidade feminina, que é bela e grandiosa. Resposta, *in petto*, do rapaz: "Não basta trepar, é preciso estacionar a bunda".

Ele aprecia o trabalho dela, nada mais. Acha que *The making of americans* tem algumas qualidades e também muitos defeitos: é longo demais, repetitivo, indigesto. É por amizade que ele se envolve para ajudar a publicação da obra, e corrige as provas pela mesma razão. Nada além disso.

As preocupações maiores, no entanto, giram em torno da própria Gertrude Stein. Como sempre. Sua vida, sua obra. Miss Stein deseja ser publicada no *Atlantic Monthly* ou no *Saturday Evening Post*, jornais nos quais, segundo ela, Hemingway não pode ter esperanças de aparecer: ele não é um escritor dos melhores.

Os outros autores americanos, ou de língua inglesa, também não valem lá essas coisas. Mal contam, afirma a moradora da rua de Fleurus. Huxley? Nulo. Lawrence? Um doente. Joyce? "Quem quer que mencionasse Joyce duas vezes diante dela estaria dali em diante banido."[3] Para Gertrude Stein, todos os escritores que foram para a Guerra só pensam em se embebedar e não respeitam nada: são, segundo uma frase que ficou famosa por ser extraordinariamente imbecil, "uma geração perdida".

De tanto falar mal deles e de todo o mundo, Gertrude Stein acabará por se indispor com a maior parte daqueles que haviam frequentado a rua de Fleurus. À exceção de Juan Gris, porque estava morto. Todos os outros, inclusive seu irmão Léo, se unirão contra ela quando, em 1934, surgirá na França seu livro de memórias. Braque, Picasso, Tzara, Matisse, Salmon, principalmente, publicarão por sua vez várias opiniões criticando as fofocas da senhora, sua pretensão em se arvorar os mais diversos títulos, sua capacidade de julgar a pintura mais em função de afinidades pessoais do que da própria obra.

Hemingway, mais tolerante do que alguns outros, consentirá em revê-la. Mas nunca mais privará da sua intimidade. A antiga amizade só iria ressurgir muito mais tarde, nos anos 1960, quando, às vésperas de se matar, ele reatou com sua juventude parisiense para escrever este livro que permanece como uma homenagem à liberdade daquela época: *Paris est une fête.**

* Ernest Hemingway, *Paris é uma festa*, Rio de Janeiro, Bertrand Brasil, 2000. (N.E.)

Um judeu errante

> Com seu chapéu na nuca, ele parecia um personagem da Broadway por volta do final do século, bem mais do que o pintor charmoso que era, e mais tarde, quando se enforcou, gostava de me lembrar dele do jeito que estava naquela noite, no Dôme.
>
> Ernest Hemingway

Caminhando pelo bulevar Montparnasse, voltando da casa de Gertrude Stein ou da livraria de Sylvia Beach, Hemingway passa pelo Dôme. Um homem está sentado a uma mesa. Desenha. Duas moças o acompanham. Uma é morena. A outra é jovem e bonita. O homem veste-se com elegância: terno azul, gravata, camisa clara bem passada, sapatos de verniz. Usa uma longa echarpe de seda branca e um chapéu-coco inclinado sobre a testa. A pele é ligeiramente morena, os olhos são negros, vivazes e profundos, atravessados por bruscos lampejos de melancolia. Aperta um cigarro no canto da boca.

Com um gesto de mão, ele convida Hemingway a se aproximar.

"Tome alguma coisa conosco!"

O escritor pede uma cerveja. O outro diz que tem dinheiro e que podem beber uísque. Depois disso, apresenta as duas moças, suas modelos, propõe uma delas ao americano, oferece seu ateliê para ele, e riem.

Quando o garçom traz os pedidos, o homem do chapéu-coco pede papel. Amassa e depois joga fora a folha em que estava desenhando, pega um fósforo, acende-o, apaga-o, passa-o sobre a folha de papel, dilui o traço com borra de café, esboça o retrato das duas moças que estão diante dele, tudo isso sem parar de falar. Tem uma voz doce, um sotaque da Europa Central. Um sorriso interior. Faz mil perguntas ao convidado, dilui as aquarelas com água de Seltz... Pouco a pouco, a conversa fica animada e surge um novo desenho, que Jules Pascin joga debaixo da cadeira, depois pede outra folha de papel, e recomeça...

Quando Hemingway vai embora, Pascin propõe às duas jovens irem beber no Viking. Depois vão ao Alfredo, na rua dos Martyrs. Pascin é um dos clientes habituais. Os pratos são bem medíocres, mas, como custam muito caro, o pintor tem a impressão de levar os amigos a um dos melhores restaurantes de Paris.

À meia-noite, são quinze em volta da mesa: outras modelos, outros pintores, um punhado de notívagos... Pascin paga tudo. Depois, a noite prossegue em uma boate de Montmartre ou Montparnasse, no térreo de um bordel. Alguns sobem, outros não. Pascin desenha as mulheres. Está lá, e ao mesmo tempo não está. Cercado, festejado, adulado, ora rindo às gargalhadas, ora sozinho com seus pincéis, seus lápis, seus copos de aguardente. Ele bebe muito. Bebe demais. Os amigos usam de artifícios tão velhos quanto o álcool para reduzir as doses. Raramente conseguem.

Pascin é o rei de todas as festas. Frequentemente, aproveitando o carro das amigas, leva todos ao campo, ou até à beira do Marne. As mulheres são quase sempre mais numerosas do que os homens. Comem pratos frios e bebem vinho, usam pouca roupa por conta do banho de rio. Voltam tarde da noite, depois de terminar o dia em um bar – ou mais de um.

Pelo menos uma vez por semana, Pascin manda cartões ou cartas para os amigos. Pede-lhes que venham à sua casa, no bulevar de Clichy, 36, com quem quiserem.

Os primeiros a chegar encontram o dono da casa de *robe de chambre*, fazendo a barba. Ele fica andando pelo corredor, com o queixo cheio de espuma, enquanto suas modelos preferidas verificam se há bastante presunto, frangos, pernas de carneiro, vinho e bebidas.

Aïcha, uma jovem mulata nascida em Pas-de-Calais, que o pintor descobriu em um bulevar, é a mais assídua. É muito ligada a Pascin, o que não a impede de posar para Kisling, Van Dongen, Foujita e muitos outros. Ela ajuda a afastar as cadeiras e as almofadas para aumentar o espaço no ateliê. Vão rir, beber, dançar, talvez venha uma banda de música... A festa vai ser grandiosa, mas simples. Não será uma reunião elegante como as de Van Dongen. E pode ser que, no final da noite, Pascin proponha irem a Saint-Tropez. Fez isso uma vez. De manhã, uns cinquenta remanescentes da festa pegaram o trem para uma viagem improvisada até a praia. Voltaram depois de alguns dias de libação e noites de bebedeira.

Outra vez, em Marselha, o pintor ofereceu um banquete a todos os amigos. Não havia mais um só lugar. Ele entrou então em um restaurante ao lado e jantou sozinho. É Francis Carco que conta essa história. É tão bonita que talvez ele a tenha inventado. Pouco importa: ela corresponde à natureza profunda de Pascin. Ele adora festas porque não pode ficar sozinho.

> Uma das suas distrações favoritas consistia em oferecer bebida para todo o mundo. [...] Era preciso ver então Pascin. Ficava radiante, impertinente, provocava histórias, ouvia-as e, quando a bebedeira aumentava, a noite terminava com uma bacanal do qual todos participavam. Quanto mais os copos se esvaziavam, mais ele ficava feliz [...] No entanto, em certas horas, dava para sentir que ele estava sofrendo por não estar bem em parte alguma, nem mesmo em Montmartre cercado pelos amigos.[1]

De madrugada, depois de ter pagado todas as despesas, Pascin volta para casa, com o coração apertado – e não é só por causa da bebida.

De manhã, chegam outras moças em quem ele calça suas próprias meias pretas, pede que posem, alimenta-as, deita às vezes com elas na cama... Elas lhe compram os tubos de tinta que faltam, arrumam o ateliê... Há as dançarinas a quem ele dá aulas, outras que trabalham como cozinheiras ou camareiras... Essas atividades, essencialmente teóricas, não as impedem de se vestir de rendas, leves véus e posar de forma sugestiva para o patrão artista, às vezes amante, sempre amigo.

São muito jovens. Pascin não tem coragem de mandá-las para casa, ainda mais porque na maioria das vezes elas não têm para onde ir, moram em pocilgas, em cabanas, nesses pequenos espaços das grandes misérias. Então ficam na casa dele, dormem nos canapés ou no chão, enroladas nas cobertas. Pascin gosta da simplicidade das jovens do povo.

Ele é ao mesmo tempo um príncipe oriental e, como definiu seu amigo Georges Papazoff, pintor e compatriota, "judeu – o Judeu errante, sem raízes, expulso, perseguido".[2] Um homem de extrema generosidade, cercado por essa corte a que ele dá de comer e de beber, da qual não pode prescindir, e que o segue de bares a festas, como um rastro brilhante. "Em volta de uma mesa de restaurante presidida por Pascin era possível perceber todas as variedades da pele humana", observou um de seus amigos e convidados mais assíduos: Pierre Mac Orlan.[3]

Tão pródigo quanto Modigliani, Pascin oferece seus desenhos a quem pedir, cédulas bancárias a quem precisar, seus objetos pessoais aos amigos que o admirem, paga a conta dos mais pobres sentados nos bistrôs. Quando um amigo vai à sua casa para comprar uma tela, Pascin deixa-o escolher, promete que vai mandar a nota, que certamente nunca chegará: é sua maneira de dar presentes.

No seu ateliê, há uma gaveta sempre cheia de dinheiro. Quando recebe um amigo necessitado, ele diz:

"Abra a gaveta e pegue o que precisar."

Às vezes, roubam suas obras. Pois todo o conteúdo da gaveta não vale um só dos seus desenhos. Estes são tão bem cotados que existem falsos em circulação. Pascin fecha os olhos. O que ganha é amplamente suficiente. Se ele apreciasse os sinais exteriores de riqueza, viveria como Picasso ou Derain: suas obras custam mais caro do que as deste último e só duas vezes menos que as do primeiro. Mas ele não junta dinheiro. Gasta tudo. Mais com os outros do que consigo mesmo. Além dos amigos e das modelos (a quem paga muito mais do que o normal) e dos jovens pintores pobres de Montmartre e de Montparnasse, ele sustenta duas mulheres. É casado, gosta de outra, assim como de todas que passam por seus pincéis, a maioria núbil. É alcoólatra, festeiro, excessivo, fornicador. Mas também não tem raízes, é apátrida e cosmopolita. Enfim, por trás de tantos excessos, esconde-se um homem tímido, ansioso, corroído pelo sofrimento do amor.

Ele nasceu na Bulgária, às margens do Danúbio. Filho de comerciantes bem-sucedidos, mais ricos do que os Soutine ou os Krémègne. O pai era um turco-espanhol e a mãe uma servo-italiana que atravessaram a fronteira no início do século XX para desenvolver seus negócios na Romênia. Foi ali que Pascin começou a exercer essa sexualidade cuja aura de escândalos iria acompanhá-lo por toda a vida: apaixonou-se por uma mulher duplamente venenosa. Primeiro, porque ele tinha quinze anos, e ela, trinta. Segundo, porque ela dirigia uma empresa cujos lucros lhe garantiam o desprezo das almas bem pensantes da cidade. Era, na verdade, a única dona do maior bordel de Bucareste. Isso foi o bastante para interessar o jovem Pascin. E contrariar a autoridade familiar.

O pai mandou o filho para a Alemanha. Graças à bagagem adquirida junto à amante e suas empregadas, todas esboçadas sobre folhas brancas, o jovem se tornou mestre no traço e na caricatura. Depois de estudar desenho em Munique, Viena e Berlim (onde se ligou a Georges Grosz), foi contratado por um jornal satírico, onde já colaborava Steinlen: *Simplicissimus*. Foi a gota d'água para a paciência do pai. Não satisfeito em se afastar do judaísmo familiar, com o qual não sabia o que fazer, incapaz de tomar a frente de um comércio de grãos que prosperava prometendo uma situação estável, tendo tido suas aulas de homem e de artista no meio de um grupo inominável, eis que o rapaz se tornava colaborador de um lixo que desrespeitava tudo, todos e todos os valores!

Para que a família não ficasse ainda mais desonrada, o pai ordenou que o filho trocasse de nome. Foi assim que Julius Mordecaï Pincas se tornou Jules Pascin. Exatamente como Lautrec se tornara Tréclau por algumas semanas, em obediência a semelhante ordem paterna. Mas se o francês logo desistiu do anagrama, o búlgaro conservou o seu durante toda a vida.

Quando chega em Paris, no dia 24 de dezembro de 1905, aos vinte anos, Pascin é um homem livre. Rompeu com os seus, deu as costas para um futuro garantido, usa um nome que ele mesmo escolheu e, finalmente, ganha confortavelmente a vida graças ao salário que *Simplicissimus* lhe paga por mês. Estão esperando por ele na estação de trem, fato excepcional para um imigrante vindo do Leste. Os frequentadores do Dôme, na sua maioria alemães, atravessaram o Sena para receber aquele cuja assinatura conheciam bem. Lá estão Bing, Uhde, Wiegels e alguns outros. Levam o recém-chegado até Montparnasse, alugam para ele um quarto no Hôtel des Écoles, na rua Delambre, e... que comece a festa!

Ela tem início no bulevar Sébastopol, na noite de Natal, com um inesperado presente caído das chaminés: uma garota.

Continua em imagens e cores no Louvre, onde Pascin, como tantos outros, copia os mestres.

Passa por entre os andares dos bordéis, muito frequentados nessa época.

E termina todos os dias em Montmartre, nos hotéis em que se hospeda Pascin – ele ainda não mora nos ateliês onde logo virão seus amigos, principalmente todos aqueles que escreverão sobre ele: Paul Morand, Pierre Mac Orlan, André Warnod, Ernest Hemingway, André Salmon, Ilya Ehrenbourg...

A festa recomeça todas as manhãs no Dôme, onde Pascin marca seus encontros.

Como Modigliani, ele não pertence a nenhuma escola e também só frequenta os grupos apenas pelas margens.

Na grande época do Bateau-Lavoir, ele encontra Picasso no circo Médrano. É ele quem organiza o enterro do pintor Wiegels, que conheceu na Alemanha e que veio buscá-lo na estação, no dia em que chegou a Paris (aquele artista que se enforcou, e que todo o grupo do Bateau-Lavoir acompanhou ao cemitério de Saint-Ouen. Picasso e os seus de macacão e roupas *fauve*, enquanto Pascin estava todo de preto, com o já então legendário chapéu-coco).

Assim como Modigliani, Pascin gosta de mulheres, de festas, de álcool. Sua generosidade é igualmente sem limites. Está sempre cheio de pessoas à sua volta, como o italiano, e gostam tanto dele quanto gostavam daquele. Pertencem à mesma geração. A história deles repousa no exílio. Todos os dois sofrem de uma ferida aberta, um, o luto da escultura, o outro, o luto de uma mulher (ela já chega). Eles encarnam sua época, o primeiro na miséria de antes da Guerra, o segundo na opulência do pós-Guerra. Partilham o mesmo destino trágico que os levará, soberanos corroídos por secretas dores, com dez anos de intervalo.

Pascin, no entanto, não é um artista maldito. A partir de 1908, ele expõe no Salão de Outono, e também em Berlim, em Budapeste e em outros lugares. É ele quem vai inaugurar a galeria de Pierre Loeb, em 1924. Às vezes ele choca, a ponto de Berthe Weill ter de colocar suas obras ao abrigo dos olhares alheios. O que não o impede de receber em casa uma clientela de apreciadores de arte.

Em 1907, quando ainda está morando no Hôtel des Écoles (sairá de lá em 1908), ele divide um ateliê, na rua Lauriston, com Henry Bing, um dos amigos do Dôme. Certa noite, este anuncia uma visita para o dia seguinte: uma jovem que faz gravuras e pinta miniaturas em marfim. Pascin decide recebê-la de *robe de chambre*, com uma flor atrás da orelha.

Em uma hora, ele a conquista. Oferece-lhe a quantidade de conhaque necessária para estendê-la na cama e constatar que sua roupa de baixo é costurada. Essa forma arcaica de cinto de castidade é uma precaução tomada pela mãe para garantir a virgindade da filha... de 21 anos.

Hermine David entra nesse dia para a vida de Jules Pascin. É sua primeira mulher e a única legítima: ele se casará com ela dez anos mais tarde. Durante muitos anos, viverão ora juntos, ora separados, em quartos de hotel, ateliês provisórios, até que o pintor se mude para o bulevar de Clichy.

A segunda mulher de Jules Pascin, mais importante ainda do que Hermine, chama-se Cécile Vidil. Lucy, para os frequentadores de Montparnasse. Ela trabalhou numa charcutaria aos catorze anos, foi aprendiz de costureira no ano seguinte e depois modelo na Academia Matisse. Foi lá que ela conheceu os dois homens da sua vida: Jules Pascin e Per Krogh.

O primeiro foi à Academia Matisse unicamente para conhecer essa mulher que diziam ser uma das mais belas de Paris. Era morena, tinha a pele branca, o corpo cheio e belo... Pascin convidou-a a posar para ele. Ela aceitou. Ele pediu mais. Ela também aceitou. Isso se passou num hotel da praça d'Anvers. Depois disso, os amantes de uma única noite não irão mais se ver durante dez anos.

Per Krogh era filho do pintor Christian Krogh e afilhado de Edvard Munch. Também conheceu Lucy na Academia Matisse. Ela veio posar na casa dele. Ele a levou ao Bal Bullier. Ela caiu nos braços dele. Tornaram-se especialistas do tango, foram para a Noruega e depois voltaram para Paris, onde se casaram em 1915.

Nessa época, Pascin estava longe. Em junho de 1914, dois meses antes da declaração de Guerra, ele havia deixado o ateliê que ocupava na rua Joseph-Bara, número 3, lá mesmo onde viviam Zborowski e Kisling. Foi para Bruxelas e depois para Londres. De lá, partiu para os Estados Unidos, onde não era desconhecido: John Quinn comprara algumas das suas obras para o Armory Show.

Passou os anos de Guerra entre Nova York, os estados do Sul e Cuba. Enviava dinheiro regularmente aos amigos pintores que lutavam nas trincheiras do front. Em 1920, tornou-se cidadão americano. Seu padrinho foi Alfred Stieglitz. Em outubro de 1921, voltou para a França.

Foi imediatamente à rua Joseph-Bara buscar as malas que havia deixado no porão, antes de partir. No pátio do prédio, cruzou com aquela que viera ocupar o apartamento onde ele morava, no último andar: Lucy Vidil. Ela se tornara Lucy Krogh. Tinha um menino de três anos. Isso não foi um impedimento. Caíram nos braços um do outro. O calvário iria durar dez anos.

No Jockey

> Flexível, elegante, a senhora L. tinha olhos pequenos e penetrantes e uma expressão particular. Seus lábios formavam um sorriso constante, semelhante ao sorriso de uma madona. Parecia representar um tipo de mulher estritamente determinado, um pouco misteriosa talvez, mas apesar disso era charmosa e gentil. Vestida à moda da época, podia-se ver o contorno exato do seu peito, agradável de ser admirado. Inegavelmente, ela correspondia, sob todos os aspectos, às aspirações sentimentais que um homem pode exigir. Ela correspondia também à sensibilidade sexual de Pascin, um homem que estava constantemente enamorado.
>
> GEORGES PAPAZOFF

Ele a ama loucamente, ela corresponde sem paixão excessiva. Enquanto Hermine David foi viver em Montparnasse, Pascin ficou em Montmartre. Ele trabalha, faz a festa e espera por Lucy. Às vezes ela vem, até mesmo com frequência, mas não fica. Diz que não pode deixar o marido e o filho, Guy. Ele implora. Ela rompe. Ele propõe que continuem a se ver "como amigos". Ela não responde. Ele recorre a artimanhas infantis: vai aos cafés onde ela está, finge que não a vê, dá-lhe um gelo, aguarda, tem esperanças, para nada. Vai para casa, manda-lhe um bilhete dizendo que precisa ir à rua Joseph-Bara pegar algumas coisas no porão, pergunta que dia seria melhor para ela, diz que não vai incomodá-la...

Não incomoda: recupera. Não suas coisas, pois deixá-las lá pode lhe ser útil, mas a mulher. Passam algumas horas juntos, talvez uma parte da noite, depois ela vai embora. Volta. Ele pede a ela que não o abandone. Ela vai embora outra vez. Ele volta para Montparnasse ou para a rua Joseph-Bara.

Aluga um quarto no hotel onde se conheceram dez anos antes e manda-lhe uma carta para lembrá-la desse aniversário. Oferece-lhe presentes, promete viagens, lautos jantares, uma vida maravilhosa. Ela aceita, recusa, vem, se esquiva, posa, cuida do ateliê, encontra modelos para ele, vai para debaixo dos seus lençóis, ele fica feliz. Quando ela vai embora, sempre depressa demais, ele pinta. Se ela promete voltar e não cumpre a palavra, ele se desespera novamente. Envia-lhe cartas dilacerantes. Diz que não pode trabalhar enquanto espera por ela, que sabe que ela virá, que ela não está lá. Precisa dela para pintar, para viver. Se ela decide espaçar as visitas, ele fica desnorteado, depois vinga-se quando sai.

Quando sai, ele bebe. Quando bebe, escolhe uma garota e leva-a para casa. Quando não é uma garota, é um rapaz. Ao chegar pela manhã, Lucy fica enfurecida. Pascin, encantado. Ela diz que quando ele bebe faz qualquer coisa. Ele retruca que bebe quando ela não está: portanto ela é responsável por sua saúde, cada dia mais frágil. Ela sacode os ombros e pune-o, virando-lhe as costas. Ele corre atrás dela. Ela para. Volta. Ele a deita na cama. Quando ela se levanta, o sempiterno pesadelo recomeça: quando será a próxima vez?

Pascin, esse mulherengo, parece uma criança. Tem medo do escuro. Quando Lucy está longe, é sempre noite. Ele torce as mãos, diz que vai morrer. Hermine, sua mulher, tenta ajudá-lo. Ela também posa para ele, ela também cuida das modelos e do ateliê. Ela encontra sempre Lucy, de quem é amiga. Cada uma ao seu jeito, as duas mulheres tentam salvar Pascin. Trabalho perdido, mesmo que ninguém ainda saiba. Pascin paga sempre a conta, convida o mundo inteiro para suas festas. Está um pouco mais só, muito mais triste, mas ainda distribui seus trocados.

Ele sai em grupo. Dele fazem parte Nils Dardel e sua mulher Thora, que Modigliani pintou alguns meses antes de morrer; Abdul Wahab, pintor tunisiano que receberá Hermine e Pascin no seu país; Georges Eisenmann, comerciante apreciador de jazz; os Salmon, os Cremnitz, Fatima, Morgan, Claudia, Simone, Aïcha as modelos mais fiéis. E também Hermine. E, principalmente, Lucy, Guy e Per. Pois ninguém esconde nada de ninguém. Todos sabem e fecham os olhos. Aqui não há lugar para escândalo. Em torno de Pascin tudo é embriaguez, liberdade. O som mais puro das paixões e das loucuras. Per nada ignora sobre a ligação de Lucy. Nem Guy. Hermine faz pouco caso. Andam todos juntos no pequeno carro de Lucy. Vão para o campo. Para a beira do Marne. Para o Jockey.

É ali que o mundo de Pascin cruza com o de Kiki. Na esquina do bulevar Montparnasse com a rua Campagne-Première. Numa boate inaugurada em novembro de 1923 por um antigo jóquei, Miller, e um pintor americano, Hilaire Hiler. Com um só movimento os ianques tiraram o Cameléon da jogada e tomaram o lugar dele. Alguns meses antes do Select, que não tardará a abrir suas portas, eles inauguraram a vida noturna do bairro. De agora em diante, pode-se cantar, rir e dançar à luz do sol e das estrelas. O Jockey está lá para isso.

Do lado de fora, índios e caubóis pintados pelo próprio Hilaire Hiler cobrem as paredes negras; uma multidão na entrada; limusines estacionadas ao longo da calçada; e principalmente, milagre da tecnologia moderna, um anúncio luminoso.

Do lado de dentro, é o faroeste. Um bar, algumas mesas, uma pista de dança. Música e fumaça. Centenas de cartazes colados nas paredes. Um deles dá o tom: "WE ONLY LOST ONE CUSTOMER... HE DIED!". Mulheres nuas dançam juntas sem que ninguém olhe. Quando não é Hiler, é um negro que dedilha as escalas ao piano. Jazz por toda parte. *Shimmy* e foxtrote. Os insultos são trocados em todas as línguas.

Pascin está lá, sentado num canto. Às vezes acompanhado de Hermine, Lucy, Per. Quase sempre está sozinho com Per. Estão voltando do Dôme, de uma casa de banhos, ou de outro lugar qualquer. Às vezes, Pascin dorme no ateliê para onde acaba de se mudar, na rua do Val-de-Grâce. Juntos, falam de Lucy. Ou da jovem que acaba de entrar no Jockey e tenta chegar com dificuldade à pista de dança, onde Kiki se apresenta sob aplausos.

Kiki é a rainha do Jockey. Sua voz faz sucesso. Ela começa seu número depois de Marcelle, que imita as estrelas americanas, e Chiffon, a quem chamam de Chiffonette, um metro e cinquenta sobre o salto dos sapatos, que canta algumas canções de marinheiros. Há também Floriane, alta, grotesca, que se esforça para dançar direito; e Barbette, um travesti de peruca. Quando Ben, o pianista negro, anuncia a vez da estrela do lugar com um trinado do sax, uma sinfonia de aplausos responde. A sala estimula Kiki com gritos.

Ela começa comportadamente com *Nini peau de chien*, depois entoa *Les filles de Camaret.*

Les filles de Camaret se disent toutes vierges
Les filles de Camaret se disent toutes vierges
Mais quand elles sont dans mon lit
Elles préfêrent tenir mon vit
Q'un cierge, qu'un cierge, qu'un cierge...*

Kiki só canta embriagada. Como ela nunca se lembra da letra das canções, a moça que foi ao encontro dela na pista sopra. É para ela que Pascin está olhando. E Per Krogh também. Deve ter uns vinte anos. É morena como Kiki, e também tem a cara redonda. Dá aulas de ginástica.

Chama-se Thérèse Maure, mas prefere que a chamem pelo apelido que lhe foi dado por Robert Desnos, seu ex-amante, a quem dava aulas de boxe: Thérèse Treize (quando ele a chamava na rua pelo nome as letras se misturavam, "Thérèse" virava "Treize"). Desse modo, seus pais não saberão nada sobre as loucuras da filha nesse Montparnasse de tantas liberdades.

Kiki e ela se adoram. Juntas fazem a festa. A primeira esquece. A segunda faz as vezes de memória. Não só sopra a letra das canções, como também funciona como agenda: é ela quem lembra a Kiki, nos dias seguintes das festas,

* As moças de Camaret dizem que são virgens/ Mas quando estão na minha cama/ Preferem segurar meu pau/ A uma vela, a uma vela, a uma vela... (N.T.)

que esta marcou vinte encontros à mesma hora. Baixinho, para que Man Ray não ouça. É ela, também, quem dança com a amiga quando os rapazes ficam muito abusados. E, finalmente, também é ela quem, ao final do espetáculo, ajuda Kiki a subir nas mesas, e a levanta quando a outra decide andar de quatro – para o grande prazer dos fregueses que deliciam o estômago e os olhos ao mesmo tempo: Kiki nunca usa calcinha.

Enquanto o público, eufórico, aplaude com entusiasmo, Thérèse Treize pega um chapéu e passa pela sala.

"Para os artistas!", grita.

As moedas caem. E os elogios. Só um lhe interessa: aquele que fará Per Krogh, quando ela passar perto dele. Pois ela é grata a Robert Desnos por uma dança com aquele belo escandinavo cuja mecha de cabelo no rosto a encanta.

Quando ela se afasta um pouco, Jules Pascin vira-se para o marido de Lucy e gentilmente observa:

"Essa garota é formidável... Você agrada muito a ela."

Per sorri, encantado.

"*Mazel Tov!*", murmura o búlgaro.

E esboça alegremente um *pas de deux*.

Fotos e mais fotos...

> ...Eu tentava fazer na fotografia aquilo que os pintores faziam, com a diferença de que eu utilizava luz e produtos químicos ao invés de tintas, e isso sem a ajuda da máquina fotográfica.
>
> Man Ray

Kiki ainda não está fazendo amor com Mosjoukine, seu amante-ator russo. Ela ainda não rejeitou os múltiplos pedidos daquele ministro mexicano que estaciona seu Hispano-Suiza na frente do Jockey, louco para levar a diva de Montparnasse primeiro para sua suíte no Hotel Claridge, e depois para além dos mares. Ela está de volta de Nova York, onde, oficialmente, acompanhou um casal que lhe propôs fazer cinema, e onde representou seu melhor papel: amante do marido.

Com Man Ray o amor não é lá essas coisas. Ele é ciumento, ela também. Trocam tapas por qualquer bobagem. Antes, ela se distraía rabiscando os números de telefone das mulheres nos caderninhos do fotógrafo. Quanto a ele, passava às vezes o dia todo emburrado, a troco de nada. Era o que ela dizia. Foi assim quando ele pegou uma doença venérea e acusou-a de ser a fonte, o que a obrigou a arrumar atestados de saúde que eram, principalmente, atestados de boa conduta... Ou aquela outra vez em que ele lhe ofereceu dois vestidos de Schiaparelli, que ela cortou com a tesoura porque preferia seus próprios modelos aos da alta-costura.

Viviam brigando. Nunca pararam. Jogam tinta ou água um na cara do outro. Às vezes Kiki escancara a janela do quarto do hotel e grita:

"Socorro, ele quer me matar!"

Os vizinhos se queixam.

Eles se mudam.

Pouco depois de terem se conhecido, Man Ray alugou um ateliê extraordinário no número 31B da rua Campagne--Première. Um prédio construído por Arfvidsson em 1911. No interior, altas fachadas envidraçadas, uma escada que conduz a uma pequena *loggia*, um banheiro transformado em câmara escura. Quando Man recebia os clientes, Kiki se escondia na *loggia.* Como a vida em comum não era fácil, eles conservaram o ateliê, mas alugaram um apartamento. Com banheiro. Kiki passava horas na banheira. Como agora ela comia todos os dias, foi ganhando peso. E, milagre dos milagres, os pelos do púbis começaram a nascer. Ela estava feliz. E tentava desempenhar o papel de dona de casa.

Com direito a algumas cenas.

Mudaram-se mais uma vez. Para um hotel na rua Delambre, um outro na rua Campagne-Première, perto do ateliê. O Hotel Istria.

Foram para lá um mês depois da inauguração do Jockey. E continuam lá. Tristan Tzara é vizinho deles, e é o confidente de Kiki, que se queixa da frieza de Man Ray.

No andar de cima, Picabia, quando não está com a mulher, vem com a amante, Germaine Everling.

Satie, de passagem, compõe a música de um balé que Picabia está montando para os Balés Suecos de Rolf de Maré.

Marcel Duchamp, que deixou o 37 da rua Froidevaux e os amigos Matussière, brinca de esconde-esconde com as mulheres que o procuram e esperam por ele, até na porta do único banheiro do hotel, no térreo. Há Mary Reynolds, uma rica americana com quem ele ficou e de quem agora foge; Fernande Barrey, com quem ele não ficou, mas de quem ele também foge; Elsa Triolet, que ainda não encontrou Aragon e que gostaria de receber pelo menos um beijo; Jeanne Léger, loucamente apaixonada, pronta para abandonar o marido pintor e ocupar o quarto que reservou no Hotel Istria para ficar mais perto daquele que não quer saber de mais nada, ouvir mais nada, absolutamente nada. A não ser jogar xadrez, o que as amantes suportam com dificuldade, e a mulher de algumas semanas não suporta de maneira alguma: ela não o via à noite porque ele estava participando de um torneio no Dôme, de madrugada porque ele estava dormindo, de manhã porque, ao levantar, ela o encontrava na cozinha, entretido, resolvendo diante do tabuleiro um problema que lhe provocara pesadelos durante o sono, até o dia em que ele não conseguiu mover as peças: ela as havia colado no tabuleiro...

Man Ray às vezes joga com ele. Principalmente no filme de René Clair, *Entracte*. Os dois homens estão sentados frente a frente, diante de um tabuleiro, no telhado do teatro Champs-Elysées, até que Picabia derruba as peças com um jato de água bem forte.

Man Ray, que também faz cinema, preocupa-se mais com a fotografia. Ele agora já frequenta todos os lugares. A alta sociedade o disputa assim como a boemia que enriqueceu.

A marquesa de Casati abriu para ele as portas da nobreza. Ele esteve com ela em 1922. Ela o recebeu com sua roupa habitual: três metros de cobra viva em volta da cintura. Falou-lhe de seu amigo Gabriele D'Annunzio, depois levou-o para visitar o jardim, onde têm lugar as festas que ela organiza: todos os troncos de árvore são pintados de dourado. Depois disso, a marquesa voltou para dentro e pediu ao fotógrafo que começasse seu trabalho. Man Ray acendeu as lâmpadas. O choque das culturas provocou um curto-circuito: as lâmpadas queimaram o circuito elétrico.

Que fazer?

A senhora fez a pose. Sem luz.

Man Ray foi para casa e revelou as fotos. Não ficou satisfeito com o resultado, o que não foi o caso da marquesa: ela adorou o movimento do seu olhar, que seguiu um movimento muito involuntário.

"Sabe que o senhor fotografou minha alma?"

Satisfeita, a senhora pagou e depois fez com que se abrissem as portas das residências dos amigos. Foi graças a ela que Man Ray pôde comprar o estúdio da rua Campagne-Première.

Depois da marquesa Casati, o conde de Beaumont, grande amigo de Cocteau, convidou o fotógrafo para imortalizar os convidados dos seus grandiosos bailes de gala. Em seguida, foi a condessa Greffuhle, o conde Pecci-Blunt, o marajá d'Indore, o visconde e a viscondessa de Noailles, que possuíam vários Goya, um palco de teatro instalado no jardim, grades recobertas de espelhos pelo lado de dentro, um salão de baile que podia ser convertido em sala de cinema...

Man Ray também fotografou Picasso vestido de toureiro, Tristan Tzara em todas as posições do seu monóculo, Ezra Pound, Sinclair Lewis bêbado, Antonin Artaud, Phillipe Soupault, Matisse, Braque, Duchamp fantasiado de Rrose Sélavy, Picabia ao volante do seu Delage... Ele clicou Joyce no momento em que o escritor fechava os olhos por causa do brilho das lâmpadas. Fez os mais belos retratos de Kiki de Montparnasse. Levou Meret Oppenheim, uma amiga de Giacometti, à casa de Brancusi e imortalizou-a nua, com os braços e as mãos manchados pela tinta de uma prensa de águas-fortes. Fotografou também o dono da casa, que, ao contrário dos artistas de Montparnasse, frequenta pouco os cafés de Vavin. Ele vive em um grande ateliê no Beco Ronsin. A casa é toda branca: as paredes, o teto, o forno... Nenhum móvel foi comprado em loja. Troncos servem de bancos. A mesa, em volta da qual os convidados comem pernas de carneiro assadas na lareira, é feita com um pé incrustado no solo, sobre o qual está pousado um imenso tampo de gesso.

Quando recebeu Man Ray pela primeira vez, Brancusi pediu a ele que lhe ensinasse a sua arte. Acha que só ele próprio poderia fotografar seu trabalho. Compraram uma máquina, um tripé, os produtos necessários para o trabalho no laboratório... Brancusi construiu um laboratório para revelação, pintou o exterior de branco e, durante um jantar em que tocou violino com Erik Satie, mostrou a Man Ray o resultado das suas pesquisas fotográficas: clichês *flous*, pálidos, riscados... Mas ele estava contente.

Man Ray fotografou toda a sua época e também o final da época anterior. Captou até mesmo o rosto de Marcel Proust, a quem, no entanto, nunca encontrara. Ele não frequentava Cabourg na época em que Philippe Soupault cruzava com o autor de *Em busca do tempo perdido*, naquele hotel à beira-mar onde, todas as tardes, uma poltrona de cana-da-índia era colocada no terraço; ela ficava vazia até o cair da noite; então, quando o sol finalmente desaparecia, Proust sentava-se cuidadosamente, e falava primeiro do tempo, "como as inglesas", ele dizia, depois das suas doenças, "companheiras queridas".[1] Usava um casaco preto, tinha uma voz lenta e queixosa, um olhar magnífico, a pele branca, quase de cera, como a dos doentes em estado grave. Mas, segundo Jean Hugo, "ele só falava para os duques".[2]

Man Ray nunca foi com ele ao bordel, e não obteve nenhuma confidência de Paul Léautaud que contava – e escrevia – que houve uma época em que Proust ia de táxi até a porta de uma casa de prostituição, perguntava pela dona, pedia a ela que lhe mandasse algumas jovens, fazia-as subir no carro e sentarem-se diante dele, oferecia-lhes leite e as ouvia falar do amor e da morte. (Teria sido naquele bordel da rua Mayet, onde Léautaud foi, certo dia, deixar um gato? Foi recebido pela ajudante da proprietária que lhe pediu que a seguisse, levou-o até um quarto redondo onde seis mulheres nuas esperavam, e disse-lhe: "Escolha seu gato, caro senhor".)

Man Ray não estava na França em 1914, no *Mercure de France*, quando Alfred Valette recebeu uma carta de Marcel Proust protestando discretamente por ele não ter publicado nenhuma crítica sobre suas obras anteriores, e abertamente por ter deixado Rachilde redigir um artigo no qual ela confessava ter abandonado *No caminho de Swann*, que era "como um soporífero", propondo ainda, a título de compensação, a publicação de um artigo favorável de Jacques Blanche que tinha saído em *L'Echo de Paris*.[3]

Man Ray certamente não conheceu Henri de Régnier, secretário vitalício da Académie Française, a quem Proust escreveu no dia 30 de outubro de 1919 para perguntar o que deveria fazer para obter o grande prêmio da Académie Française por *À sombra das raparigas em flor*.

No entanto, foi a ele que Cocteau se dirigiu no dia 19 de novembro de 1922. Pediu-lhe que tirasse uma foto de Marcel Proust e fizesse apenas duas cópias: uma para a família, outra para ele, Cocteau. Se Man Ray assim o desejasse, poderia fazer uma para si mesmo também. O fotógrafo aceitou. Cocteau acompanhou-o até a cabeceira do escritor. Este estava deitado sobre uma cama, vestido e inerte. Marcel Proust tinha morrido na véspera.

Doutor Argirol e Mister Barnes

> O doutor Barnes acaba de deixar Paris [...] Ouvindo o tilintar aurífero dos dólares que precederam seus passos, a cupidez e a cobiça surgiam diante dele como uma aparição, seguiam-no, aborreciam-no, perseguiam-no como fogos-fátuos.
>
> Paul guillaume

Certa noite, Man Ray para seu Voisin diante do Jockey. Desce, empurra a porta e é imediatamente envolvido pela música, pela fumaça, pelos risos... Vai tentando abrir passagem até a pista de dança, onde certamente está Kiki. Troca algumas palavras com Tristan Tzara, de gravata e monóculo, que está prestes a se casar: ele conheceu uma jovem pintora sueca, Greta Knutson, cuja família é tão rica que prometeu aos jovens construir para eles uma casa em Paris desenhada pelo arquiteto austríaco Adolf Loos.

Naquela noite, Greta não está lá. Tzara está acompanhado de uma outra herdeira, grande amiga, muito excêntrica, morena, bela, esguia, facilmente reconhecível: Nancy Cunard usa nos antebraços uma coleção de pulseiras de marfim que se chocam e entrechocam. Dizem que ela foi amante de Aldous Huxley. Em todo caso, vai ser a de Aragon, que, naquela noite, também não está presente.

Aïcha, a jovem mulata, modelo preferida de Pascin, aproxima-se do americano. Pergunta se não quer que ela pose para ele um dia desses. Man Ray responde que talvez, por que não, e pega o cartão de visita que a jovem tirou da bolsa. Lê: *Aïcha Goblot, artista.* Sorri e continua seu caminho. Por onde anda Kiki?

Finalmente ele a vê. Um caubói está lhe propondo uma dança. Ela recusa. Mais ao longe, a bateria pega no embalo. É Pascin que está tocando: Man Ray reconhece seu chapéu-

-coco e sua echarpe de seda branca. O pintor gosta de música; às vezes toca tambor ou bumbo. O americano foi várias vezes convidado para as festas na casa dele. Várias vezes, também, ele assistiu ali às brigas entre as modelos. Certa vez, depois de um jantar regado a bebida, foram quinze até um bordel. Pascin e Man Ray subiram cada um com uma garota. Estavam bêbados demais para cometer o menor delito.

Quando finalmente Man Ray consegue chegar à pista de dança, o caubói enlaça Kiki. Ela o repele. Ele insiste. Então Man Ray fica zangado. Ele, que é capaz de perseguir a amante de arma em punho, pega o caubói pelos ombros, vira-o de lado e joga-o ao chão. Os dois homens rolam um por cima do outro. Kiki dá um berro. Todos se afastam para ver e aplaudir. Kiki grita para Man Ray:

"Acaba com ele! Mata!"

Quando o americano se levanta, ela o beija, orgulhosa dele.

Depois, volta-se para o caubói desconcertado e cobre-o de insultos. Kiki é assim. Não tem papas na língua. De manhã, quando lhe perguntam se a noite foi boa, não é raro ouvi-la responder:

"Perfeita. Trepei um bocado..."

Quando alguém quer saber por que não usa calcinha, ela responde que, como os cafés não têm banheiro para as mulheres, basta levantar as saias para fazer lá em cima, quer dizer, na rua, aquilo que os homens fazem lá embaixo, quer dizer, nos subsolos.*

Ela não gosta de André Breton. Certa vez, disse a ele:

"Você fala demais de amor, mas não sabe como se faz!"

A partir de então, o papa do surrealismo a detesta. Porém Man Ray sempre a defende. Quando lhe perguntam se ela é inteligente, ele responde que a inteligência dele é suficiente para dois – o que constitui mais uma presunção do que uma gentileza.

Ele também ficou ao lado de Kiki quando ela teve alguns contratempos em Villefranche, no Sul. Tinha ido para

* Os banheiros dos cafés parisienses ficam no subsolo. (N.T.)

lá com a amiga Treize. Certa noite, ela entrou num bistrô. O patrão quis mandá-la embora.

"Nada de putas por aqui!", ele gritou.

Kiki pegou uma pilha de pires e jogou-os na cara dele. Houve uma confusão. O patrão deu queixa. No dia seguinte, um policial se apresentou no hotel.

"Acompanhe-me até a delegacia."

Kiki disse que não ia.

O policial voltou com o delegado de Villefranche e alguns homens. O superior reiterou a ordem do subalterno. Kiki respondeu que não estava com pressa. Como demonstrava isso com afinco, o delegado resolveu apressá-la. Ela reagiu com insultos e socos. Levaram-na para a prisão de Nice. Quando Man Ray foi avisado, procurou os amigos. O pintor Malkine pressionou o promotor responsável pelo caso. Fraenkel, amigo de Breton e médico, passou um atestado dizendo que Kiki era doente dos nervos. Ao sair do tribunal, Kiki confessou: "O mais duro foi quando meu advogado me disse: 'Diga obrigada aos senhores'."[1]

Ela disse. Graças a isso, obteve o *sursis.* Man Ray, que viera de Paris para o julgamento, levou-a de volta para o Jockey. A partir daí, Kiki se orgulhava de mais este título glorioso: passou mais de dez dias na cadeia.

Ela gosta de contar esse feito importante a seus amigos. Depois de voltar para as profundezas do Jockey, depois que Man acabou com o caubói abusado, ela passa de mesa em mesa para contar suas últimas aventuras. Relata-as a René Clair, a Foujita e a Kisling, que estão reunidos um pouco afastados da orquestra, não muito longe de um outro grupo presidido pelo fabricante André Citroën, com as mãos cheias de dinheiro. Sentado ao lado, Fernand Léger cuida para que a mulher não arraste a asa para Marcel Duchamp ou Roland Tual. De qualquer maneira, sua vigilância não serve para nada: o pintor conhece os desvios de conduta de Jeanne, perdoa-os, e sai no tapa com aqueles que falam mal dela. Chegou até a aplicar um corretivo nos amantes que a tratavam mal; Thérèse Treize levou umas bofetadas por esse mesmo motivo.

Sob o olhar da amiga Kiki, Thérèse Treize beija a boca de Per Krogh. Pascin, que deixou a bateria, observa a cena. Não fica nem um pouco satisfeito. Ele já sabe que essa ligação não vai arranjar as coisas: para sua infelicidade, Lucy tem ciúmes de Thérèse. Vigia o casal e vai atrás deles quando vão para um hotel do bulevar Edgar-Quinet.

O búlgaro passa ao longe na sala do Jockey, a partir de agora menos animada. Cruza com Soutine, que acaba de entrar com seu amigo, o pintor Michonze, mas não o cumprimenta. Kiki lembra que Youki Foujita contou a ela que havia apresentado os dois homens algum tempo antes. Foi no Select, o único outro lugar de Montparnasse que fica aberto de madrugada e é reputado pelos seus *Welsh Rarebit**, Soutine estendeu a mão a Pascin e disse:

"Gosto da sua pintura. Suas mulheres me excitam muito!"

"Proíbo-o de se excitar com minhas mulheres!", exclamou Pascin.

Estava furioso. Soutine, que só pintará um nu na vida, tomou-lhe as mãos:

"Mas gosto muito do senhor! Gosto muito, muito!"

Kiki deixa Foujita e Kisling. Aproxima-se de Soutine, seu pobre amigo que ficou rico. Desde os anos da Guerra, quando abrigou a jovem por uma noite num ateliê gelado, Soutine mudou bastante. Não sente mais frio. Não sente mais fome. Não parece com o mendigo de outros tempos. Agora, ele fuma Lucky Strike de ponta dourada, usa os ternos com que tanto sonhou, um casacão quente como a pele e suave como a porcelana. Um milagre.

Esse milagre tem uma data: 1922; tem também um nome: Albert C. Barnes.

Barnes é um industrial americano, um pouco médico, um pouco psicólogo, um pouco altruísta com tendências paranoicas. Fez fortuna com a produção e a comercialização de um antisséptico de sua invenção, o Argirol.

---

* Mistura de queijo derretido servida sobre torradas. (N.T.)

Nasceu na Filadélfia, Pensilvânia. Cresceu num meio popular, em contato com a cultura negra. Isso dará a ele o gosto pela arte negra, da qual se tornará um esmerado colecionador. Também é um apaixonado pela pintura contemporânea, e considera que poderá ajudar o próximo por meio da arte.

Na sua fábrica, expôs, primeiro, artistas americanos. Depois, interessou-se pela pintura europeia. Antes da Guerra, enviou um emissário a Paris. Williams James Glackens, pintor americano, foi encarregado de visitar os ateliês e as galerias e trazer uma boa quantidade de obras significativas. Cézanne, Van Gogh, Pissarro, Renoir e Picasso atravessaram o Atlântico dessa maneira.

Em 1912, depois de ter comprado quadros de Renoir em Nova York, o doutor Barnes fez ele mesmo a viagem. Encontrou Ambroise Vollard e foi aos leilões. Gauguin, Bonnard, Daumier, Matisse, outros Cézanne (entre os quais *Les baigneuses*), novos Renoir e Picasso foram se juntar à sua coleção. Comprou igualmente alguns Matisse de Léo Stein. Em 1914, antes da declaração de Guerra, Barnes tinha adquirido cinquenta Renoir, quinze Cézanne e vários Picasso. Era só um começo. Bastante promissor.

Em 1922, o colecionador compra uma propriedade em Merion, perto da Filadélfia. Manda construir um museu para abrigar sua fundação. Esta é primeiro destinada aos empregados da fábrica que produz o Argirol; eles devem se instruir e se desenvolver convivendo com o conjunto dessas obras, inspiradas na arte negra e nas escolas de pintura mais modernas. Essa generosidade pedagógica é, evidentemente, enriquecedora para os operários da Barnes Company e para todos aqueles que têm o insigne privilégio de atravessar as portas do museu. É insuportável para todos os outros. Pois, segundo um princípio que o colecionador já havia enunciado por ocasião do Armory Show, ele se recusa a emprestar as obras para que sejam expostas, os quadros adquiridos não devem deixar a fundação e ninguém tem o direito de reproduzi-los sob qualquer forma que seja. Assim, desaparecerá do olhar dos apreciadores e historiadores um considerável número de obras que permanecerão inacessíveis por quase setenta anos. Entre outras, cerca de duzentos Renoir, vários Cézanne, sessenta Matisse, numerosos Modigliani...

Em dezembro de 1922, Barnes volta a Paris. Instala-se no Hotel Mirabeau, rua De La Paix, e convoca o marchand que escolheu como intermediário: Paul Guillaume. Este é um grande especialista em arte negra. Possui inúmeras obras de Matisse, Vlaminck, Derain e Modigliani. Durante quinze dias, todas as manhãs, ele vem buscar o colecionador americano ao volante do seu Hispano-Suiza. Abre passagem por entre os colegas e as dezenas de pintores novatos que esperam pelo doutor na calçada do hotel, com suas pastas de desenho debaixo do braço. Ele o leva a todos os museus de Paris, aos antiquários, aos melhores restaurantes. Pacientemente, responde às perguntas ininterruptas que faz o industrial sobre as obras e os artistas contemporâneos, temendo o instante ritual quando, já de noite, depois do digestivo, Barnes escorrega pela poltrona, coloca os polegares sob o colete e propõe:

"Vamos?"

"Já é um pouco tarde..."

"Você está cansado?"

"Não..."

"Então vamos!"

E Barnes se levanta, tão fresco como se acordasse depois de uma boa e longa noite de sono, sobe no Hispano-Suiza e, incansavelmente, retoma o fio do seu questionário: por que a arte negra, por que o cubismo, por que Matisse, por que Picasso, por que Lipchitz?

Ele foi ver o escultor acompanhado de seu mentor. Não prestou atenção à pobreza do artista, que não tem mais marchand e não vende nada. Só viu a obra. Informou-se sobre isso, aquilo, sobre o resto e mais alguma coisa. Tomou notas. Comprou oito esculturas. Convidou Lipchitz para almoçar. O escultor mal podia falar de tanta felicidade. Escondia os buracos da camisa para não destoar da elegância de Paul Guillaume, dos óculos dourados, do charuto e das luvas de pele do americano do talão de cheques. Lipchitz achava que estava no paraíso. Era só um purgatório.

"Estou construindo um museu", explicou o doutor Barnes. "Preciso da sua ajuda."

Foi durante a sobremesa. Um bolo.

"Quero cinco baixos-relevos para a fachada. Você poderia fazê-los?"

Era a cereja do bolo.

Assim foi com dezenas de artistas, centenas de obras...

Geralmente as perguntas vão diminuindo à medida que eles se aproximam da rua La Boétie, onde fica a galeria de Paul Guillaume. Recomeçam assim que as luzes se acendem. Por que os *fauves*, por que Vlaminck, por que Kisling, por que Marcoussis?

"Não sei", gagueja Paul Guillaume.

Está cansado.

"Não sabe? Então diga-lhes que venham. Perguntarei diretamente a eles."

À meia-noite, Paul Guillaume chama Vlaminck, Kisling, Marcoussis. Enquanto isso, o doutor vai olhando os quadros. Certa noite, ele para num quadro de cores vivas, de formas retorcidas, repuxadas. Separa-o, afasta-se e observa com mais atenção. É um jovem. Tem uma orelha monstruosa, um chapéu na cabeça, uma blusa branca com reflexos amarelos, verdes, azuis.

"O que é isso?", pergunta.

"Soutine" , responde Paul Guillaume. "*Le petit pâtissier.*"

"Conhece o marchand?"

"Zborowski."

Barnes pega o casaco e se dirige para a porta.

"Vamos lá", diz num tom decidido.

"Onde?"

"Ver o marchand, ora! Zborowski!"

"Agora? Por que agora?"

"Porque quero comprar tudo. Esse Soutine é um gênio."

A cruz de Soutine

> ...Acho que ele é um dos maiores pintores do nosso tempo. Depois de Goya, não vejo verdadeiramente ninguém que seja tão extraordinário quanto Soutine.
>
> Chana Orloff

"Ele me comprou dezenas de quadros por três mil dólares!", exulta Soutine.

"Eu também desenho", diz Kiki. "Tenho que te mostrar."

"Depois disso", prossegue o lituano, "meu preço disparou como uma Bugatti na pista. Hoje, um quadro vale dez mil dólares!"

Ela fica olhando para ele. Vai longe o tempo em que ele lutava para acabar com os carrapatos que invadiam o ateliê e que, por não encontrarem lugar mais aquecido, foram se alojar na sua orelha. Tempo em que ele não tinha nada para comer. Tempo em que andava nu, só de casacão. Tempo em que, para inventar uma roupa, passava os braços pelas pernas de uma cueca e transformava o cós em colarinho e a cueca, em camisa.

Esse homem sofreu mais do que qualquer outro. Ainda sofre. A comida que ele não podia comprar antigamente também não pode comer agora. Sonha com os pratos do seu país, condimentados, arenques, molhos... Mas não pode engolir nada. Só bismuto.

Apesar disso, ele está irreconhecível. O imigrante fechado, um pouco rude, que aprendia francês encolhido nos fundos do La Rotonde, transformou-se. Agora, ele usa camisas de bolinhas e gravatas coloridas. Como ele sonhou com essas gravatas. Ninguém nunca o humilhou tanto quanto aquele colecionador armênio que pediu, certo dia, que ele o acompanhasse até a praça Vendôme, a uma loja de luxo que vendia gravatas de seda. Queria ouvir sua opinião sobre cores e nuanças. Comprou três dúzias sem pensar em oferecer uma só ao pintor, que o olhava com inveja, todo encolhido dentro do casaco rasgado.

Agora ele pode ir à forra. Não só tem meios para ir também à praça Vendôme, como pode, igualmente, passar creme nas mãos e sacudi-las diante dele (sabe que são bonitas). As unhas não estão mais manchadas pela tinta que se incrustava, quando ele a espalhava com as palmas e com os dedos, depois de jogar fora com raiva os pincéis que usara. Os cabelos, negros como azeviche, têm um novo brilho: são cuidados por uma irmã de caridade, que os escurece com unguento. Tem até um carro com motorista, Daneyrolles. Ele explica a Kiki que isso tudo não pertence a ele, mas sim a Zborowski, que ficou rico graças a Barnes e a ele próprio. O americano foi à rua Joseph-Bara para ver as obras de Soutine. Cada vez que o polonês tirava uma de debaixo da cama, o outro exclamava:

"Wonderful! Wonderful!"

Depois disso, Zborowski abriu uma galeria na rua de Seine, onde expõe Utrillo, Derain, Vlaminck, Kisling, Dufy e Friesz. Comprou uma casa no Indre para onde costumam ir seus artistas e suas colaboradoras, entre as quais Paulette Jourdain, que às vezes posa para Soutine (e para Kisling também).

Quando quer ir para o Mediterrâneo, Soutine chama Daneyrolles, deita no banco de trás do carro americano e, no dia seguinte, está à beira-mar. Ele não gosta de Paris. Foge das lembranças dos antigos infortúnios evitando os amigos daquela época, assim como os lugares que frequentava. Critica Modigliani, que, no entanto, foi o único que o ajudou durante a Guerra. Zangou-se com Eli Faure, que escreveu o primeiro livro sobre ele. Não cumprimenta Maurice Sachs, embora este tenha publicado um artigo elogiando sua obra. Quando os clientes o reconhecem nos cafés, levantam-se, aproximam-se e vão falar com ele, vira o rosto ostensivamente e diz:

"Não o conheço..."

E quando insistem:

"Nunca o vi antes."

Sai da mesa e vai embora.

Seu orgulho lhe prega peças. Por causa dele quase perdeu a oportunidade de conhecer os Castaing, mecenas tão importantes para ele quanto Barnes.

Os Castaing moram em um castelo perto de Chartres, e gostam de pintura. Marcellin cuida da parte artística de uma revista da qual é secretário de redação. Vai com frequência a Montparnasse para se encontrar com artistas.

Certa noite, pouco tempo antes da chegada de Barnes a Paris, ele entra no La Rotonde. Está com a mulher, Madeleine. Soutine passa. Um pintor sugere aos Castaing que comprem um dos quadros dele: o russo não tem um tostão nem nada para comer. Chamam-no. Marcellin pede para ver seu trabalho. Soutine marca um encontro com ele na sala dos fundos de um café da rua Campagne-Première. Chega atrasado, com duas telas na mão. Os Castaing olham rapidamente, no escuro, propõem voltar no dia seguinte e oferecem uma nota de cem francos como sinal. Soutine pega a nota e rasga.

"Não estou pedindo esmolas!... E vocês nem sequer olharam o meu trabalho!"

Fica furioso. Os visitantes se retiram.

Algumas semanas mais tarde, Soutine expõe *Le coq mort aux tomates* numa galeria perto da Madeleine. Os Castaing querem comprar. Vão procurar Zborowski. Este não pode vender o quadro: ele pertence a Francis Carco. O marchand não explica que ele foi dado ao escritor alguns meses antes, dado e não vendido, pois na época um quadro de Soutine não valia nada.

Como os clientes insistem, Zborowski corre até a casa de Carco que, num gesto elegante, devolve o quadro recusando o dinheiro que o polonês lhe oferece. Os Castaing o compram. Depois outro, e mais outro. Quando vão ao ateliê do artista, ficam lá por horas a fio.

Depois, é Soutine quem vai até o Castelo de Leves. Passa lá várias semanas. Seus novos mecenas o cobrem de gentilezas. Principalmente Madeleine, que posa para ele. Ela fica fascinada por aquele homem que pinta para se salvar, com uma força e uma energia indescritíveis. Que procura telas do século XVII, cuja textura é a única que o satisfaz, pois o pincel desliza sem derrapar. Que pede, de joelhos, a uma lavadeira cujo retrato está fazendo que reencontre a expressão que perdeu. Que pode passar horas, dias inteiros, sobre um detalhe imperfeito. Que quando pinta exige silêncio e solidão, a ponto de ninguém poder se aproximar nem falar. Que acorda de manhã, pede que o carro esteja pronto o mais rápido possível para levá-lo ao mercado onde tem que comprar peixes, unicamente peixes, pois ele quer pintar peixes. Que, numa outra manhã, convence Madeleine e Marcellin a acompanhá-lo até o campo onde viu um cavalo admirável; o cavalo é uma égua velha, suja, desconjuntada, que puxa uma carroça de saltimbancos.

"Quero pintá-lo!", exclama Soutine.

E dá voltas e voltas em torno do animal, quase em transe. Marcellin Castaing negocia com os artistas. Eles aceitam fazer uma parada no castelo, em troca de comida e bebida. Enquanto se espalham pelo gramado, Soutine se afasta com a égua. Depois, pinta uma obra-prima.

Ele é extremamente exigente consigo mesmo. Recusa-se a participar de exposições coletivas com medo de passar despercebido em meio aos artistas. Rasga cada tela que não consegue unanimidade de opinião, a sua, a dos Castaing ou a dos amigos.

Segundo Man Ray, quando Barnes comprou as obras dele, Soutine se embebedou, chamou um táxi e foi diretamente para o Sul. Sonhava em rever o mar. Foi a Céret e a Cagnes-sur-Mer.

Dois anos depois da sua volta, ele continua destruindo sistematicamente as obras que pintou quando estava lá. Quando acha algumas na casa de Zborowski, queima-as. Se sabe que uma galeria as tem, tenta comprá-las ou trocá-las por outras mais recentes. Leva-as para casa e recorta-as cuidadosamente. Vão se juntar a outros fragmentos que às vezes reutiliza, costurando-os, antes de integrá-los a novas obras. Na maior parte do tempo, porém, elas vão parar na lata do lixo. É lá que os apreciadores – quando não Daneyrolles, agindo a mando de Zborowski – as recuperam, levam-nas até o senhor Jacques, dono de um bistrô na rua Mazarine, que as recompõe com linha e agulha, restaurando assim uma tela que será vendida nas galerias.

As primeiras obras visadas são as que datam de Céret. Mas as outras não escapam à regra. O marchand René Gimple pendura bem no alto as telas de Soutine, quando recebe o pintor em sua casa. Nunca o deixa sozinho numa sala onde houver um de seus quadros.

Soutine destrói tudo, inclusive os falsos, assinados com seu nome. Seu alvo principal são as obras pintadas no Castelo de Lèves ou na casa de campo de Zborowski; os quadros feitos em Montparnasse, nos diferentes lugares em que morou: bulevar Edgar-Quinet, Passage d'Enfer, avenida do Parc-Montsouris, rua da Tombe-Issoire, Villa Seurat (onde viverão Dalí, Chana Orloff, Jean Lurçat e Henry Miller).

Em 1925, só se interessa pela *Carcasse de boeuf*. Está trabalhando nela no seu ateliê da rua Saint-Gothard. Não é sua primeira tentativa nesse tema. Por várias vezes ele voltou do Halles, ou das fazendas em volta do castelo dos Castaing, carregando perus, patos, coelhos, frangos, todos sem a pele ou começando a apodrecer, que ele representou nas suas telas depois de pendurá-los num gancho. Mas o boi é diferente. O boi é Rembrandt, que ele tanto admira. É também aquele açougueiro de Smilovitchi e o frigorífico onde a criança Soutine foi trancada por ter pintado imagens iconoclastas. É finalmente uma extraordinária confissão do pintor:

> Numa outra época, eu vi o açougueiro da aldeia cortar o pescoço de uma ave e tirar seu sangue. Quis gritar, mas ele parecia tão contente que o grito me ficou na garganta [...] Esse grito, ainda sinto que está lá. Quando eu era criança e desenhava grosseiramente meu professor, tentava fazer esse grito sair, mas era em vão. Quando pintei a carcaça de boi, ainda era aquele grito que eu queria libertar.[1]

Soutine foi até La Villette*, comprou um boi inteiro e pendurou-o em ganchos no ateliê. Os dias foram passando. O boi começou a apodrecer. Paulette Jourdain, tão devotada a Zborowski quanto a Soutine, percorreu os abatedouros para conseguir sangue que era jogado sobre a carcaça para reavivar as cores. Soutine a ajudava: com o pincel, ele pintava a carne do boi antes de pintá-lo na tela.

Logo apareceram as moscas. Soutine nem sequer as via. O odor tornou-se pestilento. Os vizinhos deram queixa. Certa manhã, o serviço de inspeção sanitária apareceu. Atrapalhado como sempre com tudo que se parecesse com um uniforme, o pintor se escondeu. Foi Paulette Jourdain quem explicou a presença do boi. Ela convenceu os empregados municipais a desinfetarem o ateliê e pediu que lhe explicassem de que maneira poderiam evitar a decomposição e o mau cheiro: era só borrifar a carcaça com amoníaco.

Depois disso, Soutine anda sempre com uma maleta cheia de seringas. Ele as injeta em tudo aquilo que não se mexe mais há pouco tempo e que ele quer pintar.

Kiki gostaria de perguntar sobre seus amores, mas não o faz. Ela sabe que ele já não está tão sozinho quanto antes. Reencontrou uma mulher de Vilno, um amor da juventude, Debora Melnik. Corre o boato de que eles se casaram no religioso e tiveram uma filha. Mas Soutine rompeu rapidamente essa ligação, e quando lhe perguntam pela criança afirma que não é o pai e muda de assunto. Não quer saber disso. Mas ele já não é tão selvagem quanto antes. As mulheres agora fazem parte da sua vida.

Em 1937, ele vai se enamorar de Gerda Groth, uma refugiada alemã judia e socialista. Vai apelidá-la de Mademoiselle Garde**, pois logo depois do primeiro encontro ela ficará tomando conta dele por toda uma noite em que ficou de cama, com dor de estômago por causa da úlcera. Vão morar

* Antigo abatedouro de Paris. (N.T.)

** *Garde* (enfermeira) é um anagrama do nome Gerda. (N.E.)

juntos na Villa Seurat e depois em Civry, Yonne. Durante a Guerra, voltarão para Paris.

Em 1940, mademoiselle Garde foi levada para Vel'd'Hiv'* e depois para o Campo de Gurs (ela voltará milagrosamente para Paris, em 1943). Soutine encontrou então uma jovem mulher de grande beleza, extravagante, que lhe foi apresentada pelos Castaing durante um vernissage: Marie-Berthe Aurenche. Ela tinha sido a segunda mulher de Max Ernst. Foi a última companheira de Soutine.

Durante a Ocupação, o pintor era procurado pela Gestapo por ser judeu e apátrida. Passeava por Paris com a aba do chapéu caída sobre os olhos: achava que assim ninguém o reconheceria. Praticamente só comia batatas cozidas e sopas. Estava assustadoramente magro. Os cabelos estavam caindo. Para protegê-los, quebrava um ovo sobre eles e disfarçava a omelete sob o chapéu.

Escondeu-se na rua das Plantes, na casa de amigos de Marie-Berthe Aurenche. Só saía à noite. Quando a zeladora o denunciou às autoridades da Ocupação, fugiu para Touraine, e foi para Champigny-sur-Veude. Marie-Berthe arrastou-o de hotel em hotel até que encontraram uma casa isolada, onde se instalaram. Soutine estava cada vez mais doente. Em agosto de 1942, a úlcera se rompeu. O pintor foi levado para o hospital de Chinon.

Suplicou que o operassem imediatamente. Marie-Berthe não deixou: ela queria que a intervenção fosse feita em Paris, por um especialista. Fretaram uma ambulância. Esta voltou a Champigny, para que Marie-Berthe Aurenche recuperasse algumas telas. Depois, foram a outros lugares, onde também havia outras obras. E foi assim por 24 horas. Quando Soutine chegou a Paris, ao final dessa viagem lúgubre, seu estômago estava despedaçado. Foi operado no dia 7 de agosto de 1942. Morreu no dia 9, às seis horas da manhã. Poucos artistas o acompanharam até o túmulo no cemitério de Montparnasse, onde Pascin e suas mulheres

* Vélodrome d'Hiver, em Vincennes (Paris), onde judeus presos aguardavam a deportação para os campos. (N.T.)

esperavam por ele havia doze anos. No enterro, estavam Picasso e Max Jacob, com a estrela no peito, antes de tomar o caminho de Drancy.

Chaïm Soutine repousa num jazigo que pertence à família Aurenche. Não está sob sua estrela de cinco pontas: há uma cruz no seu túmulo. É um paradoxo, mas não é o único. Também se enganaram quanto à data do nascimento. E, ainda por cima, escreveram seu nome errado...

Escândalo no La Closerie des Lilas

> ...Disso resultaram algumas esquisitices que não alarmaram a família até o dia em que ele se comportou na via pública de maneira pouco decente: compreenderam então que ele era poeta.
>
> Louis Aragon

Pelo menos uma vez os escritores foram até o La Closerie des Lilas pela manhã. Certo dia de julho de 1925, *Les Nouvelles Littéraires* organizam um banquete em homenagem a Saint-Pol Roux, simbolista e católico que vivia em Camaret. Os surrealistas foram convidados: tinham colaborado para um número de *Nouvelles* dedicado ao poeta. Eles desculpam seus vieses religiosos porque veem nele um certo parentesco com Mallarmé. André Breton dedicou-lhe *Clair de terre.* Vinte anos depois, Aragon prestará outra homenagem à "grande sombra" daquele que ele chamava de "o Magnífico".[1]

Por que não teriam os surrealistas respeitado um homem que escreveu este verso:

> Je m'avoue légion comme les religions et les hérésies, et volontiers je laisse à l'âne des Sorbonnes les têtus panonceaux de son immuable opinion.*

Breton e seus amigos estão, portanto, presentes. E não estão sozinhos. Há também Lugné-Poe, diretor do Theâtre de l'OEuvre, do tempo em que Jarry causou escândalo com

---

* Eu me confesso legião como as religiões e as heresias, e de bom grado deixo para o asno das Sorbonnes as estúpidas insígnias de sua imutável opinião. (N.T.)

seu *Ubu roi*, a quem Breton acusa de ter servido na contra-espionagem durante a Guerra. Sentada à *mesa de honra*, a senhora Rachilde preside o evento. Breton admite: "A simples menção das palavras mesa de honra nos deixava fora de nós".[2] Os nervos estão tensos. A presença de algumas pessoas ligadas às letras, que para os surrealistas não passam de gente sem importância, não basta para explicar a crescente irritação. É que, sob os pratos da nobre assembleia, os agitadores colocaram uma resposta ao embaixador no Japão, sua excelência Paul Claudel, que acaba de declarar na *Comoedia* que o surrealismo e o dadaísmo são de essência "pederástica"; e lembrou seus brilhantes serviços prestados durante a Guerra: comprou toucinho na América Latina para alimentar os exércitos aliados. A resposta está num panfleto vermelho-sangue, com palavras não menos sanguinárias:

> Resta apenas de pé uma ideia moral, ou seja, por exemplo, que não se pode ser ao mesmo tempo embaixador da França e poeta. Aproveitamos essa ocasião para retirar publicamente nossa solidariedade a tudo que for francês, seja em palavras ou atos. Declaramos achar que a traição e tudo aquilo que de uma forma ou de outra pode prejudicar a segurança do Estado é muito mais conciliável com a poesia do que a venda de "grandes quantidades de toucinho" a mando de uma nação de porcos e cachorros [...] Escreva, reze e babe; reivindicamos a desonra de chamá-lo de uma vez por todas de pretensioso e de canalha.[3]

Como se vê, o ambiente está elétrico. Bastaria um pequeno curto-circuito para queimar os fusíveis. É a senhora Rachilde que o provoca. No auge das manifestações dadá, ela convocava os *poilus* para tomar de assalto as fortalezas desguarnecidas e encorajava-os a corrigir uma juventude tão desrespeitosa. Naquele dia, ela põe fogo na lenha ao repetir uma frase germanofóbica que havia citado alguns dias antes, durante uma entrevista:

"Uma francesa não deveria casar-se com um alemão!"

Não falou muito alto, mas todos puderam ouvir. Isso atingiu os surrealistas justamente no ponto em que eles são mais sensíveis, a Alemanha. Primeiro porque um surrealista, como disse Aragon, sempre dá a mão ao inimigo, principalmente quando o inimigo é subjugado pelo Tratado de Versalhes, pelas reparações exigidas e pela ocupação da região do Rhur – mesmo que ele tenha assassinado Rosa de Luxemburgo e Karl Liebknecht. Há igualmente outra razão que Breton, levantando-se, exprime muito calmamente:

"O que a senhora está dizendo é muito ofensivo para nosso amigo Max Ernst."

Max Ernst assente com um movimento da cabeça. Breton e ele partilham várias opiniões. O primeiro se importa tão pouco com a derrota infligida à Alemanha quanto o segundo se vangloria com a vitória da França. Foi o bastante para romper com a paz estabelecida.

Atiram uma maçã. Depois outra. Dizem que Breton jogou um guardanapo na cara de Rachilde, gritando:

"Prostituta de soldados!"

"Ela está enchendo o saco!", reforça um outro.

Saint-Pol Roux tenta acalmar os ânimos:

"O que é isso... Não se trata uma mulher dessa maneira! É preciso conservar a gentileza!"

"A gentileza que se dane!"

Pronto. A confusão se espalha. O peixe com molho serve de catapulta, com seus legumes frescos, os talheres, o vinho, os copos, os pratos...

Philippe Soupault dá um salto e se agarra ao lustre. Fica suspenso com as pernas esticadas, batendo em tudo o que passa. Vindo de uma sala ao lado, Louis de Gonzague Frick, por sua vez, se joga sobre os surrealistas. André Breton abre a janela e a quebra. Junta gente na calçada. Max Ernst coloca as mãos em concha em volta da boca e berra:

"Abaixo a Alemanha!"

Ao que Michel Leiris responde:

"Abaixo a França!"

“Viva a China!”, responde uma voz.

“Viva os montanheses do Rif!”, grita alguém, em homenagem aos berberes de Abd el-Krim que se revoltam no Marrocos.

No meio da multidão que se formou na calçada, uma jovem olha na direção das janelas. É russa. Não tem trinta anos. No vão da janela, ela acaba de avistar um homem de smoking. Deixou-a sem voz. Porque é bonito. Porque é de uma elegância impecável. Porque, naquela confusão de gritos e movimentos, seus gestos conservam uma calma magnífica.

O desconhecido não a vê. Permanece por alguns instantes acima da multidão. Quando ele se volta para defender Max Ernst, ou Breton, ou outro qualquer, pondo a mão sobre uma penca de bananas que atira na direção das mesas, Elsa Triolet pergunta a uma das pessoas que está a seu lado quem é aquele homem. Ninguém sabe, é claro. A jovem procura um lugar para ver melhor. Na beirada do bulevar Saint-Michel, ela avista um banco e sobe. Olha. Mas o homem desapareceu. A moça continua procurando. Depois desce e se afasta. Seu coração dispara: ela sabe que acabou de ver o homem da sua vida. Aquele que ela procura há tanto tempo.

No interior da Closerie, em meio à confusão, Saint-Pol Roux continua tentando manter a calma. Em vão. Michel Leiris volta para a janela e grita novamente:

“Viva a Alemanha!”

Os transeuntes que se juntaram na calçada exigem que ele desça para se explicar. É quase linchado. Foi salvo pela heroica chegada das forças da ordem que o levam até a delegacia para, não menos heroicamente, cobri-lo de pancadas a portas fechadas (Youki Foujita afirma que ele foi liberado graças à intervenção de Robert Desnos junto a Édouard Herriot).

O escândalo foi considerável. No dia seguinte, toda a imprensa critica os surrealistas, acusados de serem “o terror do bulevar Montparnasse”. A Sociedade dos Escritores e a Associação dos Escritores Combatentes, de comum acordo com L'Action Française, pedem que o nome desses senhores nunca mais seja mencionado, a fim de privá-los do contato com o público.

Não é a primeira vez que os arruaceiros ficam na berlinda. Mas nunca antes Montparnasse de um modo geral e o La Closerie em particular tinham visto poetas, pintores e escritores se enfrentando por razões assim tão estranhas à arte.

André Breton assinala: "O que esse episódio" – o banquete Saint-Pol Roux – "tem de importante é que marca a ruptura definitiva do surrealismo com todos os elementos conformistas da época".[4]

Mas há também outra coisa. Na manhã do banquete, Breton e seus amigos haviam apoiado um protesto condenando a guerra do Marrocos e o envio de contingentes franceses contra Abd el-Krim: sete anos depois do final da "*der des der*"* eles pensam em participar da batalha pela paz. Para além dos gritos e do tumulto que sacudiram as velhas paredes da Closerie des Lilas, naquele dia de julho de 1925, uma nova realidade estava surgindo. Paul Fort e suas sombras, que cantavam e versejavam rindo, estão cada vez mais distantes a partir de agora. Sob a liderança dos surrealistas, Montmartre e Montparnasse se preparam uma vez mais para mudar de história. Os poetas descobrem uma nova prosa: a política.

---

* A Primeira Guerra Mundial (*dernière des dernières*: última das últimas). (N.T.)

Pequena geografia surrealista

Pai nosso que estais no céu, ficai aí mesmo.

Jacques Prévert

O teatro surrealista se apresenta em vários palcos. Uns ficam no café, outros na casa de Breton, outros na rua do Château, no XV arrondissement. O lugar predileto desses senhores (fora Simone Breton, as mulheres são raras, e estão sempre caladas) são os bistrôs. Não os balcões, mas as salas do fundo, onde as mesas podem ser reservadas. Vão para lá em horas determinadas, como no escritório. Marcam encontros, jogam tarô, fazem o jogo do retrato, das perguntas e respostas (trata-se de responder a perguntas desconhecidas)... É lá que fazem suas enquetes, principalmente perguntas íntimas sobre a sexualidade ou as particularidades de cada um, que quase sempre provocam brigas e tensões. A imprensa é analisada, os acontecimentos, comentados, as contas, cuidadosamente acertadas, raramente com tranquilidade... Os amigos são convidados para tomar um aperitivo, ao meio-dia ou às sete horas. Às vezes são os candidatos à adesão que fazem o teste de admissão.

Breton está sempre presente, e Aragon, quase sempre. É o único com quem o pai do *Manifeste* fala com respeito, e talvez com admiração. Um é propenso a cóleras homéricas, o outro nunca perde a serenidade. Esse notável sangue frio é muito útil nas escaramuças verbais.

Bebem *grenadines* porque gostam da cor, ou então bebidas alcoólicas raras, porque gostam dos nomes: Pick me Hup, Kees me Quick, Omnium cocktail, Dada cocktail, Pêle-mêle mixture, Amer Picon, Porto Flipp, Pastis Gascon, Mandarin-Curaçao... Le Chambéry-fraisette tem uma qualidade suplementar: foi elogiado por Apollinaire em *L'hérésiarque & Cie.*

Cada um paga a sua conta: é uma regra imutável. Breton, que ficou rico por conta dos vários quadros comprados nas vendas de Kahnweiler e vendidos segundo as necessidades, está sempre preocupado com o dinheiro dos outros. Paul Eluard também tem muito dinheiro, mas é, por assim dizer, o único. Os restaurantes escolhidos estão, portanto, ao alcance de todas as carteiras.

Outra regra: a assiduidade. É quase obrigatória. Aragon é malvisto quando prefere os braços e os braceletes de Nancy Cunard aos fortes abraços dos amigos. E, se gostam de olhar as fotos de Gala nua, que Eluard mostra com frequência e satisfação, lamentam abertamente suas ausências, tenham ou não uma justificativa: sabe-se que ele ama sua Gala, que gosta tanto dele quanto de Max Ernst, que a ama tanto quanto gosta de Eluard, que não se incomoda com o *ménage à trois*, desde que sua parte esteja garantida. Mas em todos os casos, quando Breton convoca, nenhuma desculpa justifica a ausência, principalmente se ela é reincidente. "O papa" reina soberano sobre a assembleia dos fiéis, vigiando sua tropa com o olhar penetrante. Ele está no centro de tudo. Firme, empertigado nos seus ternos escuros – quase sempre verde-garrafa –, os cabelos ondulados penteados para trás, ele conta os presentes e anota as ausências. Quando uma mulher se apresenta, levanta-se e beija-lhe a mão. É assim que o beija-mão vai se tornar um ritual surrealista.

Onde eles se encontram? Na época dadá, era no La Source, no bulevar Saint-Michel, próximo ao mesmo tempo do Val-de-Grâce, onde estavam Aragon e Breton, e do Hôtel des Grands Hommes, onde este último morava. Foi na Source que Breton mostrou ao melhor amigo, Aragon, os dois cadernos de *Champs magnétiques*, dos quais *Littérature* iria publicar os três primeiros capítulos. Foi lá também que Louis Aragon, autor de *Anicet ou le panorama*, decidiu não manifestar essa pequena mágoa, que certamente o incomodava, de não ter participado dessa experiência fundadora porque estava no front.

A compensação veio pouco depois, quando o grupo trocou a Source por esse ponto alto do dadaísmo, e depois do surrealismo, que foi o café Certà, na Passage de l'Opéra, número 11, escolhido exatamente "por ódio a Montparnasse e a Montmartre".[1] Breton, Tzara e Aragon recebiam ali os candidatos à adesão e outros amigos do grupo, como Marcel Duchamp, Max Ernst, Jean Arp ou René Crevel, jovem, bonito, frágil, sempre à beira da revolta ou do entusiasmo.

O café Certà permitiu que Aragon enchesse um pouco os bolsos numa época em que estavam desesperadamente vazios: seu amigo Soupault encomendou a ele um texto sobre a Passage de l'Opéra* (incluído em *Le paysan de Paris*) para *La Revue Européenne,* da qual era chefe de redação.

Nos anos 1920, depois que Breton se mudou para a rua Fontaine (no final da praça Blanche), o grupo passou a se reunir na casa do seu fundador, ou então no Cyrano, bulevar de Clichy. Ficaram ali até a chegada de Buñuel e Dalí, em 1929.

Quando atravessavam o Sena, os surrealistas iam ao café da Mairie, na praça Saint-Sulpice. A partir de 1928, seguindo o rastro de Man Ray, Aragon e Desnos, foram para o La Coupole, também frequentado pelos pintores. Artaud e muitos outros permaneceram fiéis ao Dôme e ao La Rotonde. Mas todos passaram por duas casas de Montparnasse que foram os pontos altos do surrealismo da margem esquerda.

A primeira ficava na rua Blomet, próximo a Vaugirard. Eram três construções no meio de um jardim malcuidado. Em 1922, André Masson e Joan Miró foram morar lá. Os dois pintores haviam se conhecido em Montmartre, no grupo de Max Jacob. O espanhol cruzara com Picabia, e, portanto, com a cultura francesa, em Barcelona. Chegou a Paris em 1919.

Masson tinha sido ferido durante a Guerra. Esta tinha lhe deixado uma sequela maior: passou uma temporada num hospital psiquiátrico. Quando saiu, foi viver na miséria.

---

* Entre 1786 e 1860, foram construídas cerca de cinquenta galerias comerciais em Paris, chamadas primeiro de "passagens". Muitas foram demolidas, entre elas a Passage de l'Opéra, em 1920, o que suscitou o texto de Aragon. (N.T.)

Como Miró. Trabalhou como entregador, figurante, revisor no *Journal Officiel.* Em 1922, Max Jacob apresentou-o a Kahnweiler. Este logo lhe propôs um contrato. Graças a esse dinheiro inesperado, Masson se instalou na rua Blomet, com a mulher e a filha. Ao mesmo tempo que Miró, sem que os dois pintores, assim diz a lenda, que no entanto eram amigos, tivessem sabido que estavam se mudando para o mesmo lugar.

Em 1924, levado por Robert Desnos, Breton passa pela rua Blomet. Encontra Masson, que o manda ver Miró. Logo no primeiro dia, aquele que tomou o lugar de dadá compra *Terre labourée.* Em seguida, adquire outras telas, cujas reproduções ele publica em *La Révolution Surréaliste.* Para ele, Miró é incontestavelmente um dos seus.

Em novembro de 1925, a maior parte dos grandes nomes do surrealismo está impressa num convite para o vernissage de uma exposição do artista, na galeria Pierre, rua Bonaparte: Breton, Aragon, Soupault, Naville, Eluard, Vitrac, Crevel (que, depois de ter seguido dadá, ligou-se definitivamente a Breton), Leiris, Max Ernst... O vernissage aconteceu à meia-noite, como era de praxe na Galeria Pierre para as manifestações do grupo. Miró está presente, é claro. O espanhol não se opõe ao apoio dos surrealistas. Com uma condição: que possa ficar à distância, se assim desejar.

Masson é o mais entusiasmado. Fornece regularmente desenhos para a revista de Breton. Permanecerá fiel a ele até 1928, data em que se afastará do autoritarismo do "chefe" – o que, como acontece com muitos outros, provocará sua exclusão.

Durante os primeiros anos, grandes e pequenos surrealistas passam então pela rua Blomet: Leiris, Artaud, Roland Tual, Bataille (que esteve próximo ao movimento sem nunca ter aderido a ele), Limbour, Aragon. Eles leem, bebem e fumam ópio. E não são os únicos. Aqueles que, em 1926, substituirão os primeiros moradores vão usufruir dos mesmos prazeres, com o mesmo entusiasmo: o escultor André de la Riviere, o pintor Georges Malkine e o poeta Robert Desnos.

Este não está mais apaixonado por Thérèze Treize, mas por Yvonne George, uma atriz belga que canta nas horas vagas e exige que seu cavalheiro (provavelmente em transe) lhe dê os fortificantes necessários. Desnos obedece, aproveita para também experimentar, divide com o amigo Malkine, que ama Caridad de Laberdesque, dançarina.

Quando não está dormindo – ou não está fingindo que dorme –, Desnos vai ao Bal Nègre: foi ele quem contribuiu para o sucesso dessa grande festa que reunia todas as tendências. Muitas vezes também ele sobe em direção à rua da Gaîté, perto do cemitério de Montparnasse. Pega a rua do Château, atrás da estação de trem, que vai dar não muito longe da antiga cantina de Marie Vassilieff. Para no número 54. Empurra um portão e se acha diante de uma casa de um andar que antes serviu de entreposto para a venda de peles de coelho. Sobe alguns degraus e entra numa grande sala decorada com uma enorme tapeçaria de inspiração cubista, feita por Lurçat. Espalhados pelo chão, estão almofadas e esparsos objetos conseguidos no Mercado das Pulgas ou nas latas de lixo das redondezas.

Contra a parede do fundo está apoiado um móvel estranho: é alto e inclui um armário, um viveiro com areia e cobras vivas, um toca-discos de verdade, movido a eletricidade, e, no alto, acima de tudo, uma gaiola com ratos brancos. Do outro lado, foi construída uma *loggia*, que abriga os amigos que estão de passagem, isto é, geralmente Benjamin Péret. Nessa *loggia*, na noite de 6 para 7 de novembro de 1928, a vida de Louis Aragon, que ainda vive um tumultuado romance com Nancy Cunard, mudará completamente para sempre.

Atrás de uma porta fica o discreto ateliê de um dos três moradores do lugar, um homem alto, de topete: o pintor Yves Tanguy. Na maior parede da sala comum, ele pintara um Cristo sanguinolento, que apagou depois que levou um choque ao descobrir, de dentro de um ônibus, a pintura de De Chirico. A partir daí, ele abandonou o expressionismo por obras muito mais iconoclastas cujas reproduções são publicadas pela revista *La Révolution Surréaliste.*

No primeiro andar vivem os dois outros moradores da casa. Por enquanto Marcel Duhamel ainda não criou a *Série Noire.* É dono de um hotel. Como é o mais rico do trio, é ele quem financia as obras de reforma da casa.

O último do pequeno grupo já usa aquele boné que se tornará legendário, assim como a ponta de cigarro no canto da boca. Escreve roteiros de cinema que são recusados (não por muito tempo), canções em parceria com Desnos que oferecem a Kiki, que não as quer, pois acha que são inteligentes demais para ela.

Trabalha como figurante nos filmes dos amigos. Frequentou pouco a escola, a não ser para matar as aulas. Aos dezesseis anos, foi trabalhar no Bon Marché, onde aprontava. Mandava entregar notas de compra falsas a clientes de verdade, ou então preparava os relógios da loja para que tocassem todos ao mesmo tempo, se possível nas horas de maior afluência. Como ainda não tinha se casado com Simone, fazia a corte a uma jovem vendedora que trabalhava um pouco mais distante; os pais a defenderam contra o agressor, que teve de correr pela calçada do Bon Marché, perseguido por dois policiais que tentavam alcançá-lo.

Fez o serviço militar em Meurthe-et-Moselle e depois em Constantinopla, o que lhe valeu o encontro com seus grandes amigos Duhamel e Tanguy; este havia tentado em vão ser reformado engolindo aranhas vivas.

O autor de *Paroles* cruzou com o autor de *Corps et biens* em um café de Montparnasse. O primeiro estava prestes a agredir um indivíduo que falava alto demais, e o segundo, a defender a vítima, de punhos erguidos. Florent Fels, que lá estava, apresentou os dois brigões: Robert Desnos e Jaques Prévert.

Guardaram as luvas de boxe e trocaram apertos de mão. Prévert levou Desnos até Tanguy e Duhamel. Tornaram-se amigos. Logo descobriram um ponto comum: nasceram os quatro em 1900. Quando se conheceram, ainda não tinham 25 anos.

Foi assim que se deu a junção entre a rua Blomet e a rua do Château, e depois entre Montparnasse, na margem esquerda, e a rua Fontaine, na margem direita. Para a grande felicidade de um surrealismo que acabara de adotar esse nome, e que não será praticado da mesma maneira pelo papa e pelos arruaceiros.

Os gazeteiros da rua do Château

> Na maior parte do tempo, ficamos zanzando por Montparnasse, esse eterno parque de diversões...
>
> Marcel Duhamel

A primeira vez em que a turma de Prévert foi à casa de Breton, tinham cheirado uma boa dose de cocaína para se sentir melhor. E todos ficam tão à vontade que voltam todos os dias, e todos os dias os outros também vêm à rua do Château. Aragon, Queneau, Max Morise, Michel Leiris... Este, no primeiro dia, senta-se muito ereto, pega uma garrafa de gim, esvazia-a, fica cada vez mais ereto, cada vez mais impenetrável, cada vez mais mudo.

Fará isso de novo.

Quando Benjamin Péret chega, ele pega o acordeão, toma fôlego e estica bruscamente os braços – de tal maneira que o instrumento se parte ao meio.

Não fará isso de novo.

Fará melhor do que isso.

O número 8 de *La Révolution Surréaliste*[1] imortalizou--o no seu esporte favorito: a caça ao padre. Péret, de camiseta, interpela um eclesiástico que passa pela rua. A foto tem a seguinte legenda: "Nosso colaborador Benjamin Péret ofendendo um padre". Isso tinha sido em Plestin-les-Grèves, perto de Lannion. Foi Marcel Duhamel quem tirou a foto. Ele estava viajando em companhia dos Prévert para ir buscar os Tanguy e levá-los à casa que Masson havia alugado em Sanary. Tinham atravessado Pontoise em grande velocidade, com os vidros das janelas do Torpédo abaixados para que Péret pudesse assustar os pedestres gritando e atirando com um revólver, do qual ele usava e abusava tanto quanto Alfred Jarry vinte anos antes.

Masson conhece bem os excessos de Péret. Quando o pintor morava na avenida de Ségur (foi antes da rua Blomet), Péret vinha vê-lo todos os dias. E todos os dias, durante duas semanas, a mesma cena se repetia, imutável. Péret passava por uma casa onde havia, no térreo, uma janela aberta, um zelador, a mulher e três crianças, um prato fumegante sobre a mesa. Ele se debruçava no peitoril da janela e fazia essa amável pergunta à família que estava almoçando:

"Então, a merda está boa?"

Ele mesmo não tinha comido nada desde a véspera ou a antevéspera.

Depois de meditar durante duas semanas, o valente defensor dos valores familiares ofendidos tomou coragem, limpou a garganta e, quando o inconveniente apareceu, passou ao contra-ataque:

"Boche imundo!", murmurou.

E fechou a janela com força para evitar o revide.

Péret admira Breton, que agradece. Ele nunca o contradiz e sempre o defende. A não ser quando o abade Gegenbach senta-se ao lado dele. Imediatamente Péret se levanta e o esbofeteia. O homem da batina se retira. Por mais que Breton repreenda seu surrealista mais fiel, não adianta: Péret não compreende. Pouco importa que Gegenbach tenha aderido ao movimento (mais tarde irá execrá-lo publicamente), que esteja apaixonado por uma atriz do Odéon, que dance de batina no Jockey, que beba no La Rotonde com uma garota de cada lado no colo, que frequente os bordéis e faça retiro em Solesmes quando não tem mais um tostão... Ele continua sendo um padre. No número 5, *La Révolution Surréaliste* publicou uma foto do abade e da sua namorada. Péret não pôde impedir. Procura então tirar sua desforra na rua. Assim que percebe a sombra de uma batina, perde a cabeça. Quase sempre Prévert está com ele. Ele também não perde um escândalo.

Ele e toda a turma da rua do Château estão, certa noite, no bulevar de Clichy. Aguardam a hora da sessão do cinema. A calçada está cheia de gente. Como chove, há muitos guarda-chuvas. Breton detesta guarda-chuvas. Principalmente quando atrapalham seu caminho. Irritado, pega um das mãos de um dos transeuntes, encaixa-o entre os braços estendidos e parte-o ao meio sem esforço. Prévert acha engraçado, e faz o mesmo. Desnos não quer ficar atrás: quebra um terceiro guarda-chuva. Tanguy, Péret e Duhamel tomam conhecimento do assunto e também o fazem... As pessoas protestam. Breton dá um tapa em alguém. Chega a polícia. Vão ter de se render à evidência: o filme ficará para outro dia...

Num outro dia, justamente Prévert, Duhamel e Tanguy estão na praia, na Bretanha. Prévert banca o exibicionista. Depois do atentado ao pudor ele se esconde em um restaurante, onde os pratos são finos e os vinhos, encorpados. Na sobremesa, para se divertir, abre as janelas e insulta as pessoas que se juntaram na praça. Tem sorte de não ser linchado. O milagre se reproduz alguns dias mais tarde, quando quebra a cara de um ciclista que o derruba por distração.

Nessas condições, é melhor voltar para casa.

Para os vizinhos, o número 54 da rua do Château é um bordel. Como explicar de outra maneira os constantes vaivéns?

Durante o dia os moradores não trabalham. Bebem nos bares de Montparnasse. Vão ao Ciné-Opéra. Desnos, digamos, uma vez por dia. Prévert quase tanto. Pierrot, seu irmão, que é projecionista numa sala da margem direita, deixa-o entrar com os amigos. Eles veem e reveem *Le Golem*, *Nosferatu*, *Os irmãos Karamazov*... À noite, quando voltam, leem *L'histoire de l'oeil*, de Georges Bataille, publicada clandestinamente.

São sempre muitos. Onde três alugaram, dormem quinze. Antes de dormir, ouvem discos de jazz americano. Bebem, fumam, jogam jogos estranhos.

Que jogos são esses?

Instalam-se em volta de uma mesa, diante de pedaços de papel. Distribuem os papéis entre eles, escrevem sem que os outros vejam, dobram, passam adiante. É o jogo dos pedacinhos de papel, que Tzara começou e Prévert cultivou: foi ele quem encontrou o começo da famosa frase que deu nome ao "*cadavre exquis*":

Le cadavre exquis boira du vin nouveau.*

Os pintores também brincam, compondo equipes nas quais os poetas também pegam nos pincéis: Man Ray – Miró – Morise – Tanguy; Breton – Duhamel – Morise – Tanguy...

Falam também de política. Aproximaram-se da revista *Clarté,* fundada em 1919 por Barbusse, e que se tornou mais radical em 1924. George Grosz acha que nessa França "intelectualmente enfraquecida, quase moribunda", onde "Romain Rolland, citado como sendo o arauto de uma humanidade melhor, é um radical tão fraco quanto Herriot no domínio político"[2], o grupo *Clarté* é o único polo de radicalismo interessante. Mais tarde, a revista será o órgão da oposição de esquerda ao PC. Por ora, tomou a liderança no combate contra a guerra no Marrocos. Muitos intelectuais aderem a essa luta. Entre eles os surrealistas. Mas *Clarté* tem um problema com o comunismo. Em 1926, em *La Révolution Surréaliste*, Breton publicou um longo texto, *Légitime défense*, reagindo contra os ataques de que são alvo os intelectuais no jornal *L'Humanité***, e respondendo a uma pergunta feita por Pierre Naville: os surrealistas estão preparados para a Revolução *de fato*? Sim, responde Breton; mas a revolução do espírito é tão essencial quanto a Revolução *de fato*; os membros do PC não são os únicos agentes da Revolução.

A grande interrogação daqueles anos é saber se os surrealistas vão pegar o bonde do comunismo. Prévert está em dúvida: "Serei preso".[3] Ele não precisará do partido para criar o grupo *Octobre*, em 1929, e apresentar sua trupe de teatro nos subúrbios operários.

---

* O cadáver refinado beberá vinho jovem. (N.T.)

** Órgão oficial do PC. (N.T.)

Leiris e Tanguy hesitam. Artaud e Desnos recusam. Breton, Aragon, Péret, Unik e Eluard dão o passo decisivo em janeiro de 1927 (Breton, decepcionado com a política cultural do partido, voltará rapidamente atrás). Eles publicam um texto, *Au grand jour*, no qual explicam sua decisão. O que provoca uma nota ácida de Paulhan publicada pela *NRF*, e uma primeira resposta de Breton tratando-o de "veado francês da pior espécie". Paulhan manda os padrinhos Marcel Arland e Francis Crémieux a fim de organizar o duelo. Mas Breton tira o corpo fora. Paulhan responde com um bilhete dirigido aos dois amigos e publicado na *NRF*:

> Caros amigos,
> Obrigado. Não os incomodei em vão; conhecemos agora a covardia acobertada pela violência e pela sujeira desse personagem.[4]

Ao que Aragon já havia anteriormente respondido, tomando a defesa de Breton, numa carta bem surrealista:

> Caro senhor,
> Há diversas espécies de cretinos. Sempre pensei que os piores eram os anônimos. O senhor é um especialista do anonimato [...] Mas no fim o senhor não passa de um babaca, não posso me contentar em deixar que o diga. Quero definitivamente encher seu saco.
> P.S. Anda depressa com os padrinhos, vou fugir depois de amanhã.[5]

Crevel também se filia. Ficará por muito tempo. Vai escrever nas revistas comunistas, participará de ações militantes. Em 1935, por ocasião do Congresso Internacional de Escritores pela Defesa da Cultura, ele tentará desesperadamente aproximar os comunistas e os surrealistas. Não vai conseguir. Brigará com Breton e contará a briga, aos prantos, a Salvador Dalí.[6] Alguns dias mais tarde, tomado pelo desespero, minado pela tuberculose, se suicidará.

Quanto a Péret, já está lá desde 1926. Além disso, trabalha na composição tipográfica do *L'Humanité*, o que lhe rende alguns trocados. Deixará o PC quando as incompatibilidades entre comunismo e surrealismo lhe parecerem intransponíveis. Em 1936, na Espanha, apoiará os trotskistas do POUM (Partido Operário de Unificação Marxista). Assim como Pierre Naville, preso em 1926, diretor de *Clarté* no mesmo ano, expulso do partido em 1928, dirigente da seção francesa da IV Internacional, trotskista.

Na margem direita, o surrealismo rima melhor com trotskismo do que com comunismo. Na margem esquerda, o surrealismo rima é com anarquismo. É alegre. Mais festeiro. Mais libertário. Menos fundado em princípios, menos preocupado com a linha, com menos tendência às excomunhões. Mais flexível. Na rua do Château, o espírito do antigo Montparnasse ainda perdura. É claro que o dinheiro, as luzes, a modernidade tornaram-no mais pesado. Mas é clara a influência de Jarry e Apollinaire sobre Desnos e Prévert. Breton está mais para Matisse. Mesmo quando faz arruaças, não perde a linha. Mantém o olhar atento sobre suas próprias fronteiras. A diferença essencial, pelo menos até 1928, a razão pela qual Montparnasse continua sendo Montparnasse e não vai se confundir com a rua Fontaine, é que, em volta de Prévert, os gazeteiros são reis. Na escola da rua Fontaine, os primeiros da turma se levam a sério.*

---

* O título deste capítulo e a alusão aos gazeteiros referem-se a um dos poemas mais conhecidos de Prévert: *Le cancre* (o aluno que "mata aula", que não presta atenção) ["... Ele diz sim àquilo que ama/ Ele diz não ao professor"]. (N.T.)

Ajustes de contas

> ...O atual resultado da minha inspeção benévola é que Morise passou o tempo todo batendo à máquina, e Vitrac não fez absolutamente nada...
>
> André Breton

Certo dia de 1928, Youki Foujita está bebendo no La Cigogne, na rua Bréa. Numa mesa ao lado, um homem de smoking ri de um jeito que irrita a jovem mulher. Uma mecha de cabelo lhe cai sobre o olho. Ele está brincando com os canudinhos. Como ela parece interessada pelo que o homem está fazendo, ele vai até a mesa dela e lhe mostra o último brinquedo dos surrealistas: junta as embalagens de canudinhos até formar uma aranha de papel. Depois deixa cair uma gota d'água em cima: a aranha mexe as patas.

O homem dá uma gargalhada e se apresenta: Robert Desnos.

Youki reage friamente.

No dia seguinte, ela está tomando um aperitivo com Breton, que é mais ou menos seu conhecido, pois já cruzou com ele nos bares de Montparnasse. Conta o que aconteceu e confessa que não gostou de Desnos. Imediatamente Breton chama o garçom, pede uma folha de papel e escreve uma carta severa ao amigo surrealista que não sabe se comportar nos cafés e muito menos junto às senhoras. Youki tenta impedir o Bicho-papão de escrever e de mandar a carta. Não adianta: Breton está louco de raiva.

Alguns dias depois, em outro café, Youki vê novamente Desnos. Convida-o a sentar-se à sua mesa e pede desculpas por ter falado mal dele para Breton. Mas Desnos nem liga. Está voltando de Cuba, livre, contente...

Youki convida-o para jantar, naquela mesma noite, na casa de Foujita, em Montsouris. Tornam-se amigos. Alguns anos mais tarde, Youki Foujita vai se tornar Youki Desnos. Breton não será escolhido para padrinho...

A carta indignada enviada a um jovem mal-educado, depois desse encontro no La Cigogne, traduz o rigor do papa dos poetas, "íntegro e rígido como a cruz de santo André", escreverá Salvador Dalí.[1] Breton rege a orquestra com a sua batuta.

Toca suas partituras em múltiplos lugares. Considera, por exemplo, que o comércio de quadros, que ele mesmo pratica (assim como Eluard), é uma atividade nobre, contrariamente à de jornalista, exercida por Desnos (que trabalha no *Paris-Soir*), Crevel (que é secretário de redação de *Nouvelles Littéraires*), Soupault e muitos outros (em 1944, em Nova York, Soupault cruzará com Breton, que se tornou jornalista por falta de algo melhor a fazer para ganhar a vida: Pierre Lazareff contratou-o para ler notícias no rádio; o apresentador se impôs uma restrição que nunca desrespeitou: ele noticiava todos os acontecimentos, menos o que dizia respeito ao papa).

Aquilo que interessa a Masson, Desnos e aos frequentadores da rua do Château ou do Bal Nègre, da rua Blomet, chega pouco e mal aos ouvidos da rua Fontaine, e é apreciado às escondidas.

O amor puro é considerado uma virtude (*Nadja* é um exemplo), o homossexualismo, um vício. Breton nunca pensará de outra forma. O número 11 de *La Révolution Surréaliste*[2] relata as palavras trocadas durante uma daquelas mesas redondas que reuniam os fiéis em torno de um problema específico. Naquele dia: "O que você pensa sobre a pederastia?". Prévert não via mal nenhum nisso, nem Queneau, que deplora esse preconceito contra o homossexualismo muito comum nos surrealistas. Péret, Unik e Breton partem para o ataque. Principalmente Breton, que considera que, à exceção de Sade, os homossexuais propõem "à tolerância humana um déficit mental e moral que tende a se tornar um sistema".[3]

Talvez esse excesso de rigor possa explicar em parte o desprezo dos surrealistas por Cocteau. Também justifica o antagonismo entre Breton e Ilya Ehrenbourg, escritor soviético que vive em Paris, subserviente a Moscou.

O francês reprova o russo menos por ter várias vezes virado a casaca para agradar a direção do partido do que por ter escrito algumas linhas violentas contra os surrealistas, acusando-os de ociosidade, parasitismo e, crime dos crimes, de preocupar-se quase exclusivamente com a pederastia.

Por ocasião da preparação do congresso da Associação dos Escritores e Artistas Revolucionários, Breton encontra Ehrenbourg, que está saindo de casa (ele mora em Montparnasse) para ir comprar cigarros. Segue-o e o esbofeteia metodicamente, sem que o outro reaja.

Usando alternadamente o tapa e a palavra, às vezes os dois, o autor do *Manifeste du Surréalisme* nunca pega leve. Na maioria das vezes é difícil evitar seus acessos de raiva. Esses são quase sempre imprevisíveis. Em 1929, por exemplo, quando ele se divorcia de Simone Breton, considera crime de lesa-majestade que alguém dirija a palavra à ex-mulher. As más línguas dizem até que a briga com Pierre Naville teria sido desencadeada pelo fato de a companheira (e futura mulher) deste, Denise Lévy, ser prima de Simone.

As rupturas com Breton são quase obrigatórias. Elas se produzem sempre num clima de ódio e de insultos, tão violento quanto as paixões suscitadas por esse homem especialmente carismático. A brutalidade com a qual os dadaístas e depois os surrealistas provocam o mundo não está somente voltada para o exterior. Ela se volta contra eles próprios, como um bumerangue, quando se trata de condenar ou excluir um membro do grupo (em 1946, no *Avertissement pour la réedition du Second Manifeste*, Breton irá lamentar esses "desagradáveis traços de nervosismo" e "os julgamentos por vezes apressados", feitos por ele mesmo).

Soupault, que no entanto foi um dos elementos fundadores, um dos dois pais de *Champs magnétiques*, foi descartado em circunstâncias que não ficam devendo nada às expulsões da grande família stalinista, trinta anos depois. E assim como tantos intelectuais sentir-se-ão órfãos depois de terem sido expulsos do partido, Soupault terá uma depressão nervosa quando ficar sozinho, sem o estandarte surrealista para se agarrar.

Ele foi convocado numa noite de novembro de 1926. Como aconteceu no Processo Barrès, é Breton quem dirige o ato:

> Entrei numa sala relativamente grande, mal iluminada. Percebi que, como era de costume, os numerosos assistentes formavam um tribunal presidido, é claro, por André Breton, assistido por Louis Aragon e Max Morise. A acusação foi lida num tom hostil, até ofensivo. Não esperava esse tratamento da parte daqueles que até então eu considerava amigos, que eu me esforçara para ajudar quando passavam por qualquer tipo de dificuldade. Compreendi rapidamente que aquela "cerimônia", que me pareceu insignificante e ridícula, tinha sido preparada com antecedência para me arrasar. Os organizadores não tinham a menor intenção de me ouvir. As cartas estavam marcadas.[4]

De que acusam Philippe Soupault? De não ter frequentado com assiduidade o Cyrano, onde se realizavam as reuniões do grupo. De colaborar para "revistas burguesas" e de praticar uma "atividade literária desordenada" escrevendo livros contestados. De recusar a se filiar ao Partido Comunista. De fumar cigarros ingleses, mais aristocráticos do que o fumo escuro e operário dos proletários – cigarros da marca Caporal.

E Artaud, excluído na mesma leva? De só agir de modo escuso. De ser um irracional. Um metafísico. "Um canalha", "uma podridão". De ter impregnado todo o número 3 de *La Révolution Surréaliste* desse caráter "meio libertário", "meio místico".[5] que ameaçava levar o movimento em direções estranhas ao seu fundador – o qual retomou o jornal nas mãos justamente para lutar contra tais desvios.

Dois anos mais tarde, quando Artaud levará para o palco *Le songe*, do "vago Strindberg" (segundo Breton), no teatro Alfred-Jarry, ele se tornará um "traidor", agindo" com objetivo de lucro e fama fácil".[6] O genial ator sacudirá os ombros: para ele, o surrealismo tinha assinado sua condenação à morte ao se ligar ao comunismo.

Ainda em 1926, Max Ernst e Joan Miró vão para a berlinda por terem aceitado fazer os cenários de um espetáculo dos mais conformistas: *Romeu e Julieta*, montado por Serge de Diaghilev. Naquele dia, Breton, Aragon e sua turma estão no teatro. Eles não aceitam que os dois artistas fiquem ao lado do poder do dinheiro. Centenas de panfletos insultuosos caem dos balcões. Não muito distante do palco, Leiris desdobra uma gigantesca bandeira sobre a qual está escrita uma frase: "VIVA LAUTRÉAMONT!". Aragon, vestido com elegância, insulta a multidão, apoiado pelos gritos de Péret e Desnos... logo abafados pelos apitos da polícia. A noite acaba na delegacia.

Depois é a vez de De Chirico. Adoraram sua primeira fase, detestam a segunda. Em março de 1928, contra a vontade do pintor, e para concorrer com Léonce Rosenberg, que está expondo novas telas, a galeria surrealista expõe suas obras mais antigas. Estas foram compradas por Breton, no ateliê que o pintor ocupou em Montparnasse, na Passage d'Enfer, até 1913. Raymond Queneau se encarrega da execução. Segundo ele, há duas fases De Chirico: a primeira... e a ruim.

No dia 11 de março de 1929, a rua do Château é palco de outro ajuste de contas. Não a casa, que os antigos inquilinos já deixaram para recém-chegados muito mais ortodoxos (Georges Sadoul e André Thirion), mas o café em frente. Breton convocou todos os membros próximos e distantes do surrealismo para refletirem sobre alguns temas importantes: a Revolução, a decisão de Stalin sobre Trotski, as ações comuns...

Os grandes ausentes a essa reunião são Naville, Artaud, Vitrac, Limbour, Masson, Tual, Bataille, que preferiram não vir. E dois dos antigos moradores da rua do Château, Duhamel e Prévert, que o comitê central e surrealista não se dignou convidar para a reunião, em virtude de "suas ocupações" ou de "suas maneiras de agir".[7] (Man Ray e Tanguy, apesar de "esquecidos", virão assim mesmo.)

Por outro lado, vieram os novatos, que vão para o banco dos réus. O grupo do Grand Jeu*, Roger Gilbert-Lecomte, René Daumal e Roger Vailland, reunido em torno da revista de mesmo nome, é taxado de misticismo e acusado de preferir Landru a Sacco e Vanzetti (é o que afirma uma manchete provocadora da revista *Le Grand Jeu*); e, finalmente, Roger Vailland publicou no *Paris-Midi* um artigo elogioso sobre o chefe de polícia Chiappe. O elogio é na verdade irônico e debochado. Começa com uma comparação; Chiappe é como "um avô que enche os netos de presentes" (que são, evidentemente, os policiais de Paris) e termina com uma estaca fincada no coração do "depurador da nossa capital".[8] Mas Breton não vê nada disso. Vailland é jornalista. Já seria o bastante para expô-lo à ira surrealista.

No dia seguinte do processo do Grand Jeu, Ribemont-Dessaignes envia uma carta de ruptura para a rua Fontaine: ele não suporta mais essa paixão de Deus e de seus apóstolos pelos julgamentos.

E ele ainda não viu nada. Em 1930, Breton publica o *Segundo Manifesto do Surrealismo*. Trata-se ao mesmo tempo de reorganizar o movimento, de lembrar seus princípios e de um ataque em regra contra "os covardes, os dissimulados, os arrivistas", aqueles que traíram e se comprometeram.

Já se sabia que Masson tinha ciúmes de Max Ernst e de Picasso, e que, assim como Artaud, pecava por "abstencionismo social"; já se sabia tudo sobre a complacência de Desnos; ninguém duvidava de que Naville (a quem Breton tinha confiado junto com Péret a direção de *La Révolution Surréaliste*, pois eram "os mais avessos a qualquer concessão")[9] tinha entrado para o PC para sair três meses depois, e conseguir assim uma publicidade barata, logo ele cujo pai

* Grupo literário mais jovem do que os surrealistas e a eles ligados no princípio. (N.T.)

era, na verdade, tão rico; já se achava que Georges Bataille e Michel Leiris mereciam ir para o castigo, o primeiro por ter fundado uma revista concorrente, *Documents*, da qual o segundo era secretário de redação, tendo os dois cometido a traição suprema de abrir suas páginas para os renegados Desnos, Prévert, Masson, Limbour...

A tudo isso, o *Segundo Manifesto* acrescenta brindes e mais brindes. Por ele sabe-se que Vitrac, que teve a infelicidade de escrever para o teatro, é um "verdadeiro porcalhão das ideias", que Limbour molha sua pena nas "vaidades literárias", que Soupault nada mais é senão "um rato fazendo a volta do ratódromo", a encarnação da "infâmia total"...[10]

De tudo um pouco e muita bobagem. Para alguns é demais. Em resposta às diatribes de Breton, Ribemont-Dessaignes, Vitrac, Limbour, Morise, Baron, Leiris, Queneau, Boiffard, Bataille, Desnos e Prévert publicam um panfleto intitulado *Un cadavre.* Ele atinge violentamente André Breton, falso irmão para uns, falso papa e falso bispo para outros, falso amigo para muitos, profanador de cadáveres e intelectual profissional para certas pessoas, polícia e padre para todo o mundo.

Os destruidores de ícones utilizaram o título do panfleto escrito em memória de Anatole France, em 1924. Retomaram as palavras com as quais o próprio Breton tinha concluído a "homenagem": "não se deve permitir que esse homem sacuda a poeira depois de morto". Essa frase vem escrita acima do rosto de Breton, cuja testa está cingida por uma coroa de espinhos, e tem uma lágrima de sangue no canto dos olhos.

Breton, por sua vez, reuniu as tropas antigas e novas. Para unir aqueles que ainda estão ao lado dele é preciso um objetivo. Ele o descobriu. Prepara-se então para o ataque final a Montparnasse. O primeiro tinha demolido a Closerie des Lilas. O último, cinco anos depois, vai quebrar e destruir um bar-jantar-ceia-dançante que acaba de abrir no bulevar Edgar-Quinet, não muito longe da rua do Départ e da Gare Montparnasse. Esse lugar de prazeres noturnos tem a infelicidade de ostentar um nome que os cavaleiros do conde de

Lautréamont não podem admitir que seja colocado na vitrine de um estabelecimento de bebidas: Maldoror.

Não estão todos lá, no dia 14 de fevereiro de 1930, naquela noite de expedição punitiva. Os recém-chegados, Bufiuel, Giacometti, Magritte, Dalí, Sadoul, Yhirion, ainda não foram para a linha de frente. Há alguns outros, no entanto, ao lado de Aragon, Péret e Tanguy. Mas é Breton quem atravessa a soleira do Maldoror gritando que ele é o convidado do conde de Lautréamont. É ele também quem dispara a primeira bateria de copos e pratos que quebram os vidros da fachada.

"Os surrealistas estão nos atacando!", grita uma senhora de casaco de pele.

Thirion recebe um soco no estômago. Tanguy, uma tigela de *escargots* ao champanhe cobertos por um fio de manteiga fresca, e Eluard, um presunto defumado. Ele logo sacode as pernas, os braços, e a confusão aumenta. As senhoras, de vestido de noite, e os senhores, de fraque, correm para os banheiros. René Char atira numa toalha de mesa. Um suflê espirra seu recheio pelos tapetes coloridos. Um balde perde seu champanhe, e o champanhe, suas borbulhas. O *barman* saca uma fruta que atinge Aragon no occipital, provocando uma ofensiva de *bordeaux millésimés* acompanhados de algumas cadeiras e de uma ou duas mesas. Tudo isso atinge a porta da cozinha que se despedaça. Aparecem três cozinheiros. Alguém grita:

"Chamem a polícia!"

Outras garrafas se abrem. Meia dúzia de assados são lançados, acompanhados de insultos bem salgados, apimentados e encorpados. Ouvem-se as sirenes. Os poetas se agrupam. René Char está com a coxa sangrando, espetada por uma faca de cozinha. A camisa de Breton está em farrapos.

Os atacantes correm para a entrada, dispersando-se para deixar passar os policiais. Na confusão geral, Breton constata que a honra de Lautréamont foi vingada: o campo do Maldoror está coberto de cacos de copos e de garrafas, de mesas partidas e sopeiras quebradas, gordura, molhos e resíduos gratinados, açucarados cristalizados e moídos cobrem as paredes.

Os surrealistas desaparecem. Char é levado num táxi. Os outros vão caminhando ao longo do cemitério. O olho de Breton brilha com aquela chama encantada que o anima depois das rixas. Péret esfrega as mãos porque, a cem metros de distância, na mesma calçada, vem vindo um padre. Aragon está com o lábio superior ferido. Abandonando os outros, ele vira na rua Delambre. Chega ao cruzamento Vavin, dobra à esquerda, passa na frente do Dôme e do La Rotonde, segue até um restaurante decorado em grená, que abriu dois anos antes e onde, desde a noite da inauguração, Elsa esperava sua hora.

O Citroën da limonada

Há seis meses vem se acentuando a pressa com que os artistas estão deixando Montparnasse. Fogem dos hotéis caros, dos ateliês que só podem servir de estúdios para americanas ricas e de um certo pitoresco, comercializado pelos painéis publicitários de quinze boates e por uma série de revistas e jornais locais movidos pelo interesse.

Roger Vaillant

La Coupole. Dois mil e quatrocentos metros quadrados de refeições, danças, sedução, calor, encontros, de disputas para ver quem leva a melhor. No térreo: a comilança; no subsolo: a agarração; no primeiro andar: a jogatina.

Em 1926, os senhores Fraux e Lafon, cunhados e proprietários de um restaurante em Auvergne, compraram o depósito de madeira e carvão que havia em frente ao Select. Anteriormente, tinham comprado o Dôme, de Chambon, que conseguiu recuperá-lo depois de três anos de leais serviços prestados. Impedidos de realizar esse sonho, os cunhados conceberam um outro: abrir em pleno Montparnasse o maior restaurante do lugar, ou quem sabe até da capital.

Em pouco tempo, o sonho era realidade. As obras começaram em janeiro de 1927. Menos de um ano depois, tudo está pronto. Três andares, três maneiras de se gastar (e se desgastar). No térreo, come-se junto aos artistas que pintaram os pilares das colunas. Os que entram pela porta giratória que dá para o bulevar encontram-se nos domínios de Bob, o *barman* que trabalha atrás do balcão. Do bar passa-se para o restaurante empurrando a porta que liga as duas salas.

Os que preferem jogar sobem ao primeiro andar. A escada fica no fundo, à direita. Vai dar num terraço onde se come no verão e se lança o bolim em todas as estações. O pintor Othon Friesz é o grande gerente do jogo.

Os notívagos devem ir para o subsolo. Duas orquestras, uma de blues, a outra de tango, permitem que os dançarinos se aproximem em diversas cadências.

De tarde, os contatos se fazem sob outros ritmos. A boate se transforma em salão de chá, onde senhoras muito maquiadas e de uma certa idade vêm procurar homens bem jovens e sem um tostão. Troca-se *savoir-faire* por dinheiro. Parece lucrativo, e será assim até os anos 1970.

Por que Coupole? Porque já havia o Dôme e a Rotonde.* O mais novo pertence à mesma família dos mais velhos. Os senhores Fraux e Lafon acrescentaram a referida cúpula depois de terem encontrado o nome para a sua obra-prima. E se ela se ergue a cinco metros do solo, é para dispersar a fumaça que toma conta das salas de teto baixo.

Na noite da inauguração, 20 de dezembro de 1927, duas mil pessoas vieram comer e beber. Quando começou a faltar munição – as 1.200 garrafas de champanhe logo se evaporaram –, vários táxis se espalharam pelos quatro cantos de Paris para buscar reforço. Quando voltaram, havia tanta gente se acotovelando em volta do bufê que alguns espertinhos aproveitaram para se mandar com um razoável estoque de garrafas. Foram para o Select, o Dôme e o La Rotonde. Pediram copos. E beberam em paz no novo Montparnasse.

Em 1914, no La Rotonde, Libion tinha três ajudantes. No La Coupole, trabalham quatrocentos empregados. O senhor Fraux é apelidado de "o Citroën da limonada".** Sua fábrica? O La Coupole. Quatro anos antes da inauguração, premonitório, André Warnod havia dito:

---

* Os nomes significam, respectivamente: cúpula, domo e rotunda. Todos se referem a construções circulares e arredondadas. (N.T.)

** A referida limonada tem um sabor especial em francês: Citroën, pela sonoridade, lembra citron, o limão. Além disso, *limonade*, afora a bebida, é também, familiarmente, o comércio dos bares e cafés. (N.T.)

O industrial que abrir o primeiro restaurante noturno por lá talvez fique rico, e os artistas irão acampar em outro lugar, e não mais em Montparnasse.[1]

O industrial abriu. Ficou rico. Os artistas ainda estão lá.

Mas não por muito tempo.

E serão os mesmos?

Derain circula numa Bugatti. Man Ray comprou um Voisin.

Kisling, que vive tanto ou até mais em Sanary do que em Paris, faz roncar os motores dos seus dois Willys Knight americanos. Picabia possui um Delage seis cilindros, e Cendrars, um Alfa-Romeo. Zborowski não tem carteira de motorista, mas ficou rico. Não será por muito tempo. Foujita também não. Ele trocou o Ballot de Youki por um Delage conversível cuja capota o motorista se recusa a arriar: vai ficar marcada pelas dobras. Trocar de capota não vai aliviar a conta que um oficial de Justiça acaba de apresentar: muitas centenas de milhares de francos, que correspondem a várias promissórias, desde 1925. Foujita despediu todos os empregados. Ele organizou uma exposição monumental no Japão por cujos lucros está aguardando. Senão, terá de vender o carro. Por ora, ele já está deixando a casa de Montsouris.

O único que não muda é Pascin. É um dos mais ricos de todos, mas não o demonstra. Quando vai ao La Rotonde, sempre cercado de modelos e de fiéis, ele chega a pé. Abre caminho por entre as limusines estacionadas, vai até o bar, oferece rodadas a todo o mundo e procura Lucy Krogh com o olhar. Por ora, ele está feliz: acaba de voltar de uma viagem aos Estados Unidos, na qual ela o acompanhou. Está esperando um filho dele. Ele ainda não sabe que uma abortadeira vai amaldiçoar seu destino.

Pascin é fiel tanto ao que ele sempre foi quanto ao seu amor por Lucy Krogh.

Em volta dele tudo é caos e corações volúveis.

Youki está prestes a deixar Foujita para ficar com Robert Desnos, e Foujita, a refazer sua vida com Mady Lequeux, cantora e manequim.

Paul Eluard, que retorna de uma volta ao mundo sozinho, trocou Gala por Nusch, achada na rua sem um tostão. Gala, cujo desejo oscilou durante tanto tempo entre Eluard e Ernst, deixou os dois amigos se arranjando sozinhos e correu para agarrar Dalí, uma oferta novinha em folha. No tempo de Eluard, ela era "o carrapato"; para muitos, vai se tornar "a caixa registradora".

Bronia já se consolou com a morte de Radiguet: vai se casar com René Clair, que conheceu durante as filmagens de *Entracte.*

Kiki briga com seu fotógrafo americano: ele está quase passando os braços em volta dos ombros de uma jovem americana, manequim esplêndida e determinada. Ela veio para a França aprender fotografia. Apresentou-se na rua Campagne-Première para ver Man Ray. Como ele não estava, ela foi esperá-lo num café. Ele chegou logo depois. Ela foi ao encontro dele:

"Bom dia. Eu me chamo Lee Miller e sou sua aluna."

"Como?"

"Lee Miller... A partir de agora, sou sua aluna."

Ele olhava para ela sem entender nada.

"Mas eu não tenho alunos!"

"Tem sim, eu."

Man Ray estava indo para Biarritz no dia seguinte. Disse isso a ela, que sorriu, encantadora, e fez uma simples pergunta: "A que horas parte o nosso trem?".

No bar do La Coupole, Kiki joga pratos na cara desse insuportável tratante que, por sua vez, também demonstra ciúme de toda e qualquer silhueta masculina que se aproxime de Lee Miller e, a partir de então, anda com um revólver no bolso, prestes a executar qualquer um que quiser tomar o lugar dele.

Man Ray foge de Kiki se esgueirando por entre e por debaixo das mesas. É a vida, a roda da vida.

Mas Kiki está exagerando um pouco. Ela mesma está de olho num jornalista, que às vezes também desenha, Henri Broca. Este será responsável pelo lançamento de alguns jornais em Paris e de sua nova noiva no mundo, graças a exposições nas quais Kiki vende suas obras (*naïves*) e sua reputação, a partir de então oficial: foi eleita a rainha de Montparnasse.

Derain acerta as contas com tanto empenho quanto a ex-modelo preferida de Man Ray. Ele está com cerca de cinquenta anos, ainda apronta e tem uma amante muito rica. Chama-se Madeleine Anspach, e é mulher de um banqueiro belga. Quando está bêbado, ela o fica vendo quebrar ruidosamente os copos, as cadeiras e as mesas do bar do La Coupole, saltar na Bugatti, correr para Barbizon a 165 quilômetros por hora, voltar no dia seguinte, desculpar-se, pagar os prejuízos e exibir o motor do carrinho azul jurando que nenhuma obra de arte ainda se igualou àquela. Madeleine Anspach concorda e pede a ele duas peles de raposa prateadas. Na maioria das vezes, ele faz a sua vontade.

O mais apaixonado, porém, de todos os clientes habituais do La Coupole, aquele de quem todos acompanharam as exibições amorosas, é Louis Aragon.

Exibição. A palavra não combina com Denise Lévy, prima de Breton e depois mulher de Naville, por quem Aragon foi loucamente apaixonado e que levou para a cama em *Aurélien*, não tendo podido fazê-lo em outro lugar: Denise foi a muito casta Bérénice da história.

O que não era o caso de Nancy Cunard, que precedeu, gloriosa e magnífica, a entrada de Elsa na vida do poeta.

Entre 1926 e 1928, ela lhe ofereceu o braço – aquele braço cheio de braceletes de marfim que deixavam marcas no rosto dos homens. Ela costumava usar um chapéu, às vezes um pequeno véu, uma capa sem mangas combinando com a do acompanhante. Este usava uma das bengalas da sua coleção. Era tão elegante quanto ela era bonita. Os dois eram livres: ela porque respeitava acima de tudo suas aspirações, que se tornavam possíveis graças a uma fortuna colossal que era gasta em hotéis e transatlânticos; ele porque *Le con d'Irène**, publicado clandestinamente (ilustrado por Masson), tornava ainda mais excitante sua reputação de dândi dedicado tanto às coisas do espírito quanto às da vida. Ele era um escritor surrealista, e ela, uma generosa musa. Levava-o para todos os lados, para a rua Le Regrattier (como a Bérénice de *Aurélien*), onde ficava uma de suas casas, para a cama, tão logo decidiu que, entre os frequentadores do Cyrano, seria ele.

Ele foi sem resistir. Era um dia de inverno, em Londres, no começo de 1926. Aragon descobriu uma mulher que não era apenas livre: era também independente. Tinha feito o que era preciso para não ter filhos, e também fazia o que era preciso para ter os homens que queria. Olhava-os, pegava-os, arrastava-os. Eles se embriagavam, jogavam, ela os dispensava. Aragon ficava, mas se consumia. Estava aos pés dela. Por mais que ela o insultasse com sotaque inglês e palavras francesas, olhasse-o friamente queimar as 1.500 páginas do manuscrito de *La défense de l'infini*, em um quarto de hotel madrileno, reprovasse o seu ciúme, sua estreiteza de coração, seu sentimento de exclusividade em matéria de sexo, ele se curvava, paralisado pela paixão.

Viajaram pela Espanha, Holanda, Alemanha. Em julho de 1928, estavam em Veneza. Aragon aguardava o dinheiro de *La baigneuse*, obra de Braque adquirida na venda de Kahnweiler de 1922. Ele a tinha comprado por 240 francos. Seis anos mais tarde, revendeu-a por cem vezes mais. Mas o dinheiro estava demorando a chegar. Ele não podia viver à custa de Nancy. Sobretudo porque sua Dulcineia passeava pela praça de San Marco com outro. O outro chamava-se Henry Crowder; era um americano pianista de jazz que a herdeira da Cunard Line tinha roubado do seu instrumento.

Aragon ficou sozinho no quarto do hotel. Queria morrer. Tentou. Dirá que se jogou no Grande Canal. Ou que tomou soníferos. Ou os dois. De qualquer maneira, foi

* A boceta de Irene. (N.T.)

salvo a tempo. De modo que, quando o dinheiro finalmente chegou, ele voltou para Paris.

Instalou-se na rua do Château. Em 1928, dois jovens originários de Nancy (a cidade), comunistas e surrealistas, tinham retomado a casa ocupada anteriormente por Prévert, Tanguy e Duhamel: André Thirion e Georges Sadoul. Ofereceram um quarto a Aragon.

Mas Nancy voltou de Veneza.

Tudo recomeçou.

Até quando?

Até que uma Bugatti igualzinha à de Derain parou um dia diante do La Coupole. Dela desceu uma jovem. Era morena, alegre, usava um gorro na cabeça e trazia um rato branco nos braços. Era dançarina e vinha de Viena. Chamava-se Léna Amsel. Logo formou-se um grupo à sua volta. Mas foi Aragon quem ela escolheu, e foi Aragon quem a levou.

> Naquele tempo, eu me dizia que estava apaixonado por uma outra mulher, uma alemã. [...] Fingia não gostar mais de uma outra. Uma inglesa.[2]

Com a "alemã" o caso não durou. Pois, no canto do bar, uma mulher observava. Ela achou que havia chegado a hora. Virou-se para um dos seus amigos, Roland Tual, que bebericava uma ale ao seu lado. E disse:

"Quero que você me apresente aquele homem."

"Aragon?", perguntou Tual.

"Aragon", ela respondeu.

"Por que ele?"

Elsa Triolet olhou fixamente com seus olhos negros o amigo surrealista, que nunca pintou nem escreveu. Disse apenas:

"Porque espero por esse momento há três anos."

Ao acaso

> O amor é um lugar onde se resume uma vida, se resume não, se desenvolve.
>
> Louis Aragon

No dia 4 de novembro de 1928, Maiakovski está sentado a uma mesa do La Coupole. Maiakovski é um dos maiores poetas russos vivos. Ele chegou a Paris alguns dias antes. Está hospedado no Hotel Istria. Foi Elsa Triolet quem o convidou a vir. Ela conhece Maiakovski desde criança. Esteve apaixonada por ele. Mas foi a irmã, Lili, quem o conquistou. Lili Brik, sobrenome do marido. Este ficou tão apagado quanto Eluard, no tempo de Gala e Max Ernst. E Elsa foi se consolar nos braços do senhor Triolet, um francês de passagem por Moscou, em 1917. Ele a levou para o Taiti e depois para Paris, onde a instalou e a deixou, depois de casar-se com ela.

Maiakovski está cercado de amigos que pertencem ao grupo de Ilya Ehrenbourg. Sua altura e sua compleição o distinguem dos outros. Tem cabelos castanhos, grossos, mãos enormes como palmatórias. Mas seu olhar é infinitamente doce.

Ele está sentado ao lado de uma moça de dezoito anos, Tatiana, por quem está apaixonado há pouco tempo, sem muita chance de levá-la com ele para o país dos sovietes: além de ter vinte anos a mais do que ela, não estão do mesmo lado; ele é vermelho, ela é branca.

Aragon está passando pela entrada principal do restaurante. Maiakovski pede que o chamem. Os dois poetas se conhecem de nome. Um não fala uma palavra de francês, o outro não fala uma palavra de russo. Por sorte, há intérpretes. Aragon convida Maiakovski para ir, dois dias depois, à rua do Château: ele vai organizar uma festa em sua homenagem.

No dia 5 de novembro, quando Aragon volta ao La Coupole, é abordado por um dos seus amigos. É Roland Tual. E Roland Tual lhe diz:

"Gostaria de te apresentar uma amiga."

A amiga está sentada a uma mesa. Usa um chapéu cor-de-rosa, um casaco de pele e um vestido preto. É baixinha, ruiva, tem a pele branca, parece séria.

Aragon senta-se. São seis horas da tarde. Ainda não anoiteceu e Elsa já está convidada para a festa do dia seguinte, em homenagem a Maiakovski.

"Eu irei", ela diz.

E vai mesmo. Mistura-se aos outros convidados. Aragon não dá muita atenção a ela. Está preocupado com Maiakovski e com o amigo André Thirion, que se refugiou na *loggia*, sofrendo por causa de um amor.

Aragon vai ao encontro dele. De baixo, Elsa vê tudo, compreende tudo e agarra sua chance. Ela sobe e vai ao encontro dos dois homens. Entra na *loggia.* Olha em volta e, como se estivesse brincando, pergunta:

"Isto serve para quê? Para fazer amor?"

Ela cola em Aragon. Thirion fica sem saber o que fazer:

> Ela atacou imediatamente, sem pudor, com uma vontade de conquista tenaz e paciente que tinha desenvolvido ao longo da vida.[1]

Um pouco constrangida, a testemunha se afasta. Desce a escada e fica vigiando ao pé dos degraus. Quinze minutos depois, os amantes voltam para a festa. Têm um sorriso nos lábios. Dançam ao som de Duke Ellington e Louis Armstrong, discos que Marcel Duhamel deixou por lá.

É o que conta Thirion. Para Lilly Marcou, é verdade que Elsa e Aragon se encontraram na rua do Château; mas passaram uma primeira noite no Hotel Istria, onde Maiakovski cruzou com eles na escada. Além disso, no dia do encontro, Elsa estava acompanhada de Vladimir Pozner, a quem pediu para sair de fininho no momento oportuno.[2]

A continuação, no entanto, é complicada. O casal só está no começo. Ainda não tiveram tempo de construir sua lenda.

> Eu não te amava, eu não te amava. Eu não te disse que te amava, pois eu não te amava.[3]

Por enquanto, os olhos de Elsa ainda não têm o brilho que Aragon cantará mais tarde. Ele ainda prefere os de Léna Amsel. A dançarina é mais alegre. É mais bonita também. Mais divertida. Porém, assim como Nancy Cunard, é liberada demais. Flerta com outros homens. Principalmente com um escultor.

Quando Elsa vai procurar o amante, não o encontra. Toda vez que passa por Thirion ou Sadoul, pergunta a eles:

"Vocês viram Aragon?"

"Não", eles respondem, desviando o olhar.

Claro que viram. Mas Aragon pediu-lhes que não digam nada. Ele não escolheu a russa pelos seus encantos. Pegou-a ao acaso, para se vingar de Léna e seu escultor. Pelo menos, é o que ele afirma a Thirion. Ele também diz que não confia em Elsa. Ela gruda muito. É indiscreta. Ele até se pergunta se ela não seria uma informante, se não trabalharia para a polícia. Esta vigia os membros do Partido. E por que os policiais perderiam a oportunidade de conseguir, graças à jovem, confidências abandonadas nos travesseiros da *loggia* da rua do Château?

Aragon está totalmente enganado. Elsa está morrendo de paixão. Mas se ela conseguiu vencer o primeiro obstáculo, o segundo ainda não é para ela. Vai ser preciso esperar algumas semanas. Então, ela agirá com uma habilidade surpreendente. E definitiva.

Certa noite, Aragon pede a Thirion para ir ao La Jungle avisar Léna, com quem ele tem um encontro às onze horas, que vai se atrasar. La Jungle substituiu o Jockey, que foi demolido: Helena Rubinstein comprou todos os prédios na esquina da rua Campagne-Première com o bulevar Montparnasse para construir ali um edifício moderno. Para os notívagos, bastou atravessar a rua para continuar a festa. Eles continuam dançando blues numa outra pista, só isso.

A alguns cubos de gelo para as onze, Thirion entra e senta-se a uma mesa. A sala ainda está vazia: a noite está apenas começando. O mensageiro da rua do Château pede uma bebida e espera. Às onze e alguns drinques, uma jovem senta-se diante dele. Não é Léna Amsel. É Elsa. A conversa esquenta. A discussão é sobre um assunto que desagrada a um, mas interessa à outra: onde está Aragon?

De constrangimento a escapatórias e de rubores a subterfúgios, temendo a chegada da amante oficial, Thirion acaba deixando escapar alguma coisa: Aragon está com uma outra mulher.

"Quem?"

"Uma dançarina."

"É uma aventura passageira."

"De jeito nenhum..."

Algo mais escapa.

"Ele a ama. Ela alivia o sofrimento dele, provocado por Nancy Cunard."

"Você disse que ele a ama?"

"Um pouco..."

"Não mais do que 'um pouco'?"

"Um pouco muito."

"O que mais?"

Thirion sopra e suspira como um pobre infeliz.

"Ele a ama de verdade."

Elsa recebe o golpe. Não responde. Começa a chorar. Mas eis que surge um casal, do outro lado da pista. Léna Amsel e Louis Aragon.

"Ui!", murmura Thirion.

"Ah!", exclama Elsa.

Como uma rajada de vento, ela se levanta. Quando a vê, Aragon dá meia-volta e desaparece. Elsa olha para Léna e diz a ela:

"Venha beber alguma coisa comigo..."

As duas mulheres sentam-se à mesa onde Thirion está prostrado. Virando-se para ele, a russa o despacha com um peteleco:

"Vá logo para junto de Aragon! Ele pode fazer uma besteira!"

Thirion não espera a segunda ordem. Dois copos a menos para a meia-noite, levanta-se de um salto, sai correndo do La Jungle, toma impulso na rua Campagne-Première, acelera no bulevar Raspail, passa voando por trás do cemitério de Montparnasse e freia na rua do Château.

Aragon está lá. Está se embebedando conscienciosamente diante do retrato de Nancy Cunard.

Alguns minutos depois, chega mais alguém: Léna Amsel e Elsa Triolet. As duas mulheres estão sorridentes. Elsa aproxima-se de Aragon, faz-lhe um carinho e anuncia o resultado das negociações: Léna compreendeu que seu amor não era nada comparado à paixão de Elsa. Então, resolveu ir embora.

Aragon não tem tempo de dizer uma só palavra. Léna vira-se para André Thirion e pede:

"Você pode me acompanhar até o táxi?"

Quando o surrealista comunista (um dia será gaulista) volta, a casa da rua do Château está apagada. Na *loggia*, onde antes dormia Benjamin Péret, descansam agora o poeta e sua musa.

A cortina está fechada.

Marie-Laure de Noailles, que era especialista em casos amorosos, comparava Nancy Cunard a uma mariposa de espécie rara. E Elsa, à hera. "É difícil combater a hera."[4]

A senhora Triolet não tinha podido se tornar a senhora Maiakovski. Iria ser a senhora Aragon. Lili Brik estava com o maior poeta russo: ela viveria com o maior poeta francês.

De um só golpe, o escritor foi subjugado. Levado para longe da rua do Château e dos maus elementos que a frequentavam. Brigou com todos aqueles que poderiam servir de intermediários entre Nancy Cunard e ele. Como a vingança é um prato que se come frio, e como Elsa, 35 anos mais tarde, ainda não terminara a digestão, ela impediu Aragon de mexer um dedo sequer para ajudar Nancy Cunard quando esta precisou.

A herdeira da Cunard Line tinha então dilapidado sua fortuna: fizera muitas doações aos surrealistas, aos republicanos espanhóis e aos negros americanos. Certa noite, ela estava em um táxi. Bêbada, doente e assustadoramente magra. Bastaria impedir que ela terminasse a vida na enfermaria de um hospital.

Aragon não fez nada.

Com Léna Amsel foi muito mais rápido. As circunstâncias ajudaram. No dia 3 de novembro de 1929, Derain propôs à jovem dançarina irem almoçar em Barbizon. Levariam Florence, roubada no ano anterior por Max Ernst, e prestes a ir para outro ninho, na rua do Château, junto a André Thirion. Iriam em dois carros, pois não cabiam três na Bugatti.

Pegaram os dois carros. Levaram Florence. Foram para Barbizon. Na volta, Léna e Derain, cada um ao volante de seu bólido, disputaram uma corrida na estrada. A Bugatti era muito veloz, e só tinha um defeito: era muito leve para a sua potência. Precisava de lastro no porta-malas. Derain tinha pensado nisso. Léna não. E olha que não faltavam beterrabas, pois era a época. As rodas não resistiram. A Bugatti da jovem dançarina, que vinha atrás do pintor, derrapou, capotou, duas, três vezes e pegou fogo. Foram encontrados dois corpos carbonizados.

No La Coupole, naquele 14 de fevereiro de 1930, quando Aragon empurrou a porta giratória depois da expedição do Maldoror, ele se tornou um homem de uma só mulher. Ele é também um dos pilares desse novo Montparnasse que os artistas estão deixando.

Em outra época, os turistas e o dinheiro tinham extraído de Montmartre sua veia artística. É a vez do pulmão de Montparnasse se esvaziar. Os carros rutilantes e os brilhos dourados e prateados ainda estão lá, mas os pintores e os poetas buscam alcovas mais silenciosas. Alguns já descem em direção à planície de Saint-Germain-des-Prés, que, um dia, irá suceder as elevações de Montmartre e de Montparnasse. A maioria deles já se foi. Muitos deram as costas a uma maneira de viver e de estar juntos que a Primeira Guerra Mundial abalou e a Segunda eliminaria definitivamente.

Picasso já não está lá faz muito tempo. Max Jacob foi para a beira de outro rio. Guillaume Apollinaire morreu. Vlaminck grita e esbraveja nas suas terras. Van Dongen cuida de seus contratos nas Planches de Deauville. André Salmon emprega sua energia escrevendo crônicas nem sempre gentis. Braque não se aproxima mais. Derain conta as cilindradas dos seus carros. Juan Gris morreu. Modigliani morreu. Kisling passa o inverno em Sanary. Zadkine não dá mais notícias. Soutine não aparece mais. Cendrars está viajando.

Se sobrasse apenas um, seria aquele que saúda Bob, o *barman.* Com seu chapéu-coco, seus ternos azul-escuros e seu cigarro no canto da boca. Dirige um pequeno sorriso a Aragon, com quem tem pelo menos um ponto em comum: ele também é homem de uma só mulher.

Se sobrasse apenas um, sim, seria esse.

Jules Pascin.

O ÚLTIMO DOS BOÊMIOS

Homem livre, herói do sonho e do querer
Empurrando as portas de ouro com sua mão ferida
Espírito e carne Pascin não quer escolher
E ordena a morte o senhor da vida.

André Salmon

A canoa do amor se quebrou contra a vida corrente.

Maiakovski

Ele está corroído pela cirrose. Por Lucy Krogh. Pelo desgosto de si mesmo. Ao longo das suas obras, foi perdendo a liberdade das cores e dos pincéis. Ele gosta do traçado da caneta, da leveza da aquarela. Mas é preciso óleo: vende melhor. Bernheim-Jeune propôs a ele um contrato extraordinário, que causaria inveja a Derain e a Picasso. Mas ele não quer se tornar um "gigolô da pintura". Não assinou. Para quê?

Para pagar o aluguel de Lucy Krogh. Para vestir Hermine David. Para alimentar as dezenas de modelos que se sucedem em seu ateliê, flores da calçada, meninas de treze anos apenas que lhe são enviadas, a quem pede para posar, mas não as pinta... Ele paga, elas sorriem, três voltinhas e depois vão embora.

Mas voltam.

Para fugir de seus demônios, Pascin muda de um hotel para o outro, procura ateliês onde ninguém o descobrirá, onde as garrafas e as meninas serão raras.

Lucy encontrou uma pequena residência, a Villa Camélia, na porta de Vanves, nos confins de Montparnasse. Ele vai para lá. Espera que ela vá ao encontro dele, que vivam juntos.

Volta para o bulevar de Clichy. Pinta. Anda pelas calçadas. Envia cartas pungentes a Lucy, porque ela está sempre atrasada, porque ela não vem, porque decidiram não se ver mais, porque ele não consegue viver sem ela. Ela reclama porque ele bebe, quase não trabalha, volta das bebedeiras com o rosto vermelho. Todas as vezes ele diz:

"Você é má. Você é muito má."

Lucy, Lúcifer.

Numa noite de maio de 1930, ela diz a ele que está tudo acabado. Ele pede para ir buscar suas coisas e algumas telas que estão naquela casa da porta de Vanves. Ela responde:

"Está bem, mas antes das sete."

"Da noite?"

"Da manhã."

Ele pede ajuda ao amigo Papazoff. Esperam a noite toda, diante do muro do cemitério de Montparnasse. Depois, chamam dois táxis. Vão até a porta de Vanves.

Pascin volta para o bulevar de Clichy.

Lucy volta para o bulevar de Clichy.

Um pouco.

Eles não sabem viver juntos. Não sabem se separar. Isso já dura dez anos.

No dia primeiro de junho de 1930, Pascin senta-se à mesa do ateliê. Escreve algumas linhas caprichando na caligrafia. Depois, escolhe um de seus desenhos. Veste o terno azul-marinho, que todo o mundo conhece em Montmartre e em Montparnasse, mesmo que ele esteja agora bem surrado, assim como os sapatos, o chapéu-coco, mas por que e por causa de quem iria trocá-los?

Desce a escada e vai ao consultório do médico que trata dele, o doutor Tzanck. Desde que está cuidando dele, o doutor Tzanck não aceita pagamento. Pascin lhe oferece o desenho.

Atravessa o Sena, como sempre faz desde 1905. Sobe até o cruzamento Vavin, onde conhece cada pórtico, cada banco, cada árvore. Empurra a porta giratória do La Coupole. Bob está no bar. Pascin pede uma aguardente e paga as contas antigas.

"Está saldando as dívidas, senhor Pascin?"

"É isso aí."

Durante a noite, a madrugada, o pintor saúda Paris. Ao amanhecer, na praça Pigalle, cruza com Mac Orlan, que está saindo de um bar.

"Venha beber uma saideira" , ele propõe. Mas o escritor está cansado. E vai embora. Pascin bebe o último copo sozinho.

Volta para casa. Fecha a porta a chave. A manhã desenha cores vermelhas sobre Montmartre e suas colinas. Pascin fecha as persianas para não ver mais nada.

Coloca duas almofadas no chão. E duas bacias, de um lado e do outro. No verso de um convite para uma exposição berlinense, escreve um bilhete de despedida para Lucy:

> Lucy, não me queira mal pelo que estou fazendo. Obrigado pelos presentes. Você é muito boa, tenho de partir para que você seja feliz!
> ADEUS! ADEUS!

Vai até o banheiro. Pega a lâmina de barbear. Corta o pulso esquerdo.

Volta para o ateliê, relê o testamento escrito pela manhã: deixa o saldo da sua conta bancária e a totalidade de suas obras para Hermine David e Lucy Krogh.

Mergulha o indicador direito no sangue que escorre do punho esquerdo. Como a ponta de um pincel na paleta da sua vida.

Na porta do armário, escreve: "ADEUS, LUCY".

Pega de novo a lâmina e corta o pulso direito. Deita-se sobre as almofadas e mergulha os dois antebraços nas bacias.

Espera.

É demorado.

Uma imagem lhe vem à memória. Um homem enforcado, que viu na infância.

Levanta-se, vai até a cozinha. Numa gaveta, acha uma corda. Faz um nó frouxo, passa-o em volta do pescoço.

Retorna ao ateliê. Olha em volta. Escolhe a maçaneta da porta. Aproxima-se. Passa a corda em torno dela, segura a outra ponta com a mão e se deixa cair no chão.

Quando Lucy o encontra, no dia 5 de junho, seu grito, e o grito da jovem que a acompanha, e o do serralheiro que abriu a porta, e depois as lágrimas de Hermine David, o boletim de ocorrência do delegado, as centenas de flores enviadas pelos amigos, o longo e longo queixume que se espalha por Paris junto com a notícia, o ranger das portas das vitrines das galerias, de luto no dia do enterro, os choros e os suspiros, as cores dos pintores, os versos dos poetas, tudo isso vem soar como uma onda quebrando ao pé dos túmulos, três pedregulhos batendo sobre as lápides, três tempos de um compasso esquecido.

Guillaume Apollinaire.
Amedeo Modigliani.
Jules Pascin.

Agradecimento

Obrigado ao amigo Philippe Dagen pela ajuda.

Notas

1. *Vers et Prose*, nº 23, outubro de 1910; Paris, L'Échoppe, 1993.

O *MAQUIS* DE MONTMARTRE

1. Pierre Mac Orlan, *Le quai des brumes*, Paris, Gallimard, 1927. [Edição portuguesa: *Cais das brumas*, Lisboa, Livros do Brasil, 1958.]

LITRILLO

1. Roland Dorgèles, *Bouquet de bohème*, Paris, Albin Michel, 1947.
2. Francis Carco, *La légende et la vie d'Utrillo*, Paris, Bernard Grasset, 1928.

A VIDA EM AZUL

1. Brassaï, *Conversations avec Picasso*, Paris, Gallimard, 1997. [Edição brasileira: *Conversas com Picasso*, São Paulo, Cosac & Naify, 2000.]
2. Francis Carco, *Bohème d'artiste*, Genebra, Éditions du Milieu du Monde, 1942.

DOIS AMERICANOS EM PARIS

1. Ambroise Vollard, *Souvenirs d'un marchand de tableaux*, Paris, Albin Michel, 1937.
2. Georges Charensol, *D'une rive à l'autre*, Paris, Mercure de France, 1973.

CYPRIEN

1. Conferência no Museu de Belas-Artes de Nantes.
2. Francis Carco, *Montmartre à vingt ans*, Genebra, Éditions du Milieu du Monde, 1942. (Col. "Mémoires d'une autre vie")
3. Idem, ibidem.
4. Max Jacob, *Correspondance*, Paris, Éditions de Paris, 1953.
5. *Pour les cinquante ans de la mort de Max Jacob à Drancy*, Les Cahiers Bleus, 1994.
6. Max Jacob, "Le Christ à Montparnasse", in *Les écrits nouveaux*, Paris, Émile-Paul Frères, abril de 1919.
7. André Warnod, *Les berceaux de la jeune peinture*, Paris, Albin Michel, 1925.

8. Pierre Brasseur, *Ma vie en vrac*, Paris, Ramsay, 1986.
9. Max Jacob, "Récit de ma conversation", in *Correspondance*, op. cit.
10. *Pour les cinquante ans de la mort de Max Jacob à Drancy*, op. cit.
11. Max Jacob, "Le Christ à Montparnasse", op. cit.
12. *Pour les cinquante ans de la mort de Max Jacob à Drancy*, op. cit.
13. *Max Jacob et Picasso*, Réunion des Musées Nationaux, 1994.
14. Ibidem.
15. Paul Léautaud, *Journal Littéraire*, Paris, Mercure de France, 1961.

GUILLAUME, O BEM-AMADO

1. Guillaume Apollinaire, *Correspondance avec son frère et sa mère*, apresentado por Gilbert Boudar e Michel Décaudin, Paris, José Corti, 1987.
2. Marc Chagall, *Ma vie*, Paris, Stock, 1972.
3. Vladimir Divîs, *Apollinaire, chronique d'une vie*, Paris, c. 1965.

A BELA FERNANDE

1. Fernande Olivier, *Souvenirs intimes*, Paris, Calmann-Lévy, 1988.
2. Françoise Gilot, *Vivre avec Picasso*, Paris, Calmann-Lévy, 1991.
3. Guillaume Apollinaire, *La femme assise*, Paris, Gallimard, 1948. [Ed. port.: *A mulher sentada*, Lisboa, Estampa, s.d.]

O BATEAU-LAVOIR

1. Guillaume Apollinaire, "La serviette des poètes", in *Uhérésiarque & Cie*, Paris, Stock, 1984.
2. Idem, *La femme assise*, op. cit.
3. Alfred Jarry, *Les minutes de sable mémorial*, Paris, Fasquelle, 1932.

A JAULA DAS FERAS

1. Henri Matisse, carta a Signac de 14 de julho de 1905, in André Derain, *Lettres à Vlaminck*, Paris, Flammarion, 1994, organizado e apresentado por Philippe Dagen.
2. Maurice Vlaminck, *Portraits avant décès,* Paris, Flammarion, 1943.
3. Idem, ibidem.
4. Georges Charensol, *D'une rive à l'autre*, op. cit.

5. Daniel-Henry Kahnweiler, *Juan Gris*, Paris, Gallimard, 1946.

NO CAMINHO DOS SALTIMBANCOS

1. Pierre Daix, *Picasso créateur*, Paris, Seuíl, 1987.
2. André Salmon, *La négresse du Sacré-Coeur*, Paris, Éditions de la Nouvelle Revue Française, 1920.
3. Hubert Fabureau, "Max Jacob", *La Nouvelle Revue Critique*, 1935.

O TEMPO DOS DUELOS

1. Arthur Cravan, *Maintenant*, julho de 1913. Republicado in Arthur Cravan, *Maintenant*, Paris, Seuil-L'École des Lettres, 1995.
2. Idem, ibidem, março de 1914.
3. Idem, ibidem.
4. Idem, ibidem.
5. André Salmon, *Souvenirs sans fin*, Paris, Gallimard, 1955.
6. Guillaume Apollinaire, *Le poéte assassiné*, Paris, Gallimard, 1947. [Ed. port.: O *poeta assassinado*, Lisboa, Estampa, s.d.]
7. Francis Carco, *De Montmartre au Quartier Latin*, Genebra, Éditions du Milieu du Monde, 1942.
8. *Vers et Prose*, nº 12, dezembro de 1907.

UMA TARDE NA RUA DE FLEURUS

1. André Salmon, *L'air de la Butte*, Paris, Éditions de la Nouvelle France, 1945.

O BORDEL DE AVIGNON

1. André Derain, 7 de março de 1906, in André Derain, *Lettres à Vlaminck*, op. cit.
2. Wassily Kandinsky, *Du spirituel dans l'art*, Paris, Denoël-Gonthier, 1969. [Ed. bras.: *Do espiritual na arte*, São Paulo, Martins Fontes, 1999.]
3. Daniel-Henry Kahnweiler, *Huit entretiens avec Picasso*, Paris, L'Échoppe, 1988.
4. Pierre Daix, *Picasso créateur*, op. cit.
5. Idem, *Dictionnaire Picasso*, Paris, Robert Laffont, 1995.
6. André Salmon, *Souvenirs sans fin*, op. cit.
7. Brassaï, *Conversations avec Picasso*, op. cit.

O GENTIL DOUANIER

1. Guillaume Apollinaire, *Anedoctiques*, Paris, Gallimard, 1997.

2. Artigo de Guillaume Apollinaire, *Les soirées de Paris*, 15 de janeiro de 1914.
3. Fernande Olivier, *Picasso et ses amis*, Paris, Stock, 1933.
4. André Salmon, *Souvenirs sans fin*, op. cit.
5. Carta à senhora Eugénie-Léonie V., 19 de agosto de 1910, citada por Philippe Soupault, *Écrits sur la peinture*, Paris, Lachenal & Ritter, 1980.

O ROUBO DA *MONA LISA*

1. Guillaume Apollinaire, *Tendre comme le souvenir*, Paris, Gallimard, 1952.
2. Fernande Olivier, *Picasso et ses amis*, op. cit.
3. Idem, ibidem.
4. *L'Oeuvre*, setembro de 1911.
5. Albert Gleizes, "Apollinaire, la justice et moi", *Rimes et Raison*, Albi, Éditions de La Tête Noire, 1946.
6. Peter Read, *Picasso et Apollinaire, les métamorphoses de la mémoire*, Paris, Jean-Michel Place, 1995.
7. Col. "Bibliothèque de la Pléiade", Paris, Gallimard, 1965.

SEPARAÇÕES

1. Guillaume Apollinaire, *Le poéte assassiné*, op. cit.
2. Roch Grey, "Les soirées de Paris", *Présence d'Apollinaire*, Paris, Galerie Breteau, dezembro de 1943.
3. *Vers et Prose*, nº 34, p. 189.
4. *La Nouvelle Revue Française,* agosto de 1909.
5. *L'Intransigeant*, 7 de fevereiro de 1912.
6. Paul Léautaud, *Journal Littéraire*, t. IX, Paris, Mercure de France, 1960.

CUBISMO

1. Max Jacob, *Correspondance,* op. cit.
2. Idem, carta a Tristan Tzara, 26 de fevereiro de 1916.
3. Idem, carta a Guillaume Apollinaire, 2 de maio de 1913.
4. Wassily Kandinsky, *Du spirituel dans l'art*, op. cit.
5. John Berger, *Réussite et échec de Picasso*, Paris, Denoël-Les Lettres Nouvelles, 1968.
6. Jean Paulhan, *Braque le patron*, Paris, Gallimard, 1987.
7. Françoise Gilot, *Vivre avec Picasso*, op. cit.
8. Charles Baudelaire, "Qu'est-ce que le romantisme?" , *Salon de 1846*, Paris, Gallimard, 1976. (Col. "Bibliothèque de Ia Pléiade")

[Ed. bras.: “O que é o romantismo?”, Salão de 1846, in *Poesia e Prosa*, Rio de Janeiro, Nova Aguilar, 1995.]
9. André Derain, *Lettres à Vlaminck*, seguidas da *Correspondance de guerre*, texto organizado e apresentado por Philippe Dagen, Paris, Flammarion, 1994.

GUIAS DE CORDADA

1. Charles Baudelaire, “Pourquoi la sculpture est ennuyeuse”, *Salon de 1846*, Paris, Gallimard, 1992. [Ed. bras.: “Por que a escultura é enfadonha”. Salão de 1846, in *Poesia e prosa*, op. cit.]
2. Pierre Cabanne, *Le siècle de Picasso*, Paris, Gallimard, 1992.
3. Idem, ibidem.
4. Nino Frank, *Montmartre*, Paris, Calmann-Lévy, 1956.
5. Jean Cocteau, *Picasso*, Paris, L’École des Lettres, 1996.
6. Daniel-Henry Kahnweiler, *Mes galeries et mes peintres, entretiens avec Francis Crémieux*, Paris, Gallimard, 1961. [Ed. bras.: *Minhas galerias e meus pintores*, Porto Alegre, L&PM, 1990.]
7. Idem, *Juan Gris,* op. cit.
8. Françoise Gilot, *Vivre avec Picasso*, op. cit.

OS CUBISTORES

1. *Paris-Journal*, 1911.
2. Jean Cocteau, *Essai de critique indirecte*, Paris, Bernard Grasset, 1932.
3. Robert Desnos, *Écrits sur les peintres*, Paris, Flammarion, 1984.
4. Jean Paulhan, *Braque le patron*, op. cit.
5. Texto publicado em *La Publicidad,* Barcelona, citado in *Max Jacob et Picasso*, Réunion des Musées Nationaux, 1992.
6. Max Jacob, carta à mãe, 1927.
7. *Paris-Journal*, 15 de maio de 1914.
8. *La Nouvelle Revue Française*, janeiro de 1914.
9. Arthur Cravan, *Maintenant* nº 4, 1914.
10. Idem, ibidem.

GUILLAUME APOLLINAIRE TOMA A DIANTEIRA

1. *L’Intransigeant*, 1º de outubro de 1912.
2. Ibidem, 3 de outubro de 1912.
3. Charles Baudelaire, *Salon de 1845*, Paris, Gallimard, 1976. (Col. “Bibliothèque de la Pléiade”) [Ed. bras.: “Salão de 1845, algumas palavras introdutórias”, in *Poesia e Prosa,* op. cit.]
4. Idem, *Salon de 1846*, op. cit.

O POETA E O MARCHAND

1. Françoise Gilot, *Vivre avec Picasso*, op. cit.
2. Daniel-Henry Kahnweiler, *Mes galeries et mes peintres, entretiens avec Francis Crémieux*, op. cit.
3. Pierre Assouline, *L'homme de l'art*, Paris, Balland, 1988.
4. Idem, ibidem.

A RUCHE

1. A Bíblia, Êxodo 20:4.

UBU REI

1. Robert de Souza, *Vers et Prose*, nº 2, 1905.
2. Guillaume Apollinaire, *Contemporains pittoresques*, Paris, Gallimard, 1975.
3. Alfred Jarry, *Le minutes de sable mémorial*, op. cit.
4. Jacques-Henry Levesque, *Alfred Jarry*, Paris, Seghers, 1987.
5. Doutor Stephen-Chauvet, "Les derniers jours d'Alfred Jarry", *Mercure de France*, nº 832, 15 de fevereiro de 1933.
6. Guillaume Apollinaire, *Contemporains pittoresques*, op. cit.
7. André Breton, *Anthologie de l'humour noir*, Paris, Jean-Jaques Pauvert, 1966.
8. Charles Chassé, *D'Ubu roi au Douanier Rousseau*, Éditions de la Nouvelle Revue Critique, 1947.
9. Idem, ibidem.
10. Madame Fort-Vallette, depoimentos compilados por Marcel Trillat e Nat Lilenstein, *Magazine Littéraire*, nº 48, janeiro de 1971.

2 DE AGOSTO DE 1914

1. *Paris-Midi*, 3 de março de 1914.
2. Guillaume Apollinaire, *Tendre comme le souvenir*, op. cit.
3. Paul Léautaud, *Journal Littéraire*, t. III, Paris, Mercure de France, 1956.

CHAÏM E AMEDEO

1. Jeanne Modigliani, *Modigliani sans légende*, Paris, Jeanne Modigliani-Librairie Gründ, 1961.

A VILLA ROSE

1. Jeanne Modigliani, *Modigliani sans légende*, op. cit.
2. Jean Arp, citado por Billy Klüver e Julie Martin, *Kiki et Montparnasse,* Paris, Flammarion, 1989.

3. Maurice Vlaminck, *Portraits avant décès,* op. cit.

As damas e o artilheiro

1. André Salmon, *Souvenirs sans fin,* op. cit.
2. André Rouveyre, *Apollinaire*, Paris, Gallimard, 1945.
3. Guillaume Apollinaire, *Lettres à Lou*, Paris, Gallimard, 1969.
4. Idem, *Poémes à Lou,* Paris, Gallimard, 1956. (Col. "Bibliothèque de la Pléiade")
5. Idem, ibidem.
6. Idem, *Correspondance avec son frère et sa mère*, op. cit.
7. Idem, *Tendre comme le souuenir*, op. cit.
8. Idem, *Lettres à Lou*, op. cit.

O escritor da mão cortada

1. Guillaume Apollinaire, *Tendre comme le souvenir*, op. cit.
2. Idem, *Oeuvres poétiques*, Paris, Gallimard, 1956. (Col. "Bibliothèque de la Pléiade")
3. Jacques Roubaud, *Cahiers de la bibliothèque littéraire Jacques--Doucet,* nº 1, Doucet littérature, 1997.
4. Blaise Cendrars, "Prose du transsibérien et de la petite Jeanne de France", in *Du monde entier*, Paris, Gallimard, 1967.
5. Ernest Hemingway, *Paris est une fête*, Paris, Gallimard, 1964. [Ed. bras.: *Paris é uma festa*, Rio de Janeiro, Bertrand Brasil, 2000.]
6. Blaise Cendrars, *La main coupée*, Paris, Denoél, 1946.
7. Artigo publicado in *Mercure de France*, dezembro de 1913; Guillaume Apollinaire, *Anedoctiques*, op. cit.
8. Blaise Cendrars, "Dix-neuf poèmes élastiques", in *Du monde entier*, op. cit.

O príncipe frívolo

1. Gustave Fuss-Amoré e Maurice des Ombiaux, *Montparnasse*, Paris, Albin Míchel, 1925.
2. Maurice Vlaminck, *Portraits avant décès,* op. cit.
3. Jean Cocteau, *Essai de critique indirecte*, op. cit.
4. Maurice Vlaminck, *Portraits avant décès*, op. cit.
5. André Salmon, *Montparnasse*, Paris, André Bonne, 1950.
6. Francis Carco, *Montmartre à vingt ans*, op. cit.
7. Idem, ibidem.
8. Philippe Soupault, *Mémoires de l'oubli*, Paris, Lachenal & Ritter, 1986.
9. André Salmon, *Montparnasse*, op. cit.

10. Jean Cocteau, carta a Albert Gleizes, 1916, citada por Billy Klüver, *Un jour avec Picasso*, Paris, Hazan, 1994. [Ed. bras.: *Um dia com Picasso*, Rio de Janeiro, José Olympio, 2003.]
11. Philippe Soupault, *Mémoires de l'oubli,* op. cit., carta-autógrafo endereçada ao marechal Pétain, assinada e datada de fevereiro de 1942.
12. André Breton, *Les pas perdus*, Paris, Gallimard, 1969.
13. Carta de 15 de setembro de 1915. Citada por Billy Klüver, *Un jour avec Picasso*, op. cit.
14. Jean Cocteau, *Picasso*, op. cit.

O galo e o arlequim

1. Jean Hugo, *Le regard de la mémoire*, Paris, Actes Sud, 1989.
2. Jean Cocteau, *Picasso*, op. cit.
3. Maurice Sachs, *Le Sabbat*, Paris, Gallimard, 1960.
4. Idem, ibidem.
5. Gertrude Stein, *Autobiographie d'Alice Toklas*, Paris, Gallimard, 1934.
6. Jean Cocteau, *Picasso*, op. cit.
7. Françoise Gilot, *Vivre avec Picasso*, op. cit.
8. Jean Cocteau e Guillaume Apollinaire, *Correspondance*, Paris, Jean-Michel Place, 1991.
9. Jean Cocteau e Guillaume Apollinaire, carta de 13 de abril de 1917, *Correspondance*, op. cit.

O ferimento do poeta

1. Guillaume Apollinaire, *Tendre comme le souvenir*, op. cit., carta a Madeleine de 24 de janeiro de 1916.
2. André Derain, carta a Vlaminck datada de 1º de maio de 1917.

A arte do falso

1. Guillaume Apollinaire, "Chroniques et paroles sur l'art", 1911, e "La vie artistique", 1912, *Oeuvres en prose completes*, Paris, Gallimard, 1991. (Col. "Bibliothèque de la Pléiade")
2. Jean Paulhan, *Braque le patron*, op. cit.

Para os lados da América

1. *Paris-New York,* Paris, Éditions du Centre Georges Pompidou-Gallimard, 1991.
2. Blaise Cendrars, *Le lotissement du ciel*, Paris, Denoël, 1949.
3. Raymond Roussel, *Comment j'ai écrit certains de mes livres*, Paris, Jean-Jaques Pauvert, 1963.

4. Pierre Cabanne, *Duchamp et Cie*, Paris, Terrail, 1996. Marcel Duchamp,
Entretiens avec Pierre Cabanne, [S.l.], Éditions d'art, 1995.
5. Marcel Duchamp, *Entretiens avec Pierre Cabanne*, op. cit.
6. Idem, *Duchamp du signe*, Paris, Flammarion, 1994.
7. Blaise Cendrars, *Le lotissement du ciel*, op. cit.

DADÁ & CIA.

1. Tristan Tzara, *Sept Manifestes Dada*, Paris, Jean-Jaques Pauvert, 1979.
2. Idem, ibidem.
3. Marcel Duchamp, *Duchamp du signe*, op. cit.
4. *Nouvelle Revue Française*, 1º de setembro de 1919.
5. Ibidem, abril de 1920.

OS COMPANHEIROS DO VAL-DE-GRÂCE

1. Guillaume Apollinaire, carta a Tristan Tzara de 14 de janeiro de 1917, citada por Marc Dachy, *Tristan Tzara dompteur des acrobates*, Paris, L'Échoppe, 1992.
2. Guillaume Apollinaire, carta a Tristan Tzara de 6 de fevereiro de 1918, citada por Michel Sanouillet, *Dada à Paris*, Paris, Flammarion, 1993.
3. André Breton, *Entretiens avec Madeleine Chapsal*, julho de 1962, in Madeleine
Chapsal, *Les écrivains en personne*, Paris, UGE, 1973.
4. André Breton, *Les pas perdus*, op. cit.
5. Idem, ibidem.
6. Idem, *Entretiens avec Madeleine Chapsal*, op. cit.

NA CASA DOS AMIGOS DOS LIVROS

1. Adrienne Monnier, "Memorial de la rue de L'Odéon", *Rue de l'Odéon*, Paris, Albin Michel, 1989.
2. Idem, ibidem.
3. André Breton, *Entretiens avec André Parinaud*, Paris, Gallimard, 1969.
4. Valery Larbaud, carta a Sylvia Beach de 2 de fevereiro de 1921. James Joyce, *Oeuvres completes*, Paris, Gallimard, 1995. (Col. "Bibliothèque de la Pléiade")
5. Paul Claudel, carta a Adrienne Monnier de 4 de maio de 1929. James Joyce, *Oeuvres completes*, op. cit.
6. Paul Claudel, carta a Adrienne Monnier de 28 de dezembro de 1931. James Joyce, *Oeuvres completes*, op. cit.

7. André Breton, *Point du jour*, Paris, Gallimard, 1970.

Um pintor e seu marchand

1. Max Jacob, carta a Jaques Doucet, *Correspondance*, op. cit.

Les mamelles de Tirésias

1. Guillaume Apollinaire, *L'enchanteur pourrissant*, Paris, Gallimard, 1972.
2. Pierre Albert-Birot, "Guillaume Apollinaire", caderno especial de *Rimes et Raisons*, Paris, Éditions de la Tête Noire, 1946.
3. André Breton, *Entretiens avec André Parinaud*, op. cit.
4. Pierre Cabanne, *Le siècle de Picasso*, op. cit.
5. André Breton, *Perspective cavalière*, Paris, Gallimard, 1970.

Kiki

1. Kiki, *Souvenirs*, Paris, Henri Broca, 1929.
2. Idem, ibidem.
3. Lou Mollgaard, *Kiki Reine de Montparnasse*, Paris, Robert Laffont, 1988. [Ed. bras.: *Kiki de Montparnasse*, São Paulo, Martins Fontes, 1990.]

A morte em Montparnasse

1. Jeanne Modigliani, *Modigliani sans légende*, op. cit.

Pugilato na casa Drouot

1. Daniel-Henry Kahnweiler, *Mes galeries et mes peintres, entretiens avec Francis Crémieux*, op. cit.
2. Robert Desnos, *Écrits sur les peintres*, op. cit.

Cenas surrealistas

1. André Breton, *Les pas perdus*, op. cit.
2. Michel Sanouillet, *Dada à Paris*, op. cit.
3. André Breton, *Les pas perdus*, op. cit.
4. Michel Sanouillet, *Dada à Paris*, op. cit.

O adormecido desperto

1. André Breton, *Perspective cavalière*, op. cit.
2. Pierre Assouline, *Simenon*, Paris, Julliard, 1992.
3. Gaëtan Picon, *Journal du Surréalisme*, Genebra, Skira, 1976.
4. Robert Desnos, "Rose Sélavy", in *Corps et biens*, Paris, Gallimard, 1953.

5. André Breton, *Perspective cavalière*, op. cit.
6. Raymond Roussel, *Comment j'ai écrit certains de mes livres*, op. cit.
7. André Breton, *Les pas perdus*, op. cit.
8. Idem, *Entretiens avec André Parinaud*, op. cit.

O costureiro das artes

1. François Chapon, *Jacques Doucet ou l'art du mécénat*, Paris, Perrin, 1996.
2. Max Jacob, *Correspondance*, op. cit.
3. Blaise Cendrars, *Le lotissement du ciel*, op. cit.
4. André Breton, *Entretiens avec André Parinaud*, op. cit.
5. Louis Aragon, *Aurélien*, Paris, Gallimard, 1944.
6. Idem, ibidem.
7. François Chapon, *Jacques Doucet ou l'art du mécénat*, op. cit.

O costureiro e o fotógrafo

1. Paul Poiret, *En habillant l'époque,* Paris, 1930; Grasset, 1986.
2. Idem, *Art et phynance*, Paris, Lutetia, 1934.

Um americano em Paris

1. Man Ray, *Autoportrait*, Paris, Seghers, 1986.
2. Citado em Man Ray, Centro Nacional da Fotografia, 1988.
3. Man Ray, *Autoportrait*, op. cit.

Um coquetel, vários Cocteaus

1. André Salmon, *Montparnasse*, op. cit.
2. Pierre Brasseur, *Ma vie en vrac*, op. cit.
3. Idem, ibidem.
4. André Salmon, *Souvenirs sans fin,* op. cit.
5. Jean Hugo, *Le regard de la mémoire*, op. cit.
6. Jean Cocteau, *La difficulté d'être*, Paris, LGF, 1995.
7. Idem, ibidem.

US at home

1. Ernest Hemingway, *Paris est une fête,* op. cit.
2. Gertrude Stein, *Autobiographie d'Alice Toklas*, op. cit.
3. Ernest Hemingway, *Paris est une fête,* op. cit.

Um judeu errante

1. Francis Carco, *Montmartre à vingt ans*, op. cit.

2. Georges Papazoff, *Pascin!... Pascin!... C'est moi!...*, Genebra, Pierre Cailler, 1959
3. Pierre Mac Orlan, "Le Tombeau de Pascin", *Pascin*, par Yves Kobry e Elisbeva Cohen, Paris, Hoëbeke, 1995.

FOTOS E MAIS FOTOS...

1. Philippe Soupault, *Histoire d'un blanc*, Paris, Lachenal & Ritter, 1986, p. 71. (Col. "Mémoires de l'oubli")
2. Jean Hugo, *Le regard de la mémoire*, op. cit.
3. *Mercure de France. Anthologie 1890-1940*, Paris, Mercure de France, 1997.

DOUTOR ARGIROL E MISTER BARNES

1. Kiki, *Souvenirs*, op. cit.

A CRUZ DE SOUTINE

1. Émile Szittya, *Soutine et son temps*, Paris, La Bibliothèque des Arts, 1955. *Soutine*, Catalogue raisonné, Colônia, Taschen, 1993.

ESCÂNDALO NO LA CLOSERIE DES LILAS

1. Louis Aragon, *L'homme communiste*, Paris, Gallimard, 1946.
2. André Breton, *Entretiens avec André Parinaud*, op. cit.
3. Jean-Jacques Brochier, *L'aventure des surréalistes*, Paris, Stock, 1977.
4. André Breton, *Entretiens avec André Parinaud*, op. cit.

PEQUENA GEOGRAFIA SURREALISTA

1. Louis Aragon, *Le paysan de Paris*, Paris, Gallimard, 1953. [Ed. bras.: O *camponês de Paris*, Rio de Janeiro, Imago, 1996.]

OS GAZETEIROS DA RUA DO CHÂTEAU

1. *La Révolution Surréaliste*, 1º de dezembro de 1926.
2. Georges Grosz, artigo publicado no *Europa Almanach*, 1925. Citado in *Paris-Berlin*, Paris, Éditions du Centre Georges Pompidou-Gallimard, 1992.
3. Marcel Duhamel, *Raconte pas ta vie*, Paris, Mercure de France, 1972.
4. *NRF*, 1º de novembro de 1927.
5. Bernard Leuilliot, *Aragon, correspondance générale*, Paris, Gallimard, 1994.

6. Salvador Dalí, prefácio para René Crevel, *La mort difficile*, Paris, Jean-Jacques Pauvert, 1974.

AJUSTES DE CONTAS

1. Salvador Dalí, prefácio para René Crevel, *La mort difficile*, op. cit.
2. Março de 1928.
3. André Breton, *La Révolution Surréaliste*, nº 11.
4. Philippe Soupault, *Mémoires de l'oubli,* op. cit.
5. André Breton, *Entretiens avec André Parinaud*, op. cit.
6. André Breton, "Second Manifeste du Surréalisme", in *Manifestes du Surréalisme*, Paris, Jean-Jacques Pauvert, 1979. [Ed. bras.: "Segundo Manifesto do Surrealismo", in *Manifestos do Surrealismo*, Rio de Janeiro, Nau, 2001.]
7. Maurice Nadeau, *Histoire du Surréalisme*, Paris, Seuil, 1970.
8. Roger Vailland, "L'hymne 'Chlappe-Martia'", *Paris-Midi*, 15 de setembro de 1928.
9. André Breton, *Entretiens avec André Parinaud*, op. cit.
10. Idem, "Second Manifeste du Surréalisme", op. cit.

O CITROËN DA LIMONADA

1. André Warnod, *Les berceaux de la jeune peinture*, op. cit.
2. Louis Aragon, *La mise à mort*, Paris, Gallimard, 1965.

AO ACASO

1. André Thirion, *Révolutionnaires sans révoluton*, Paris, Le Pré aux Clercs, 1988.
2. Lilly Marcou, *Elsa Triolet, les yeux et la mémoire*, Paris, Plon, 1994.
3. Louis Aragon, *La mise à mort*, op. cit.
4. Dominique Desanti, *Les aragonautes*, Paris, Calmann-Lévy, 1997.

Bibliografia

Aegerter, Emmanuel; Labracherie, Pierre. *Au temps de Guillaume Apollinaire.* Paris: René Julliard, 1945.

Akhmátova, Anna. *Poème sans héros et autres oeuvres.* Paris: La Découverte, 1991.

Aliais, Alphonse. *Autour du Chat Noir.* Paris: Georges Bénard, 1955.

___. *Amedeo Modigliani.* Paris: Musée d'Art Moderne da La Ville de Paris, 1981. Apollinaire, Guillaume-Picasso, Pablo. *Correspondance.* Paris: Gallimard-Réunion des Musées Nationaux, 1992.

Apollinaire, Guillaume. *L'enchanteur pourrissant.* Prefácio de Michel Decaudin. Paris: Gallimard, 1972.

___. *Anecdotiques.* Paris: Gallimard, 1955.

___. Cahier spécial de *Rimes et Raisons.* Paris: Éditions de la Tête Noire, 1946.

___. *Contemporains pittoresques.* Paris: Gallimard, 1975.

___. *Correspondance avec son frère et sa mère,* Paris: José Corti, 1987.

___. *L'hérésiarque & Cie.* Paris: Stock, 1984.

___. *A mulher sentada.* Lisboa: Estampa, s.d.

___. *Le flâneur des deux rives.* Paris: Gallimard, 1928.

___. O *poeta assassinado.* Lisboa: Estampa, s.d.

___. *As onze mil vergas.* Mem Martins, Europa-América, 1996.

___. *Lettres à sa marraine.* Paris: Gallimard, 1951.

___. "Notes du mois", in *Le festin d'Ésope*, oeuvres en prose. Paris: Gallimard, 1991. (Col. "Bibliothèque de la Pléiade")

___. *Oeuvres poétiques.* Paris: Gallimard, 1990. (Col. "Bibliothèque de la Pléiade")

___. *Tendre comme le souvenir.* Paris: Gallimard, 1952.

Aragon, Louis. *Aurélien.* Paris: Gallimard, 1944.

___. *La mise à mort.* Paris: Gallimard, 1965.

___. *L'homme communiste.* Paris: Gallimard, 1946.
___. *La défense de l'infini.* Paris: Gallimard, 1997.
___. O *camponês de Paris.* Rio de Janeiro: Imago, 1996.
Assouline, Pierre. *L'homme de l'art.* Paris: Balland, 1988.
___. *Simenon.* Paris: Julliard, 1992.
Baudelaire, Charles. "Salão de 1846", in *Poesia e prosa.* Rio de Janeiro: Nova Aguilar, 1995.
Bay, André. *Adieu Lucy, le roman de Pascin.* Paris: Albin Michel, 1984.
Berger, John. *Réussite et échec de Picasso.* Paris: Denoël--Les Lettres Nouvelles, 1968.
Bernheim, Cathy. *Picabia.* Paris: Éditions du Félin, 1995.
Brassaï. *Conversas com Picasso.* São Paulo: Cosac & Naify, 2000.
Brasseur, Pierre. *Ma vie em vrac.* Paris: Ramsay, 1986.
Bredel, Marc. *Erik Satie.* Paris, Mazarine, 1982.
Breton, André. *Anthologie de l'humour noir.* Paris: Jean--Jacques Pauvert, 1966.
___. *Entretiens avec André Parinaud.* Paris: Gallimard, 1969.
___. *Les pas perdus.* Paris: Gallimard, 1969.
___. *Perspective cavalière.* Paris: Gallimard, 1970.
___. *Manifestos do Surrealismo.* Rio de Janeiro: Nau, 2001.
Broca, Henri. *T'en fais pas, viens à Montparnasse.* Paris: SGIÉ, 1928.
Brochier, Jean-Jacques. *L'aventure des surréalistes.* Paris: Stock, 1977.
Buisson, Sylvie; Parisot, Christian. *Paris-Montmartre.* Paris: Terrail, 1996.
Bureau de Recherches Surréalistes. *Cahier de permanence.* Paris: Gallimard, 1988.
Cabanne, Pierre. *André Derain.* Paris: Gallimard, 1990.
___. *Le siècle de Picasso.* Paris: Gallimard, 1992.
___. *Duchamp et Cie.* Paris: Terrail, 1996.
Cadou, René-Guy. *Le testament d'Apollinaire.* Paris: René Debresse, 1945.

CAIZERGUES, Pierre; SECKEL, Hélène. *Picasso-Apollinaire. Correspondance.* Paris: Gallimard, 1992.

CARCO, Francis. *Mémoires d'une autre vie.* Genebra: Éditions du Milieu du Monde, 1942.

___. *Bohèmes d'artistes.* Genebra: Éditions du Milieu du Monde, 1942.

___. *De Montmartre au Quartier Latin.* Genebra: Éditions du Milieu du Monde, 1942.

___. *La légende et la vie d'Utrillo.* Paris: Bernard Grasset, 1928.

___. *Montmartre à vingt ans.* Genebra: Éditions du Milieu du Monde, 1942. CARLUCCIO, L. et al. *École de Paris.* Paris: Editions Rive Gauche, 1981.

CENDRARS, Blaise. *Oeuvres completes.* Paris: Denoël, 1952.

CENDRARS, Miriam. *Blaise Cendrars.* Paris: Balland, 1984.

CHAGALL, Marc. *Ma vie.* Paris: Stock, 1972.

CHAMPION, Jeanne. *Suzanne Valadon.* Paris: Presses de la Renaissance, 1984.

CHAPIRO, Jacques. *La Ruche.* Paris: Flammarion, 1960.

CHAPON, François. *Jacques Doucet ou l'art du mécénat.* Paris: Perrin, 1996.

CHAPSAI, Madeleine. *Les écrivains en personne.* Paris: UGE, 1973.

CHARENSOL, Georges. *D'une rive à l'autre.* Paris: Mercure de France, 1973.

CHASSE, Charles. *D'Ubu roi au Douanier Rousseau.* Paris: Éditions de la Nouvelle Revue Critique, 1947.

CLEBERT, Jean-Paul. *Dictionnaire du Surréalisme.* Paris: Seuil, 1996.

COCTEAU, Jean; APOLLINAIRE, Guillaume. *Correspondance.* Paris: Jean-Michel Place, 1991.

COCTEAU, Jean. *La difficulté d'être.* Paris: LGF, 1995.

___. *Picasso.* Paris: L'École des Lettres, 1996.

___. *Essai de critique indirecte.* Paris: Bernard Grasset, 1932.

___. *Romans, poésies, oeuvres diverses.* Paris: Le Livre de Poche, 1995. (Col. "La Pochotèque")

COGNIAT, Raymond. *Braque.* Paris: Flammarion, 1977.

CRESPELLE, Jean-Pierre. *Montparnasse vivant.* Paris: Hachette, 1962.

DACHY, Marc. *Tristan Tzara dompteur des acrobats.* Paris: L'Échoppe, 1992.

DAGEN, Philippe. *André Derain.* Lettres à Vlaminck. Correspondance de guerre. Paris: Flammarion, 1994.

___. *Le silence des peintres.* Paris: Fayard, 1996.

DAIX, Pierre. *Dictionnaire Picasso.* Paris: Robert Laffont, 1995.

___. *La vie et l'oeuvre de Pablo Picasso.* Paris: Seuil, 1977.

___. *Picasso-Matisse.* [S.I.]: Ides et Calendes, 1996.

___. *Picasso créateur.* Paris: Seuil, 1987.

___. *La vie quotidienne des surréalistes.* Paris: Hachette, 1993.

DALÍ, Salvador. Prefácio para *La mort difficile*, de René Crevel. Paris: Jean-Jacques Pauvert, 1974.

DECAUDIN, Michel. *Apollinaire.* Paris: Séguier, 1986.

DEPARTAMENTO DE PESQUISAS SURREALISTAS. *Cahier de permanence.* Paris: Gallimard, 1988.

DESANTI, Dominique. *Les Aragonautes.* Paris: Calmann--Lévy, 1997.

DESNOS, Robert. *Écrits sur les peintres.* Paris: Flammarion, 1984.

___. "Rrose Sélavy", in *Corps et biens.* Paris: Gallimard, 1953.

DESNOS, Youki. *Confidences.* Paris: Artheme Fayard, 1957.

DE VOORT, Claude. *Kisling.* [S.1.]: Ed. por Jean Kisling; prefácio de Henry Troyat, 1996.

DIEHL, Gaston. *Modigliani.* Paris: Flammarion, 1977.

DIVIS, Vladimir. *Apollinaire, chonique d'une vie.* Paris: N.O.E., 1965.

DORGÈLES, Roland. *Quand j'étais montmartrois.* Paris: Albin Michel, 1936.

___. *Bouquet de bohème.* Paris: Albin Michel, 1947.

DORMANN, Genevieve. *La gourmandise de Guillaume Apollinaire.* Paris: Albin Michel, 1994.

DORMOY, Marie. *Souvernirs et portraits d'amis.* Paris: Mercure de France, 1963.

DROT, Jean-Marie. *Les heures chaudes de Montparnasse.* Paris: Hazan, 1995.

DUCHAMP, Marcel. *Entretiens avec Pierre Cabanne.* [S.1.]: Éditions d'Art, 1995.

___. *Duchamp du signe.* Paris: Flammarion, 1994.

DUHAMEL, Marcel. *Raconte pas ta vie.* Paris: Mercure de France, 1972.

DURIEU, Pierre. *Modigliani.* Paris: Hazan, 1995.

FABUREAU, Hubert. "Max Jacob", in *La Nouvelle Revue Critique, 1935.*

FAURE, Élie. *A arte moderna.* São Paulo: Martins Fontes, 1991.

FRANK, Nino. *Montmartre.* Paris: Calmann-Lévy, 1956.

FUSS-AMORE, Gustave; DES OMBRIAUX, Maurice. *Montparnasse.* Paris: Albin Michel, 1925.

GAUZI, François. *Lautrec mon ami.* Paris: La Bibliothèque des Arts, 1992.

GLLOT, Françoise; CARLTON, Lake. *Vivre avec Picasso.* Paris: Calmann-Lévy, 1991.

GIMPEL, René. *Journal d'un collectionneur.* Paris: Calmann-Lévy, 1963.

GINDERTAEL, R.V. *Modigliani et Montparnasse.* Milão: Grupo Editoriale Fabbri. 1967.

GLANTON, Richard et al. "Le docteur Barnes est à Paris", in *De Cézanne à Matisse, chefs-d'oeuvre de la fondation Barnes.* Paris: Gallimard-Electa-Réunion des Musées Nationaux, 1993.

GLEIZES, Albert. *Apollinaire, la justice et moi, Rimes et raison.* Paris: Éditions de la Tête Noire, 1946.

GREY, Roch. *Présence d'Apollinaire.* Paris: Galerie Breteau, dezembro de 1943.

HEMINGWAY, Ernest. *Paris é uma festa.* Rio de Janeiro: Bertrand Brasil, 2000.

HUGO, Jean. *Le regard de la mémoire.* Paris: Actes Sud, 1989.

JACOB, Max. *Correspondance.* Paris: Éditions de Paris, 1953.

___. *Les écrits nouveaux.* Paris: Émile-Paul Freres, abril de 1919.

JARRY, Alfred. *Les minutes de sable mémorial.* Paris: Fasquelle, 1932.

___. *Ubu.* Paris: Gallimard, 1978.

JOYCE, James. *Oeuvres completes.* Paris: Gallimard, 1995. (Col. "Bibliothèque de la Pléiade")

KAHNWEILER, Daniel-Henry. *Juan Gris.* Paris: Gallimard, 1946.

___. *Minhas galerias e meus pintores.* Porto Alegre: L&PM, 1990.

___. *Huit entretiens avec Picasso.* Paris: L'Échoppe, 1988.

KANDINSKY, Wassily. *Do espiritual na arte.* São Paulo: Martins Fontes, 1999.

KIKI (Prin Alice). *Souvenirs.* Paris: Henri Broca, 1929.

KLÜVER, Billy; MARTIN, Julie. *Kiki et Montparnasse.* Paris: Flammarion, 1989.

KLÜVER, Billy. *Um dia com Picasso.* Rio de Janeiro: José Olympio, 2003.

KOBRY, Yves. *Pascin.* Paris: Hoëbeke-Musée de la Seita, 1995.

LACOTE, René. *Tristan Tzara.* Paris: Seghers, 1952.

LAMBRON, Marc. *L'oeil du silence.* Paris: Flammarion, 1993.

LANNES, Roger. *Jean Cocteau.* Paris: Seghers, 1968.

LAROSE, René. *Guillaume Apollinaire L'Enchanteur.* Marselha: Autres Temps, 1993.

LÉAUTAUD, Paul. *Journal Littéraire.* Paris: Mercure de France, 1961.

LEPAPE, Pierre. *Gide le messager.* Paris: Seuil, 1997.

LEUILLIOT, Bernard. *Aragon, correspondance générale.* Paris: Gallimard, 1994.

LEVESQUE, Jacques-Henry. *Alfred Jarry.* Paris: Seghers, 1973.

LOŸS, Pierre. *Journal intime.* Paris: Montaigne, 1929.

___. *Paroles de Verlaine.* Paris: L'Échoppe, 1993.

MAC ORLAN, Pierre. *Cais das brumas.* Lisboa: Livros do Brasil, 1958.

___. "Le Tombeau de Pascin", in KOBRY, Yves; COHEN, Elisbeva (dir.). *Pascin.* Paris: Hoëbeke, 1995.

MAN RAY. *Autoportrait.* Paris: Seghers, 1986.

Man Ray, Centro Nacional da Fotografia, 1988.

MARCOU, Lilly. *Elsa Triolet.* Paris: Plon, 1994.

MARE, André. *Carnets de guerre 1914-1918.* Paris: Herscher, 1996.

MAUBERT, Frank. *La peinture moderne, du fauvisme à nos jours.* Paris: Fernand Nathan, 1985.

Max Jacob et Picasso, Réunion des Musées Nationaux, 1994.

MODIGLIANI, Jeanne. *Modigliani sans légende.* Paris: Jeanne Modigliani et Librairie Gründ, 1961.

MOLLGAARD, Lou. *Kiki de Montparnasse.* São Paulo: Martins Fontes, 1990.

MONNIER, Adrienne. "Mémorial de la rue de L'Odéon", in *Rue de l'Odéon*, Paris: Albin Michel, 1989.

MORAND, Paul. *Lettres de Paris.* Paris: Salvy, 1996.

NADEAU, Maurice. *História do surrealismo.* São Paulo, Perspectiva, 1985.

OLIVIER, Fernande. *Picasso et ses amis.* Paris: Stock, 1933.

___. *Souvenirs intimes.* Paris: Calmann-Lévy, 1988.

PAPAZOFF, Georges. *Pascin!... Pascin!... C'est moi!...* Genebra: Pierre Cailler, 1959.

PARINAUD, André. *Apollinaire.* Paris: Lattes, 1994.

Paris-Berlin. Paris: Éditions du Centre Georges-Pompidou-Gallimard, 1992.

Paris-New York. Paris: Éditions du Centre Georges-Pompidou-Gallimard, 1991.

PARISOT, Chrisitan. *Modigliani.* Paris: Pierre Terrail, 1991.

PAUHLAN, Jean. *Braque le patron.* Paris: Gallimard, 1952.

PENROSE, Roland. *Picasso.* Paris: Flammarion, 1982.

PIAT, Pascal. *Apollinaire.* Paris: Seuil, 1995.

___. *Picasso et Apollinaire*, Les Métamorphoses de la mémoire. Paris: Jean-Michel Place, 1995.

PICON, Gaëtan. *Journal du Surréalisme.* Genebra, Skira, 1976.

PLANIOL, Françoise. *La Coupole.* Paris: Denoël, 1986.

Poiret, Paul. *Art et phynance.* Paris, Lutetia, 1934.

___. *En habillant l'époque*, Paul Poíret, 1930, Paris: Grasset, 1986.

Pour les cinquante ans de la mort de Max Jacob à Drancy, Les Cahiers Bleus, 1994.

Prax, Valentine. *Avec Zadkine.* Paris: La Bibliothèque des Arts, 1995.

Read, Peter. *Picasso et Apollinaire.* Paris: Jean-Michel Place, 1995.

Reverdy, Pierre. *Pablo Picasso.* Paris: Gallimard, 1924. (Col. "Les Peintres Français Nouveaux")

___. *Pablo Picasso.* Paris: Gallimard, 1924.

Roubaud, Jacques. *Cahiers de la bibliotéque littéraire Jacques-Doucet*, nº 1, Doucet littérature, 1997.

Roussel, Raymond. *Comment j'ai écrit certains de mes livres.* Paris: Jean-Jacques Pauvert, 1963.

Rouveyre, André. *Apollinaire.* Paris: Gallimard, 1945.

Sabartes, Jaime. *Picasso.* Paris: L'École des Lettres, 1996.

Sachs, Maurice. *Au temps du Boeuf sur le Toit.* Paris: Grasset & Fasquelle, 1987.

___. *Le Sabbat.* Paris: Gallimard, 1960.

Salmon, André. *L'air de la Butte.* Paris: Éditions de la Nouvelle France, 1945.

___. *La négresse du Sacré-Coeur.* Paris: Éditions de la Nouvelle Revue Française, 1920.

___. *La vie passionnée de Modigliani.* Paris: Gérard & Cie, 1957.

___. *Le manuscrit trouvé dans un chapeau.* Saint-Clément: Fata Morgana, 1983.

___. *Montparnasse.* Paris: André Bonne, 1950.

___. *Souvenirs sans fin.* Paris: Gallimard, 1955.

Sanouillet, Michel. *Dada à Paris.* Paris: Flammarion, 1993.

Seckel, Hélène; Cariou, André. *Max Jacob et Picasso.* Paris: Réunion des Musées Nationaux, 1994.

Soupault, Philippe. *Écrits sur la peinture.* Paris: Lachenal & Ritter, 1980.

___. *Mémoires de l'oubli.* Paris: Lachenal & Ritter, 1986.

STEIN, Gertrude. *Autobiographie d'Alice Toklas.* Paris: Gallimard, 1934.

STEPHEN-CHAUVET, doutor. "Les derniers jours d'Alfred Jarry", in *Mercure de France,* nº 832, 15 de fevereiro de 1933.

SZITTYA, Émile, "Soutine et son temps", la Bibliothèque des Arts, 1955, in *Soutine,* Catalogue raisonné. Colônia: Taschen, 1993.

THIRION, André. *Révolutionnaires sans révolution.* Paris: Le Pré aux Clercs, 1988.

TZARA, Tristan. *Dada est tatou. Tout est dada.* Paris: Flammarion, 1996.

___. *Sept Manifestes Dada.* Paris: Jean-Jacques Pauvert, 1979.

VAILLAND, Roger. *Chronique des années folles à la Libération.* Paris: Messidor, 1984.

VLAMINCK, Maurice. *Portraits avant décès.* Paris: Flammarion, 1943.

___. *Tournant dangereux.* Paris: Stock, 1929.

VOLLARD, Ambroise. *Souvenirs d'un marchand de tableaux.* Paris: Albin Michel, 1937.

WARNOD, André. *Drôle d'époque.* Paris: Artheme Fayard, 1960.

___. *Les berceaux de la jeune peinture.* Paris: Albin Michel, 1925.

WARNOD, Jeanine. *La Ruche & Montparnasse.* Paris: Weber, 1978.

REVISTAS

Maintenant, repris in Cravan, *Maintenant*, Seuil-L'École des lettres, 1995.

Vers et Prose.

Archives du Surréalisme, Paris: Gallimard, 1988.

Les Soirées de Paris, 15 de janeiro de 1914.

La Nouvelle Revue Française.

Paris-Journal.

Magazine Littéraire, nº 48, janeiro de 1971.

Paris-Midi.
Mercure de France.
La Révolution Surréaliste.
SIC, Paris: Jean-Michel Place, 1980.
Dada, Paris, Jean-Michel Place, 1981.
Nord-Sud, Paris: Jean-Michel Place, 1980.
Les Écrits Nouveaux.
Cahiers de la bibliothèque Jacques-Doucet.

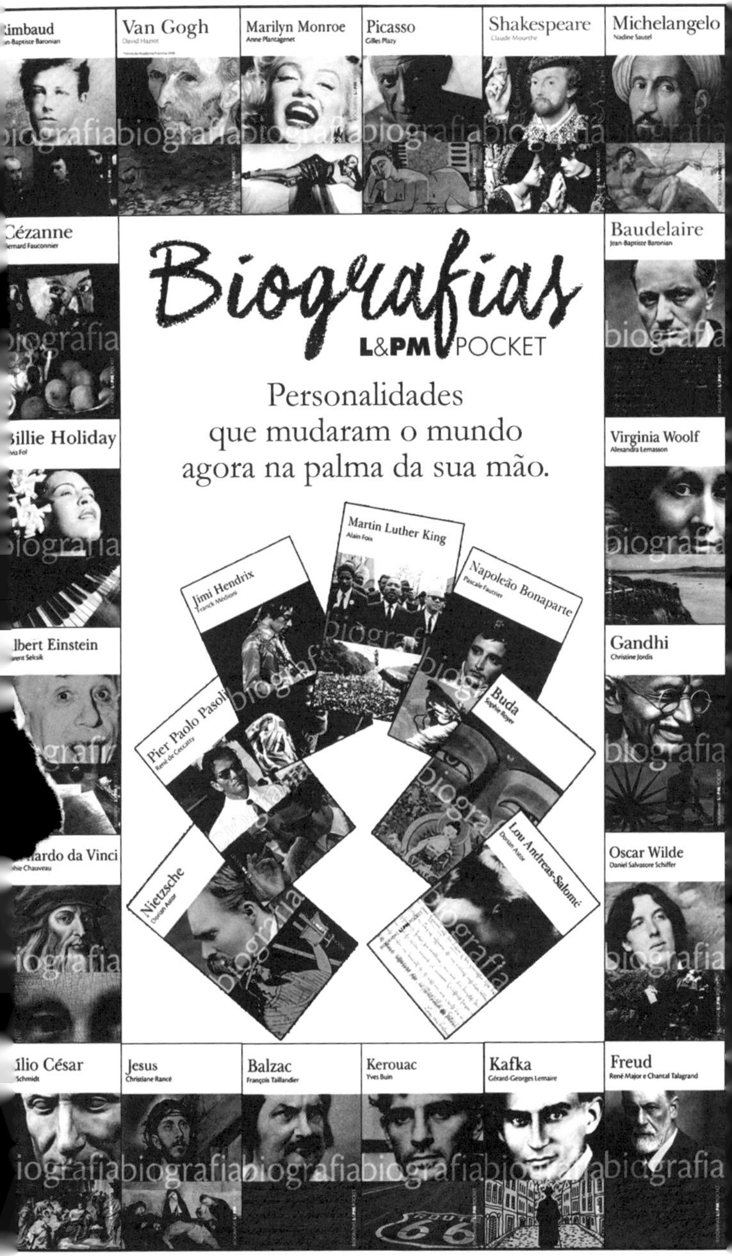
Biografias
L&PM POCKET
Personalidades
que mudaram o mundo
agora na palma da sua mão.
Van Gogh
David Haziot
Marilyn Monroe
Anne Plantagenet
Picasso
Gilles Plazy
Shakespeare
Claude Mourthé
Michelangelo
Nadine Sautel
Baudelaire
Jean-Baptiste Baronian
Virginia Woolf
Alexandra Lemasson
Gandhi
Christine Jordis
Oscar Wilde
Daniel Salvatore Schiffer
Freud
René Major e Chantal Talagrand
Kafka
Gérard-Georges Lemaire
Kerouac
Yves Buin
Balzac
François Taillandier
Jesus
Christiane Rancé
Martin Luther King
Alain Foix
Jimi Hendrix
Franck Médioni
Napoleão Bonaparte
Pascale Fautrier
Buda
Sophie Royer
Lou Andreas-Salomé
Dorian Astor
Nietzsche
Dorian Astor
Cézanne
Billie Holiday
Pier Paolo Pasoli
René de Ceccatty

IMPRESSÃO:

GRÁFICA EDITORA Pallotti IMAGEM DE QUALIDADE

Santa Maria - RS - Fone/Fax: (55) 3220.4500

www.pallotti.com.br